당송 예악지 역주 총서 09

신당서
예악지
3

이 책은 2018년 대한민국 교육부와 한국연구재단의 지원을 받아 수행된 연구임
(NRF-2018S1A5B8070200)

당송 예악지 역주 총서 09

신당서
예악지

3

연세대학교 중국연구원
당송 예악지 연구회 편

學古房

 연세대학교 중국연구원은 부상하는 중국에 대한 전문적인 연구의 필요성에 부응하고자 설립되었다. 본 연구원은 학술 방면뿐만 아니라 세미나, 공개강좌 등 대중과의 소통으로 연구 성과를 사회적으로 확산하는 데 노력해왔다. 그 일환으로 현재의 중국뿐만 아니라 오늘을 만든 과거의 중국도 중요하다고 판단하고 학술연구의 토대가 되는 방대한 중국의 고적古籍에 관심을 기울였다. 중국 고적을 번역하여 우리의 것으로 자기화하고 현재화하려는 중장기적 목표를 세우고, 이를 단계적으로 추진하고자 '중국 예악禮樂문화 프로젝트'를 기획하였다. 그 결과 '당송 예악지 연구회'는 2018년 한국연구재단의 중점연구소 지원 사업에 선정되어 출범하였다.

 중국 전통문화의 중요한 특성을 대변하는 것이 바로 예악이다. 예악은 전통시대 중국을 포함한 동아시아 국가 체제, 사회 질서, 개인 간의 관계를 설명할 수 있는 중요한 개념이다. 국가는 제사를 비롯한 의례를 통해 정통성을 확보하였고, 사회는 예악의 실천적 확인을 통해 신분제 사회의 위계질서를 확인하였다. 개개인이 일정한 규범 속에서 행위를 절제할 수 있었던 것 역시 법률과 형벌에 우선하여 인간관계의 바탕에 예악이 작동했기 때문이다.

 이렇게 예악으로 작동되는 전통사회의 양상이 정사 예악지에 반영되어 있다. 본 연구원이 '중국 예악문화 프로젝트'로 정사 예악지에 주목한 이유도 이것이다. '당송 예악지 역주 총서'는 당송시대 정사 예악지를 번역 주해한 것이다. 구체적으로 『구당서』(예의지·음악지·여복지), 『신당서』(예악지·의위지·거복지), 『구오대사』(예지·악지), 『송사』(예지·악지·의위지·여복지)가 그 대상이다. 여복지(거복지)와 의위지를 포함한 이유는 수레와 의복 및 의장 행렬에 관한 내용 역시 예악의 중요한 부분이기 때문이다.

'당송 예악지 역주 총서'는 옛 자료에 생명력을 부여하는 작업이다. 인류가 자연을 개조하고 문명을 건설한 이래 그 성과를 보존하고 전승하는 중요한 수단 중의 하나는 문자였다. 문자는 기억과 전문傳聞에 의한 문명 전승의 한계를 극복해준다. 예악 관련 한자 자료는 그동안 접근하기 어려워서 생명력이 없는 박물관의 박제물과 같았다. 이번에 이를 우리말로 풀어냄으로써 동아시아 전통문화를 보다 정확히 이해하는 데 토대가 되길 기대한다. 이 총서가 우리 학계를 포함하여 사회 전반에 중요한 자산이 되길 바란다.

연세대학교 중국연구원 원장 김현철

일러두기

1. 본 총서는 『구당서』 『신당서』 『구오대사』 『송사』의 예악禮樂, 거복車服, 의위儀 衛 관련 지志에 대한 역주이다.

2. 중화서국中華書局 표점교감본標點校勘本을 저본으로 사용하였다.

3. 각주에 [교감기]라고 표시된 것은 중화서국 표점교감본의 교감기를 번역한 것이다.

4. 『신당서』 [교감기]가 참조한 판본은 구체적으로 다음과 같다.

      殘宋本(南宋 小興 越州刻本)

      聞本(明 嘉靖 聞人詮刻本)

      殿本(淸 乾隆 武英殿刻本)

      局本(淸 同治 浙江書局刻本)

      廣本(淸 同治 廣東 陳氏 菥古堂刻本)

5. 번역문의 문단과 표점은 저본을 따르는 것을 원칙으로 하되, 원문이 너무 긴 경우에는 가독성을 위해 문단을 적절히 나누어 번역하였다.

6. 인명·지명·국명·서명 등 고유명사는 한자를 병기하되, 주석문은 국한문을 혼용하였다.

7. 번역문에서 서명은 『 』, 편명은 「 」, 악무명은 〈 〉로 표기하였다.

8. 원문의 주는 【 】 안에 내용을 넣고 글자 크기를 작게 표기하였다.

9. 인물의 생졸년, 재위 기간, 연호 등은 ( )에 표기하였다.

新唐書卷十八
『신당서』 권18

禮樂八
예악 8

김용천 역주

皇帝納皇后.

황제가 황후를 맞아들이는 예.

　制命太尉爲使, 宗正卿爲副, 吏部承以戒之. 前一日, 有司展縣·設按·陳車輿于太極殿廷, 如元日. 文武九品·朝集·蕃客之位, 皆如冠禮. 設使者受命位於大橫街南道東, 西上, 副少退, 北面. 侍中請「中嚴」. 群臣入就位. 使·副入, 立於門外道東, 西面. 黃門侍郎引幡·節, 中書侍郎引制書按, 立於左延明門內道北, 西面北上, 乃奏「外辦」. 皇帝袞冕御輿, 出自西房, 卽御座. 使·副入, 就位. 典儀曰:「再拜.」在位者皆再拜. 侍中前承制, 降詣使者東北, 西面曰:「有制.」使·副再拜. 侍中宣制曰:「納某官某氏女爲皇后, 命公等持節行納采等禮.」使·副又拜. 主節立於使者東北, 西面, 以節授黃門侍郎, 侍郎以授使者, 付于主節, 立於後. 中書侍郎引制書按立於使者東北, 以制書授使者, 置於按. 典儀曰「再拜.」在位者皆再拜. 使·副出, 持節者前導, 持按者次之. 侍中奏「禮畢」. 皇帝入, 在位者以次出. 初, 使·副乘輅, 鼓吹備而不作, 從者乘車以從. 其制書以油絡網犢車載之. 其日大昕, 使·副至于次, 主人受於廟若寢. 布神席於室戶外之西, 莞筵紛純, 加藻席畫純, 南向, 右彫几. 使·副立於門西, 北上, 持幡·節者立於北, 少退, 制按立於南, 執鴈者又在其南, 皆東面. 主人立於大門內, 西面. 儐者北面, 受命於左, 出立於門東, 西面, 曰:「敢請事.」使者曰「某奉制納采.」儐者入告. 主人曰:「臣某之女若如人, 旣蒙制訪, 臣某不敢辭.」儐者出告, 入引主人出, 迎使者於大門外之南, 北面再拜. 使者不答. 主人揖使·副先入, 至於階. 使·副入, 導以幡·節, 按·鴈從之. 幡·節立西階之西, 東面; 使者由階升, 立於兩楹間, 南面; 副在西南, 持案及執鴈者又在西南, 皆東面. 主人升阼階, 當使者前, 北面立. 持案者以案進, 授使者以制書, 節脫衣, 使者曰: 「有制.」主人再拜. 宣制, 主人降詣階間, 北面, 再拜稽首, 升, 進, 北面受制書, 以授左右. 使者授鴈, 主人再拜, 進受鴈, 以授左右. 儐者引答表案進, 立於主人後, 少西, 以表授主人. 主人進, 授使者, 退復位, 再拜. 節加衣. 謁者引使·副, 降自西階以出. 制文以版, 長一尺二寸, 博四寸, 厚八分, 后家答版亦如之.

황제가 제서制書[1]를 내려 태위太尉[2]를 사자使者로, 종정경宗正卿[3]을 부사副使로 삼으면, 이부吏部는 이를 받들어 그들에게 고한다.

황후로 맞아들이는 예를 거행하기 하루 전날, 유사有司들은 태극

---

1) 제서制書 : 황제 명령의 하나이다. 蔡邕의 『獨斷』에는 황제의 명령으로 策書, 制書, 詔書, 戒書의 4가지를 들고 있다.(其命令, 一曰策書, 二曰制書, 三曰詔書, 四曰戒書.)

2) 태위太尉 : 『당육전』에 의하면, '태위'는 1인으로 정1품의 관직이다. 수나라 때 太尉·司徒·司空을 두어 三公으로 삼았다. 정1품으로 府僚를 두었는데 이윽고 부료를 없앴고, 公을 두어 尙書省보다 위에 있었다. 당나라에서도 이를 따랐다. 高祖 武德(618~626) 연간 초에 秦王(이세민)이 이를 겸직하였고, 高宗 永徽(650~655) 연간에 장손무기도 태위가 되었다. 그 후 親王으로 삼공에 임명된 경우 직무를 보지 않았으며, 제사를 지낼 때 황제를 대신하여 섭행하였다.(隋置太尉·司徒·司空爲三公, 正一品, 置府僚, 尋省府僚, 置公則於尙書省上, 皇朝因焉. 武德初, 秦王兼之, 永徽中, 長孫無忌爲之. 其後, 親王拜三公者皆不視事, 祭祀則攝者行焉.)

3) 종정경宗正卿 : 『당육전』에 의하면, '종정경'은 1인으로 종3품의 宗正寺의 관직이다. 9族과 6親의 屬籍을 관장하고, 昭穆의 순서를 분별하며, 친소와 원근의 서열을 기율하고 아울러 崇玄署를 통솔한다.(掌皇九族·六親之屬籍, 以別昭穆之序, 紀親疎之列, 並領崇玄署.)

전太極殿(태극궁의 정전)4)의 뜰 앞에 악기걸이[縣]5)를 배치해놓고, 제서를 담는 궤안[桉]을 진설하고, 수레[車輿]를 진열하는데 원단元

4) 태극전太極殿(태극궁의 정전):『당육전』권7, '尙書工部 郞中員外郞' 조에 의하면 당 장안성에서 皇城 북쪽에 宮城이 있는데, 궁성 남쪽으로 3개의 문이 있다. 중앙이 承天門, 동쪽이 長樂門, 서쪽이 永安門이다. 元正(정월 초하루)·冬至에 성대하게 공물을 베풀거나, 연회를 열거나, 대사면을 반포하거나 낡은 것을 없애고 새로운 것을 포고하는 의례, 만국의 조공과 외국의 빈객을 접견하는 의례 등을 모두 承天門에서 거행하였다[外朝]. 궁성의 3門 북쪽에 太極門이 있고, 그 안쪽이 太極殿이다. 황제는 초하루와 보름에 태극전에 앉아서 조회를 본다[中朝]. 태극문 양쪽에 東上閤門과 西上閤門이 있고, 東廊과 西廊이 있으며, 左延明과 右延明의 두 개의 문이 있다.『類編長安志』권2「西內宮城條」에 의하면, 좌연명문의 동남쪽이 문하성이고, 우연명문의 서남쪽이 중서성이다.(左延明門東南門下省. 右延明門西南中書省) 太極殿의 북쪽에 兩儀殿이라는 대전이 있다. 이곳은 황제가 일상의 정무를 처리하는 장소로 이른바 '內朝'이다. 전쟁의 승리를 경축하는 연회, 귀빈을 초대하는 연회 및 5품 이상의 관리를 소집하여 개최하는 연회 등을 거행한다.(楊寬 저·최재영 역,『중국 고대 도성제도사』, 265~266쪽 참조)

5) 악기걸이[縣]: '縣'은 '懸'과 통하는 글자로, 악기를 걸어두는 筍·虡 등의 악기걸이를 뜻하기도 하고, 또 악기걸이에 걸어두는 鐘·磬·鎛 등의 악기 그 자체를 지칭하기도 한다. 이를 '樂縣'이라 하는데, 간단하게는 '縣'이라고 칭한다.『주례』「春官·小胥」의 정현 주에 "악현은 종·경 등의 악기를 筍·簴에 걸어두는 것을 말한다.樂縣, 謂鍾磬之屬縣於筍簴者." 고 하였고,『예기』「곡례」下의 정현 주에는 "縣은 악기이니, 鍾과 磬 따위를 말한다.縣, 樂器, 鍾磬之屬也."라고 하였다. 또『文選』에 수록된 顏延年의「三月三日曲水詩序」의 '將徙縣中宇'에 대한 李善의 註에 "縣은 懸과 같은 것으로, 鍾이나 磬을 매달아 두는 기물을 말한다.『주례』에 '천자는 宮懸을 설치하고, 천자의 제후는 軒縣을 설치한다.'고 하였다.按縣, 同懸, 謂懸鍾磬之具也.『周禮』'天子宮縣, 諸侯軒縣'"라고 하였다.

旦(정월 초하루의 전례典禮)의 예를 행할 때와 마찬가지 의절로 한다. 9품의 문·무 관원·조집사朝集使6)·번객蕃客의 위치는 모두 관례冠禮를 거행할 때와 마찬가지 의절로 한다. 대횡가大橫街 남쪽7) 길의 동쪽에 명을 받을 사자 일행의 위치를 설치하는데 서쪽을 윗자리로 삼으며, 부사의 위치는 조금 뒷쪽으로 물러나 북쪽을 향한다. 시중侍中은 '뜰 중앙의 경계를 엄중히 할 것[中嚴]8)'을 청한다. 신하

---

6) 조집사朝集使 : 한대에 지방의 郡에서 매년 사자를 장안에 파견하여 군의 정치와 재정 상황을 보고하게 하였는데, 이를 上計吏라고 한다. 唐에서도 이를 계승하여 각 道에서 매년 使者를 파견하여 京師에 朝集하고 天子·宰相을 알현하도록 하였는데, 이를 朝集使라고 하였다. 『당육전』에 "천하의 朝集使는 모두 都督·刺史 및 上佐로 하여금 번갈아 맡게 한다. 만약 변방 要州의 도독·자사 및 일반 주에 홍수나 가뭄의 재해가 발생하여 일정 정도를 넘었을 경우 다른 관직이 대신한다. 모두 10월 25일에 서울에 도착하는데, 11월 1일에 戸部에서 引見의 예를 마치고, 尙書省에서 여러 관료들을 禮見하고, 그런 다음에 考堂에 모여 考績의 일에 응한다. 元日에 태극전의 뜰[殿庭]에 그 貢物을 진열한다. 凡天下朝集使皆令都督·刺史及上佐更爲之. 若邊要州都督·刺史及諸州水旱成分, 則佗官代焉. 皆以十月二十五日至于京都, 十一月一日戸部引見訖, 於尙書省與羣官禮見, 然後集于考堂, 應考績之事. 元日, 陳其貢篚於殿庭."고 하였다.

7) 대횡가大橫街 남쪽 : 承天門에는 3개의 門道가 있었는데, 현존하는 문의 터에는 동서로 남은 길이가 41.7m, 진입 깊이가 19m이다. 문의 앞 橫街는 폭 300보로 411m가 되어 장안성 내에서 가장 폭이 넓은 대로이다. 매년 원단, 동지, 천추절(현종의 생일)의 대규모 朝賀儀禮는 승천문에서 거행하는데, 이 때 신하들은 橫街에 모여 관품의 순서에 따라 정렬하였다.(楊寬 저·최재영 역, 『중국 고대 도성제도사』, 265쪽 참조)

8) 뜰 중앙의 경계를 엄중히 할 것[中嚴] : 뜰 중앙의 경계를 엄중히 하는 것을 '中嚴'이라 한다. 고대 제왕들이 元旦의 朝會나 郊祀 등 大典을

들은 들어와 자신들의 위치로 나아간다. 사자와 부사가 들어와 승천
문 밖 길의 동쪽에서 서쪽을 향해 선다. 황문시랑黃門侍郎은 번幡(깃
발 위의 수건 장식)9)과 절節(부절)을 들고 있는 자들을 인도하여 들
어오고, 중서시랑中書侍郎은 제서를 담은 궤안을 들고 있는 사람을
인도하여 들어와서 좌연명문左延明門10) 안쪽 길의 북쪽에서 서쪽을
향해 서는데, 북쪽을 윗자리로 삼는다. 이어서 "궁중의 경비가 갖추
었습니다[外辦]."11)라고 아뢴다. 황제는 곤면복袞冕服12)을 착용하고

거행할 때의 의절 가운데 하나이다. 『신당서』 권11 「예악지」1에 "시중이
홀 판을 잡고서 '궁중의 경계를 엄중히 할 것을 청합니다.'라고 아뢴다.
각 侍衛의 관속들은 각자 자신들의 군사를 이끌고서 들어가 대전의 뜰에
진열한다.侍中版奏'請中嚴'. 諸衛之屬, 各督其隊入陳於殿庭."고 하였다.

9) 번幡(깃발 위의 수건 장식) : '幡'은 깃발 위의 수건 장식으로, 고대에는
깃발로 명령을 전했다. '信幡'이라고도 하는데, 수레 위에 수건 장식을
한 깃발을 꽂아 수레에 탄 사람의 신분을 나타낸다. 따라서 '幡' 혹은 '信
幡'은 符節과 같은 기능을 한다.

10) 좌연명문左延明門 : 『당육전』에 의하면, 태극문 양쪽에 東上閤門과 西上
閤門이 있고, 東廊과 西廊이 있으며, 左延明과 右延明의 두개의 문이
있다. 또『類編長安志』권2「西內宮城條」에 의하면, 좌연명문의 동남쪽
이 문하성이고, 우연명문의 서남쪽이 중서성이다.(左延明門東南門下省.
右延明門西南中書省.)

11) 궁중의 경비가 갖추었습니다[外辦] : 천자가 출행할 때 儀仗·扈從들을
제자리에 정돈시키는 것을 '外辦'이라 한다.『진서』「예지」下에 "야루의
물이 다 내려가기 5각전 알자·복야·대홍려는 각각 신하들에게 정해진
위치에 서도록 알린다. 야루의 물이 다 내려가면 시중은 '궁중의 경비가
갖추었습니다.'라고 아뢴다. 황제가 나오면, 종과 북을 연주하고, 백관들
은 모두 엎드려 절을 한다.漏未盡五刻, 謁者·僕射·大鴻臚各各奏群臣
就位定. 漏盡, 侍中奏外辦. 皇帝出, 鐘鼓作, 百官皆拜伏."고 하였다.

수레를 타는데, 서방西房에서 나와 어좌御座로 나아간다. 사자와 부사가 들어와 자신들의 위치로 나아간다.

전의典儀[13]가 "재배!"라고 외치면, 위치에 있는 자들은 모두 재배를 한다. 시중侍中은 앞으로 나아가 제서制書를 받들고, 계단에서 내려와 사자의 동북쪽으로 나아가서 서쪽을 향해 "황제의 명이 있습니다."라고 말한다. 사자와 부사는 재배를 한다. 시중은 제서를 펼쳐서 "아무개 관직 아무개 씨의 딸을 황후로 맞이하노니, 공公들은 절차에 따라 납채納采[14] 등의 예를 행하도록 명하노라."라고 읽는다.

---

12) 곤면복袞冕服 : 천자의 6冕服 가운데 하나로, 말려있는[袞] 용을 우두머리 무늬로 하는 복식이다. 9가지 무늬[章]에 12旒이다. 섭숭의의 『삼례도』에 의하면, 9章은 龍, 山, 華蟲(산꿩), 火(불), 宗彝(원숭이와 호랑이 술잔), 藻(마름풀), 粉米(흰쌀), 黼(도끼)·黻(두 己의 글자가 등지고 있는 문양)이다. 천자가 선왕을 제사지내거나 제후를 접견할 때 착용하는 예복이며, 또한 上公이 천자를 조빙하거나 助祭할 때의 복식이기도 하다.

13) 전의典儀 : 『당육전』에 의하면, '전의'는 2인으로 종9품하의 宮官의 관직이다. 大殿 위에서 소리를 질러 의례의 진행을 조절하고 대전의 뜰에 백관들의 版位를 설치하는 등의 일을 관장한다.(掌殿上贊唱之節及設殿庭版位之次.)

14) 납채納采 : 혼례를 행할 때 六禮 가운데 첫 번째 의절이다. 신랑 쪽에서 신부 쪽에 중매인을 보내어 구혼을 하고, 신부 쪽에서 동의를 한 후, 신랑 쪽에서 사자를 파견하여 신부를 채택하는 예를 올리는 절차를 말한다. 납채의 의절에는 기러기를 사용한다. 『儀禮注疏』「土昏禮」에 "신랑 측에서 신부 집으로 중매인을 보내어 혼인의 뜻을 전달하게 한다. 신부 측에서 허락하면, 신랑 측에서 사자를 보내어 납채의 예를 행하는데 예물로 기러기를 사용한다.下達納采, 用鴈."고 하였고, 가공언의 소에 "'納'이라고 말한 것은 처음 서로 골라서 택하였는데, 여자 쪽 집에서 허락하지 않을 것을 염려하기 때문이다. 그러므로 '納(바치다)'이라고 말한 것이다.言納

사자와 부사는 또 배례를 한다. 주절主節15)은 사자의 동북쪽에서 서쪽을 향해 서서 부절을 황문시랑黃門侍郞에게 건네주고, 황문시랑은 다시 그것을 사자에게 건네주며, 사자는 주절에게 맡기고 뒤쪽에 선다. 중서시랑中書侍郞은 제서를 담은 궤안을 들고 있는 사람을 인도하여 사자의 동북쪽에 서서 사자에게 제서를 건네주면, 사자는 제서를 궤안에 넣어둔다. 전의典儀가 "재배!"라고 외치면, 위치에 있는 자들은 모두 재배를 한다. 사자와 부사가 문 밖으로 나가는데, 부절을 지니고 있는 자가 앞에서 인도하고, 궤안을 들고 있는 자가 그 뒤를 이어서 나간다. 시중은 "예가 끝났습니다."라고 아뢴다. 황제가 대전 안으로 들어가면, 위치에 있던 자들이 차례대로 문 밖으로 나간다.

처음에, 사자와 부사는 노거輅車를 타고 고취악鼓吹樂16)의 악대를

者, 以其始相采擇, 恐女家不許, 故言納."라고 하였다. 『漢書』 「平帝紀」에 "원시 3년 봄, 유사에게 조칙을 내려 황제를 위해 안한공의 딸을 납채하도록 하였다.元始三年春, 詔有司爲皇帝納采安漢公莽女."라고 하였다.

15) 주절主節 : 『당육전』에 의하면 '주절'은 18인으로, 幡·節을 지키는 일을 담당한다. 교대로 근무하므로 番官이라고도 부른다.(掌守幡節. 並分番上下, 亦謂之番官.)

16) 고취악鼓吹樂 : 일종의 기악 합주곡으로, 북[鼓]·징[鉦]·퉁소[簫]·갈잎피리[笳] 등의 악기를 합주한다. 한나라 초기에는 변경의 군대에서 연주하여 위엄을 장중하게 하였는데, 후에 점차 조정에서도 연주하게 되었다. 崔豹의 『古今注』 「音樂」에 "「短簫鐃歌」는 군악이니, 黃帝가 岐伯을 시켜 지은 것으로, 이 음악으로 위엄을 세우고 덕망을 떨치며, 전사들을 교화시켜 권면한다. 『주례』에서 말한 '왕이 크게 승리를 거두면 개선의 음악을 연주하게 하고, 군대가 크게 승리를 거두면 개선의 음악을 연주하게

갖추지만 연주하지는 않으며, 종자從者들은 수레를 타고서 뒤따른
다. 그 제서制書는 비단 그물망의 모양을 장식한 독거犢車[17])에 싣는
다. 그날 동틀 무렵, 사자와 부사가 정해진 위차에 이르면, 주인은
묘廟나 침寢에서 제서를 받는다. 실호室戶(실의 출입문)의 밖 서쪽에
신의 자리[神席]를 펼쳐 놓는데, 밑에 흰색 자수로 가선 장식을 한
왕골자리를 깔고, 그 위에 구름 문양으로 가선 장식을 한 오채색의
부들자리를 덧까는데, 자리의 머리 부분이 남쪽을 향하도록 하여 놓
는다. 자리의 오른쪽에는 조궤彫几[18])를 진설한다. 사자와 부사는 주
인 집 대문의 서쪽에 서는데, 북쪽을 윗자리로 삼는다. 번幡(깃발 위

한다.'는 것이다. 漢나라의 음악에 「黃門鼓吹」가 있으니, 천자가 신하들
을 연회로 즐기게 하는 것이다. 「단소요가」는 鼓吹의 1章일 뿐이니, 또한
공을 세운 제후에게 하사하는 것이다. 「短簫鐃歌」, 軍樂也, 黃帝使岐伯
所作也, 所以建武揚德, 風勸戰士也. 『周禮』所謂'王大捷, 則令凱樂, 軍
大獻, 則令凱歌者也.' 漢樂有「黃門鼓吹」, 天子所以宴樂群臣. 「短簫鐃
歌」, 鼓吹一章耳, 亦以賜有功諸侯."라고 하였다.

17) 독거犢車 : 소가 끄는 수레를 말한다. 한대에 제후 가운데 가난한 자가
탔는데, 후에 귀한 자들이 타는 수레로 바뀌었다. 『宋書』「禮志」5에 "독
거는 輧車의 종류이다. 한대에는 제후들 중에서 가난한 자들이 이것을
탔지만 후에는 점차 존귀함을 나타내는 것으로 바뀌었다. 손권이 '수레에
8마리의 소'라고 하였는데, 이 독거를 말한다.犢車, 輧車之流也. 漢諸侯
貧者乃乘之, 其後轉見貴. 孫權云'車中八牛', 即犢車也."고 하였다.

18) 조궤彫几 : 문양을 조각하여 넣은 궤로서 5궤 가운데 하나다. 제후들이 제
사를 지낼 때 진설한다. 『주례』「춘관·사궤연」에 "제후가 종묘에 제사를
지낼 경우, 문양을 그려 넣은 비단의 가선장식을 한 부들자리[蒲筵]를 진
설하는데 그 위에 검은색 비단으로 가선장식을 한 왕골자리[莞席]를 포개
어 진설하고, 자리 오른쪽에 彫几를 진설한다.諸侯祭祀, 席蒲筵繢純, 加
莞席紛純, 右彫几."고 하였다.

의 수건 장식)과 절節(부절)을 들고 있는 자들은 북쪽에서 뒤로 조금 물러나 서고, 제서를 담은 궤안을 들고 있는 자는 남쪽에 서며, 기러기[雁]를 잡고 있는 자는 또 그 남쪽에 서는데, 모두 동쪽을 향한다. 주인은 대문 안쪽에서 서쪽을 향해 선다. 빈자儐者(예의 진행을 돕는 주인 쪽의 사람)는 북쪽을 향해 서서 주인의 왼쪽에서 명을 받은 후, 대문 밖으로 나가서 문의 동쪽에서 서쪽을 향해 서서, "감히 무슨 일로 오셨는지 묻겠습니다."라고 말한다. 사자는 "아무개는 황제의 명을 받들어 납채의 예를 행하려고 합니다."라고 말한다. 빈자는 대문 안으로 들어가 주인에게 고한다. 주인은 "신 아무개의 딸은 이와 같은 사람인데, 이미 황제의 명으로 찾아와 청하는 은혜를 입었으니, 신 아무개는 감히 사양하지 못하겠습니다."라고 말한다. 빈자는 대문 밖으로 나가서 사자에게 고한 후, 다시 대문 안으로 들어와 주인을 인도하여 대문 밖으로 나가서, 대문 밖의 남쪽에서 사자를 맞이하는데, 북쪽을 향해 재배를 한다. 사자는 답배를 하지 않는다. 주인은 사자와 부사에게 읍을 한 후 먼저 대문 안으로 들어와서 계단에 이른다. 사자와 부사가 대문 안으로 들어가는데, 번幡과 절節을 든 자들이 앞에서 길을 인도하고, 제서를 담은 궤안[桉]과 기러기[鴈]를 잡고 있는 자들이 그 뒤를 따라 대문 안으로 들어간다.

번과 절을 들고 있는 자들은 서쪽 계단의 서쪽에서 동쪽을 향해 서고, 사자는 계단을 통해 당堂 위로 올라가서 양쪽 기둥 사이에서 남쪽을 향해 서며, 부사는 사자의 서남쪽에 서고, 제서를 담은 궤안을 든 자와 기러기를 잡은 자는 또 부사의 서남쪽에 서는데 모두 동쪽을 향한다. 주인은 조계阼階(동쪽 계단)를 통해 당 위로 올라가서 사자의 앞과 마주하며 북쪽을 향해 선다. 궤안을 들고 있는 자는 궤안을 들고 앞으로 나아가서 사자에게 제서를 건네주고, 부절의 덮개를 벗겨낸다. 사자는 "황제의 명이 있습니다."라고 말한다. 주인은 재배를 한다. 사자가 제서를 펼쳐서 읽으면, 주인은 당에서 내려가 양쪽 계단 사이로 나아가서 북쪽을 향해 머리를 바닥에 대고 재배를 한 후, 다시 당 위로 올라가 사자에게 나아가서 북쪽을 향해 제서를 받은 후 좌우 사람들에게 건네준다. 사자가 기러기를 건네주면, 주인은 재배를 한 후 앞으로 나아가 기러기를 받은 후 좌우 사람들에게 건네준다. 빈자는 답표答表를 담은 궤안을 든 자를 인도하여 나아가서 주인의 뒤로 약간 서쪽에 서서 주인에게 답표를 건네준다. 주인은 사자 앞으로 나아가 답표를 건네준 후 물러나 본래의 위치로 돌아와서 재배를 한다. 부절의 덮개를 씌운다. 알자謁者는 사자와 부사를 인도하여 서쪽 계단을 통해 당에서 내려와 대문 밖으로 나간다. 제서制書는 판版에 작성하는데, 길이 1척 2촌, 너비 4촌, 두께 8푼이며, 황후 집안의 답판答版도 이와 마찬가지이다.

問名. 使者旣出, 遂立於內門外之西, 東面; 主人立於內門內東廂, 西面. 儐者出請事, 使者曰:「將加卜筮, 奉制問名.」儐者入告. 主人曰:「臣某之子若如人, 旣蒙制訪, 臣某不敢辭.」儐者出告, 入, 引主人出, 迎使者以入, 授主人以制書, 答表皆如納采. 使‧副降自西階以出, 立於內門外之西, 東面; 主人立於東階下, 西向. 儐者出請事, 使者曰:「禮畢.」儐者入告, 主人曰:「某公奉制至於某之室, 某有先人之禮, 請禮從者.」儐者出告, 使者曰:「某旣得將事, 敢辭.」儐者入告, 主人曰:「先人之禮, 敢固以請.」儐者出告, 使者曰:「某辭不得命, 敢不從.」儐者入告, 遂引主人升立於序端. 掌事者徹几, 設二筵東上. 設醴醴於東房西牖下, 加杓羃, 坫在尊

北; 實觶二, 角柶二, 籩·豆各一, 實以脯醢, 在坫北. 又設洗於東
南. 主人降迎使者, 西面揖, 先入. 使·副入門而左, 主人入門而右.
至階, 主人曰:「請某位升.」使者曰:「某敢辭.」主人又曰:「固請
某位升.」使者曰:「某敢固辭.」主人又曰「終請某位升.」使者曰:
「敢終辭.」主人升自阼階, 使·副升自西階, 北面立. 主人阼階上,
北面再拜. 受几於序端. 掌事者內拂几三, 奉兩端西北向以進. 主
人東南向, 外拂几三, 振袂, 內執之. 掌事者一人又執几以從, 主
人進, 西北向. 使者序進, 迎受於筵前, 東南向以俟. 主人還東階
上, 北面再拜送. 使者以几跪進, 北面跪, 各設於坐左, 退於西階
上, 北面東上, 答拜, 立於階西, 東面南上. 贊者二人俱升, 取觶降,
盥手, 洗觶, 升, 實醴, 加柶於觶, 覆之, 面葉, 出房, 南面. 主人受
醴, 面柄, 進使者筵前西, 北面立. 又贊者執觶以從. 使者西階上,
北面, 各一拜, 序進筵前東, 南面. 主人又以次授醴, 使者受, 俱復
西階上位. 主人退, 復東階上, 北面一拜送. 掌事者以次薦脯醢於
筵前. 使者各進, 升筵, 皆坐, 左執觶, 右取脯, 擩於醢, 祭於籩·
豆之間, 各以柶祭醴三, 始扱一祭, 又扱再祭, 興; 各以柶兼諸觶
上, 躐降筵於西階上, 俱北面坐, 啐醴, 建柶, 各奠觶於薦, 遂拜,
執觶, 興. 主人答拜. 使者進, 升筵坐, 各奠觶於薦東. 降筵, 序立
於西階上, 東面南上. 掌事者牽馬入, 陳於門內, 三分庭一在南,
北首西上. 又掌事者奉幣篚, 升自東階, 以授主人, 受於序端, 進
西面位. 掌事者一人, 又奉幣篚, 立於主人之後. 使者西階上, 俱北
面再拜. 主人進詣楹間, 南面立, 使者序進, 立於主人之西, 俱南
面. 主人以幣篚授使者, 使者受, 退立於西階上, 東面. 執幣者又以
授主人, 主人受以授使副, 使副受之, 退立於使者之北, 俱東面.
主人還東階上, 北面再拜送. 使者降自西階, 從者訝受幣篚. 使者
當庭實揖馬以出, 牽馬者從出. 使者出大門外之西, 東面立. 從者

詑受馬. 主人出門東, 西面再拜送. 使者退, 主人入, 立於東階下,
西面. 儐者告於主人曰:「賓不顧矣.」主人反於寢. 使者奉答表詣
闕.

문명問名.19)

사자는 내문 밖으로 나간 후, 이어서 내문 밖의 서쪽에서 동쪽을
향해 선다. 주인은 내문 안의 동상東廂20)에서 서쪽을 향해 선다. 빈

---

19) 문명問名 : 혼례를 행할 때 六禮 가운데 두 번째 의절로서, 신랑 쪽 집에
서 문서를 갖추어 중매쟁이를 통해 신부의 이름과 출생일을 묻게 하는
것을 말한다. 그것으로 길흉을 점치려는 것이다. '問名'에는 신부 및 그의
부모의 성명을 포함한다. 선진시대에는 남자는 氏를 칭하고, 여자는 姓을
칭했다. 氏로 귀천을 구별하고, 姓으로 혼인을 표현했다. 『의례』「사혼례」
에 "빈이 기러기를 들고 문명의 예를 청하면, 주인은 허락한다.賓執鴈,
請問名, 主人許."라고 하였다. 정현의 주에서는 "'신부 될 사람의 이름을
묻는 것'은 장차 돌아가서 그 길흉을 점치려는 것이다.問名者, 將歸卜其
吉凶."라고 하였다. 가공언은 여자의 이름에는 태어난 지 3개월 만에 아
버지가 지어 주는 이름 즉 三月名인 名字와 '舜'이나 '曾子' 등과 같은
名號 두 가지 종류가 있는데, 문명의 절차에서 묻는 것은 姓氏이며 이것
은 명호에 속한다고 하였다. 호배휘도 부녀자는 이름을 가지고 예를 행하
지 않으므로 문명의 의절에서 묻는 것은 삼월명이 아님이 분명하다고 하
였다. 吳廷華는 여자에게도 본래 아버지가 지어 준 이름이 있고, 여자의
氏는 아버지의 氏일 뿐이지만 아직은 납채의 예가 끝난 것이 아니므로
그 氏를 알지 못하는 것처럼 하는 것이라고 하였다. 『의례주소』 권4, 72쪽
및 호배휘, 『의례정의』 권3, 154쪽 참조.

20) 동상東廂(堂의 동쪽 행랑) : 正堂 양 옆으로 夾室이 있고, 그 앞쪽의 小堂
을 '廂'이라 한다. 『爾雅』「釋宮」에 "室에 동쪽과 서쪽의 廂(東房·西房)
이 있는 것을 '廟'라고 하고, 동쪽과 서쪽의 廂이 없고 室만 있는 것을
'寢'이라 한다.室有東西廂曰廟, 無東西廂有室曰寢."고 하였다. 郭璞의

자가 내문 밖으로 나가서 무슨 일로 왔는지 물으면, 사자는 "장차 길흉을 점칠 것이니, 황제의 명을 받들어 이름을 묻고자 합니다."라고 말한다. 빈자는 내문 안으로 들어와 주인에게 고한다. 주인은 "신 아무개의 자식(딸)은 이와 같은 사람인데, 이미 황제의 명으로 찾아와 청하는 은혜를 입었으니, 신 아무개는 감히 사양하지 못하겠습니다."라고 말한다. 빈자는 내문 밖으로 나가서 사자에게 고한 후, 다시 내문 안으로 들어와서 주인을 인도하여 내문 밖으로 나가서 사자를 맞이하여 내문 안으로 들어온다. 사자가 주인에게 제서를 건네주고, 주인이 답표를 보내주는 것은 모두 납채를 행할 때와 마찬가지 의절로 한다.

사자와 부사는 서쪽 계단을 통해 당에서 내려와 내문 밖으로 나가서 내문 밖의 서쪽에서 동쪽을 향해 서고, 주인은 동쪽 계단 아래에서 서쪽을 향해 선다. 빈자가 내문 밖으로 나가서 일이 더 있는지 물으면, 사자는 "예가 끝났습니다."라고 말한다. 빈자가 내문 안으로 들어와서 주인에게 고하면, 주인은 "아무개 공公이 황제의 명을 받들어 아무개의 집에까지 오셨습니다. 아무개는 선인에게 물려받은 예법이 있으니, 종자從者들에게 예를 갖추고자 청합니다."라고 말한다. 빈자가 내문 밖으로 나가서 사자에게 고하면, 사자는 "아무개는 이미 일을 받들어 마쳤으니, 감히 사양하겠습니다."라고 말한다. 빈

주에서는 "협실 앞의 당이다.夾室前堂."라고 하였고, 郝懿行의 『爾雅義疏』에서는 "살펴보건대, 廟의 제도에서 중앙이 大室이고, 東序(당 위 동쪽 벽)·西序(당 위 서쪽 벽)의 바깥쪽이 夾室이고, 협실의 앞쪽 작은 堂이 東廂·西廂이니, 또한 東堂·西堂이라고도 한다. 按, 廟之制中爲大室, 東西序之外爲夾室, 夾室之前小堂爲東西廂, 亦謂之東西堂."라고 하였다.

자가 내문 안으로 들어가 주인에게 고하면, 주인은 "선인들에게 물려받은 예법이 있으니, 감히 거듭 청하겠습니다."라고 말한다. 빈자가 내문 밖으로 나가서 사자에게 고하면, 사자는 "아무개가 사양을 하였는데 허락을 받지 못하였으니, 감히 따르지 않을 수 있겠습니까?"라고 말한다. 빈자는 내문 안으로 들어가서 주인에게 고하고, 이어서 주인을 인도하여 당 위로 올라가서 당 위 동쪽 벽의 남쪽 끝[序端]21)에 선다.

장사자掌事者는 안석[几]을 치우고 두 개의 자리[筵]를 진설하는데 동쪽을 윗자리로 삼아 놓는다. 동방東房의 서쪽 창문 아래에 예주를 담은 질그릇 술동이[甒醴]를 진설하고 그 위에 술 국자를 얹고 덮개보로 덮어두는데, 흙 받침대[坫]22)가 술동이의 북쪽에 있다. 술을 넣은 3승 용량의 술잔[觶]23) 2개, 뿔 숟가락角栖24) 2개, 대나무제기[籩]와 나무제기[豆] 각각 1개에 말린 고기[脯]와 고기젓갈[醢]을

---

21) 당 위 동쪽 벽의 남쪽 끝[序端] : 江永은 "당 위 벽의 남쪽 끝을 '序端'이라 한다.序之南頭曰序端."고 하였다. 주인은 동쪽에 있으므로 이곳의 '序端'은 東序 즉 당 위 동쪽 벽의 남쪽 끝을 가리킨다.

22) 흙 받침대[西坫] : '坫'은 당 위 동·서 양쪽 모서리에 흙을 쌓아 올려서 만든 臺로서 이곳에 술잔이나 물건을 놓아둔다. 당 위 동쪽 모서리에 있는 것을 '東坫', 서쪽 모서리에 있는 것을 '西坫'이라고 한다.

23) 3승 용량의 술잔[觶] : 1升 용량의 술잔을 '爵', 2升 용량의 술잔을 '觚', 3升 용량의 술잔을 '觶', 4升 용량의 술잔을 '角', 5升 용량의 술잔을 '散'이라고 한다.

24) 뿔 숟가락角栖 : '角栖'는 본래 예주를 뜨는 용도로 만든 것인데 형태가 匙(숟가락)와 비슷하다. 술 뜨는 것 이외에 喪事에도 사용하는데, 含玉·飯含할 때에 이빨을 떠받치는 용도로 사용된다.

담아서[25] 흙 받침대[坫]의 북쪽에 놓는다. 또 조계阼階의 동남쪽에 물받이 항아리[洗][26]를 진설한다.

주인은 당에서 내려와 사자를 맞이하는데, 서쪽을 향해 읍을 한 후 먼저 내문 안으로 들어간다. 사자와 부사는 내문 안으로 들어가 왼쪽으로 나아가고, 주인은 내문 안으로 들어가 오른쪽으로 나아간다. 계단에 이르면, 주인은 "청컨대, 아무개 분께서 먼저 당 위로 오

---

25) 대나무제기[籩]와 … 담아서 : '脯'는 얇게 썰어서 양념하여 말린 고기, '醢'는 육류나 어류 등으로 만든 젓갈을 가리킨다. 脯와 醢는 籩과 豆에 나누어 담아 놓기 때문에 일반적으로 '脯醢'라고 하면 그것을 담은 '籩豆'를 지칭하기도 하고, 반대로 '籩豆'라고 하면 그 안에 담겨 있는 '脯醢'를 지칭하기도 한다. '籩'은 마른 음식을 담아 놓는 그릇으로 대나무로 만든다. 『周禮』「天官·변인」의 정현 주에 籩은 대나무로 만든다고 하였다.竹曰籩 그 용량은 4승이다. '豆'는 채소절임이나 젓갈 등 젖은 음식을 담는 그릇으로, 나무나 질그릇 등으로 만든다. 『주례』 및 『예기』의 정현 주에 '豆'는 나무로 만드는데, 용량은 4승이며 입구는 둥글고, 직경은 1척 2촌에 덮개가 있다고 하였다. '豆'는 豆, 籩, 登의 총명이기도 하다. 豆의 중앙부분을 '校'라고 하고 그 바닥부분을 '鐙'이라고 한다. 또 籩과 豆는 같은 종류의 그릇으로 단독으로 사용되지 않기 때문에 '豆'라고만 말했을 경우 '籩'을 포함한다. 錢玄, 『삼례사전』, 1289쪽의 '籩' 항목과 427쪽의 '豆' 항목 참조.

26) 물받이 항아리[洗] : '洗'는 손이나 술잔을 씻고 난 후 버리는 물을 받는 기구를 말한다. 시종하는 사람이 구기[枓]를 이용하여 미리 물을 담아 둔 물 항아리[罍水]에서 물을 따라 부어 주면, 손이나 술잔을 씻는 사람은 그 물로 손이나 술잔을 씻은 후 물을 버리는데, 버리는 물을 받는 기물을 '洗'라고 한다. 洗에는 '庭洗'와 '內洗(北洗)'의 2가지가 있다. '정세'는 阼階의 동남쪽에 진설하는 것이고, '내세'는 北堂에 진설하는 것으로 내빈을 위한 것이다. 호배휘, 『의례정의』 권1, 33~34쪽 참조.

르시지요."라고 말한다. 사자는 "아무개는 감히 사양하겠습니다."라고 말한다. 주인은 다시 "아무개 분께서 먼저 당 위로 오르시기를 거듭 청합니다."라고 말한다. 사자는 "아무개는 감히 거듭 사양하겠습니다."라고 말한다. 주인은 다시 "끝내 아무개 분께서 먼저 당 위로 오르시기를 청합니다."라고 말한다. 사자는 "감히 끝내 사양할 수 있겠습니까?"라고 말한다. 주인은 조계阼階(동쪽 계단)를 통해서 당 위로 올라가고, 사자와 부사는 서쪽 계단을 통해 당 위로 올라가서 북쪽을 향해 선다. 주인은 조계 위쪽에서 북쪽을 향해 재배를 한다.

주인은 당 위 동쪽 벽의 남쪽 끝[序端]에서 안석[几]을 받는다. 장사자掌事者는 옷소매로 안석 위의 먼지를 안쪽으로 세 번 털어 내고, 안석의 양 끝을 받들어 서북쪽을 향해 주인에게 올린다. 주인은 동남쪽을 향해 안석 위의 먼지를 바깥쪽으로 세 벌 털어내고, 옷소매의 먼지를 흔들어 털어낸 후 안석의 머리 부분이 안쪽으로 향하도록 하여 잡는다. 장사자 가운데 한 사람이 또 안석을 잡고서 주인의 뒤를 따르고, 주인은 앞으로 나아가 서북쪽을 향해 선다. 사자 일행은 순서에 따라 앞으로 나아가서 자리[筵] 앞에서 주인과 마주하고서 안석을 받고, 동남쪽을 향해 서서 일을 기다린다. 주인은 동쪽 계단 위쪽으로 돌아와서 북쪽을 향해 두 차례 배송례拜送禮를 행한다.27) 사자 일행은 안석을 잡고서 무릎을 꿇고 앞으로 나아가 북쪽을 향해

---

27) 주인은 … 행한다 : '拜送禮'는 먼저 물건을 상대방에게 보내준 후에 그에 따른 배례를 하는 것을 말한다. 이곳에서는 주인이 사자들의 자리에서 안석을 보내준 후 곧바로 배례를 하는 것이 아니라 자신의 위치인 동쪽 계단으로 돌아와서 재배를 하여 배송례를 행한 것이다.

무릎을 꿇고 각자 자리의 왼쪽에 안석을 내려놓고, 서쪽 계단 위쪽으로 물러나 북쪽을 향해 동쪽을 윗자리로 삼아 서서 주인에게 답배를 하고, 서쪽 계단의 서쪽에서 동쪽을 향해 남쪽을 윗자리로 삼아 선다.

찬자贊者(예의 진행을 돕는 주인 쪽의 사람) 2인이 함께 당 위로 올라가서 술잔[觶: 3승 용량]을 잡은 후 당 아래로 내려온다. 손을 씻고 술잔을 씻은 후 다시 당 위로 올라가서 예주를 술잔에 담은 후 술잔 위에 숟가락을 얹고 덮개보로 덮는데 숟가락의 머리 부분이 앞쪽을 향하도록 하여 놓고, 방에서 나와 남쪽을 향해 선다. 주인은 예주를 담은 술잔을 받고 숟가락의 자루 부분이 앞쪽을 향하도록 하고서 사자의 자리 앞의 서쪽으로 나아가서 북쪽을 향해 선다. 또 찬자들은 술잔을 잡고서 주인의 뒤를 따른다. 사자使者 일행은 서쪽 계단 위쪽에서 북쪽을 향해 각각 한 번 배례를 한 후 순서대로 자리[筵] 앞의 동쪽으로 나아가서 남쪽을 향해 선다. 주인은 또 차례대로 예주를 담은 술잔을 건네준다. 사자 일행은 술잔을 받고서 모두 서쪽 계단 위쪽의 본래 위치로 돌아온다.

주인은 물러나 동쪽 계단 위쪽으로 돌아와서 북쪽을 향해 한 차례 배송례拜送禮를 행한다. 장사자는 순서대로 사자 일행의 자리 앞에 말린 고기와 고기젓갈을 올린다. 사자 일행은 각자 앞으로 나아가 자리 위에 오른 후 모두 앉는다. 왼손으로 술잔을 잡고 오른손으로 말린 고기를 잡고서 고기젓갈에 묻힌 후 대나무제기와 나무제기 사이에서 고수레를 하고, 각자 숟가락으로 술동이에서 예주를 떠서 세 차례 고수레를 하는데, 처음 술을 떠서 한 차례 고수레를 하고 다시 술을 떠서 두 차례 고수레를 한 후 일어난다. 사자 일행은 각자

숟가락을 술잔 위에 얹어 양손으로 합쳐서 잡은 후 자리에서 내려온
다. 다시 서쪽 계단 위쪽으로 자리를 옮겨 모두 북쪽을 향해 앉아서
예주를 맛본 후 숟가락을 술잔 안에 꽂고, 각자 말린 고기를 담은
대나무제기와 고기젓갈을 담은 나무제기[薦]의 동쪽에 술잔을 내려
놓고,28) 이어서 배례를 한 후 술잔을 잡고서 일어난다. 주인은 답배
를 한다. 사자 일행은 앞으로 나아가 자리 위에 오른 후 앉아서 각자
말린 고기를 담은 대나무제기와 고기젓갈을 담은 나무제기의 동쪽
에 술잔을 내려놓고, 자리에서 내려와 순서대로 서쪽 계단 위쪽에서
동쪽을 향해 남쪽을 윗자리로 삼아서 선다.

　장사자掌事者는 말을 끌고 내문 안으로 들어와, 뜰[庭]을 3등분하
여 그 남쪽 지점에서 말의 머리(얼굴)가 북쪽을 향하도록 하여 진열
하는데 서쪽을 윗자리로 삼는다. 또 장사자는 속백束帛을 담은 대광
주리[幣筐]를 받들고서 동쪽 계단을 통해 당 위로 올라가서 주인에
게 건네준다. 주인은 당 위 동쪽 벽의 남쪽 끝[序端]에서 받은 후 서
쪽을 향하는 위치로 나아간다. 장사자 가운데 한 사람은 또 속백을
담은 대광주리를 받들고 주인의 뒤쪽에 선다. 사자 일행은 서쪽 계
단 위쪽에서 모두 북쪽을 향해 재배를 한다. 주인은 당 위의 동쪽
기둥[東楹]과 서쪽 기둥[西楹] 사이로 나아가 남쪽을 향해 선다. 사
자 일행은 순서대로 나아가 주인의 서쪽에 서는데, 모두 남쪽을 향

---

28) 숟가락을 술잔 안에 꽂고 … 내려놓는다 : ‘숟가락을 꽂는다.’는 것은 숟가
　　락을 술잔 안에 꽂아 손잡이 부분이 위쪽을 향하게 하는 것을 말한다.
　　사자가 숟가락을 술잔 안에 꽂고 말린 고기를 담은 대나무제기와 고기젓
　　갈을 담은 나무제기의 동쪽에 술잔을 내려놓는 것은 장차 束帛을 받아야
　　하기 때문이다.

한다.29) 주인은 속백을 담은 대광주리를 사자에게 건네준다. 사자는 이를 받은 후 물러나 서쪽 계단 위쪽에서 동쪽을 향해 선다. 속백을 들고 있는 자는 또 그것을 주인에게 건네준다. 주인은 이를 받아서 사자의 부사에게 건네주고, 사자의 부사들은 이를 받은 후 물러나 사자의 북쪽에 서는데, 모두 동쪽을 향한다. 주인은 동쪽 계단 위쪽 으로 돌아와 북쪽을 향해 두 차례 배송례拜送禮를 행한다. 사자 일 행이 서쪽 계단을 통해 당에서 내려오면, 종자從者들은 마주하고서 속백을 담은 대광주리를 건네받는다. 사자 일행은 정실庭實30)을 마 주하는 곳에서 말에게 읍을 한 후 내문 밖으로 나가고, 말을 끄는 자들이 그 뒤를 따라서 내문 밖으로 나간다. 사자 일행은 대문 밖의 서쪽으로 나가서 동쪽을 향해 선다. 종자들은 사자들과 마주하면서

29) 주인은 … 남쪽을 향한다 : 『의례』「사혼례」의 정현 주에 "당 위의 동쪽 기 둥과 서쪽 기둥 사이에서 주는 것은 화합하여 우호함을 밝히는 것이므로 그 절차가 같다. '남쪽을 향한다.'는 것은 나란히 하여 준다는 뜻이다.授於 楹間, 明爲合好, 其節同也. 南面, 並授也."라고 하였다. 盛世佐는 빈과 주인이 각각 東楹과 西楹 사이에 서는 것은 지위가 대등할 경우의 예인 데, 이제 사자가 주인과 대등한 예를 행할 수 있는 것은 그가 신랑 아버지 의 명을 받들기 때문이라고 하였다. 또 주인과 사자가 모두 南面을 하는 것 역시 대등한 예를 행하는 것이기 때문이다. 호배휘, 『의례정의』권3, 156쪽 참조.

30) 정실庭實 : 조공이나 빙문을 할 때 뜰[庭] 가운데에 진열하는 예물을 말한 다. 정실에는 말[馬], 짐승 가죽[皮], 희생[牲], 쌀[米], 젓갈[醢] 등이 포함 된다. 胡培翬는 '實'은 뜰에 채우는 것을 가리킨다고 하였고[實謂實于庭 者也], 敖繼公은 당 위에 진설하는 속백과 상대하여 뜰에 진열하기 때문 에 '庭實'이라 한다고 하였다[對堂上之弊而言, 故謂之庭實]. 胡培翬, 『儀禮正義』권16, 973쪽 참조.

말을 건네받는다. 주인은 대문 밖의 동쪽으로 나가서 서쪽을 향해 두 차례 배송례拜送禮를 행한다. 사자 일행이 물러나면, 주인은 내문 안으로 들어와서 동쪽 계단 아래에서 서쪽을 향해 선다. 빈자儐者(예의 진행을 돕는 주인 쪽의 사람)는 주인에게 "빈 일행은 뒤를 돌아보지 않고 곧바로 떠났습니다."라고 고한다. 주인은 정침으로 돌아온다. 사자는 궁궐로 나아가서 답표答表를 올린다.

　納吉. 使者之辭曰 :「加諸卜筮, 占曰日從, 制使某也入告[31].」主人之辭曰 :「臣某之女若如人, 龜筮云吉, 臣預在焉, 臣某謹奉典制.」 其餘皆如納采.

　납길納吉[32].

　사자는 "점을 쳐 보았더니, 길하다는 점괘가 나왔습니다.[33] 황제

---

31) 占曰日從制使某也入告 : 『大唐開元禮』 권93과 『通典』 권122에는 '日' 자가 없으며, '入告'는 '納吉'로 되어 있다.

32) 납길納吉 : 혼례를 행할 때 六禮 가운데 세 번째 의절로서, 신랑 측에서 점을 쳐서 얻은 길조를 신부 측에 고하는 절차를 말한다. 신랑 측의 사자가 問名의 의절을 행하고 돌아간 후, 신랑 측의 주인이 禰廟 안에서 신부가 될 사람의 성명과 생일 등에 대해 점을 치고, 길조를 얻으면 다시 신부 측에 사자를 보내어 길함을 고하는 절차이다. 납길의 의절에는 기러기를 사용한다.

33) 점을 … 나왔습니다 : 옛날에 길흉을 점칠 때 龜甲을 사용하면 '卜'이라 하고, 蓍草를 사용하면 '筮'라 하였는데, 또 점치는 행위를 '卜筮'로 통칭했다. 『예기』 「曲禮」上에 "거북으로 卜의 점을 치고 점대로 筮의 점을 친다. 점을 치는 것은 선대의 성왕들께서 백성들이 시기와 날짜를 믿게 하고 귀신을 공경하고 법령을 두려워하게 한 방법이다.龜爲卜, 筮爲筮. 卜筮

께서 제서를 내려 아무개를 보내서 길함을 고하도록 하셨습니다."라고 말한다. 주인은 "신 아무개의 딸은 이와 같은 사람인데, 점이 길하게 나왔으므로 신은 그 일에 참여하겠나이다. 신 아무개는 삼가 전장제도의 법도를 받들겠나이다."라고 말한다. 그 나머지는 모두 납채納采의 의절과 동일하다.

納徵. 其日, 使者至于主人之門外, 執事者入, 布幕於內門之外, 玄纁束陳於幕上, 六馬陳於幕南, 北首西上. 執事者奉穀珪以匴, 俟於幕東, 西面. 謁者引使者及主人立於大門之內外. 儐者進受命, 出請事. 使者曰:「某奉制納徵.」儐者入告, 主人曰:「奉制賜臣以重禮, 臣某祗奉典制.」儐者出告, 入, 引主人出, 迎使者入. 執事者坐, 啓匴取珪, 加於玄纁. 牽馬者從入, 三分庭一在南, 北首西上. 執珪者在馬西, 俱北面. 其餘皆如納采.

납징納徵.[34]

납징의 예를 행하는 날, 사자使者가 주인의 대문 밖에 이르면, 집

者, 先聖王之所以使民信時日, 敬鬼神, 畏法令也."라고 하였다. 점을 칠 때는 '筮'와 '占'의 두 과정이 있는데, 먼저 '筮'를 한 후에 '占'을 한다. '筮'는 일정한 방법으로 시초를 나누고 뽑아서 卦를 구하는 것이고, '占'은 그렇게 해서 얻은 卦를 가지고 다시 길흉을 『易』에 묻는 것을 말한다.

34) 납징納徵 : 혼례를 행할 때 六禮 가운데 네 번째 의절로서, 신랑 쪽에서 신부 쪽 집으로 사자를 파견하여 예물을 보내어 혼인을 성사시키는 절차를 말한다. 즉 납징은 남녀의 혼인관계가 정식으로 성사되는 징표이다. 納徵의 의절을 행할 때는 검은색과 옅은 진홍색의 비단 열 단[玄纁束帛]과 짐승가죽 두 장[儷皮]을 예물로 사용한다. 納徵은 비단[幣]을 예물로 사용하기 때문에 '納幣'라고도 칭한다.

사자執事者는 대문 안으로 들어가서 내문 밖에 멍석[幕]35)을 펼쳐놓고, 멍석 위에 검은색과 옅은 진홍색의 비단 열 단[玄纁束]을 진열하며, 멍석의 남쪽에 6마리의 말을 머리가 북쪽을 향하도록 하여 진열하는데, 서쪽을 윗자리로 삼는다. 집사자는 곡규穀珪36)를 담은 함[匵]을 받들고 멍석의 동쪽에서 서쪽을 향해 서서 기다린다. 알자謁者는 사자 및 주인을 인도하여 대문의 안쪽과 바깥쪽에 서도록 한

---

35) 멍석[幕] :『儀禮』「聘禮」에 "관인은 침문 밖에 멍석[幕]을 펼쳐 놓는다. 管人布幕于寢門外."고 하였는데, 정현의 주에서는 "멍석을 펼쳐 놓고 예물을 떠받치는 것이다.布幕以承幣."라고 하였다. 胡培翬는『儀禮正義』에서 "예물을 진열할 때는 반드시 먼저 멍석을 펼쳐놓아서 깔개로 삼으니, 감히 예물을 더럽히지 않으려는 것이다.陳幣必先布幕以爲藉, 不敢褻也."라고 하였다.

36) 곡규穀珪 : '곡규'는 쌀 입자의 문양을 장식한 圭를 말한다.『주례』「지관·媒氏」의 정현 주에 "예물을 드릴 때 검은색을 사용하는 것은 부인은 陰이기 때문이다. 무릇 혼례에서는 반드시 그러한 종류의 것을 사용한다. '5량'은 10단이다. 반드시 '兩'이라고 말한 것은 그 배합하는 명칭을 얻고자 한 것이다. '10'은 5行과 10日이 서로 이루어 주는 것을 상징한다. 사와 대부는 玄纁束帛(검은색과 옅은 진홍색의 비단 열 단)을 사용하고, 천자는 玄纁束帛의 위에 穀圭(쌀 입자의 장식을 새겨 넣은 규)를 올려놓고 예를 행하고, 제후는 玄纁束帛의 위에 大璋(문식을 가한 옥)을 올려놓고 예를 행한다. 納幣用緇, 婦人陰也. 凡於娶禮, 必用其類. '兩兩', 十端也. 必言'兩'者, 欲得其配合之名. '十'者, 象五行十日相成也. 士大夫乃以玄纁束帛, 天子加以穀圭, 諸侯加以大璋."라고 하였다.

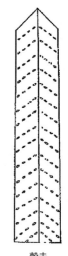

穀圭
(청,『흠정주관의소』)

다. 빈자儐者(예의 진행을 돕는 주인 쪽의 사람)는 주인의 앞으로 나아가 명을 받고, 대문 밖으로 나가서 사자에게 무슨 일로 왔는지 묻는다. 사자는 "아무개는 황제의 명을 받들어 납징을 하려합니다."라고 말한다. 빈자儐者가 대문 안으로 들어가서 주인에게 고하면, 주인은 "황제의 명을 받들어 신에게 무거운 예를 하사하셨으니, 신 아무개는 공경히 전장제도의 법도를 받들겠나이다."라고 말한다. 빈자는 대문 밖으로 나가서 사자에게 고하고, 다시 대문 안으로 들어와서 주인을 인도하여 대문 밖으로 나가서 사자를 맞이하여 대문 안으로 들어온다.

집사자執事者는 앉아서 함을 열어 곡규를 꺼내어 들고, 검은색과 옅은 진홍색의 비단[玄纁] 위에 올려놓는다. 말을 끄는 자는 집사자의 뒤를 따라 내문 안으로 들어와서 뜰을 3등분하여 그 남쪽 지점에 말의 머리(얼굴)가 북쪽을 향하도록 하여 진열하는데, 서쪽을 윗자리로 삼는다. 곡규를 잡은 자는 말의 서쪽에 서는데, 모두 북쪽을 향한다. 그 나머지는 모두 납채納采의 예를 행할 때의 의절과 동일하다.

冊后. 前一日, 守宮設使者次於后氏大門外之西, 尙舍設尙宮以下次於后氏閤外道西, 東向, 障以行帷. 其日, 臨軒命使, 如納采. 奉禮設使者位於大門外之西, 東向; 使副及內侍位於使者之南, 擧冊桉及寶綬者在南, 差退, 持節者在使者之北, 少退, 俱東向. 設主人位於大門外之南, 北面. 使者以下及主人位於內門外, 亦如之. 設內謁者監位於內門外主人之南, 西面. 司贊位於東階東南, 掌贊二人在南, 差退, 俱西向. 又置一桉於閤外. 使·副乘輅, 持節, 備儀仗, 鼓吹備而不作. 內僕進重翟以下於大門之外道西, 東向,

以北爲上. 諸衛令其屬布后儀仗. 使者出次, 就位. 主人朝服立於
東階下, 西面. 儐者受命, 出請事. 使者曰：「某奉制, 授皇后備物
典冊.」儐者入告, 主人出迎於大門外, 北面再拜, 使者不答拜. 使
者入門而左, 持節者前導, 持桉者次之. 主人入門而右, 至內門外
位. 奉冊寶桉者進, 授使副冊寶. 內侍進使者前, 西面受冊寶, 東面
授內謁者監, 持入, 立於閤外之西, 東面跪置於桉. 尚宮以下入閤,
奉后首飾·褘衣, 傅姆贊出, 尚宮引降立於庭中, 北面. 尚宮跪取
冊, 尚服跪取寶綬, 立於后之右, 西向. 司言·司寶各一人立於后
左, 東向. 尚宮曰：「有制.」尚儀曰：「再拜.」皇后再拜. 宣冊. 尚儀
曰：「再拜.」皇后又再拜. 尚宮授皇后以冊, 受以授司言. 尚服又
授以寶綬, 受以授司寶. 皇后升坐, 內官以下俱降立於庭, 重行相
向, 西上. 司贊曰：「再拜.」掌贊承傳, 皆再拜. 諸應侍衛者各升,
立於侍位. 尚儀前跪奏曰：「禮畢.」皇后降坐以入. 使者復命.

책후冊后.

황후로 책봉하는 예를 거행하기 하루 전날, 수궁守宮37)은 황후 궁
실의 대문 밖의 서쪽에 사자의 차次(임시 장막)38)를 설치하고, 상사
尙舍39)는 황후 궁실의 합문閤門(곁문) 밖 길의 서쪽에 상궁尙宮40)

---

37) 수궁守宮 :『唐六典』에 의하면, 守宮署에는 令(정8품하) 1인과 丞이 있
　　다. 令은 방국의 장막 따위를 공급하는 일을 관장하는데, 물품의 명목을
　　판별하고 출입을 회계한다. 왕공의 혼례 때 또한 장막을 공급한다.

38) 차次(임시장막) : '次'는 베로 만든 휘장을 세우고 갈대로 엮은 자리를 깔
　　아 옷을 갈아입거나 휴식을 취하기 위한 임시 장막을 말한다.

39) 상사尙舍 :『당육전』과『구당서』「직관지」에 의하면, 殿中省의 예하에 尙
　　食局·尙藥局·尙衣局·尙舍局·尙乘局·尙輦局이 있다. 尙舍局의 관직
　　은 判官(종5품상), 奉御(정7품하) 2인, 直長(정7품하) 6인, 書令史 3인,

이하의 차次를 설치하는데, 동쪽을 향하도록 하고, 휘장[帷]41)을 둘러쳐서 밖을 가린다.

황후로 책봉하는 당일, 황제는 친히 정전 앞의 섬돌에 납시어[臨軒]42) 사자에게 명을 내리는데, 납채의 예를 행할 때와 동일한 의절로 한다. 봉례奉禮43)는 대문 밖의 서쪽에 사자의 위치를 설정하는데

掌固 10인, 幕士 80인으로 구성된다. 尙舍局은 행사 때나 황제가 출행할 때 장막 설치를 관장한다.

40) 상궁尙宮 : 『唐六典』에 의하면, 宮官의 官府에는 尙宮局·尙儀局·尙服局·尙食局·尙寢局·尙功局이 있다. 尙宮局의 尙宮은 2인으로 정5품의 관직이며, 그 속관으로 司記·司言·司簿·司闈 등이 있다. '상궁'은 中宮을 인도하고, 司記·司言·司簿·司闈의 네 司의 관속들을 총괄하는 일을 관장한다. 6尙局의 사물을 출납하는 문적은 모두 상궁에서 날인 서명한다.(尙宮掌導引中宮, 惣司記·司言·司簿·司闈四司之官屬. 凡六尙事物出納文籍, 皆印署之.)

41) 휘장[帷] : 『周禮』「天官·幕人」의 정현 주에 의하면, '帷'·'幕'·'幄'·'帟'은 그 설치방식이나 기능이 각각 다르다. '帷'는 베[布]를 사방으로 벽처럼 둘러서 친 것이고, '幕'은 帷 위에 베를 지붕처럼 펼쳐서 덮은 것이다. 帷幕으로 室을 만든다. '幄'은 帷幕 안에 다시 비단을 둘러쳐서 방을 만든 것이다. '帟'은 幄 안에서 앉는 자리 위에 펼치는 비단이다.

42) 친히 정전 앞의 섬돌에 납시어[臨軒] : 황제가 正殿의 玉座에 앉지 않고 친히 정전 앞쪽의 난간(섬돌)으로 나아가는 것을 말한다. 정전 앞쪽은 堂과 陛(계단) 사이로 처마와 가까운 곳인데, 양쪽 끝에 난간 울타리가 있어 그 모양이 수레 위의 바람막이 휘장[軒]과 유사하다. 그러므로 '臨軒(헌에 임하다)'이라 칭한다.

43) 봉례奉禮 : 『당육전』에 의하면, '봉례'는 2인으로 종9품상의 太常寺의 관직이다. 君臣의 版位를 설치하여 조회와 제사의 예의를 받드는 일을 관장한다. 또 제사와 조회를 볼 때 백관의 위치를 설치한다.(奉禮郎掌設君臣之版位, 以奉朝會·祭祀之禮. 凡祭祀·朝會, 設庶官之位.)

동쪽을 향하도록 한다. 부사副使 및 내시內寺[44]의 위치는 사자의 위치 남쪽에 있고, 책서를 담은 궤안[冊桉] 및 보수寶綬(璽綬)[45]를 들고 있는 자들의 위치는 부사 및 내시의 남쪽에서 약간 뒤로 물러난 곳에 있고, 부절을 지니고 있는 자[持節者][46]의 위치는 사자의 북쪽에서 조금 뒤로 물러난 곳에 있는데, 모두 동쪽을 향한다. 대문 밖의 남쪽에 주인의 위치를 설치하는데, 북쪽을 향하도록 한다. 내문 밖에도 사자 이하 및 주인의 위치를 설치하는데, 또한 대문 밖의 위치와 마찬가지로 한다. 내문 밖 주인 위치의 남쪽에 내알자감內謁者監[47]의 위치를 설치하는데 서쪽을 향하도록 한다. 사찬司贊[48]의 위

---

44) 내시內寺 : 『당육전』에 의하면, '내시'는 4인으로 종4품상의 宮官의 관직이다. 내시의 직은 궁내에서의 황후의 시봉과 궁액의 출입, 황후 제령의 선포와 전달을 관장한다. 액정·궁위·해관·내복·내부 5국의 관속을 총괄한다.(內侍之職, 掌在內侍奉, 出人宮掖, 宣傳制令. 惣掖庭·宮闈·奚宮·內僕·內府五局之官屬.)

45) 보수寶綬(璽綬) : '寶'는 모두 '璽'를 의미한다. 武則天 시기 '璽'를 '寶'로 개정했으며, 中宗 神龍 연간 다시 '璽'로 고쳤다가 玄宗 開元 6년(718) 다시 '寶'로 개칭했다. 이 이후 '璽'와 '寶'는 서로 혼용되며 사용되었다. 金鐸敏 主編, 『譯註唐六典(中)』, 262쪽 참조.

46) 부절을 잡고 있는 자[持節者] : 사신이 명을 받들어 출행할 때 반드시 부절을 잡고서 증빙으로 삼았다. 또 '持節'은 관명이기도 한데, 위진 이후 使持節, 持節, 假節, 假使節 등의 관직이 있어 그 권한에 차이는 있지만 모두 刺史의 總軍戎이었다. 당나라 초기 州刺史에 持節이라는 칭호를 덧붙였는데, 후에 節度使가 생기자 持節의 칭호가 드디어 폐지되었다.

47) 내알자감內謁者監 : 『구당서』「職官志」에 의하면, 內謁者는 내외에 황제의 어지를 전하는 일을 관장하는데, 대부분 환관이 담당한다. 『唐六典』에 의하면 內謁者는 監(정6품하) 6인, 內謁者(종8품하) 12인, 內典引 18인, 內寺伯(정7품하) 2인, 寺人 6인, 亭長 6인, 掌固 8인으로 구성된다. '내알

치는 동쪽 계단의 남쪽에 있으며, 장찬掌贊49) 2인의 위치는 그 남쪽
에서 조금 뒤로 물러난 곳에 있는데, 모두 서쪽을 향한다. 또 황후
궁실의 합문閤門(곁문) 밖에 책서를 담는 궤안[冊桉] 하나를 놓아둔
다. 사자와 부사는 노거輅車를 타고, 부절을 지니며, 의장대를 갖추
어서 고취악의 악대를 갖추지만 연주하지는 않는다. 내복內僕은 대
문 밖 길의 서쪽에 중적거重翟車50) 이하 황후가 타는 수레를 동쪽을
향하도록 하여 진열하는데, 북쪽을 윗자리로 삼는다. 시위관侍衛官
들은 각자의 속관들에게 황후의 의장儀仗을 펼쳐놓도록 명령한다.

사자는 임시 장막[次]에서 나와 위치로 나아간다. 주인은 조복朝
服 차림으로 동쪽 계단 아래에서 서쪽을 향해 선다. 빈자儐者는 주
인의 명을 받아 대문 밖으로 나가서 사자에게 무슨 일로 왔는지 묻

자감'은 중궁 내의 각종 명령의 선포와 전달을 관장한다. 諸親의 부인과
딸과 내외명부가 조회할 때는 해당 부서에서 그 인원수를 기재하여 내시
성으로 보낸다.(內謁者監掌內宣傳. 凡諸親命婦朝會, 所司籍其人數, 送
內侍省.)

48) 사찬司贊 : 『당육전』에 의하면, '사찬'은 2인으로 정7품의 宮官의 관직이
   다. 조근과 연회에서 돕는 일을 관장하는데(司贊掌朝見 · 宴會贊相之事),
   조회를 볼 때 객을 인도하여 殿庭에 서는 것을 도와준다.

49) 장찬掌贊 : 『당육전』에 의하면, '장찬'은 2인으로, 정8품의 宮官의 관직이
   다. 『舊唐書』 권44, 職官3에는 정6품으로 되어 있다.

50) 중적거重翟車 : 『周禮』 「春官 · 巾車」에 의하면, 왕의 5輅는 玉輅 · 金輅
   · 象輅 · 革輅 · 木輅이고, 왕후의 5輅는 重翟 · 厭翟 · 安車 · 翟車 · 輦車이
   다. '重翟'은 車廂(수레에서 사람이 타거나 물건을 싣는 곳으로, 휘장을
   쳐서 바람 등을 막는다)의 양 옆에 이중의 꿩 깃으로 가리개를 한 수레를
   말한다. 王后의 五輅 가운데 하나로, 왕후가 왕을 따라 제사를 거행할
   때에 탄다.

는다. 사자는 "아무개는 황제의 명을 받들어 황후에게 위의威儀와
제사 등에 사용하는 기물과 책명冊命51)을 전해드리고자 합니다."라
고 말한다. 빈자儐者는 대문 안으로 들어가서 주인에게 고한다. 주인
은 대문 밖에서 사자를 맞이하는데 북쪽을 향해 재배를 하지만, 사
자는 답배를 하지 않는다. 사자는 대문 안으로 들어가 왼쪽으로 나
아가는데, 부절을 지니고 있는 자가 앞에서 인도를 하고, 책명을 문
안을 궤안을 들고 있는 자가 그 뒤를 따른다. 주인은 대문 안으로
들어가 오른쪽으로 나아가서 내문 밖의 위치에 이른다.

　　책서冊書52)와 보새寶璽(황제의 印璽)를 담은 궤안을 들고 있는

----

51) 위의威儀와 제사 등에 사용하는 기물과 책명冊命 : 원문은 '備物典冊'이
　　다. 『춘추좌씨전』 정공 4년 조에 "魯公에게 備物과 典策을 나누어주었다.
　　分之土田・陪敦・祝宗・卜史・備物・典策・官司・彝器."고 하였다. 공영
　　달의 소에는 복건의 말을 인용하여 "國君의 威儀의 물건으로, 오늘날의
　　徽扇(일산) 따위를 말한다.當謂國君威儀之物, 若今徽扇之屬."고 하였
　　다. 王引之는 『經義述聞』 「春秋左傳」 下에서 "備物은 곧 服物이다. 經
　　傳에서는 대부분 '服物'이라고 말하였다. … '服'과 '備'는 옛 글자에 통용
　　되었다.備物卽服物也. 經傳多言服物 … '服'與'備'古字通."고 하였다.
　　干寶의 「晉紀總論」에 대한 張銑의 주에서는 "備物은 祭器의 물건을 가
　　리킨다.備物, 謂祭器之物."고 하였다. 『資治通鑑』 晉成帝 咸康 7년 조에
　　"비물과 전책은 모두 수레를 따른다.備物典策, 皆從殊禮."고 한 것에 대
　　해 胡三省의 注에는 "나는 생각건대, 車輅・旌章・弓矢・斧鉞을 모두
　　'備物'이라 할 수 있다.余謂車輅・旌章・弓矢・斧鉞, 皆可以言備物."고
　　하였다. '典冊'은 황제의 冊命을 말한다.

52) 책서冊書 : 冊命의 조서를 말한다. 고대에 제왕이 冊立이나 封贈 등에 일
　　에 사용하던 조서이다. 『신당서』 「百官志」2에 "무릇 王言의 제도에 7가
　　지가 있다. 첫째는 冊書이니, 황후와 황태자를 세우고 제왕을 봉하는 경
　　우, 황제가 정전 앞의 난간에 임하여 책명을 내릴 때 이를 사용한다.凡王

자는 사자와 부사에게 나아가서 책서와 보새를 건네준다. 내시內侍
는 사자의 앞으로 나아가서 서쪽을 향해 책서와 보새를 건네받은
후, 동쪽을 향해 내알자감內謁者監에게 건네준다. 내알자감은 이를
들고 들어가서 합문閤門(곁문) 밖의 서쪽에서 동쪽을 향해 무릎을
꿇고 궤안 위에 내려놓는다. 상궁尙宮 이하의 여관女官들은 합문 안
으로 들어가 황후의 머리장식53)과 휘의褘衣54)를 받들고, 부모傅姆55)
는 그녀들이 문 밖으로 나가는 것을 돕고, 상궁은 여관들을 인솔하
여 당에서 내려가서 뜰 중앙에서 북쪽을 향해 선다. 상궁은 무릎을
꿇고 책서를 집어 들고, 상복尙服56)은 무릎을 꿇고 보새와 인수를

言之制有七, 一曰冊書, 立皇后·皇太子, 封諸王, 臨軒冊命則用之."고
하였다. 왕언의 7가지는, ①冊書, ②制書, ③慰勞制書, ④發勅, ⑤勅旨,
⑥論事勅書, ⑦勅牒이다.

53) 황후의 머리장식 : 『당육전』에 의하면, 황후의 머리장식은 12송이의 큰 꽃
과 작은 꽃으로 꾸미며, 양쪽 귀밑머리까지 덮는다.(首飾花十二樹, 小花
如大花之數, 並兩博鬢.)

54) 휘의褘衣 : 오채색의 꿩 문양을 그려 넣고 검은 색의 가선장식을 한 옷으
로, 王后의 六服 가운데 가장 존귀한 옷이다. 왕후가 왕을 따라 선왕을
제사지낼 때 착용하는 복장이다.

55) 부모傅姆 : 귀족의 자녀를 보육하는 나이든 부인을 말한다. 『의례』「사혼
례」의 정현 주에 "姆는 부인이 나이가 50이 되어서도 자식이 없어 쫓겨나
다시 시집을 갈 수는 없지만, 婦道로써 남을 가르칠 수 있는 자이다. 오늘
날의 유모와 같은 경우이다.姆, 婦人年五十無子, 出而不復嫁, 能以婦道
教人者, 若今時乳母矣."라고 하였다.

56) 상복尙服 : 『당육전』에 의하면, 상복은 2인으로 정5품의 관직으로, 내궁에
서 의복의 공급과 采章(황후의 의복과 그 장식)의 수를 관장한다.(尙服掌
供內服用采章之數.)

집어 든 후 황후의 오른쪽에서 서쪽을 향해 선다. 사언司言[57]·사보司寶[58] 각각 한 사람은 황후의 왼쪽에서 동쪽을 향해 선다.

상궁이 "황제의 명이 있습니다."라고 말하고, 상의尙儀[59]가 "재배!"라고 외치면, 황후는 재배를 한다. 책서를 펼쳐서 읽는다. 상의는 "재배!"라고 외친다. 황후는 또 재배를 한다. 상궁은 황후에게 책서冊書를 건네주고, 황후는 이를 받아서 사언에게 건네준다. 상복은 또 황후에게 보수寶綬를 건네주고, 황후는 이를 받아서 사보에게 건네준다. 황후는 자리로 올라가 앉고, 내관內官 이하의 관원들은 함께 당에서 내려와 뜰에서 두 줄로 서로 마주보며 서는데, 서쪽을 윗자리로 삼는다. 사찬司贊은 "재배!"라고 외친다. 장찬掌贊이 이어받아서 말을 전하면, 모두 재배를 한다. 시위侍衛를 해야 하는 자들은 각자 당 위로 올라가서 시위하는 위치에 선다. 상의尙儀는 앞으로 나아가 무릎을 꿇고 "예가 모두 끝났습니다."라고 아뢴다. 황후는 자리에서 내려와 들어가고, 사자는 돌아가서 명을 완수하였음을 보고한다.

---

57) 사언司言 : 『당육전』에 의하면, '사언'은 2인으로 정6품의 관직으로, 황제의 뜻을 하달하고 신하들의 말을 아뢰는 일을 관장한다.(司言掌宣傳啓奏之事.)

58) 사보司寶 : 『당육전』에 의하면, '사보'는 2인으로 정6품의 관직으로, 琮寶(寶璽의 총칭)·符契·圖籍을 관장한다.(司寶掌琮寶·符契·圖籍.) 태황태후와 황후의 옥새는 모두 금으로서 만들지만, 실제 사용하지는 않는다. 반드시 봉인해야 하는 令書의 경우, 태황태후와 황태후는 궁관의 인을 사용하며, 황후는 내시성의 인을 사용한다.

59) 상의尙儀 : 『당육전』에 의하면, '상의'는 2인으로 정5품의 관직으로, 6궁의 예의·기거와 사적·사악·사빈·사찬 네 관사의 관속들을 총괄하는 일을 관장한다.(尙儀掌禮儀起居, 惣司籍·司樂·司賓·司贊四司之官屬.)

其遣使者奉迎.

사자를 파견하여 황후를 맞이하는 의절.

其日, 侍中版奏「請中嚴」. 皇帝服冕出, 升所御殿, 文武之官五品已上立於東西朝堂. 奉迎前一日, 守宮設使者次於大門之外道右, 設使副及內侍次於使者次西, 俱南向. 尚舍設宮人次於閤外道西. 奉禮設使·副·持案執鴈者·持節者及奉禮·贊者位, 如冊后. 又設內侍位於大門外道左, 西面. 又設宮人以下位於堂前. 使·副朝服, 乘輅持節, 至大門外次, 宮人等各之次奉迎. 尚儀奏「請皇后中嚴」. 傅姆導皇后, 尚宮前引, 出, 升堂. 皇后將出, 主婦出於房外之西, 南向. 文武奉迎者皆陪立於大門之外, 文官在東, 武官在西, 皆北上. 謁者引使者詣大門外位, 主人立於內門外堂前東階下, 西面. 儐者受命, 出請事, 使者曰:「某奉制, 以今吉辰, 率職奉迎.」儐者入告, 主人曰:「臣謹奉典制.」儐者出告, 入, 引主人出門南, 北面再拜. 謁者引入至內門外堂西階, 使者先升, 位於兩楹間, 南面; 副在西, 持案·執鴈者在西南, 俱東面. 主人升東階, 詣使者前, 北面立. 使·副授以制書, 曰:「有制.」主人再拜. 使者宣制, 主人降詣階間, 北面再拜稽首. 升, 進, 北面受制書. 主人再拜, 北面立. 使·副授以鴈, 主人再拜, 進受, 仍北面立. 儐者引二人對擧答表案進, 主人以表授使·副, 再拜, 降自西階以出, 復門外位. 奉禮曰:「再拜.」贊者承傳, 使·副俱再拜. 使者曰「令月吉日, 臣某等承制, 率職奉迎.」內侍受以入, 傳於司言, 司言受以奏聞. 尚儀奏請皇后再拜. 主人入, 升自東階, 進, 西面誡之曰:「戒之敬之, 夙夜無違命.」主人退, 立於東階上, 西面. 母誡於西階上, 施衿結悅, 曰:「勉之敬之, 夙夜無違命.」皇后升輿以降, 升重翟以几, 姆

加景, 內宮侍從及內侍導引, 應乘車從者如鹵簿. 皇后車出大門
外, 以次乘車馬引從.

황후를 맞이하는 날, 시중侍中은 홀판[版]60)을 들면서 "뜰 중앙의
경계를 엄중히 할 것[中嚴]을 청합니다."라고 아뢴다. 황제는 면복冕
服을 착용하고 궁 밖으로 나가서 자리할 대전大殿 위로 올라간다. 5
품 이상의 문·무 관원들은 동쪽과 서쪽의 조당朝堂에 선다.

황후를 맞이하기 하루 전날, 수궁守宮은 대문 밖의 길 오른쪽에
사자의 임시 장막[次]을 설치하고, 사자의 임시 장막 서쪽에 부사 및
내시內侍의 임시 장막을 설치하는데, 모두 남쪽을 향하도록 한다. 상
사尙舍는 합문閤門(곁문) 밖 길의 서쪽에 궁인의 임시 장막을 설치
한다. 봉례奉禮는 사자·부사·궤안을 들고 있는 자와 기러기를 잡고
있는 자·부절을 지니고 있는 자 및 봉례·찬자贊者의 위치를 설치하
는데, 황후로 책봉할 때와 마찬가지 의절로 한다. 또 대문 밖의 길
왼쪽에 내시의 위치를 설치하는데, 서쪽을 향하도록 한다. 또 조당
앞에 궁인 이하의 위치를 설치한다. 사자와 부사가 조복朝服을 착용
하고서 노거輅車를 타고 부절을 지니고서 대문 밖의 임시 장막에 도

---

60) 홀판[版] : '版'은 手板 즉 朝笏을 말한다. 『後漢書』「黨錮傳·范滂」에
   "범방은 원한을 품고 판을 내던지고 관직을 버리고 떠났다.滂懷恨, 投版
   棄官而去."고 하였는데, 李賢의 注에 "판은 홀이다.版, 笏也."라고 하였
   다. 『宋書』「百官志」上에 "한나라시대에 東京의 御史中丞이 尙書丞郞
   을 만나면 中丞은 수레를 멈추고 版을 잡고서 읍을 하고, 丞郞은 수레에
   앉아서 손을 들어 예를 표할 뿐이었다.漢東京御史中丞遇尙書丞郞, 則中
   丞止車執版揖, 而丞郞坐車擧手禮之而已."라고 하였다. 유사들이 홀 판
   을 잡고서 아뢰는 것을 '版奏'라고 한다.

착하면, 궁인宮人들은 각자의 임시 장막에서 받들어 맞이한다.

상의尙儀는 "황후 궁중의 뜰을 엄중히 경계할 것을 청합니다."라고 아뢴다. 부모傅姆가 황후를 인도하는데, 상궁尙宮이 앞에서 길을 안내하여 궁에서 나가 당 위로 올라간다. 황후가 궁 밖으로 나가려고 할 때, 주부主婦는 방 밖의 서쪽으로 나가서 남쪽을 향해 선다. 황후를 받들어 맞이하는 무·문 관원들은 모두 대문 밖에서 황후를 따라 배립한다. 문관은 동쪽에 서고, 무관은 서쪽에 서는데, 모두 북쪽을 윗자리로 삼는다. 알자謁者는 사자를 인도하여 대문 밖의 위치로 나아가고, 주인은 내문 밖 당 앞의 동쪽계단 아래에서 서쪽을 향해 선다.

빈자儐者는 주인의 명을 받은 후 대문 밖으로 나가서 사자에게 무슨 일로 왔는지 묻는다. 사자는 "아무개가 황제의 명을 받들어, 이제 길한 날에, 직무를 수행하여 황후를 받들어 맞이하려 합니다."라고 말한다. 빈자는 대문 안으로 들어가 주인에게 고한다. 주인은 "신은 삼가 전장제도의 법도를 받들겠나이다."라고 말한다. 빈자는 대문 밖으로 나가서 사자에게 고하고, 다시 대문 안으로 들어와서 주인을 인도하여 대문 밖으로 나간다. 주인은 대문 밖의 남쪽에서 북쪽을 향해 재배를 한다. 알자謁者가 사자를 인도하여 대문 안으로 들어가서 내문 밖의 당 앞 서쪽계단에 이르면, 사자가 먼저 당 위로 올라가서 당 위의 동쪽과 서쪽 기둥 사이에 위치하여 남쪽을 향해 선다. 부사는 그 서쪽에 서고, 궤안을 들고 있는 자와 기러기를 잡고 있는 자들은 그 서남쪽에 서는데, 모두 동쪽을 향한다. 주인은 동쪽계단을 통해 당 위로 올라가서 사자의 앞으로 나아가 북쪽을 향해 선다.

사자와 부사는 주인에게 제서制書를 건네주면서, "황제의 명이 있

습니다."라고 말한다. 주인은 재배를 한다. 사자가 제서를 펼쳐서 읽
으면, 주인은 당에서 내려가 동쪽과 서쪽 계단 사이로 나아가 북쪽
을 향해 머리를 바닥에 대고 재배를 한 후, 당 위로 올라가서 사자
앞으로 나아가 북쪽을 향해 제서를 받는다. 주인은 재배를 한 후 북
쪽을 향해 선다. 사자와 부사가 주인에게 기러기를 건네주면, 주인
은 재배를 한 후 사자 앞으로 나아가 받고, 이어서 북쪽을 향해 선
다. 빈자가 두 사람을 이끌고서 답표答表를 담은 궤안을 마주 들고
서 나아가면, 주인은 답표를 사자와 부사에게 건네준 후 재배를 한
다. 사자와 부사는 서쪽 계단을 통해 당에서 내려와 나가서 대문 밖
의 본래 위치로 돌아온다. 봉례奉禮는 "재배!"라고 외친다. 찬자贊者
가 이어받아 말을 전하면, 사자와 부사는 모두 재배를 한다. 사자는
"좋은 달 길한 날에, 신 아무개들은 황제의 명을 받들어, 직무를 수
행하여 황후를 받들어 맞이하게 되었습니다."라고 말한다. 내시內侍
는 사자의 말을 받아 안으로 들어가서 사언司言에게 전하고, 사언은
이를 받아서 황후에게 아뢰어 보고한다. 상의尙儀는 황후에게 재배
할 것을 청한다. 주인은 문 안으로 들어가 동쪽 계단을 통해 당 위로
올라가서 황후에게 나아가 서쪽을 향해 "삼가고 공경하여 아침 일
찍부터 밤늦게까지 시부모의 가르침과 명령을 어기지 말도록 하라."
라고 경계하여 고한다. 주인은 물러나 동쪽 계단 위쪽에서 서쪽을
향해 선다. 그 어머니는 서쪽 계단 위쪽에서 황후에게 경계를 하는
데, 띠[衿]⁶¹⁾를 몸에 둘러 주고 차고 다니는 수건[帨]을 묶어 주면서

---

61) 띠[衿] : '衿'에 대해서는 『의례』 「사혼례」의 정현의 주와 가공언의 소에
    모두 설명이 없다. 張爾岐는 "'衿'은 '옷의 작은 띠'로서 '衣領'이라고
    도 한다.(『儀禮鄭注句讀』 권2, "'衿'衣小帶, 一云'衣領'.")고 하였다.

"근면하고 공경하여 아침 일찍부터 밤늦게까지 부녀자의 일을 어기지 말도록 하라."라고 훈계하여 고한다.

황후는 수레에 올랐다가 내려오고, 또 디딤대[几]를 밟고 중적거重翟車에 올라타면, 부모傅姆는 황후에게 겉옷[景]을 덧입혀 준다.[62] 궁내의 시종侍從 및 내시內侍는 황후를 인도하고, 수레에 타야 하는 종자從者들은 노부鹵簿[63]의 의장대와 마찬가지로 한다. 황후의 수레

『爾雅』「釋器」에서 "衿을 袴라 한다.衿謂之袴."라고 한 것에 대해 郭璞은 "옷옷의 작은 띠이다.衣小帶."라고 하였다. 그러나 盛世佐는 『예기』「내칙」의 정현 주에서 "衿은 묶는다는 뜻과 같다.衿猶結也."라고 한 것과 의미가 통하지 않는다고 하여 장이기의 설을 비판하고, 『한서』의 應劭注에서 "衿은 帶이다."라고 한 것에 의거하여 몸에 띠[帶]를 두르고 띠에 수건을 묶어서 표지를 삼는 것이라고 하였다.(『儀禮集編』 권4, "「內則」 註云'衿猶結也', 又與此義不合 …『漢書』註應劭曰, '衿, 帶也', 竊疑此 說于此義稍近, 蓋施帶于身, 而結巾于帶, 以爲識也.")

62) 겉옷[景]을 덧입혀 준다 : 『의례』「사혼례」의 정현 주에 "'景'의 제도는 아마도 '明衣'와 같은 듯하다. 그것을 덧입음으로써 길을 갈 때 먼지를 막아 주는데, 옷이 깨끗하고 밝도록 하기 위한 것이다. '景'은 또한 밝다는 뜻이다.景之制蓋如明衣. 加之以爲行道禦塵, 令衣鮮明也. '景'亦'明'也."라고 하였다. '景'의 제도에 대해서는 正文이 없다. '明衣'는 청결한 옷으로, 재계할 때 목욕을 한 후에 입거나 시신을 목욕시킨 후에 입히는 옷이다. 『의례』「旣夕禮·記」에 의하면, 明衣는 布를 사용하여 만들며, 폭을 연결하여 소매와 몸통이 일체가 되도록 하고, 길이는 무릎까지 내려오도록 한다.

63) 노부鹵簿 : '노부'는 천자가 출행할 때에 뒤따르며 호종하는 수레의 행렬, 즉 의장대를 말하는데, 그 규모에 따라 '大駕', '法駕', '小駕'로 구분된다. 漢代 이후 后妃·太子·王公大臣에게도 공급되었고, 唐代에는 4품 이상에 모두 鹵簿가 공급되었다. 蔡邕의 『獨斷』 권하에 "천자가 출행할 때에 수레의 행렬을 '노부'라고 하는데, '대가'가 있고 '법가'가 있고 '소가'가

가 대문 밖을 나가면, 차례대로 수레와 말에 올라타서 인도하면서
따른다.

同牢之日, 內侍之屬設皇后大次於皇帝所御殿門外之東, 南向. 將夕, 尚寢設皇帝御幄於室內之奧, 東向. 鋪地席重茵, 施屏障. 初 昏, 尚食設洗於東階, 東西當東霤, 南北以堂深. 后洗於東房, 近 北. 設饌於東房西墉下, 籩·豆各二十四[64], 簋·簠各二, 登(各)[65]

있다. '大駕'는 公卿이 앞에서 수레를 인도하여 이끌고, 大將軍이 참승을 하고, 太僕이 수레를 몬다. 屬車(副車)는 81승이며, 千乘의 萬騎를 갖춘 다. 전한시대에 (대가로) 출행을 하여 감천에서 하늘을 제사지냈는데, 백 관들이 뒤따랐다. 이때의 儀注가 있는데, 『甘泉鹵簿』라고 한다. 후한시대 이래로 사용하는 일이 드물었다. 후한 명제 때 大駕를 갖추어 原陵에 올 라서 上陵의 예를 행했지만, 일상적으로 사용하지는 않았고, 단지 大喪을 당했을 경우에만 이용하였다. '法駕'는 公卿은 鹵簿에 참여하지 않고, 河 南尹·執金吾·洛陽令이 앞에서 수레를 인도하여 이끌고, 侍中이 참승을 하고, 奉車郎이 수레를 몬다. 屬車(副車)는 30승이다. 北郊와 明堂에 제 사를 올리는 경우에는 副車의 수를 줄인다. '小駕'는 宗廟에 제사를 지낼 때에 사용하는데, 출행할 때마다 太僕이 천자의 수레를 받들어 이끌고, 鹵簿의 준비를 尚書에 보고한다.天子出, 車駕次第謂之鹵簿, 有大駕, 有 小駕, 有法駕. 大駕則公卿奉引, 大將軍參乘, 太僕御, 屬車八十一乘, 備千乘萬騎. 在長安時, 出祠天於甘泉, 備之百官. 有其儀注, 名曰'甘泉 鹵簿.' 中興以來希用之. 先帝時時備大駕, 上原陵也, 不常用, 唯遭大喪, 乃施之. 法駕公卿不在鹵簿中, 唯河南尹·執金吾·洛陽令奉引, 侍中參 乘, 奉車郎御, 屬車三十六乘, 北郊明堂則省諸副車. 小駕祠宗廟用之, 每出太僕奉駕, 上鹵簿於尚書中."고 하였다.

64) 籩豆各二十四 : 각 본에는 원래 '籩'자가 없는데, 『大唐開元禮』 권94와 『通典』 권122에 의거하여 보충하였다.

三, 俎三. 尊於室內北牖下, 玄酒在西. 又尊於房戶外之東, 無玄
酒. 坫在南, 加四爵, 合巹. 器皆烏漆, 巹以匏. 皇后入大門, 鳴鍾
鼓. 從永巷至大次前, 回車南向, 施步障. 尚儀進當車前, 跪請降
車. 皇后降, 入次. 尚宮引詣殿門之外, 西向立. 尚儀跪奏「外辦, 請
降坐禮迎」. 皇帝降坐, 尚宮前引, 詣門內之西, 東面揖后以入. 尚
食酌玄酒三注於尊, 尚寢設席於室內之西, 東向. 皇帝導后升自西
階, 入室卽席, 東向立. 皇后入, 立於尊西, 南面. 皇帝盥於西洗,
后盥於北洗. 饌入, 設醬於席前, 葅醢在其北; 俎三設於豆東, 豕俎
特在北. 尚食設黍于醬東, 稷·稻·粱又在東; 設湆于醬南. 設后對
醬于東, 當特俎, 葅醢在其南, 北上; 設黍于豕俎北, 其西稷·稻·
粱, 設湆于醬北. 尚食啓會郤于簠簋之南, 對簠簋于北, 加匕箸,
尚寢設對席於饌東. 尚食跪奏「饌具」. 皇帝揖皇后升, 對席, 西面,
皆坐. 尚食跪取韭葅擩醢授皇帝, 取葅擩醢授皇后, 俱受, 祭於豆
間. 尚食又取黍實於左手, 遍取稷·稻·粱反於右手[66], 授皇帝, 又
取黍·稷·稻·粱授皇后, 俱受, 祭於豆間. 又各取肺絕末授帝·后,
俱祭於豆間. 尚食各以肺加於俎. 司飾二人以巾授皇帝及皇后, 俱
帨手. 尚食各跪品嘗饌, 移黍置於席上, 以次授肺脊, 帝·后皆食,
三飯, 卒食. 尚食二人俱盥手洗爵於房, 入室, 酌于尊, 以授帝·后,
俱受, 祭. 尚食各以肝從, 皆奠爵·振祭·嚌之. 尚食皆受, 實於俎
·豆. 各取爵, 皆飲[67]. 尚儀受虛爵, 奠於坫. 再酳如初, 三酳用巹,

---

65) (各): 이곳에는 登을 단독으로 진설하는 것이므로 '各'은 衍文이다.
66) 遍取稷稻粱反於右手 : '右'는 각 본에 원래 '左'로 되어 있는데, 『大唐開
    元禮』권94와 『通典』권122에 의거하여 교감하였다.
67) 皆飲 : '飲'은 각 본에는 원래 '飯'으로 되어 있는데, 『大唐開元禮』권94
    와 『通典』권122에 의거하여 교감하였다.

如再酳. 尚食俱降東階, 洗爵, 升, 酌於戶外, 進, 北面奠爵, 興, 再拜, 跪取爵祭酒, 遂飲卒爵, 奠, 遂拜, 執爵興, 降, 奠於篚. 尚儀北面跪, 奏稱:「禮畢, 興.」帝·后俱興. 尚宮引皇帝入東房, 釋冕服, 御常服; 尚宮引皇后入幄, 脫服. 尚宮引皇帝入. 尚食徹饌, 設於東房, 如初. 皇后從者餕皇帝之饌, 皇帝侍者餕皇后之饌.

　동뢰同牢의 의식68)을 거행하는 날에, 내시內侍의 관속들은 황제가 자리하는 대전大殿 문 밖의 동쪽에 황후의 대차大次69)를 설치하는데, 남쪽을 향하도록 한다. 날이 어두워질 무렵, 상침尚寢70)은 실室 안의 서남쪽 모퉁이[奧]71)에 황제의 어악御幄(帷幕, 안에 비단을 둘러쳐서 만든 방)을 설치하는데, 동쪽을 향하도록 한다. 바닥에 이중의 풀 자리[重茵]를 펼쳐놓고 가리개를 둘러친다.

---

68) 동뢰同牢의 의식 : 아내를 얻은 날 초저녁에, 신랑 집에서 신부를 맞이하기 위한 준비로서 신랑과 신부가 음식을 함께 먹는 의식을 말한다.

69) 대차大次 : 천자가 출궁을 하여 제사를 지내거나 제후가 조근·회동을 할 때 행례 장소에 도착하여 행사 전에 머무는 곳을 '大次'라 하고, 행례를 마친 후 물러나서 다음 행례를 대기하는 곳을 '小次'라고 한다. 『周禮』「天官·掌次」의 정현 주 참조.

70) 상침尚寢 : 『당육전』에 의하면, '상침'은 2인으로 정5품의 宮官의 관직이다. 후비가 연침에 들어가 모시는 순서를 관장하고, 사설·사여·사원·사 등의 네 관사의 관속을 총괄한다.(尚寢掌燕寢進御之次叙, 惣司設·司輿·司苑·司燈四司之官屬.)

71) 서남쪽 모퉁이[奧] : '奧'는 실 안의 서남쪽 모퉁이를 말한다. 제사를 지낼 때 신주를 진설하거나 존장이 앉는 곳이다. 『의례』「소뢰궤사례」에 "사궁은 실의 서남쪽 모퉁이에 머리 부분이 동쪽을 향하도록 하여 신의 자리[筵]를 펼쳐 놓는다.司宮筵于奧."라고 하였는데, 정현은 "실 안에서 서남쪽 모퉁이를 '오'라고 한다.室中西南隅謂之奧."고 하였다.

초저녁에, 상식尙食[72])은 동쪽 계단에 물받이 항아리[洗]를 진설하는데, 동서로 동쪽 처마[東霤]와 마주하도록 놓으며, 물받이 항아리에서 당堂까지의 남북 거리는 당 위 남쪽 끝 모서리에서 북쪽으로 방·실의 벽에 이르는 길이[堂深]와 동일하게 한다.[73]) 황후는 동방東房에서 손을 씻은 후 북쪽 가까이에 선다.[74]) 동방의 서쪽 벽 아래에

---

72) 상식尙食 : 『당육전』에 의하면, '상식'은 2인으로 정5품의 宮官의 관직이다. 공급하는 음식[膳羞]의 품목과 숫자를 관장하며, 사선·사온·사약·사희의 네 관사의 관속을 총괄한다. 음식을 진헌할 때 먼저 맛을 본다.(尙食掌供膳羞品齊之數, 惣司膳·司醞·司藥·司饎四司之官屬. 凡進食, 先嘗之.)

73) 받이 항아리에서 … 한다 : 원문 '南北以堂深'은 남북의 제도, 즉 북쪽의 堂에서 남쪽의 洗(물받이 항아리)에 이르는 남북의 거리를 가지고 말한 것이다. 『의례』「鄕飮酒禮」의 賈公彦 疏에 "堂深은 당 위의 남쪽 끝 모서리[堂廉]에서 북쪽으로 房·室의 벽에 이르는 길이를 말한다. 당 아래에 진설한 洗에서 북쪽으로 堂까지의 거리는 당 위의 길이[堂深]에서 취한다. 가령 당위의 길이가 3장이라면, 물받이 항아리에서 당까지의 거리도 역시 3장이다. 이것으로 제도를 삼는다.堂深謂

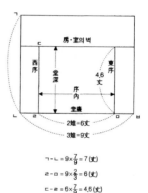

당심堂深
(이커다 스에토시, 『의례(Ⅰ)』)

從堂廉北至房室之壁. 堂下洗北去堂, 遠近深淺, 取於堂上深淺. 假令堂深三丈, 洗亦去堂三丈, 以此爲度."고 하였다.

74) 황후는 … 선다 : 물받이 항아리[洗]에는 庭洗와 內洗(北洗)의 2가지가 있는데, '정세'는 阼階의 동남쪽에 진설하는 것이고, '내세'는 北堂에 진설하는 것으로 내빈을 위한 것이다. 이곳에서 황후가 동방에서 손을 씻었다는 것은 同牢의 의식에서 황후는 내빈에 해당하므로 북당에 진설한 北洗

음식을 진설하는데, 대나무제기[籩]와 나무제기[豆]75) 각각 24개, 둥근 밥그릇[簋]과 네모진 밥그릇[簠]76) 각각 2개, 질그릇제기[鐙]77) 3개, 희생제기[俎] 3개에 음식을 담아서 올린다. 실室 안의 북쪽 창문 아래에 술동이를 진설하는데, 현주玄酒(물)를 담은 술동이를 서쪽에 놓는다.78) 또 방房의 출입문 밖의 동쪽에 술동이를 진설하는데, 현주(물)를 담은 술동이는 없다.79) 흙 받침대[坫]가 남쪽에 있는데, 그

　　(內洗)에서 손을 씻은 것이다. 『의례』 「土昏禮·記」에 "며느리의 물받이 항아리[洗]는 北堂에 진설하는데, 室의 동쪽 모퉁이와 마주하도록 놓는다. 며느리의 대광주리[篚]는 물받이항아리의 동쪽에 놓는다. 며느리는 북쪽을 향하여 손을 씻는다.婦洗在北堂, 直室東隅. 篚在東. 北面盥."고 하였다.

75) 대나무제기[籩]와 나무제기[豆] : '籩'은 마른 음식을 담아 놓는 그릇으로 대나무로 만든다. 『周禮』 「天官·籩人」의 정현 주에 籩은 대나무로 만든다고 하였다.[竹曰籩] 그 용량은 4승이다. '豆'는 채소절임이나 젓갈 등 젖은 음식을 담는 그릇으로, 나무나 질그릇 등으로 만든다. 『주례』 및 『예기』의 정현 주에 '豆'는 나무로 만드는데, 용량은 4승이며 입구는 둥글고, 직경은 1척 2촌에 덮개가 있다고 하였다. '豆'는 豆, 籩, 鐙의 총명이기도 하다. 豆의 중앙부분을 '校'라고 하고 그 바닥부분을 '鐙'이라고 한다. 학의행의 『이아의소』에 따르면 籩과 豆는 같은 종류의 그릇으로 단독으로 사용되지 않기 때문에 '豆'라고만 말했을 경우 '籩'을 포함한다. 錢玄, 『삼례사전』, 1289쪽의 '籩' 항목과 427쪽의 '豆' 항목 참조.

76) 둥근 밥그릇[簋]과 네모진 밥그릇[簠] : 陸德明의 『經典釋文』에는 "바깥쪽은 둥글고 안쪽은 네모진 것이 '簠'이고 안쪽은 둥글고 바깥쪽은 네모진 것이 '簋'이다."라고 하였다. 이에 반해서 阮元은, "『주례』 「사인」의 정현 주에 방형은 '簠', 원형은 '簋'라고 하였는데 이에 대한 가공언의 소에서 이는 모두 外形을 가지고 말한 것이라고 하였다."라고 하면서 『경전석문』을 비판하였다.

곳에 4개의 작爵(1승 용량의 술잔)[80]과 합쳐 놓은 근졸(박을 반으로

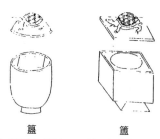

簋   簠
(청, 『흠정의례의소』)   (청, 『흠정의례의소』)

77) 질그릇제기[登] : '登'은 '豋'으로도 쓰는데, 고기와 음식을 담는 器皿으로, 제사를 지낼 때 禮器로 사용한다. 『詩經』「大雅·生民」에 "豆에 담고, 登에 담는다.于豆于登."고 하였는데, 毛傳에서는 "나무로 만든 것을 '豆'라고 하고, 질그릇으로 만든 것을 '登'이라 한다. 豆에는 절임과 젓갈을 올린다. 登에는 고깃국을 올린다.木曰豆, 瓦曰登豆. 薦菹醢也, 登, 大羹也."고 하였다.

78) 현주[玄酒: 물]를 … 놓는다 : 술을 진설할 때는 대부분 2통의 술동이를 사용하는데, 한 통에는 물[玄酒: 물, 明水]을 넣고 다른 한 통에는 술을 넣는다. 물[玄酒]을 넣은 술동이를 술을 넣은 술동이의 서쪽에 놓는 것은 술동이를 진설할 때는 서쪽을 윗자리로 삼기 때문이다. 상고시대에는 술이 없어 각종 예제 의식에 물로 술을 대신하였는데, 그 물이 검은빛을 띠었기 때문에 '玄酒'라고 하였다. 후대에 술이 등장한 이후에도 물을 넣은 술동이를 함께 진설하였는데, 이는 근본을 잊지 않는다는 뜻을 보이는 것이다. 『예기』「玉藻」에서 "술동이는 반드시 물을 숭상한다.凡尊必尙玄酒."고 한 것이 이에 해당된다.

79) 방房의 출입문 … 술동이는 없다 : 『의례』「사혼례」의 정현 주에 의하면, 물을 넣은 술동이를 진설하지 않는 것은 예를 간략히 하는 것으로, 부부는 안에 있는 술동이에서 술을 따르고 나머지 사람들은 밖에 있는 술동이에서 술을 따른다.('無玄酒'者, 略之也. 夫婦酌於內尊, 其餘酌於外尊.)

80) 작爵(1승 용량의 술잔) : '爵'은 1升 용량의 술잔으로, 그 모습이 참새와

갈라 만든 술잔)을 올려놓는다.[81] 제기는 모두 검은 칠을 하고, 근졸은 박으로 만든다.

황후는 대문 안으로 들어가 종과 북을 쳐서 울리고, 영항永巷[82]을 따라 가서 대차大次 앞에 이르러 수레를 돌려 남쪽을 향하고, 보장步障[83]을 설치하여 밖을 가린다. 상의尚儀는 수레 앞쪽으로 나아가서 무릎을 꿇고 황후에게 수레에서 내리도록 청한다. 황후는 수레에서 내려 임시 장막[次] 안으로 들어간다. 상궁尚宮은 황후를 인도하여 대전大殿 문 밖으로 나아가서 서쪽을 향해 선다. 상의는 무릎을 꿇고 "궁중의 경비가 갖추어졌으니, 청컨대 자리에서 내려오시어 황후를 맞이하는 예를 행하소서."라고 아뢴다. 황제가 자리에서 내려오면, 상궁은 황제의 앞에서 인도하여 문 안의 서쪽으로 나아가 동쪽을 향해 황후에게 읍을 한 후 문 안으로 들어간다. 상식尚食은 현주(물)를 떠서 세 차례 술동이에 붓고, 상침尚寢은 실室 안의 서쪽에

같이 생겼다고 하여 爵이라고 부른다. 나무나 청동, 옥으로 만든 것도 있다. 1升은 10合이고, 10升은 1斗이다. 1升 용량의 술잔을 '爵', 2升 용량의 술잔을 '觚', 3升 용량의 술잔을 '觶', 4升 용량의 술잔을 '角', 5升 용량의 술잔을 '散'이라고 한다.

81) 그곳에 … 올려놓는다 : 『의례』 「사혼례」의 정현 주에 의하면, 4개의 爵(1승 용량)에 양쪽의 졸을 합해서 모두 6개를 진설하는 것은 부부가 각각 세 차례 입가심을 하기 때문이다.(四爵兩卺凡六, 爲夫婦各三酳.) '졸(卺)'은 혼례에 사용하는 술잔으로, 박匏을 둘로 갈라서 부부가 하나씩 사용한다. 匏爵이라고도 한다.

82) 영항永巷 : '永'은 길다[長]는 뜻으로, '永巷'은 궁중의 길 골목으로, 후대에는 掖庭이라 하였다.

83) 보장步障 : '步障'은 작은 대나무를 서로 엮어 만들고 삼베나 비단을 입혀서 말거나 펼 수 있도록 한다. 이것을 길 좌우에 설치하여 병풍으로 삼는다.

자리[席]를 진설하는데 자리의 머리 부분이 동쪽을 향하도록 하여
놓는다. 황제는 황후를 인도하여 서쪽 계단을 통해 당 위로 올라가
고, 다시 실 안으로 들어가 자리로 나아가서 동쪽을 향해 선다. 황후
도 실 안으로 들어가 술동이의 서쪽에서 남쪽을 향해 선다. 황제는
서쪽의 물받이 항아리[西洗]에서 손을 씻고, 황후는 북쪽의 물받이
항아리[北洗]에서 손을 씻는다.

　음식이 들어온다. 자리 앞에 젓갈[醬][84]을 담은 나무제기[豆]를 진
설하고, 그 북쪽에 채소절임[菹]과 고기젓갈[醢]을 담은 나무제기를
놓는다. 희생제기[俎] 3개를 나무제기[豆]의 동쪽에 진설하고, 돼지
고기를 담은 희생제기[豕俎]를 단독으로 북쪽에 진설한다. 상식[尚食]
은 찰기장 밥[黍]을 담은 밥그릇을 고기 젓갈을 담은 나무제기 동쪽
에 진설하고, 메기장 밥[稷]·쌀밥[稻]·수수밥[粱]을 담은 밥그릇을
또 그 동쪽에 놓아두며, 고깃국[湆]을 담은 나무제기를 젓갈[醬]을
담은 나무제기의 남쪽에 진설한다. 황후를 위한 젓갈[對醬]을 담은
나무제기를 황제를 위한 젓갈[醬]을 담은 나무제기의 동쪽에 진설하
는데,[85] 단독으로 진설한 희생제기[特俎: 豕俎]와 마주하도록 놓으

---

84) 젓갈[醬] : '醬'은 젓갈의 총명으로 그 안에 초장[醯]과 고기젓갈[醢]을 포
　함한다. 孫詒讓은『周禮』「天官·醢人」의 "醯醬之物"에 대해서 "醯는
　식초로 조미한 절임이고, 醬은 아직 식초로 조미하지 않은 고기젓갈이다.
　경문에서 '醬'이라고 한 것은 대부분 醯醢(젓갈)의 통명이다. … 이곳의
　경문에서 醯와 醬을 나란히 말하였으므로 醯와 醬은 두 가지 음식이다.
　다만 醬에도 두 가지가 있으니, 식초로 조미한 것과 아직 식초로 조미하
　지 않은 구별이 있는 것이다."라고 하였다.
85) 황후를 … 진설하는데 :『의례』「사혼례」의 "設對醬于東"에 대한 정현의
　주에 "對醬은 신부의 젓갈을 담은 나무제기를 가리킨다.對醬, 婦醬也."

며,[86] 그 남쪽에 채소절임[菹]과 고기젓갈[醢]을 담은 나무제기를 놓는데 북쪽을 윗자리로 삼는다. 상식尚食은 황제를 위해 진설한 밥그릇의 뚜껑[會]을 열어 네모진 밥그릇[簠]과 둥근 밥그릇[簋]의 남쪽에 엎어 놓고, 황후를 위해 진설한 밥그릇의 뚜껑은 네모진 밥그릇[簠]과 둥근 밥그릇[簋]의 남쪽에 엎어 놓는데, 숟가락과 젓가락을 엎어 놓는다.[87] 상침尚寢은 음식의 동쪽에 황후의 자리[對席]를 펼

고 하였다. 신부의 젓갈을 담은 나무제기를 '對醬'이라 한 것에 대해 盛世佐는 "이 醬은 신부를 위해 진설하는 것이다. 신랑(황제)의 젓갈은 서쪽에 있고 신부(황후)의 젓갈은 동쪽에 있기 때문에 '對'(맞은 쪽)라고 한 것이다. 모든 음식이 다 마주하고 있는데, 홀로 醬에 대해서만 '對'라고 말한 것은 그것이 가장 먼저 진설되기 때문이다.此爲婦設也. 夫西婦東, 故云'對'. 凡饌皆對, 獨於醬言之者, 以其首設也."라고 하였다. 호배휘, 『의례정의』 권3, 182쪽 참조.

86) 단독으로 … 놓으며 : 『의례』「사혼례」의 "設對醬于東"에 대한 정현의 주에 "젓갈을 담은 나무제기를 진설할 때는 단독으로 진설한 희생제기[特俎]와 마주하게 놓는다.設之當特俎."고 하였다. 정현은 신부의 '醬'을 담은 나무제기를 特俎(腊俎, 이곳 황제의 예에서는 '豕俎')와 마주하여 그 동쪽에 진설하는 것으로 해석하였는데, 가공언도 마찬가지이다. 敖繼公은 '特俎의 동쪽'은 실제로는 '黍의 동쪽'으로 '特俎의 동북쪽'을 가리킨다고 하였다. "「사혼례」의 아래 경문에서 '찰기장 밥을 담은 밥그릇을 말린 토끼고기를 올려놓은 희생제기의 북쪽에 진설한다.黍于腊北.'고 하였으므로 이곳의 醬을 담은 나무제기는 찰기장 밥을 담아 놓은 밥그릇의 동쪽에 있어야 한다. 따라서 '特俎'를 기준으로 한다면 동북쪽이 된다."고 하였다. 호배휘, 『의례정의』 권3, 182쪽 참조.

87) 상식은 … 놓는다 : 신랑(황제)과 신부(황후)가 각각 오른손을 사용하기에 편리한 방향에 뚜껑을 두는 것이다. 가공언은 신랑은 동쪽을 향하므로 남쪽이 오른쪽이 되고, 신부는 서쪽을 향하므로 북쪽이 오른쪽이 되기 때문이라고 하였다. 『의례주소』 권5, 94쪽 참조

쳐놓는다. 상식尙食은 무릎을 꿇고 "음식이 모두 갖추어졌습니다."
라고 아뢴다.

황제는 황후에게 읍을 한 후 자리에 오르는데, 황후의 자리는 머
리 부분이 서쪽을 향한다. 황제와 황후는 모두 자리에 앉는다. 상식
은 무릎을 꿇고 부추[韭]와 채소절임[菹]을 집어 들어 고기젓갈[醢]
에 묻힌 후 황제에게 건네주고, 채소절임을 집어 들어 고기젓갈에
묻힌 후 황후에게 건네준다. 황제와 황후는 모두 이를 함께 나무제
기 사이에 놓고 고수레를 한다. 상식은 또 왼손으로 찰기장 밥[黍]을
담은 밥그릇을 집어 들고, 차례대로 메기장 밥[稷]·쌀밥[稻]·수수밥
[粱]을 담은 밥그릇을 집어 들고 오른손으로 넘겨 잡은 후 황제에게
건네주며, 또 찰기장 밥[黍]·메기장 밥[稷]·쌀밥[稻]·수수밥[粱]을
담은 밥그릇을 집어 들어 황후에게 건네준다. 황제와 황후는 함께
이를 받아서 나무제기 사이에 놓고 고수레를 한다. 또 끝부분을 잘
라낸 허파[肺絶末][88]를 집어서 황제와 황후에게 각각 건네준다. 황

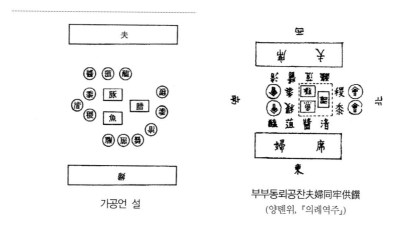

가공언 설

부부동뢰공찬夫婦同牢供饌
(양톈위, 『의례역주』)

88) 끝부분을 잘라낸 허파[肺絶末] : '肺'는 '肺(허파)'와 같은 글자이다. 허파

제와 황후는 모두 이를 받아서 대나무제기 사이에 놓고 고수레를 한다. 상식은 고수레를 마친 허파를 황제와 황후의 희생제기[俎] 위에 각각 올려놓는다. 사식司飾[89) 2인은 수건을 황제와 황후에게 건네준다. 황제와 황후는 모두 그것으로 손을 닦는다.

상식尙食은 각각 무릎을 꿇고 음식을 일일이 맛보고, 찰기장 밥을 자리 위에 옮겨놓으며, 차례대로 허파[肺]와 등뼈[脊]를 황제와 황후에게 건네준다.[90) 황제와 황후는 모두 식사를 하는데, 세 번 숟가락을 떠서 밥을 먹고 식사를 마친다. 상식 2인은 모두 방房에서 손을 씻고 술잔을 씻은 후 실室 안으로 들어가서 술동이에서 술을 떠서 술잔에 채운 후 황제와 황후에게 건네준다. 황제와 황후는 모두 이

에는 두 가지가 있다. 첫째는 擧肺 혹은 離肺로서 먹기 위한 용도로 진설하는데, 몸체를 자르지만 완전히 끊어지지 않게 한다. 둘째는 祭肺 혹은 刌肺로서 고수레를 하기 위해서 진설하는 것으로, 몸체를 완전히 끊어지게 자른다. 이곳에 '肺絕末'은 몸체의 끝을 완전히 끊은 것이므로 일종의 '祭肺(刌肺)'로서 고수레를 하기 위한 것임을 알 수 있다.

89) 사식司飾 : 『당육전』에 의하면, '사식'은 2인으로 정6품의 宮官의 관직이다. 머릿기름·수건과 빗·완상용 기물에 관련된 일을 관장한다.(掌膏沐·巾櫛·玩弄器物之事)

90) 허파[肺]와 … 건네준다 : 식사를 할 때는 허파와 등뼈를 먼저 먹는다. 『의례』「사혼례」의 정현 주에 "허파[擧肺]와 등뼈[脊]는 식사를 할 때에 먼저 드는 것이다. 허파는 氣를 주관하는 것이니, 주나라 사람들이 그것을 숭상하였다. 등뼈는 몸의 정중앙이니, 먹을 때에 먼저 그것으로 고수레를 하고 식사를 할 때는 반드시 그것을 먼저 드는 것은 등뼈를 귀하게 여겨서이다. 모두 두 조각씩 담지만 부부가 각각 하나씩 취할 뿐이다.擧肺·脊者, 食時所先擧也. '肺'者, 氣之主也, 周人尙焉. '脊'者, 體之正也, 食時則祭之, 飯必擧之, 貴之也. 每皆二者, 夫婦各一耳."라고 하였다.

를 받아서 고수레를 한다. 상식은 구운 간[肝]을 황제와 황후에게 각
각 곁들여서 올린다.[91] 황제와 황후는 모두 술잔을 내려놓고 구운
간을 집어 들고 소금에 묻힌 후 흔들어서 고수레를 한[振祭] 후에
맛을 본다.[92] 상식은 모두 고수레를 한 구운 간을 받아서 희생제기
와 나무제기에 담아둔다. 황제와 황후는 각각 술잔을 집어 들어 술
잔의 술을 다 마신다. 상의는 비운 술잔을 받아서 흙 받침대에 내려
놓는다. 황제와 황후는 두 번째 입가심을 하는데 첫 번째 입가심을
할 때와 마찬가지로 작爵(1승 용량의 술잔)을 사용하지만 구운 간을
곁들여 올리지 않으며, 세 번째 입가심을 할 때는 근巹(박을 반으로
갈라 만든 술잔)을 사용하지만 두 번째 입가심을 할 때와 마찬가지
로 구운 간은 곁들여 올리지 않는다.

　상식은 모두 동쪽계단을 통해 당에서 내려가 〈조계의 동쪽에서〉
술잔을 씻고, 다시 당 위로 올라가서 방房의 출입문[戶] 밖에서 술잔
에 술을 따라 채운 후 실室로 나아가 북쪽을 향해 술잔을 내려놓고
다시 일어나 재배를 한 후 무릎을 꿇고 술잔을 집어 들어 술로 고수

---

91) 상식은 … 곁들여서 올린다 : 『의례』「사혼례」의 정현 주에 의하면 이곳의
　　'肝'은 구운 간을 가리킨다. 술을 마실 때는 안주를 마련하여 속을 편안하
　　게 해야 한다.(肝, 肝炙也. 飮酒, 宜有肴以安之.)

92) 소금에 묻힌 … 맛을 본다 : 『주례』「춘관·大祝」에는 식사를 하기 전에 미
　　리 음식을 고수레 하는 것을 ① 命祭, ② 衍祭, ③ 炮祭, ④ 周祭, ⑤ 振祭,
　　⑥ 擩祭, ⑦ 絶祭, ⑧ 繚祭, ⑨ 共祭의 9가지 형태로 분류한다. '振祭'는
　　간이나 허파·채소절임 등을 먼저 소금에 묻힌 다음 흔들어서 소금을 털
　　어 내어 고수레 하는 것을 말한다. 정현의 해석에 따르면 九祭는 9종류의
　　食祭로 음식을 먹기 전에 그 음식을 만든 선인에게 보답하는 간단한 제사
　　행위들을 가리킨다.

레를 한다. 이어서 술잔의 술을 다 마시고, 술잔을 내려놓고, 이어서 배례를 한 후 술잔을 집어 들고 일어나서 당에서 내려와 대광주리에 술잔을 넣어둔다.[93] 상의尚儀는 북쪽을 향해 무릎을 꿇고 "예가 모두 끝났으니, 일어나십시오."라고 아뢰어 칭한다. 황제와 황후는 모두 일어난다.

상궁은 황제를 인도하여 동방東房 안으로 들어가서 면복冕服을 벗고 상복常服으로 갈아입도록 한다. 상궁은 황후를 인도하여 악幄(帷幕, 안에 비단을 둘러쳐서 만든 방) 안으로 들어가서 옷을 갈아입도록 한다. 상궁은 황제를 인도하여 대전 안으로 들어간다. 상식은 음식을 거두어 동방에 진설하는데, 처음 음식을 진설할 때와 마찬가지 의절로 한다. 황후의 종자從者들은 황제가 먹고 남은 음식으로 준餕을 하고, 황제의 시자侍者들은 황후가 먹고 남은 음식으로 준餕을 한다.[94]

---

93) 상식은 … 넣어둔다 : 이는 尚食이 술을 따라 술잔에 채우고 스스로 마시는 '自酢'의 예를 행하는 것이다. 주인이 빈에게 먼저 술을 올려 마시게 하는 것을 '獻'이라 하고, 빈이 이에 대한 보답으로 술을 올려 마시게 하는 것을 '酢'이라 하는데, 이곳에서는 빈[尚食]이 스스로 술잔에 술을 따라 마시므로 '自酢'의 예를 행하는 것이다.

94) 황후의 종자從者들은 … 준餕을 한다 : '餕'은 '餕'으로도 쓰며, 제사에서 가장 마지막으로 행하는 의절이다. 제사가 끝날 무렵, 시동이 먹고 남은 음식을 나누어 먹음으로써 신의 은혜가 아래까지 고루 미침을 상징하는 의식이다. 이곳에서는 황제와 황후가 同牢의 의식을 마친 후에 신하들이 그 남긴 음식을 나누어 먹음으로써 황제의 은혜를 나누어 받는다는 의미를 갖는다.

皇太子納妃.

황태자가 황태자비를 맞아들이는 예.

　皇帝遣使者至于主人之家, 不持節, 無制書. 其納采·問名·納吉·納徵·告期, 皆如后禮.

　황제는 사자를 주인의 집에 파견하는데, 사자는 부절을 지니지 않으며, 제서制書도 없다. 납채·문명·납징·고기告期의 의절은 모두 황후를 맞아들이는 예와 마찬가지로 한다.

　其冊妃. 前一日, 主人設使者次大門之外道右, 南向; 又設宮人次於使者西南, 俱東向, 障以行帷. 奉禮設使者位於大門外之西, 副及內侍又於其南, 擧冊按及璽綬, 命服者又南, 差退, 俱東向. 設主人位於門南, 北面. 又設位於內門外, 如之. 設典內位於內門外主人之南, 西面. 宮人位於門外使者之後, 重行東向, 以北爲上, 障以行帷. 設贊者二人位於東階東南, 西向. 典內預置一按於閤外. 使·副朝服, 乘輅持節, 鼓吹備而不作. 至妃氏大門外次, 掌嚴奉褕翟衣及首飾, 內廐尉進厭翟於大門之外道西, 東向, 以北爲上. 諸衛帥其屬布儀仗. 使者出次, 持節前導, 及宮人·典內皆就位. 主人朝服, 出迎於大門之外, 北面再拜. 使者入門而左, 持按從之. 主人入門而右, 至內門外位. 奉冊寶按者進, 授使副冊寶, 內侍西面受之, 東面授典內, 典內持入, 跪置於閤內之按. 奉衣服及侍衛者從入, 皆立於典內之南, 俱東面. 傅姆贊妃出, 立於庭中, 北面. 掌書跪取玉寶, 南向. 掌嚴奉首飾·褕翟, 與諸宮官侍衛者以次入. 司則前贊妃再拜, 北面受冊寶於掌書, 南向授妃, 妃以授司閤. 司則又贊再拜, 乃請妃升坐. 宮官以下皆降立於庭, 重行, 北面西上. 贊者曰:「再拜.」 皆再拜. 司則前啓「禮畢」. 妃降座, 入於室. 主人儐使者如禮賓之儀.

황태자비를 책봉하는 예[冊妃].

예를 거행하기 하루 전날, 주인은 대문 밖 길의 오른쪽에 사자의 임시 장막을 설치하는데 남쪽을 향하도록 하고, 또 사자의 서남쪽에 궁인들의 임시장막을 설치하는데 모두 동쪽을 향하도록 하고 휘장[帷]을 둘러쳐서 밖을 가린다. 봉례奉禮는 대문 밖의 서쪽에 사자의 위치를 설치하고, 부사 및 내시의 위치는 또 사자의 남쪽에 설치하며, 책서를 담은 궤안[冊桉] 및 새수璽綬와 명복命服을 들고 있는 자들의 위치는 또 부사의 남쪽에서 조금 뒤로 물러난 곳에 설치하는데 모두 동쪽을 향한다. 대문의 남쪽에 주인의 위치를 설치하는데, 북쪽을 향한다. 또 내문 밖에도 주인의 위치를 설치하는데, 대문의 위치와 마찬가지로 북쪽을 향한다. 내문 밖에 있는 주인의 위치 남쪽에 전내典內[95]의 위치를 설치하는데, 서쪽을 향한다. 궁인들의 위치는 대문 밖 사자의 위치 뒤쪽에 설치하는데, 북쪽을 윗자리로 삼아서 두 줄로 동쪽을 향하며, 휘장을 둘러쳐서 밖을 가린다. 동쪽 계단 동남쪽에 찬자贊者 2인의 위치를 설치하는데, 서쪽을 향하도록 한다.

전내典內는 미리 합문 밖에 책서를 담는 궤안 하나를 놓아둔

---

95) 전내典內:『당육전』에 의하면 '전내'는 2인으로 종5품하의 太子內坊의 관직이다. 동궁과 閤內의 금령 및 궁인들의 식량과 하사품의 출납을 관장한다.(掌東宮閤內之禁令, 及宮人糧廩賜與之出入.)

다. 사자와 부사는 조복 차림으로 노거輅車를 타고 부절을 지니는
데, 고취악의 악대를 갖추지만 연주하지는 않는다. 황태자비의 대
문 밖 임시 장막에 이르면, 장엄掌嚴96)은 요적의褕翟衣97) 및 머리
장식[首飾]을 받들고, 내구위內廐尉는 대문 밖 길의 서쪽에 엽적거
厭翟車98)를 진열하는데 북쪽을 윗자리로 삼아서 동쪽을 향하도록

----

96) 장엄掌嚴 : 『당육전』에 의하면 '장엄'은 3인으로 종8품의 太子內官의 관
　　직이다. 머리장식·의복·수건과 빗·머릿기름·완상용 물품·의장을 관장
　　한다.(掌首飾·衣服·巾櫛·膏沐·服玩·仗衛.)

97) 요적의褕翟衣 : 왕후의 六服 가운데 하나로, '揄狄'
　　혹은 '揄翟'이라고도 쓴다. 그 복식에 꿩의 문양을 그
　　려 넣었기 때문에 생긴 칭호이다. 왕후가 왕을 따라
　　先公에 제사를 지낼 때 착용하는 복식이다. 『주례』
　　「춘관·內司服」의 정현 주에 "狄은 마땅히 翟이 되
　　어야 한다. 翟은 꿩의 이름이다. … 왕후의 의복은 비
　　단에 꿩의 형상을 새기고 그림을 그려 넣어 웃옷에
　　이어 붙여서 문양을 만든다. … 왕을 따라 선왕을 제
　　사지낼 때는 휘의를 입고, 先公을 제사지낼 때는 요
　　적을 입고, 여러 小祀를 제사지낼 때는 궐적을 입는
　　다.狄當爲翟, 翟雉名. … 王后之服, 刻繒爲之形而

揄狄
(섭숭의, 『삼례도』)

　　采畫之, 綴於衣以爲文章. … 從王祭先王則服褘衣, 祭先公則服揄翟,
　　祭羣小祀則服闕翟."고 하였다.

98) 엽적거厭翟車 : 王后가 타는 五路 가운데 하나로서, 수레의 양 옆에 꿩의
　　문양을 그려 넣어 바람막이를 만들기 때문에 '厭翟車'라고 칭한다. 『주
　　례』「춘관·巾車」에 의하면, 王의 五路는 路·金路·象路·革路·木路이
　　고, 王后의 五路는 重翟, 厭翟, 安車, 翟車, 輦車이다. 『隋書』「禮儀志
　　(五)」에 "황후의 수레는 또한 12등급이 있다. … 둘째는 厭翟이니, 이 수
　　레를 타고 陰社에 제사를 지낸다.皇后之車, 亦十二等 ……二曰厭翟, 以
　　祭陰社."고 하였다. 왕후의 12등급 수레는 重翟, 厭翟, 翟輅, 翠輅, 雕輅,

하여 놓는다. 시위관侍衛官는 각자의 관속을 인솔하여 의장儀仗을 펼쳐놓는다. 사자가 임시 장막에서 나가는데, 부절을 잡은 사람이 앞에서 인도를 하고, 궁인과 전내가 모두 위치로 나아간다. 주인은 조복 차림으로 대문 밖으로 나아가 맞이하는데, 북쪽을 향해 재배를 한다. 사자는 대문 안으로 들어가서 왼쪽으로 나아가고, 책서를 담은 궤안을 들고 있는 사람이 뒤를 따른다. 주인은 대문 안으로 들어가 오른쪽으로 나아가서 내문 밖의 위치에 이른다. 책서와 보새를 담은 궤안을 받들고 있는 사람들이 나아가서 사자와 부사에게 책서와 보새를 건네주면, 내시가 서쪽을 향해 이를 받아서 동쪽을 향해 전내에게 건네주고, 전내는 이를 들고 안으로 들어가서 무릎을 꿇고 합문 안에 있는 궤안에 넣어둔다. 의복을 받들고 있는 사람 및 시위관들이 뒤를 따라 합문 안으로 들어가서 모두 전내의 남쪽에 서는데, 함께 동쪽을 향한다. 부모傅姆는 황태자비가 나아가는 것을 도와서 뜰 중앙에서 북쪽을 향해 선다. 장서掌書[99]는 무

篆輅, 蒼輅, 靑輅, 朱輅, 黃輅, 白輅, 玄輅이다.

厭翟車(섭숭의, 『삼례도』)

릏을 꿇고 옥보玉寶(玉璽)를 집어 들어 남쪽을 향한다. 장엄掌嚴은
황후의 머리장식[奉首飾]·요적의褕翟衣를 받들어 각 궁의 여관·시
위관들과 함께 차례대로 뜰 중앙으로 들어간다. 사칙司則100)은 앞
으로 나아가 황태자비가 재배하는 것을 돕고, 북쪽을 향해 장서에
게서 책서와 보새를 받아서 남쪽을 향해 황태자비에게 건네준다.
황태자비는 이를 사규司閨101)에게 건네준다. 사칙은 또 황태자비가
재배하는 것을 돕고, 이어서 황태자비에게 자리에 오르도록 청한
다. 궁중의 여관 이하는 모두 당에서 내려와 뜰에 북쪽을 향해 두
줄로 서는데, 서쪽을 윗자리로 삼는다. 찬자贊者가 "재배!"라고 외
치면, 모두 재배를 한다. 사칙은 앞으로 나아가 "예가 모두 끝났습
니다."라고 말한다. 황태자비는 자리에서 내려와 실室 안으로 들어
간다. 주인은 사자에게 빈례儐禮102)를 행하는데 빈객을 접대할 때

---

99) 장서掌書 : 『당육전』에 의하면 '장서'는 3인으로 종8품의 太子內官의 관
     직이다. 황태자의 인장과 符契·經籍·태자의 교령 전달·황태자에게 올
     리는 글과 말·敎學·廩食과 하사품 및 종이·붓의 공급과 도장의 감독에
     관한 일을 관장한다.(掌寶及符契·經籍·宣傳·啓奏·敎學·廩賜及紙筆
     ·監印.)

100) 사칙司則 : 『당육전』에 의하면 '사칙'은 2인으로 종6품의 太子內官의 관
     직이다. 동궁의 의례와 황태자나 황태자비를 참현하는 예를 관장하여 장
     엄·장봉·장장을 총괄하고 그 직무를 통솔한다.(掌禮儀參見, 以總掌嚴
     ·掌縫·掌藏, 而領其事.)

101) 사규司閨 : 『당육전』에 의하면, '사규'는 2인으로 종6품의 太子內官의
     관직이다. 황태자비의 인도 및 궁인의 명부를 관장하여 장정·장서·장연
     을 총괄하고, 황태자궁의 三司(司閨·司則·司饌)의 출납을 담당한다.
     (掌導引妃及宮人名簿, 以總掌正·掌書·掌筵, 知三司出納.)

102) 빈례儐禮 : 빈과 주인의 行禮가 끝난 후에 주인이 束帛 등의 예물로 빈

와 마찬가지 의절로 한다.

臨軒醮戒.

황제가 친히 정전의 앞 섬돌에 납시어 초례[醮][103]를 행하는 황태자를 훈계하는 예.

前一日, 衛尉設次於東朝堂之北, 西向. 又設宮官次於重明門外. 其日, 皇太子服袞冕出, 升金輅, 至承天門降輅, 就次. 前一日, 有司設御座於太極殿阼階上, 西向. 設群官次於朝堂, 展縣, 陳車

을 대접하는 것을 '儐'이라고 한다. 凌廷堪의 『禮經釋例』에 "빈과 주인의 행례가 끝난 후, 주인이 빈을 접대하는데 예주를 사용하면 '禮'라고 하고, 예주를 사용하지 않으면 儐이라 한다. 凡賓主人行禮畢…, 主人待賓用醴則謂之'禮', 不用醴則謂之'儐'."고 하였다. 예주를 사용하지 않을 경우 束錦이나 乘馬 등을 사용하는데, 이를 '儐'이라고 한다. 錢玄, 『三禮辭典』, 1098쪽, '儐' 항목 참조.

103) 초례[醮] : 주인이 빈에게 예주[醴]를 올리고 빈이 이에 대한 보답으로 술을 올리고 다시 주인이 빈에게 술을 권하는 獻-酢-酬의 과정으로 빈의 노고를 위로해 주는 것을 '醴禮'라고 한다. 주인이 빈에게 청주[酒]를 올리는 獻의 예만 행하고 주인과 빈이 술잔을 주고받는 酢과 酬의 과정이 없는 것을 '醮禮'라고 한다. 孫希旦은 "술을 따라주어 獻의 예를 행하지만 酬와 酢의 의절이 없는 것을 醮라고 한다. 관례를 행할 때는 醴禮와 醮禮가 있다. 예례를 행할 때는 예주를 사용하니, 세 차례 관을 씌워준 후에 총 한 차례 예례를 행한다. 초례를 행할 때는 청주를 사용하니, 관을 씌워줄 때마다 한 차례 초례를 행한다. 예례는 질박하고, 초례는 문식을 가한 것이며, 예례는 중하고, 초례는 가볍다."고 하였다.

輅. 其日, 尚舍設皇太子席位於戶牖間, 南向, 莞席·藻席. 尚食設酒尊於東序下, 又陳籩脯一·豆醢一, 在尊西. 晡前三刻, 設群官版位於內, 奉禮設版位於外, 如朝禮. 侍中版奏「請中嚴」. 前三刻, 諸侍衛之官侍中·中書令以下俱詣閤奉迎. 典儀帥贊者先入就位, 吏部·兵部贊群官出次, 就門外位. 侍中版奏「外辦」. 皇帝服通天冠·絳紗袍, 乘輿出自西房, 卽御座西向. 群官入就位. 典儀曰:「再拜.」贊者承傳, 在位者皆再拜. 皇太子入縣南, 典儀曰:「再拜.」贊者承傳, 皇太子再拜. 詣階, 脫舃, 升席西, 南面立. 尚食酌酒於序, 進詣皇太子西, 東面立. 皇太子再拜, 受爵. 尚食又薦脯醢於席前. 皇太子升席坐, 左執爵, 右取脯, 擩於醢, 祭於籩·豆之間. 右祭酒, 興, 降席西, 南面坐, 啐酒, 奠爵, 興, 再拜, 執爵興. 奉御受虛爵, 直長徹薦, 還於房. 皇太子進, 當御座前, 東面立. 皇帝命之曰:「往迎介相, 承我宗事, 勗帥以敬.」皇太子曰:「臣謹奉制旨.」遂再拜, 降自西階, 納舃, 出門. 典儀曰:「再拜.」贊者承傳, 在位者皆再拜, 以次出. 侍中前跪奏「禮畢」. 皇帝入.

예를 거행하기 하루 전날, 위위衛尉는 동쪽 조당朝堂의 북쪽에 임시 장막을 설치하는데, 서쪽을 향하도록 한다. 또 중명문重明門(동궁의 정문)[104]의 밖에 궁중의 여관들을 위한 임시 장막을 설치한다. 예를 거행하는 당일, 황태자는 곤면복袞冕服을 착용하고 궁을 나서 금로金輅[105]에 올라타고, 승천문承天門(태극궁의 정문)에 이르러 수

<hr>

104) 중명문重明門(동궁의 정문):『太平御覽』권183에 인용된 韋述(?~757)의『兩京雜記』및 呂大防 長安城圖 중의 太極宮圖에 의하면 東宮에 3개의 문이 있는데, 남쪽 정문이 重明門이고, 重明門의 동쪽에 永春門이 있고, 重明門의 서쪽에 廣運門이 있다. (淸) 徐松 撰·李健超 增訂, 『唐兩京城坊考』(北京, 三秦出版社, 2006) 권1,「西京 宮城」, 5쪽 참조.

레에서 내려 임시 장막으로 나아간다. 예를 거행하기 하루 전날, 유사들은 태극전太極殿의 조계 위쪽에 어좌를 진설하는데, 서쪽을 향하도록 하여 놓는다. 조당에 관원들의 임시 장막을 설치하는데, 악기걸이를 배치해놓고, 수레들을 진열해놓는다. 예를 거행하는 당일, 상사尚舍는 실의 출입문과 창문 사이[戶牖間: 당의 정중앙]106)에 황태자의 자리[席]를 설치하는데 자리의 머리 부분이 남쪽을 향하도록 하여 놓으며, 자리는 왕골자리[莞席]나 오채색의 부들자리[藻席]로 한다. 상식은 당 위 동쪽 벽[東序] 아래에 술을 담은 술동이를 진설하과, 또 술동이의 서쪽에 말린 고기를 담은 대나무제기[籩] 1개와 고기젓갈을 담은 나무제기[豆] 1개를 진설한다. 저녁 3각(45분) 전에, 상사는 안쪽에 관원들의 판위版位107)를 설치하고, 봉례奉禮는 바

---

105) 금로金輅: 왕이 사용하는 다섯 가지 수레인 玉路, 金路, 象路, 革路, 木路 가운데 하나이다. 금으로 장식한 수레로 왕이 빈객과 만나거나 제후와 연회가 있을 때 사용한다. 천자가 제후에게 하사할 수도 있다.

106) 실의 출입문과 창문 사이[戶牖間: 당의 정중앙]: ‘戶’는 室戶 즉 室의 출입문을 가리킨다. 堂 위에는 중앙에 室이 있고, 동쪽과 서쪽에 각각 東房과 西房이 있다. 방에는 남쪽에 한 개의 출입문[戶]이 있을 뿐이다. 실에는 출입문[戶]과 창문[牖]이 있는데, 출입문은 동쪽에 있고, 창문은 서쪽에 있다. 따라서 실의 출입문의 서쪽과 창문의 동쪽 사이가 당의 정중앙이 되는데, 그곳을 ‘扆(의)’라고 칭한다.

107) 판위版位: 사람들이 서야할 위치를 표시하는 標·版을 말한다. 『당육전』 권14, 「太常寺」 ‘奉禮郎’조의 원주에 “판위는 검은색 바탕에 붉은 글씨로 쓴다. 천자의 경우 사방 1척 2촌에 두께는 3촌이고, 태자의 경우 사방 9촌에 두께는 2촌이며, 공경 이하의 경우는 사방 7촌에 두께는 1.5촌이다. 천자의 판위에는 ‘皇帝位’라고 쓰고, 태자의 판위에는 ‘皇太子位’, 백관의 판위에는 ‘某品位’라고 쓴다.版位黑質赤文. 天子方尺有二寸,

깥쪽에 판위를 설치하는데 조근의 예를 행할 때와 마찬가지 방식으로 한다. 시중은 홀판을 들면서 "뜰 중앙의 경계를 엄중히 할 것[中嚴]을 청합니다."라고 아뢴다. 저녁 3각(45분) 전, 시중·중서령 이하 시위관들은 모두 합문으로 나아가 황태자를 받들어 맞이한다. 전의典儀는 찬자贊者[108]를 인솔하여 먼저 위치로 나아가고, 이부와 병부는 관원들이 임시 장막에서 나와서 문 밖의 각자 위치로 나아가는 것을 돕는다. 시중을 홀판을 들어 "궁중의 경비가 갖추었습니다[外辦]."라고 아뢴다.

황제는 통천관通天冠[109]을 쓰고 진홍색 깁으로 만든 포[絳紗袍][110]

厚三寸, 太子方九寸, 厚二寸, 公卿已下方七寸, 厚一寸有半. 天子版位題曰'皇帝位', 太子曰'皇太子位', 百官題曰'某品位'."고 하였다.

108) 찬자贊者 : 『당육전』에 의하면, 典儀의 贊者는 12인으로, 소리를 질러 예의 진행을 조절하는 일을 관장한다. 교대로 근무하기 때문에 番官이라고도 한다.(掌贊唱, 爲行事之節. 分番上下, 亦謂之番官.)

109) 통천관通天冠 : 통천관은 秦에서 유래한 冠으로, 秦漢에서 위진남북조 시기까지 각 왕조에서 계속 사용하였다. 원래 평상시 쓰던 常冠이었는데 후에 朝服에 쓰는 관으로 변하였다. 北齊 이후 朝服에 쓰는 관으로 정착되었다. 『後漢書』「輿服志」에 "통천관은 높이는 9촌이며, 정면은 곧게 서 있는데 정수리부분에서 조금 비스듬히 기울어 뒤로 젖혀져 있고, 이어서 곧바로 아래로 내려가서 철로 卷(관의 테두리)과 梁(관 위쪽에 머리 정수리를 앞뒤로 걸쳐 있는 중심 부분)을 만들며, 앞면에는 산 모양의 장식을 하고, 展筩(관 앞면에 날아오르는 듯한 뿔 모양의 장식물)이 있다. 천자가 평소 쓰는 관이다.通天冠高九寸, 正竪, 頂少斜郤, 乃直下爲鐵卷梁, 前有山, 有展筩. 乘輿常服."라고 하였다.

110) 진홍색 깁으로 만든 포[絳紗袍] : 진홍색의 깁으로 만든 포로서, 조복에 입는다. 『晉書』「輿服志」에 "천자의 朝服에는 통천관을 쓰는데, 높이는 9촌이고, 이마 부분에 금박을 박아 산 모양의 장식을 하고, 검은색의 개

을 착용하고, 수레가 서방西房으로부터 나오면 어좌로 나아가서 서쪽을 향해 선다. 전의典儀가 "재배!"라고 말하면, 전의의 찬자가 이어받아 말을 전하면, 위치에 있는 사람들이 모두 재배를 한다. 황태자는 악기걸이의 남쪽으로 들어간다. 전의가 "재배!"라고 외친다. 전의의 찬자가 이어받아서 말을 전하면, 황태자는 재배를 한다. 황태자는 계단 앞에 이르러서 신발을 벗고, 자리의 서쪽으로 올라가서 남쪽을 향해 선다. 상식은 당 위 술을 따라 술잔에 채우고, 황태자의 서쪽으로 나아가서 동쪽을 향해 선다. 황태자는 재배를 한 후 술잔을 받는다. 상식은 또 황태자의 자리 앞에 말린 고기와 고기젓갈을 올린다. 황태자는 자리로 올라가서 앉아 왼손으로 술잔을 잡고 오른손으로 말린 고기를 집어 들어 고기젓갈에 묻힌 후 대나무제기와 나무제기 사이에 말린 고기를 놓고 고수레를 한다. 오른손으로 술로 고수레를 하고 일어나서 자리의 서쪽을 통해 내려와서 남쪽을 향해 앉아 술을 맛보고, 술잔을 내려놓은 후 재배를 하고, 술잔을 잡고 일어난다. 봉어奉御[111]는 빈 술잔을 받고, 직장直長[112]은 음식을 거두

책을 두르고, 진홍색 깁으로 만든 포를 입고, 검은색으로 가선 장식을 한 중의(속옷)를 입는다.其朝服, 通天冠高九寸, 金博山顏, 黑介幘, 絳紗袍, 皁緣中衣."라고 하였고, 『隋書』「禮儀志」6에서도 "또 통천관이 있는데 높이는 9촌이고, 이마 부분에 금박을 박아 산 모양의 장식을 하고, 날아오르는 듯한 도요새의 문양을 더하고, 그 안에 검은색의 介幘을 두르며, 絳紗袍(진홍색의 깁으로 만든 포)를 입고, 검은색의 가선 장식을 한 中衣에 흑색의 舄(이중 바닥의 신발)을 신고, 이것으로 조복을 는다.又有通天冠, 高九寸, 前加博山、述、黑介幘, 絳紗袍, 皁緣中衣, 黑舄, 是爲朝服."고 하였다.

111) 봉어奉御 : 『당육전』에 의하면, '봉어'는 2인으로 정5품하의 尙食局의 관

어 방에 돌려놓는다. 황태자는 나아가 어좌의 앞을 마주하고서 동쪽을 향해 선다. 황제는 "가서 너의 도울 사람[廂]을 맞이하여 우리 종묘의 일을 잇도록 하라. 너는 신부를 공경함의 도리로 부지런히 이끌도록 하라."라고 훈계를 한다.[113] 황태자는 "신은 삼가 황제의 명을 받들겠나이다."라고 말한다. 이어서 재배를 한 후 서쪽 계단을 통해 당에서 내려와 벗었던 신발을 신고 문 밖으로 나간다. 전의는 "재배!"라고 외친다. 전의의 찬자가 이어받아서 말을 전하면 위치에 있는 사람들이 모두 재배를 하고 차례대로 문 밖으로 나간다. 시중은 앞으로 나와 무릎을 꿇고 "예가 모두 끝났습니다."라고 말한다. 황제는 궁궐 안으로 들어간다.

직이다. 천자의 평소 음식을 공급하는 일을 관장하여 사시의 금기에 따르고 오미의 적절함에 따르며, 음식을 올릴 때는 반드시 먼저 맛본다. 무릇 천하의 여러 주에서 맛있고 진귀한 물건을 올리면 모두 그 명칭과 수량을 변별하여 그 보관과 공급을 엄중히 한다.(掌供天子之常膳, 隨四時之禁, 適五味之宜, 當進食, 必先嘗. 凡天下諸州進甘滋珍異, 皆辨其名數, 而謹其儲供.)

112) 직장直長 : 『당육전』에 의하면, '직장'은 4인으로 정7품상의 尙食局의 관직이다. 직장은 봉어의 부관으로, 원정(정월 초하루)·동지의 대조회에서 백관들에게 향례를 베풀 때 광록경과 함께 그 품계와 질록을 살펴서 그 차등을 나누어 제공한다. 왕공 이하 및 방외의 빈객에게 하사품을 내릴 때에도 역시 그와 마찬가지로 한다. 여러 능에서 매월 제사를 지낼 때는 능에서 음식을 살펴서 진헌한다.(直長爲之貳. 凡元正、冬至大朝會饗百官, 與光祿視其品秩, 分其等差而供焉. 其賜王公已下及外方賓客亦如之, 若諸陵月享, 則於陵所視膳而獻之.)

113) 황제는 … 훈계를 한다 : 『의례』 「사혼례」에는 이어서 '先妣之嗣. 若則有常(돌아가신 어머니의 덕행을 계승할 수 있도록 하라. 너 자신의 행실에도 떳떳함이 있어야 한다)'의 8글자의 訓辭가 더 있다.

皇太子旣受命, 執燭・前馬・鼓吹, 至于妃氏大門外道西之次,
回輅南向. 左庶子跪奏, 降輅之次. 主人設几筵. 妃服褕翟・花釵,
立於東房, 主婦立於房戶外之西, 南向. 主人公服出, 立於大門之
內, 西向. 在廟則祭服. 左庶子跪奏「請就位」. 皇太子立於門西,
東面. 儐者受命出請事, 左庶子承傳跪奏, 皇太子曰:「以茲初昏,
某奉制承命.」左庶子俛伏, 興, 傳於儐者, 入告, 主人曰:「某謹敬
具以須.」儐者出, 傳於左庶子以奏. 儐者入, 引主人迎於門外之
東, 西面再拜, 皇太子答再拜. 主人揖皇太子先入, 掌畜者以鴈授
左庶子, 以授皇太子, 執鴈入. 及內門, 主人讓曰:「請皇太子入.」
皇太子曰:「某弗敢先.」主人又固請, 皇太子又曰:「某固弗敢先.」
主人揖, 皇太子入門而左, 主人入門而右. 及內門, 主人揖入, 及
內霤, 當曲揖, 當階揖, 皇太子皆報揖. 至於階, 主人曰:「請皇太
子升.」皇太子曰:「某敢辭.」主人固請, 皇太子又曰:「某敢固辭.」
主人終請, 皇太子又曰:「某終辭.」主人揖, 皇太子報揖. 主人升,
立於阼階上, 西面. 皇太子升, 進當房戶前, 北面, 跪奠鴈, 再拜,
降, 出. 主人不降送. 內廐尉進厭翟於內門外[114], 傳姆導妃, 司則
前引, 出於母左. 師姆在右, 保姆在左. 父少進, 西面戒之曰:「必
有正焉, 若衣花[115].」命之曰:「戒之敬之, 夙夜無違命.」母戒之

---

114) 內廐尉進厭翟於內門外 : 각 본에는 원래 '門'자가 없는데, 『大唐開元
禮』 권111과 『通典』 권127에 의거하여 보충하였다.

115) 父少進西面戒之曰必有正焉若衣花 : 『大唐開元禮』 권123과 『通典』 권
129에는 모두 '曰'자가 없다. "必有正焉, 若衣花"는 戒辭가 아닌 듯하다.
『儀禮』 「士昏禮」 정현의 주에 "必有正焉者, 以託戒使不忘."이라고 한
것으로 증명할 수 있다. '曰'자는 아마도 衍文인 듯하다. 또 '若衣花'는
『의례』 「사혼례」에는 '若衣若笄'로 되어 있다. 이에 의거하여 번역한다.

西階上, 施衿結悅, 命之曰:「勉之敬之, 夙夜無違命.」庶母及門
內施鞶, 申之以父母之命, 命之曰:「敬恭聽, 宗父母之言, 夙夜無
愆. 視諸衿鞶.」妃旣出內門, 至輅後, 皇太子授綏, 姆辭不受, 曰
:「未敎, 不足與爲禮.」妃升輅, 乘以几, 姆加景. 皇太子馭輪三周,
馭者代之. 皇太子出大門, 乘輅還宮, 妃次於後. 主人使其屬送妃,
以族從116).

황태자는 황제의 훈계[命]를 받은 후, 햇불을 들어 말의 앞에서 길
을 밝히고 고취악대의 의장을 갖추고서 황태자비의 집 대문 밖 길의
서쪽에 설치한 임시 장막[次]에 이르면, 수레를 돌려 남쪽을 향해 선
다. 좌서자左庶子117)는 무릎을 꿇고 수레에서 내려 임시 장막으로
나아갈 것을 아뢴다. 주인은 안석[几]과 자리[筵]를 진설한다. 황태
자비는 요적의褕翟衣를 입고 머리에 화차花釵(꽃 비녀)118)를 꽂고서
동방東房에 서고, 주부主婦는 동방의 출입문 밖의 서쪽에서 남쪽을
향해 선다. 주인은 공복公服을 착용하고 나와서 대문의 안쪽에서 서
쪽을 향해 선다. 묘廟 안이라면 제복祭服을 착용한다. 좌서자는 무릎
을 꿇고 "청컨대, 위치로 나아가소서."라고 아뢴다.
　황태자는 대문의 서쪽에서 동쪽을 향해 선다. 빈자儐者는 주인의

---

116) 以族從 : 『大唐開元禮』 권111에는 "以次旅從"으로 되어 있고, 『通典』
　　권127에는 "以儐從"으로 되어 있다.

117) 좌서자左庶子 : 『당육전』에 의하면, '좌서자'는 2인으로 정4품상의 太子
　　左春坊의 관직이다. 황태자를 시종하고, 예의의 진행을 돕고, 황태자에
　　게 올라오는 상주문을 논정하고 문서의 봉인과 제서를 감독하여 살펴보
　　는 일을 담당한다.(掌侍從, 贊相禮儀, 駁正啓奏, 監省封題.)

118) 화차花釵(꽃 비녀) : 金翠·珠寶로 만든 꽃 모양으로 된 부녀들의 머리
　　장식으로서, 花鈿이라고도 한다.

명을 받고 대문 밖으로 나가서 무슨 일로 왔는지 묻는다. 좌서자가 이어받아서 무릎을 꿇고 황태자에게 전달하여 아뢰면, 황태자는 "오늘 날이 막 저물려고 하는 때, 아무개는 제서를 받들어 황제의 명을 행하고자 하노라."라고 말한다. 좌서자는 몸을 숙여 엎드렸다 다시 일어나 빈자에게 황태자의 말을 전달한다. 빈자는 대문 안으로 들어가서 주인에게 고한다. 주인은 "아무개는 삼가 공경히 갖추고서 기다리겠습니다."라고 말한다. 빈자는 대문 밖으로 나가서 좌서자에게 주인의 말을 전달하여 아뢰게 한다. 빈자는 대문 안으로 들어와서 다시 주인을 인도하여 대문 밖으로 나간다. 주인은 대문 밖의 동쪽에서 황태자를 맞이하는데, 서쪽을 향해 재배를 한다. 황태자는 답례로 재배를 한다. 주인은 황태자에게 읍을 한 후 먼저 대문 안으로 들어온다.

장축자掌畜者는 기러기를 좌서자에게 건네주고, 좌서자는 이를 황태자에게 건네주면, 황태자는 기러기를 잡고 대문 안으로 들어간다. 내문에 이르면, 주인은 양보를 하면서 "청컨대, 황태자께서 먼저 안으로 들어가소서."라고 말한다. 황태자는 "아무개는 감히 먼저 들어가지 못하겠습니다."라고 말한다. 주인은 또 거듭 청한다. 황태자는 또 "아무개는 거듭 감히 먼저 들어가지 못하겠습니다."라고 말한다. 주인이 읍을 하면, 황태자는 대문 안으로 들어가서 왼쪽으로 나아가고, 주인은 대문 안으로 들어가서 오른쪽으로 나아간다. 내문에 이르면, 주인은 읍을 한 후 내문 안으로 들어간다.

주인은 문 안쪽의 처마[內霤]에 이르러 꺾어지려는 곳에서 읍을 하고 계단을 마주하는 곳에서 읍을 하는데, 황태자는 모두 읍을 하여 보답한다. 계단 앞에 이르러, 주인은 "청컨대, 황태자께서 먼저 오르소서."라고 말한다. 황태자는 "아무개는 감히 사양하겠습니다."
라고 말한다. 주인은 거듭 청한다. 황태자는 또 "아무개는 거듭 사양
하겠습니다."라고 말한다. 주인은 끝내 청한다. 황태자는 또 "아무개
는 끝내 사양하겠습니다."라고 말한다.[119] 주인이 읍을 하면, 황태자
는 읍을 하여 보답한다. 주인은 당 위로 올라가서 조계의 위쪽에서
서쪽을 향해 선다. 황태자는 당 위로 올라가서 방의 출입문 앞쪽과
마주하는 곳으로 나아가서 북쪽을 향해 선다. 황태자는 무릎을 꿇고
기러기를 내려놓은 후 재배를 하고, 당에서 내려가 내문 밖으로 나
간다. 주인은 당에서 내려가 전송하는 예를 행하지 않는다.

내구위內廐尉는 내문 밖에 염적거를 진열해놓는다. 부모傅姆가 황
태자비를 인도하는데, 사칙司則이 앞에서 길을 안내하여 어머니의
왼쪽을 거쳐서 나온다.[120] 사모師姆는 어머니의 오른쪽에 서고, 보
모保姆는 어머니의 왼쪽에 선다. 아버지는 조금 앞으로 나아가 서쪽
을 향해 딸을 훈계시키는데, 반드시 옷이나 비녀처럼 의지할 물건을

---

119) 계단 앞에 이르러 … 말한다 : 禮에서는 세 번 사양을 하는데, 첫 번째 사
양하는 것을 '禮辭'라고 하고, 두 번째 사양하는 것을 '固辭'라고 하고,
세 번째 사양하는 것을 '終辭'라고 한다. 『의례』 「사관례」의 정현 주에
"'예사(예의상 사양함)'는 한 번 사양한 후에 허락하는 것을 말한다. 두
번 사양한 후에 허락하는 것을 '고사(거듭 사양함)'라고 한다. 세 번 사양
하는 것을 '종사(끝내 사양함)'라고 하는데, 허락하지 않는 것이다.'禮
辭', 一辭而許. 再辭而許曰'固辭'. 三辭曰'終辭', 不許也."라고 하였다.
120) 어머니의 왼쪽을 거쳐서 나온다 : 어머니는 방 안에서 나와 방문의 서쪽
에서 남쪽을 향하고 있는데, 딸은 방 안에서 나와 서쪽을 향해 나아가기
때문에 어머니의 왼쪽을 거쳐 지나가게 된다. 『의례주소』 권6, 113쪽,
가공언의 소 참조.

주어 훈계를 기억하고 잊지 않도록 하면서[121] "삼가고 공경하여 아침 일찍부터 밤늦게까지 시부모님의 가르침과 명령을 어기지 말도록 하라."라고 훈계를 한다. 어머니는 서쪽 계단 위에서 딸을 훈계시키는데, 띠[衿]를 몸에 둘러 주고 차고 다니는 수건[帨]을 묶어 주면서 "근면하고 공경하여 아침 일찍부터 밤늦게까지 시부모의 가르침과 명령을 어기지 말도록 하라."라고 훈계를 한다. 서모庶母는 내문 안에 이르러서 주머니[鞶]를 묶어 주고, 부모의 가르침과 명령을 거듭 당부하면서 "공경스럽게 네 부모님의 말씀을 따르고 존중하여 아침 일찍부터 밤늦게까지 허물을 짓는 일이 없도록 하라. 띠[衿]와 주머니[鞶]를 보여 주노니, 부모님의 말씀을 잊지 않도록 하라."라고 훈계를 한다.

황태자비가 내문에서 나와 수레[輅]의 뒤쪽에 이르면, 황태자는 수레 손잡이 줄[綏]을 건네준다. 보모[姆]가 황태자비를 대신하여 "아직 가르침을 받지 못하여 더불어 예를 행하기에 부족합니다."라고 말하며 사양을 하고 받지 않는다. 황태자비가 수레에 오르는데, 디딤대[几]를 밟고서 올라탄다. 보모는 황태자비에게 겉옷[景]을 덧입혀준다. 황태자가 수레를 몰아 세 바퀴를 돌면, 마부[馭者]가 대신 수레를 몬다. 황태자는 대문 밖으로 나가서 수레에 올라타고 궁으로 돌아오는데, 황태자비는 뒤쪽 수레를 타고 따른다. 주인은 친속으로 하여금 황태자비를 전송하게 하는데, 일족 가운데서 뽑아 뒤를 따르게 한다.

---

121) 반드시 … 않도록 하면서 : 盛世佐는 "물건으로 의지할 것을 삼는 것을 '正'이라 한다.以物爲憑曰正."고 하였고, 또 아버지가 딸을 훈계할 때 옷과 비녀를 주어 그것을 착용하게 함으로써 훈계를 기억하고 잊지 않도록 하는 것이라고 하였다. 호배휘, 『의례정의』 권3, 208쪽 참조.

同牢之日, 司閨設妃次於閤內道東, 南向. 設皇太子御幄於內殿室內西廂, 東向. 設席重茵, 施屛障. 設同牢之席於室內, 皇太子之席西廂, 東向, 妃席東廂, 西向. 席閒量容牢饌. 設洗於東階東南, 設妃洗於東房近北. 饌於東房西墉下, 籩·豆各二十[122][八], 簋·簠各二, 鈃各三, 瓦登一, 俎三. 尊在室內北墉下, 玄酒在西. 又設尊於房戶外之東, 無玄酒. 篚在南, 實四爵, 合巹. 皇太子車至左閤, 回輅南向, 左庶子跪奏「請降輅」. 入俟於內殿門外之東, 西面. 妃至左閤外, 回輅南向, 司則請妃降輅, 前後扇·燭. 就次立於內殿門西, 東面. 皇太子揖以入, 升自西階, 妃從升. 執扇·燭者陳於東·西階內. 皇太子卽席, 東向立, 妃西向立. 司饌進詣階間, 跪奏「具牢饌」, 司則承令曰「諾.」遂設饌如皇后同牢之禮. 司饌跪奏「饌具」. 皇太子及妃俱坐. 司饌跪取脯·取韭菹, 皆擩於醢, 授皇太子, 又取授妃, 俱受, 祭於籩·豆之間. 司饌跪取黍實於左手, 遍取稷反於右手, 授皇太子, 又授妃, 各受, 祭於俎醢之間. 司饌各立, 取肺皆絕末, 跪授皇太子及妃, 俱受, 又祭於俎醢之間. 司饌俱以肺加於俎. 掌嚴授皇太子妃巾, 帨手. 以柶扱上鈃遍擩之, 祭於上豆之間. 司饌品嘗妃饌, 移黍置於席上, 以次跪授肺脊. 皇太子及妃皆食以湆醬, 三飯, 卒食. 司饌北面請進酒, 司則承令曰:「諾.」司饌二人俱盥手洗爵於房, 入室, 酌于尊, 北面立. 皇太子及妃俱興, 再拜. 一人進授皇太子, 一人授妃, 皇太子及妃俱坐, 祭酒, 擧酒, 司饌各以肝從, 司則進受虛爵, 奠於篚. 司饌又俱洗爵, 酌酒, 再酳, 皇太子及妃俱受爵飲. 三酳用巹, 如再酳. 皇太子及妃立於席後, 司則俱降東階, 洗爵, 升, 酌於戶外, 北面, 俱奠爵, 興,

---

122) 籩豆各二十 : 각 본에는 원래 '籩'자가 없는데, 『大唐開元禮』 권111과 『通典』 권127에 의거하여 보충하였다.

再拜. 皇太子及妃俱答拜. 司則坐, 取爵祭酒, 遂飮, 啐爵, 奠, 遂
拜, 執爵興, 降, 奠爵於篚. 司饌奏「徹饌」. 司則前跪奏稱:「司則
妾姓言, 請殿下入.」皇太子入於東房, 釋冕服, 著褲褶. 司則啓妃
入幃幄, 皇太子乃入室. 媵餕皇太子之饌, 御餕妃之饌.

동뢰同牢의 의식을 거행하는 날에, 사규司閨는 합문閤門(곁문) 안
쪽 길의 동쪽에 황태자비의 임시 장막을 설치하는데 남쪽을 향하도
록 하고, 내전內殿의 실室 안의 서쪽 행랑에 황태자의 어악御幄(帷幕
안에 비단을 둘러쳐서 만든 방)을 설치하는데 동쪽을 향하도록 하
고, 바닥에 이중의 풀 자리[重茵]를 펼쳐놓고 가리개를 둘러친다. 실
안에 함께 식사 할 자리[席]를 진설한다. 황태자의 자리는 서쪽 행랑
[西廂]에 펼쳐놓는데 자리의 머리 부분이 동쪽을 향하도록 하여 놓
고, 황태자비의 자리는 동쪽 행랑[東廂]에 펼쳐놓는데 자리의 머리
부분이 서쪽을 향하도록 하여 놓는다. 자리 사이의 거리는 음식을
진설할 수 있는 정도로 한다.

동쪽 계단의 동남쪽에 물받이 항아리[洗]를 진설하고, 동방東房에
서 북쪽 가까이에 황태자비의 물받이 항아리를 진설한다. 동방의 서
쪽 벽 아래에 음식을 진설하는데, 대나무제기[籩]와 나무제기[豆] 각
각 20개, 네모진 밥그릇[簠]과 둥근 밥그릇[簋] 각각 2개, 국그릇[鉶]
3개, 질그릇제기[瓦登] 1개, 희생제기[俎] 3개를 올리며. 술동이는 실
室 안의 북쪽 벽 아래에 놓는데, 현주玄酒(물)를 담은 술동이를 서쪽
에 둔다. 또 방房의 출입문 밖의 동쪽에 술동이를 놓는데 현주를 담
은 술동이는 없으며, 그 남쪽에 대광주리[篚]를 진설하는데 그 안에
4개의 작爵(1승 용량의 술잔)과 합쳐 놓은 근졸(박을 반으로 갈라
만든 술잔)을 담아둔다.

황태자의 수레가 합문에 이르러 수레를 돌려 남쪽을 향하면, 좌서자左庶子는 무릎을 꿇고 "청컨대, 수레에서 내리소서."라고 말한다. 황태자는 합문 안으로 들어가서 내전의 문 밖의 동쪽에서 서쪽을 향해 선다. 황태자비가 왼쪽 합문의 밖에 이르러 수레를 돌려 남쪽을 향하면, 사칙司則은 수레에서 내리도록 청하고, 앞뒤로 부채[扇]와 횃불[燭]을 들고 있는 사람들이 있다. 황태자비는 임시 장막으로 나아가서 내전의 문 밖의 서쪽에서 동쪽을 향해 선다. 황태자는 황태자비에게 읍을 한 후 내전의 문 안으로 들어가서 서쪽 계단을 통해 당 위로 올라간다. 황태자비도 황태자의 뒤를 따라서 당 위로 올라간다. 부채와 횃불을 들고 있는 사람들이 동쪽 계단과 서쪽 계단 안에 나열해 있다.

황태자는 자리[席] 앞으로 나아가서 동쪽을 향해 서고, 황태자비는 서쪽을 향해 선다. 사찬司饌[123]은 계단 사이로 나아가서 무릎을 꿇고 "음식이 모두 갖추어졌습니다."라고 아뢴다. 사칙司則은 황태자의 명을 받들어 "좋다."라고 말한다. 이어서 황후에게 동뢰同牢의 예를 베풀 때와 마찬가지 절차로 음식을 진설한다. 사찬司饌은 무릎을 꿇고 "음식이 모두 갖추어졌습니다."라고 아뢴다. 황태자와 황태자비는 모두 앉는다. 사찬은 무릎을 꿇고 말린 고기[脯]를 집어 들고, 부추[韭]와 채소절임[菹]을 집어 들어 모두 고기젓갈[醢]에 묻힌 후 황태자에게 건네주고, 또 황태자비에게 건네준다. 황태자와 황태

---

123) 사찬司饌 : 『당육전』에 의하면, '사찬'은 2인으로 종6품의 太子內官의 관직이다. 음식을 관장하여 음식을 진헌할 때 먼저 맛을 보며, 장식·장의·장원을 총괄하여 그 직무를 총괄한다.(掌膳羞, 進食先嘗, 以總掌食·掌醫·掌園, 而領其事.)

자비는 함께 이를 받아서 대나무제기와 나무제기 사이에서 고수레를 한다.

사찬 2인은 무릎을 꿇고 왼손으로 찰기장 밥[黍]을 담은 밥그릇을 집어 들고, 차례대로 메기장 밥[稷]을 담은 밥그릇을 집어 들어 오른손으로 넘겨 잡은 후 황태자에게 건네주며, 또 황태자비에게 건네준다. 황태자와 황태자비는 각자 이를 받아서 채소절임을 담은 나무제기와 고기젓갈을 담은 나무제기 사이에서 고수레를 한다. 사찬 2인은 각자 일어나서 끝부분을 완전히 잘라낸 허파[肺皆絶末]를 집어 들고 무릎을 꿇고서 황태자와 황태자비에게 건네준다. 황태자와 황태자비는 함께 이를 받아서 채소절임을 담은 나무제기와 고기젓갈을 담은 나무제기 사이에서 고수레를 한다. 사찬 2인은 모두 고수레를 한 허파를 희생제기 위에 올려놓는다.

장엄掌嚴은 황태자와 황태자비에게 수건을 건네주어 손을 닦게 하며, 숟가락을 위쪽의 국그릇에 꽂아서 두루 고깃국을 건져내어 위쪽의 나무제기 사이에서 고수레를 하게 한다. 사찬司饌은 황태자비의 음식을 일일이 맛보고, 찰기장 밥을 담은 밥그릇을 자리위에 옮겨놓고, 차례대로 무릎을 꿇고 허파와 등뼈를 건네준다. 황태자와 황태자비는 모두 고깃국과 고기젓갈을 곁들여 식사를 하는데, 세 번 숟가락을 떠서 밥을 먹고 식사를 마친다.

사찬은 북쪽을 향해 술을 올리고자 청한다. 사칙은 황태자의 명을 받들어 "좋다."라고 말한다. 사찬 2인은 함께 방에서 손을 씻고 술잔을 씻어 실 안으로 들어가 술동이에서 술을 떠서 술잔에 채우고 북쪽을 향해 선다. 황태자와 황태자비는 모두 일어나서 재배를 한다. 사찬 가운데 한 사람은 황태자에게 술잔을 올리고, 한 사람은 황태자비에게 올린다. 황태자와 황태자비는 함께 앉아서 술로 고수레를 한 후 술을 마신다. 사찬 2인은 각자 구운 간을 곁들여 올린다. 사칙은 나아가 빈 술잔을 받아서 대광주리 안에 넣어둔다.

사찬은 또 함께 술잔을 씻고, 술잔에 술을 따라 두 번째 입가심을 하게 한다. 황태자와 황태자비는 함께 술잔을 받아 술을 마신다. 세 번째 입가심을 할 때는 근쯜(박을 반으로 갈라 만든 술잔)을 사용하는데 두 번째 입가심을 할 때와 마찬가지로 구운 간은 곁들여 올리지 않는다. 황태자와 황태자비가 자리 뒤쪽에 서면, 사칙은 함께 동쪽 계단을 통해 내려가서 술잔을 씻은 후 다시 당 위로 올라가서 방의 출입문 밖에서 술을 따라 술잔에 채우고 북쪽을 향해 술잔을 내려놓고 다시 일어나 재배를 한다. 황태자와 황태자비는 함께 답배를 한다. 사칙은 앉아서 술잔을 집어 들어 술로 고수레를 하고, 이어서 술을 마셔 술잔의 술을 다 비운 후 술잔을 내려놓고, 이어서 배례를 한 후 술잔을 잡고 일어나 당에서 내려가 대광주리에 술잔을 넣어둔다.

사찬은 "음식물을 거두었습니다."라고 아뢴다. 사칙은 앞으로 나아가 무릎을 꿇고, "사칙인 성 아무개는 전하께서 궁궐로 들어가실 것을 청하나이다."라고 말한다. 황태자는 동방으로 들어가 면복을 벗고, 바지저고리[褲褶]를 착용한다. 사칙은 휘장의 문을 열어 황태자비가 안으로 들어갈 수 있도록 하며, 황태자는 이에 실室 안으로 들어간다. 황태자비의 수종자[媵]는 황태자가 먹고 남은 음식으로 준餕을 하고, 황태자의 수종자[御]는 황태자비가 먹고 남은 음식으로 준을 한다.

親王納妃.

친왕親王[124]이 왕비를 맞아들이는 예[親王納妃].

其納采·問名·納吉·納徵·請期, 使者公服, 乘犢車, 至於妃氏
之家, 主人受於廟若寢, 其賓主相見, 儐贊出入升降, 與其禮賓者,
大抵皆如皇太子之使, 而無副. 其聘以玄纁束·乘馬, 玉以璋. 冊
命之日, 使者持節, 有副.

그 납채·문명·납길·납징·청기의 예를 행할 때, 사자가 공복公服
을 착용하고 독거犢車를 타고서 왕비의 집에 이르면, 주인은 묘廟나
침寢에서 예를 받는다. 그 빈(사자와 주인이 상견을 하거나 빈儐의
진행을 돕는 주인 쪽의 사람)과 찬贊(예의 진행을 돕는 빈 쪽의 사람)
이 문을 출입하고 당을 오르내리는 것과 예빈禮賓(정례가 끝나고 주
인이 빈을 접대하는 예)은 대체로 모두 황태자의 사자가 황태자비의
집에 갔을 때와 마찬가지 의절로 하지만 부사는 없다. 사자가 빙聘의
예를 행할 때는[125] 검은색과 옅은 진홍색의 속백[玄纁束]과 4마리의

---

124) 친왕親王 : 황제나 국왕의 친속 가운데 왕으로 봉해진 자를 말한다. 이
명칭은 남조 말기부터 시작되었다. 수대에는 황제의 백숙형제와 황자를
친왕으로 삼았는데, 당대에는 황제의 형제와 황자를 친왕으로 삼았다.
『수서』「백관지」상에 "陳이 梁을 승계하자 모두 그 관제를 따랐다. …
그 친왕이 기가를 하면 시중이 되었다.陳承梁, 皆循其制官 … 其親王
起家, 則爲侍中."고 하였고, 『신당서』「백관지」1에서는 "황제의 형제와
황자는 모두 國을 봉해주어 친왕으로 삼았다.皇兄弟·皇子, 皆封國爲親
王."고 하였다.
125) 사자가 빙聘의 예를 행할 때는 : 聘禮에서 사자가 주국의 군주에게 예물

말[乘馬]을 사용하며, 옥은 장璋을 사용한다.126) 황비로 책봉하는 명
을 거행하는 날에 사자는 부절을 지니며, 부사가 있다.

을 올리는 것을 '聘'이라 한다. '聘'에 이어서 곧바로 '享'의 의절이 있기
때문에 '聘享'으로 연칭하기도 한다. 『의례』 「빙례」의 가공언 소에 "聘
享은 빈이 주국의 군주에게 圭로 빙의 예를 행하고, 주국의 부인에게
璧으로 향의 예를 행하는 것을 말한다.聘享者 謂賓聘君以圭, 享君以
璧."고 하였다.

126) 검은색과 … 사용한다 : 玄(검은색)은 하늘의 색이고, 纁(옅은 진홍색)은
땅의 색으로, 玄纁은 곧 하늘과 땅이 배합하는 것을 상징한다. 『의례』
「사혼례」의 정현 주에 "검은색과 옅은 진홍색을 사용하는 것은 음과 양
이 갖추어진 것을 상징한다.用玄纁纁者, 象陰陽備也."고 하였다. 『의
례』 「사혼례」에 "납징의 예를 행할 때는 검은색과 옅은 진홍색의 束帛과
사슴가죽 두 장을 예물로 사용하는데, 납길의 예를 행할 때와 동일한
절차로 한다.納徵, 玄纁束帛·儷皮, 如納吉禮."고 하였다. '束帛'은 '비
단 묶음'이라는 뜻인데, 『의례』 「빙례」의 정현 주에 따르면 '玄纁束帛'은
검은색 3, 옅은 진홍색 2의 비율로 이루어진 비단 10단을 가리킨다. '璋'
은 圭를 절반으로 잘라낸 듯한 모양의 玉器를 말한다. 이곳에서 사자는
璋을 玄纁의 束帛 위에 올려놓고 주인(왕비의 아버지)에게 바치면서 빙의
예를 행한다.

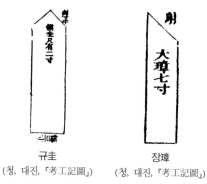

규圭
(청, 대진, 『考工記圖』)

장璋
(청, 대진, 『考工記圖』)

親迎. 王袞冕輅車, 至于妃氏之門外. 主人布席於室戶外之西,
西上, 右几. 又席於戶內, 南向. 設甒醴於東房東北隅, 篚在尊南,
實觶一・角柶一, 脯醢又在其南. 妃於房內卽席, 南向立, 姆立於
右. 主人立於戶之東, 西面. 內贊者以觶酌醴, 加柶, 覆之, 面柄,
進筵前, 北面. 妃降席西, 南面再拜, 受觶. 內贊者薦脯醢, 妃升席,
跪, 左執觶, 右取脯, 擩於醢, 祭於籩・豆之間, 遂以柶祭醴三, 始
扱一祭, 又扱再祭, 興, 筵末跪, 啐醴, 建柶, 奠觶, 降筵西, 南面再
拜, 就席立. 主人乃迎賓. 其餘皆如皇太子之迎.

친영親迎.

친왕이 곤면복袞冕服을 착용하고 노거輅車를 타고서 왕비 집 문
밖에 이른다. 주인은 실室의 출입문 밖의 서쪽에 자리[席]를 펼쳐놓
는데 자리의 머리 부분이 서쪽을 향하도록 하여 놓고, 그 오른쪽에
안석[几]을 진설한다. 또 실의 출입문 안쪽에 자리를 펼쳐놓는데,
자리의 머리 부분이 남쪽을 향하도록 하여 놓는다. 동방東房의 동북
쪽 모퉁이에 예주를 담은 질그릇 술동이[甒醴]를 진설하고, 술동이
의 남쪽에 대광주리[篚]를 진설하는데 그 안에 3승 용량의 술잔[觶]
1개, 뿔 숟가락[角柶] 1개를 넣어두고, 또 그 남쪽에 말린 고기[脯]
를 담은 대나무제기[籩]와 고기젓갈[醢]을 담은 나무제기[豆]를 진설
한다.

왕비는 방 안에서 자리로 나아가 남쪽을 향해 서는데, 보모[姆]가
그 오른쪽에 선다. 주인은 실의 출입문 동쪽에서 서쪽을 향해 선다.
내찬자[內贊者]는 예주를 술잔에 담은 후 그 위에 숟가락을 엎어서
엎어놓고, 자루 부분이 앞쪽을 향하도록 하고서 왕비의 자리 앞으로
나아가서 북쪽을 향해 선다. 왕비는 자리의 서쪽을 통해 내려와서

남쪽을 향해 재배를 한 후 술잔을 받는다. 내찬자는 말린 고기를 담은 대나무제기와 고기젓갈을 담은 나무제기를 올린다.

왕비는 자리 위로 올라가 무릎을 꿇고 왼손으로 술잔을 잡고 오른손으로 말린 고기를 집어 들어 고기젓갈에 묻힌 후 대나무제기와 나무제기 사이에서 고수레를 하고, 이어서 숟가락으로 예주를 떠서 세 차례 고수레를 하는데, 처음 술을 떠서 한 차례 고수레를 하고 다시 술을 떠서 두 차례 고수레를 한 후 일어나서 자리 끝에서 무릎을 꿇고 예주를 맛보고, 숟가락을 술잔에 꽂아 내려놓은 후 자리의 서쪽을 통해 내려와서 남쪽을 향해 재배를 하고 다시 자리로 나아가서 선다. 주인은 이에 빈을 맞이한다. 그 나머지는 모두 황태를 맞이할 때와 마찬가지 의절로 한다.

初昏, 設洗於東階東南, 又設妃洗於東房近北. 饌於東房, 障以帷. 豆十六, 籩·篚各二, 登各二, 俎三, 羊豕·腊, 羊豕節折, 尊坫於室內北墉下, 玄酒在西. 又設尊於房戶外之東, 無玄酒, 坫在南, 實以四爵, 合巹. 王至, 降車以俟; 妃至, 降車北面立. 王南面揖妃以入, 及寢門, 又揖以入. 贊者酌玄酒三注於尊, 妃從者設席於奧, 東向. 王導妃升自西階, 入於室, 卽席東面立. 妃入立於尊西, 南面. 王盥於南洗, 妃從者沃之; 妃盥於北洗, 王從者沃之. 俱復位, 立. 贊者設饌入, 西面, 告「饌具.」王揖妃, 卽對席, 西面, 皆坐. 其先祭而後飯, 乃醑祭, 至于燭入, 皆如太子納妃之禮.

날이 어두워질 무렵, 동쪽 계단의 동남쪽에 물받이 항아리[洗]를 진설하고, 또 동방에서 북쪽 가까이에 왕비의 물받이 항아리를 진설한다. 동방에 음식을 진설하는데, 휘장을 둘러쳐서 가린다. 나무제기

[豆] 16개, 네모진 밥그릇[簠]과 둥근 밥그릇[簋] 각각 2개, 질그릇제기[登] 2개, 희생제기[俎] 3개를 진설하여 그 위에 양고기·돼지고기·말린 고기를 담는데, 양고기와 돼지고기는 뼈마디를 갈라서 해체한 것을 올려놓는다. 실 안의 북쪽 벽 아래에 술동이를 흙 받침대에 올려놓는데, 현주(물)를 담은 술동이를 서쪽에 둔다. 또 방의 출입문 밖의 동쪽에 술동이를 진설하는데 현주를 담은 술동이는 없으며, 그 남쪽에 흙 받침대가 있는데 그 안에 4개의 작爵(1승 용량의 술잔)과 합쳐놓은 근卺(박을 반으로 갈라 만든 술잔)을 담아둔다.

친왕은 도착하면 수레에서 내려 기다리고, 왕비는 도착하면 수레에서 내려 북쪽을 향해 선다. 친왕은 남쪽을 향해 읍을 한 후 함께 안으로 들어가고, 침문寢門에 이르면 또 읍을 한 후 함께 문 안으로 들어간다. 찬자贊者는 현주(물)를 따라 세 차례 술동이에 붓고, 왕비의 종자는 실의 서남쪽 모퉁이에 자리를 펼쳐놓는데, 자리의 머리 부분이 동쪽을 향하도록 하여 놓는다. 친왕은 왕비를 인도하여 서쪽 계단을 통해 당 위로 올라가서 실 안으로 들어가 자리로 나아가 동쪽을 향해 선다. 왕비는 실 안으로 들어가서 술동이의 서쪽에서 남쪽을 향해 선다. 친왕은 조계의 동남쪽에 진설한 물받이 항아리[南洗]에서 손을 씻는데 왕비의 종자가 물을 부어주고, 왕비는 동방의 북쪽에 진설한 물받이 항아리[北洗]에서 손을 씻는데 친왕의 종자가 물을 부어준다. 함께 위치로 되돌아와서 선다.

찬자는 음식을 들이고 서쪽을 향해 "음식이 다 갖추어졌습니다."라고 아뢴다. 친왕은 왕비에게 읍을 한 후 자리에 오르는데, 왕비의 자리는 머리 부분이 서쪽을 향한다. 친왕과 왕비는 모두 자리에 앉는다. 먼저 고수레를 한 후 식사를 하고, 이어서 입가심을 한 후 고

수레를 하며, 횃불이 들어오는 것까지 모두 황태자가 황태자비를 맞아들일 때의 예와 마찬가지 의절로 한다.

公主出降. 禮皆如王妃, 而納采·問名·納吉·納徵·請期, 主人皆受於寢. 其賓之辭曰:「國恩貺室於某公之子, 某公有先人之禮, 使某也請.」主人命賓曰:「寡人有先皇之禮」云.

공주가 출가하는 예[公主出降].

예는 모두 왕비와 마찬가지 의절로 하지만, 납채·문명·납길·납징·청기의 예를 행할 때 주인은 모두 침寢에서 예를 받는다. 그 빈賓(신랑 쪽의 사자)은 "나라에서 은혜를 베푸시어 아무개 공의 아들에게 따님을 아내로 내려주셨습니다. 아무개 공(신랑 아버지의 이름)은 선인에게 물려받은 예법이 있으니, 아무개(사자의 이름)를 보내어 청하도록 하였습니다."라고 말한다. 주인(황제)은 찬자를 시켜서 빈(사자)에게 "과인에게는 선황에게 물려받은 예법이 있다."라고 말을 전하게 한다.

其諸臣之子, 一品至于三品爲一等, 玄纁束·乘馬, 玉以璋. 四品至于五品爲一等, 玄纁束·兩馬, 無璋. 六品至于九品爲一等, 玄纁束·儷皮二, 而無馬. 儷皮二, 內攝之, 毛在內, 左首, 立於幕南. 其餘納采·問名·納吉·納徵·請期, 大抵皆如親王納妃.

신하들의 아들이 황실의 딸을 아내로 맞이할 경우, 1품에서 3품까지가 한 등급이니, 빙빙聘의 예를 행할 때 검은색과 옅은 진홍색의 속백[玄纁束]·4마리의 말을 바치고 옥은 장璋을 사용한다. 4품에서 5

품까지가 한 등급이니, 검은색과 옅은 진홍색의 속백·2마리의 말을 바치고, 장璋은 없다. 6품에서 9품까지가 한 등급이니, 검은색과 옅은 진홍색의 속백·짐승가죽[儷皮] 두 장을 바치고, 말은 없다. 짐승가죽 두 장은 안쪽으로 마주하도록 모아 접어서 털이 안쪽을 향하고 머리가 왼쪽을 향하도록 하여 잡고서 멍석의 남쪽에 선다. 그 나머지 납채·문명·납길·납징·청기는 대체로 모두 친왕이 왕비를 맞아들일 때와 마찬가지 의절로 한다.

其親迎之日, 大昕, 婿之父·女之父告於禰廟若寢. 將行, 布席於東序, 西向; 又席於戶牖之間, 南向. 父公服, 坐於東序, 西向. 子服其上服: 一品袞冕, 二品鷩冕, 三品毳冕, 四品絺冕, 五品玄冕, 六品爵弁. 庶人絳公服. 升自西階, 進立於席西, 南向. 贊者酌酒進, 北面以授子, 子再拜受爵. 贊者薦脯醢於席前, 子升席, 跪, 左執爵, 右取脯, 擩於醢, 祭於籩·豆之間. 右祭酒, 執爵興, 降席西, 南面跪, 卒爵, 再拜, 執爵興. 贊者受虛爵還尊所. 子進立於父席前, 東面. 父命之曰:「往迎尒相, 承我宗事, 勗率以敬, 先妣之嗣, 若則有常.」庶子但云:「往迎爾相, 勗率以敬.」子再拜曰「不敢忘命.」又再拜, 降, 出, 乃迎.

친영을 하는 날, 동틀 무렵, 신랑의 아버지와 신부의 아버지는 네 묘禰廟나 침寢寢에서 조상에게 고한다. 예를 거행하려고 할 때, 당 위 동쪽 벽[東序]에 자리를 펼쳐놓는데 자리의 머리 부분이 서쪽을 향하도록 하여 놓으며, 또 실의 출입문과 창문 사이[戶牖之間: 당의 정중앙]에 자리를 펼쳐놓는데 자리의 머리 부분이 남쪽을 향하도록 하여 놓는다. 신랑의 아버지는 공복을 착용하고 당 위 동쪽 벽에 앉으며, 아들은 아버지의 공복보다 상등의 복을 착용한다. 1품은 곤면袞冕, 2품은 별면鷩冕[127], 3품은 취면毳冕[128], 4품은 치면絺冕[129], 5품은 현면玄冕[130], 6품은 작변爵弁[131]이다. 서인이라면 진홍색의 공복

---

127) 별면鷩冕 : 일곱 가지 문양을 사용하며, 先公에 제사지내거나 鄕射禮를 할 때 입는 의복이다. 섭숭의의 『삼례도』에 의하면, 鷩은 꿩의 이름으로 곧 華蟲이다. 7가지 문양 가운데 華蟲, 火(불), 宗彝(원숭이와 호랑이 술잔)의 3가지 문양은 웃옷에 그려 넣고, 藻(마름풀), 粉米(흰쌀), 黼(도끼)·黻(弓 글자가 서로 등지고 있는 문양)의 4가지 문양은 치마에 자수를 놓는다. 폐슬, 띠[帶], 인끈[綬], 그리고 신발[舃]은 모두 袞冕의 제도와 같다.

128) 취면毳冕 : 다섯 가지 문양을 사용하는데, 사방의 산천에 望祭를 지낼 때 입는 의복이다. 섭숭의의 『삼례도』에 의하면, 毳는 호랑이와 원숭이를 그린 것으로, 곧 宗彝를 지칭한다. 5가지 문양 가운데 宗彝, 藻(마름풀), 粉米(흰쌀)의 3가지 문양은 웃옷에 그려 넣고, 黼(도끼)·黻(弓 글자가 서로 등지고 있는 문양)의 문양은 치마에 수를 놓는다.

129) 치면絺冕 : 세 가지 문양을 사용하는데, 社稷과 五祀를 제사지낼 때 입는 의복이다. 섭숭의의 『삼례도』에 의하면, 3가지 문양 가운데 粉米(흰쌀)는 웃옷에 수를 놓으며, 黼(도끼)와 黻(己 글자가 서로 등지고 있는 문양)는 치마에 나란히 수를 놓는다. 그 면관[冕]에는 옥을 꿴 5개의 줄[五旒]이 양쪽으로 있고, 또한 각각의 줄에는 오채색의 비단실로 짠 끈에 12개의 매듭[就]이 있다. 줄마다 각각 오채색의 옥 12개를 꿰니, 옥 120개가 사용된다.

130) 현면玄冕 : 한 가지 문양을 사용하는데, 여러 작은 신들[小祀]을 제사지낼 때 입는 의복이다. 섭숭의의 『삼례도』에 의하면, 한 가지 문양은 단지 치마에 黻 모양의 수를 놓을 뿐이다. 그 면관에는 옥을 꿴 3개씩의 줄[三旒]이 양쪽으로 있고, 각각의 줄에는 오채색의 비단실로 짠 끈에 12개의 매듭[就]이 있다. 줄 마다 또한 오채색의 옥12개를 꿰니, 옥이 총 72개가 사용된다.

을 착용한다. 서쪽 계단을 통해 당 위로 올라가서 나아가 자리의 서쪽에서 남쪽을 향해 선다.

찬자贊者는 술잔에 술을 따른 후 들고 나아가서 북쪽을 향해 신랑에게 건네주고, 신랑은 재배를 한 후에 술잔을 받는다. 찬자는 신랑의 자리 앞에 말린 고기를 담은 대나무제기와 고기젓갈을 담은 나무제기를 올린다. 신랑은 자리 위로 올라가 무릎을 꿇고 왼손으로 술잔을 잡고 오른손으로 말린 고기를 집어 들어 고기젓갈에 묻힌 후 대나무제기와 나무제기 사이에서 고수레를 한다. 오른손으로 술로 고수레를 한 후 술잔을 잡고 일어나 자리의 서쪽을 통해 내려와서 남쪽을 향해 무릎을 꿇고 술잔의 술을 다 마신 후 재배를 하고 술잔을 잡고 일어난다. 찬자는 빈 술잔을 받아서 술동이가 있던 곳에 되돌려놓는다.

신랑은 나아가서 아버지의 자리 앞에서 동쪽을 향해 선다. 아버지는 아들에게 "가서 너의 도울 사람[相]을 맞이하여 우리 종묘의 일을 잇도록 하라. 너는 신부를 공경함의 도리로 부지런히 이끌어서 신부가 선비先妣(돌아가신 어머니나 조모)의 덕행을 계승할 수 있도록 하라. 너 자신의 행실에도 떳떳함이 있어야 한다."라고 훈계를 한다. 서자庶子라면 단지 "가서 너의 도울 사람[相](신부)을 맞이하여

---

131) 작변爵弁 : 冕冠보다 한 등급 아래로 형태는 冕과 같으나 旒(구슬을 꿴 줄)가 없다. 적색에 옅은 흑색을 띠는 30승의 베로 만든다. '爵'은 '雀'과 통하며, 관의 색이 雀 즉 참새의 머리처럼 검붉은 색이기 때문에 '작변'이라고 한다. 대부가 家廟에서 제사를 지낼 때, 사가 군주의 제사에 助祭를 할 때, 士冠禮에서 세 번 째관을 씌울 때, 사혼례에서 친영을 할 때 모두 작변을 쓴다.

우리 종묘의 일을 잇도록 하라. 너는 신부를 공경함의 도리로 부지런히 이끌도록 하라."라고만 훈계한다. 아들은 재배를 한 후, "감히 가르침과 명을 잊지 않겠습니다."라고 말한다. 또 재배를 하고, 당에서 내려가 문을 나가서 신부를 맞이한다.

初昏, 設洗·陳饌皆如親王. 牲用少牢及腊, 三俎·二籩·二簋, 其豆數 : 一品十六, 二品十四, 三品十二. 婿及婦共牢, 婦之簋·簠 及豆·登之數, 各視其夫. 尊於室中北墉下, 設尊於房戶外之東, 加羃·勺, 無玄酒. 夫婦酌於內, 尊四, 爵兩, 卺凡六, 夫婦各三酳. 主人乘革輅, 至於婦氏大門外. 女準其夫服, 花釵·翟衣, 入於房, 以觶酌醴, 如王妃. 主人迎賓以入, 遂同牢, 皆如親王納妃之禮.

날이 어두워질 무렵, 물받이 항아리를 진설하고 음식을 진열하는 것은 모두 친왕이 왕비를 맞아들일 때와 마찬가지 의절로 한다. 희생은 소뢰少牢(양고기·돼지고기) 및 말린 고기를 사용하고, 3개의 희생제기[俎]·2개의 대나무제기[籩]·2개의 네모진 밥그릇[簋]을 진설한다. 그 나무제기[豆]의 수는 1품은 16개, 2품은 14개, 3품은 12개이다. 신랑 및 신부는 식사를 함께 하는데, 신부의 둥근 밥그릇[簋]·네모진 밥그릇[簠] 및 나무제기[豆]·질그릇제기[登]의 수는 각각 신랑에 준해서 한다. 실 안의 북쪽 벽 아래에 술동이를 진설하고, 또 실의 출입문 밖의 동쪽에 술동이를 진설하는데, 덮개보로 술동이를 덮어두고 그 위에 술 국자[勺]를 얹어놓는데, 현주(물)를 담은 술동이는 없다.

부부는 술동이 실 안에서 술을 떠서 술잔에 채우는데 술동이는 4개이며, 작爵(1승 용량의 술잔)은 2개로 근졸(박을 반으로 갈라 만든 술잔)을 포함하여 술잔은 모두 6개인데 부부는 각각 3차례 입가심을 한다. 주인은 혁로革輅[132]를 타고서 신부 집 대문 밖에 이른다. 신부는 신랑의 복식에 준해서 착용하고, 화차花釵(꽃비녀)·적의翟衣[133]를 입고서 방 안으로 들어가며, 술잔[爵: 3승 용량]에 예주를 따라 담는 것은 왕비의 경우와 마찬가지 절차로 한다. 주인이 빈을 맞이하여 안으로 들어가는 것과 이어서 동뢰同牢의 의식을 행하는 것은 모두 친왕이 왕비를 맞아들이는 예와 마찬가지 절차로 한다.

質明, 布舅席於東序, 西向; 布姑席於房戶外之西, 南向. 舅姑卽席, 婦執笄棗·栗入, 升自西階, 東面再拜, 進, 跪奠於舅席前, 舅撫之, 婦退, 復位, 又再拜. 降自西階, 受笄腶脩, 升, 進, 北面再拜, 進, 跪奠於姑席前, 姑擧之, 婦退, 復位, 又再拜. 婦席於姑西少北, 南向. 側尊甒醴於房內東壁下, 籩·豆一, 實以脯醢, 在尊北. 設洗於東房近北. 婦立於席西, 南面. 內贊者盥手, 洗觶, 酌醴, 加柶, 面柄, 北面立于婦前. 婦進, 東面拜受, 復位. 內贊者西階上, 北面拜送, 乃薦脯醢. 婦升席, 坐, 左執觶, 右取脯, 擩於醢, 祭於籩·豆之間, 以柶祭醴三, 始扱一祭, 又扱再祭, 加柶於觶, 面葉, 興, 降席西, 東面坐, 啐醴, 建柶, 興, 拜. 內贊者答拜. 婦進升席, 跪,

132) 혁로革輅: 가죽으로 밧줄을 만들고 검은 옻칠을 한 수레로서, 천자의 五路 가운데 하나이다.『주례』「춘관·巾車」의 정현 주에 "혁로는 가죽으로 수레를 끄는 밧줄을 만들고 옻칠을 하였으며, 다른 장식이 없다.革路, 鞔之以革而漆之, 無他飾."고 하였고,『隋書』「禮儀志」5에 "혁로는 그것으로 군대를 순시하고 전쟁에 나간다.革輅, 以巡兵卽戎."고 하였다.

133) 적의翟衣: 비단에 꿩의 형태를 새기고 그림을 그려 넣어 문식을 삼은 옷으로, 褕翟이나 闕翟 등을 말한다.

奠觶於豆東, 取脯, 降自西階以出, 授婦氏從人於寢門外[134].

　동틀 무렵, 당 위 동쪽 벽에 시아버지의 자리를 펼쳐놓는데 자리의 머리 부분이 서쪽을 향하도록 하여 놓고, 방의 출입문 밖의 서쪽에 시어머니의 자리를 펼쳐놓는데 자리의 머리 부분이 남쪽을 향하도록 하여 놓는다. 시부모가 자리로 나아가면, 며느리는 대추[棗]와 밤[栗]을 담은 폐백바구니[筓][135]를 들고 침문 안으로 들어가 서쪽

---

134) 授婦氏從人於寢門外 : 각 본에는 원래 '婦'자가 없고, '人'은 원래 '入'으로 되어 있다. 『通典』(學海堂刻本) 권129에는 "授婦氏從人於寢門外"로 되어 있다. 살펴보건대, 『儀禮』「士昏禮」에 "取脯, 降出授人於門外"라는 문장이 있는데, 정현의 주에 "'人'은 며느리 집 사람을 가리킨다 謂婦氏人."고 하였고, 가공언의 소에는 "'人'이 며느리집 사람임을 알 수 있는 것은 그가 문 밖에 있는데 며느리가 가서 건네주기 때문이니, 며느리 집 사람임이 분명하다.知'人'是婦氏之人者, 以其在門外, 婦往授之, 明是婦氏之人也."라고 하였다. 이곳에서는 『通典』에 의거하여 교감하여 보충하였다.

135) 폐백바구니[筓] : '筓'은 고대에 견과류를 담는 대나무로 만든 그릇이다. 정현에 의하면, 대나무그릇에 옷을 입힌 것인데, 그 형태는 한대의 '筥'와 유사하다. 筥는 혼례에서 며느리가 시부모를 처음 뵐 때 사용할 대추[棗], 밤[栗], 생강이나 계피를 넣어 찧고 두드려서 만든 육포[腶脩] 등을 담는 데 사용한다.

筓(섭숭의, 『삼례도』)

筥(『흠정의례의소』)

계단을 통해 당 위로 올라가서 동쪽을 향해 재배를 한 후 시아버지 자리 앞으로 나아가 무릎을 꿇고 폐백바구니를 내려놓는다. 시아버지가 폐백바구니를 어루만지면,[136] 며느리는 물러나 본래의 위치로 돌아와서 또 재배를 한다. 며느리는 서쪽 계단을 통해 당에서 내려와 종자에게 생강이나 계피를 넣어 찧고 두드려서 만든 육포[腶脩]를 담은 폐백바구니를 받은 후 다시 당 위로 올라가 방의 출입문 쪽으로 나아가서 북쪽을 향해 재배를 한 후 시어머니의 자리 앞으로 나아가서 무릎을 꿇고 폐백바구니를 내려놓는다. 시어머니가 폐백바구니를 들면, 며느리는 물러나 본래의 위치로 돌아와서 또 재배를 한다.

며느리의 자리[婦席]는 시어머니 자리의 서쪽에서 조금 북쪽에 있는데, 자리의 머리 부분이 남쪽을 향한다. 방 안의 동쪽 벽 아래에 〈현주를 담은 술동이 없이〉 예주를 담은 질그릇 술동이[甒醴]만을 단독으로 진설하고, 대나무제기[籩]와 나무제기[豆] 각각 1개에 말린 고기[脯]와 고기젓갈[醢]을 담아서 술동이의 북쪽에 놓는다. 동방에서 북쪽 가까이에 물받이 항아리[洗]를 진설한다. 며느리는 자리의 서쪽에서 남쪽을 향해 선다.

내찬자內贊者는 손을 씻고 술잔[觶]을 씻은 후 예주를 떠서 술잔에 담고 그 위에 숟가락을 얹어 자루 부분이 앞쪽을 향하도록 하고 며느리의 자리 앞에서 북쪽을 향해 선다. 며느리는 내찬자에게

---

136) 시아버지가 폐백바구니를 어루만지면 : 張爾岐는 대추와 밤을 담은 폐백바구니를 어루만지는 것으로, 그것을 어루만짐으로써 받겠다는 뜻을 보이는 것이라고 하였다.(撫, 撫棗栗笲也. 撫之者, 示受也.) 호배휘, 『의례정의』 권3, 190쪽 참조.

나아가 동쪽을 향해 배례를 한 후 술잔을 받고 본래의 위치로 돌아
온다. 내찬자는 서쪽 계단 위쪽에서 북쪽을 향해 술잔을 보내준 후
배례를 하고, 이어서 말린 고기를 담은 대나무제기와 고기젓갈을 담
은 나무제기를 올린다. 며느리는 자리 위로 올라가 앉아서 왼손으로
술잔[觶]을 잡고 오른손으로 말린 고기[脯]를 집어 들어 고기젓갈에
묻힌 후 대나무제기와 나무제기 사이에서 고수레를 한다. 이어서 숟
가락으로 예주를 떠서 세 차례 고수레를 하는데, 처음 술을 떠서 한
차례 고수레를 하고, 다시 술을 떠서 두 차례 고수레를 한다. 술잔
위에 숟가락을 머리 부분이 앞쪽을 향하도록 하여 엎어놓고, 일어나
서 자리의 서쪽을 통해 내려와 동쪽을 향해 앉아서 예주를 맛본 후
술잔 위에 숟가락을 꽂고, 일어나서 내찬자에게 배례를 한다. 내찬
자는 답배를 한다. 며느리는 나아가 자리 위로 올라가서 무릎을 꿇
고 나무제기의 동쪽에 술잔을 내려놓고, 말린 고기를 집어 들고 서
쪽 계단을 통해 내려와 나가서 침문 밖에서 며느리 집의 종인從人에
게 건네준다.

盥饋. 舅·姑入於室, 婦盥饋. 布席於室之奥, 舅·姑共席坐, 俱
東面南上. 贊者設尊於室內北墉下, 饌於房內西墉下, 如同牢. 牲
體皆節折, 右載之於舅俎, 左載之於姑俎. 婦入, 升自西階, 入房,
以醬進. 其他饌, 從者設之, 皆加匕箸. 俎入, 設於豆東. 贊者各授
箸, 舅·姑各以籩菹擩於醬[137], 祭於籩·豆之間, 又祭飯訖, 乃食,

---

137) 舅姑各以籩菹擩於醬 : '籩'는『大唐開元禮』권123과『通典』권129에는
모두 '韭'로 되어 있다.

三飯, 卒食. 婦入於房, 盥手洗爵, 入室, 酌酒酳舅, 進奠爵舅席前
少東, 西面再拜, 舅取爵祭酒, 飲之. 婦受爵出戶, 入房, 奠於右.
盥手洗爵, 酌酒酳姑. 設婦席於室內北墉下, 尊東面, 婦徹饌, 設
於席前如初, 西上. 婦進, 西面再拜, 退, 升席, 南向坐. 將餕, 舅命
易醬, 內贊者易之. 婦及餕姑饌138), 婦祭, 內贊者助之. 旣祭, 乃
食, 三飯, 卒食. 內贊者洗爵酌酒酳婦, 降席, 西面再拜, 受爵, 升
席坐, 祭酒, 飲, 執爵興, 降席東, 南面立. 內贊者受爵, 奠於坫.
婦進, 西面再拜, 受爵, 升席坐, 祭酒, 飲訖, 執爵興, 降席東, 南面
立. 內贊者受奠於篚, 婦進, 西面再拜. 舅 · 姑先降自西階, 婦降自
阼階. 凡庶子婦, 舅不降, 而婦降自西階以出.

　며느리가 손을 씻고 시부모에게 음식을 올리는 예[盥饋].

　시아버지와 시어머니가 실室 안으로 들어가면, 며느리는 손을 씻
고 음식을 올린다. 실의 서남쪽 모퉁이에 자리를 펼쳐놓으면, 시아
버지와 시어머니가 자리에 함께 앉고, 남쪽을 윗자리로 삼아 모두
동쪽을 향한다.

　찬자贊者는 실 안의 북쪽 벽 아래에 술동이를 진설하고, 방 안의
서쪽 벽 아래에 음식을 진설하는데, 부부가 식사를 함께 하는 동뢰
同牢의 의식과 마찬가지로 놓는다. 희생의 몸체는 모두 뼈마디를 갈
라서 해체한 것을 사용하는데, 오른쪽 몸체는 시아버지의 희생제기
위에 담고, 왼쪽 몸체는 시어머니의 희생제기 위에 담는다. 며느리
는 침문 안으로 들어가 서쪽 계단을 통해 당 위로 올라가서 방 안으
로 들어가 젓갈[醬]을 담은 나무제기를 올린다. 그 밖의 음식은 종자

---

138) 婦及餕姑饌 : '及'은 『大唐開元禮』 권123과 『通典』 권129에는 모두 '乃'
　　로 되어 있다.

從者가 진설하는데, 모두 숟가락과 젓가락을 얹어놓는다. 희생제기를 들여와 나무제기의 동쪽에 진설한다. 찬자贊者가 각각 젓가락을 건네주면, 시아버지와 시어머니는 각각 부추와 채소절임을 젓갈에 묻힌 후 대나무제기와 나무제기 사이에서 고수레를 하고, 또 밥으로 고수레를 하여 마친 후, 이어서 식사를 하는데 세 번 숟가락을 떠서 밥을 먹고 식사를 마친다.

며느리는 방 안으로 들어가 손을 씻고 술잔을 씻은 후 실 안으로 들어가 술을 떠서 시아버지가 입가심을 할 수 있게 하고, 나아가 시아버지의 자리 앞 조금 동쪽에 술잔을 내려놓고 서쪽을 향해 재배를 한다. 시아버지는 술잔을 집어 들어 술로 고수레를 한 후 술을 마신다. 며느리는 빈 술잔을 받아들고 실의 출입문 밖으로 나와서 방 안으로 들어가 오른쪽에 술잔을 내려놓는다. 또 손을 씻고 술잔을 씻은 후 술을 따라 시어머니가 입가심을 할 수 있게 한다.

실 안의 북쪽 벽 아래에 며느리의 자리를 진설하고, 술동이는 동쪽을 향하도록 하여 놓는다. 며느리는 시부모의 자리 앞에 진설했던 음식을 거두어 자신의 자리 앞에 처음 진설할 때와 마찬가지 절차로 차려놓는데 서쪽을 윗자리로 삼는다. 며느리가 시아버지가 먹고 남은 음식으로 준餕하고자 할 때, 시아버지는 젓갈[醬]을 새 것으로 바꾸어주라고 명을 하는데,139) 내찬자가 바꾸어준다. 며느리는 시어머니가 먹고 남은 음식으로 준을 할 때 고수레를 하는데, 내찬자가 이

---

139) 시아버지는 … 하는데 : 가공언은 시아버지가 자기가 먹다 남은 음식을 며느리가 먹는 것에 대해 사양하여 바꾸어 주라고 명하는 것은 단지 더러워졌을 것을 염려해서만이 아니고, 시아버지는 尊者이기 때문에 서로 親狎하는 것을 피하기 위함이라 하였다. 『의례주소』 권5, 102쪽 참조.

를 돕는다. 고수레를 마치면, 이어서 식사를 하는데 세 번 숟가락을 떠서 밥을 먹고 식사를 마친다. 내찬자는 술잔을 씻고 술을 따라 며느리가 입가심을 할 수 있도록 한다. 며느리는 자리에서 내려와 서쪽을 향해 재배를 한 후 술잔을 받고, 자리 위로 올라가 앉아서 술로 고수레를 한 후 술을 마시고, 술잔을 내려놓고 일어나 자리의 동쪽을 통해 내려와서 남쪽을 향해 선다.

내찬자內贊者는 빈 술잔을 받아서 흙 받침대 위에 내려놓는다. 며느리는 나아가 서쪽을 향해 재배를 한 후 술잔을 받고, 자리 위로 올라가 앉아서 술로 고수레를 하고 술을 마신 후 술잔을 잡고 일어나서 자리의 동쪽을 통해 내려와 남쪽을 향해 선다. 내찬자는 빈 술잔을 받아서 대광주리 안에 넣어둔다. 며느리는 나아가 서쪽을 향해 재배를 한다. 시아버지와 시어머니가 먼저 서쪽 계단을 통해 당에서 내려가면, 며느리는 조계(동쪽 계단)를 통해 당에서 내려간다. 무릇 서자의 며느리[庶子婦: 庶婦][140]라면 시아버지는 당에서 내려가지 않고, 며느리는 서쪽 계단을 통해 내려가서 침문 밖으로 나간다.

---

140) 서자의 며느리[庶子婦: 庶婦] : '庶子婦'는 庶婦를 가리킨다. 『爾雅』「釋親」에 "아들의 처를 '며느리'라고 하는데, 맏며느리를 '嫡婦'라고 하며, 나머지 며느리를 '庶婦'라고 한다.子之妻爲婦, 長婦爲嫡婦, 衆婦爲庶婦."고 하였다. 즉 적자의 처가 적부가 되고 서자의 처가 서부가 된다.

禮樂九
예악 9

이유진 역주

皇帝元正·冬至受群臣朝賀而會.

황제가 정월 초하루[元正]와 동지冬至에 신하들의 조하朝賀를 받고 연회를 열 때의 예.

前一日, 尚舍設御幄於太極殿, 有司設群官客使等次於東西朝堂, 展縣, 置桉, 陳車輿, 又設解劍席於縣西北橫街之南. 文官三品以上位於橫街之南, 道東; 襃聖侯位於三品之下, 介公·鄶公位於道西; 武官三品以上位於介公之西, 少南; 文官四品·五品位於縣東, 六品以下位於橫街之南. 又設諸州朝集使位: 都督·刺史三品以上位於文·武官三品之東·西, 四品以下分方位於文·武官當品之下. 諸州使人又於朝集使之下, 諸親於四品·五品之南. 設諸蕃方客位: 三等以上, 東方·南方在東方朝集使之東, 西方·北方在西方朝集使之西, 每國異位重行, 北面; 四等以下, 分方位於朝集使六品之下. 又設門外位: 文官於東朝堂, 介公·鄶公在西朝堂之前, 武官在介公之南, 少退, 每等異位重行; 諸親位於文·武官四品·五品之南; 諸州朝集使, 東方·南方在宗親之南, 使人分方於朝集使之下; 諸方客, 東方·南方在東方朝集使之南, 西方·北方在西方朝集使之南, 每國異位重行.

하루 전날, 상사尚舍[1]가 태극전太極殿[2]에 어악御幄[3]을 설치한다.

---

1) 상사尚舍 : 尚舍局을 말한다. 殿中省 예하의 官署로, 殿廷의 陳設과 출행 때 장막 설치 등을 관장했다. 尚舍局은 判官, 奉御 2명, 直長 6명, 書令史 3명, 掌固 10명, 幕士 80명으로 구성된다.

2) 태극전太極殿 : 太極宮의 正殿을 가리킨다. 태극궁은 隋·唐시대의 皇宮으로, 長安城 중축선 북쪽에 자리했다. 隋 文帝 開皇 2년(582)에 처음

유사有司가 동·서 조당朝堂에 각 관원과 객사客使 등의 임시 장막
[次]⁴⁾을 설치하고, 악기걸이[縣]⁵⁾를 배치하고, 궤안[桉]을 진설하고,

세워졌으며 수나라 때는 大興宮이라 칭했다. 唐 睿宗 景雲 元年(710)에
태극궁으로 개칭했다. 당나라의 正宮인 태극궁은 '京大內'라고 칭하기도
했다. 唐 高宗 때 大明宮을 수축한 이후 태극궁을 '西內'라고 칭했다.
태극궁의 정전을 태극전이라 하는데, 매월 음력 1일과 15일에 조의를 거
행하는 장소로 '中朝'에 해당한다. 태극전 앞에는 동서로 두 개의 복도가
나 있었는데, 동쪽 복도에는 門下省이 있고 서쪽 복도에는 中書省이 있
어서 황제가 일상 정무를 처리하는 것을 도왔다.『類編長安志』권2, '西
內宮城'條에 의하면, 左延明門의 동남쪽이 門下省이고, 右延明門의 서
남쪽이 中書省이다. 태극전 뒤쪽의 兩儀殿은 황제가 일상의 정무를 처리
하는 '內朝'로, 전쟁의 승리를 경축하는 연회와 귀빈과 5품 이상의 관리를
위한 연회 등도 이곳에서 거행했다.(楊寬 저, 최재영 역,『중국 고대 도성
제도사(상)』, 265~266쪽 참조.)

3) 어악御幄 : 황제가 親征하거나 외출했을 때 설치하는 임시 장막을 가리킨
다.『周禮』「春官·幕人」에서 "(막인은) 帷·幕·幄·帟·綬의 일을 관장
한다.掌帷幕幄帟綬之事."라고 하였는데, 鄭玄 注에서는 "사방에 둘러쳐
진 것을 '帷'라 하고, 위에 덮여 있는 것을 '幕'이라 한다. … 帷와 幕은
모두 베[布]를 사용하여 만든다. 사방으로 합쳐서 宮室을 상징한 것을
'幄'이라고 하니, 왕이 머무는 휘장이다.在旁曰帷, 在上曰幕. … 帷·幕皆
以布爲之. 四合象宮室曰幄, 王所居之帷也."라고 하였다. '帷'는 베를 사
방으로 벽처럼 둘러서 친 것이고, '幕'은 帷 위에 베를 지붕처럼 펼쳐서
덮은 것이다. 帷幕으로 室을 만든다. '幄'은 帷幕 안에 다시 비단을 둘러
쳐서 왕이 머무는 방을 만든 것이다. '帟'은 幄 안에서 왕이 앉는 자리
위에 펼치는 비단을 말한다.

4) 임시 장막[次] : 베로 만든 휘장을 세우고 갈대로 엮은 자리를 깔아 마련
한 임시 장막을 '次'라고 한다. 왕이 제사를 위해 출궁하거나 제후의 朝
見, 會同 등으로 외출했을 때 옷을 갈아입거나 휴식을 취하는 용도로 사
용되었다. 처음 行禮 장소에 도착하여 행사 전에 머무는 임시 장막을 '大

수레[車輿]를 진열한다. 또 악기걸이 서북쪽에 있는 횡가橫街[6]의 남

次'라고 하고, 행례 후에 물러나서 다음 행례를 대
기하는 임시 장막을 '小次'라고 한다.(『周禮』「天官
·掌次」, 鄭玄 注)

次(聶崇義, 『三禮圖』)

5) 악기걸이[縣] : '縣'은 '懸'과 통한다. 악기를 걸어두는 筍과 虡 등의 악기
걸이, 또는 악기걸이에 걸어두는 鐘·磬·鎛 등의 악기 자체를 '樂縣'이라
하는데, 이것을 '縣'이라고 칭한다.『周禮』「春官·小胥」의 鄭玄 注에서
"樂縣은 종과 경 따위를 筍과 簴에 걸어두는 것을 말한다.樂縣, 謂鍾磬
之屬縣於筍簴者."라고 했다.『禮記』「曲禮」下의 鄭玄 注에서는 "縣은
악기이니, 종과 경 따위를 말한다.縣, 樂器, 鍾磬之屬也."라고 했다.『文
選』에 수록된 顏延年의「三月三日曲水詩序」의 '將徙縣中宇'에 대한 李
善의 註는 다음과 같다. "縣은 懸과 같으며, 종이나 경을 매달아 두는
기물을 말한다.『주례』에서 '천자는 宮縣을 설치하고, 제후는 軒縣을 설
치한다'라고 하였다.按縣, 同懸, 謂懸鐘磬之具也. 周禮 '天子宮縣, 諸侯
軒縣'."

6) 횡가橫街 : 당나라 長安城 宮城의 중앙 정문인 承天門 앞에 난 길을 가
리킨다. 橫街는 폭이 300보(411미터)로, 장안성에서 가장 넓은 대로이며
광장의 성격을 지녔다. 매년 元旦(정월 초하루), 冬至, 千秋節(황제의 생
일)에 대규모 朝賀儀禮가 승천문에서 거행되었는데, 이때 신하들은 橫街
에 모여 관품의 순서에 따라 정렬하였다. 승천문에는 3개의 門道가 있었
는데, 현존하는 문의 터에는 동서로 남은 길이가 41.7미터, 진입 깊이가
19미터다.(楊寬 저, 최재영 역,『중국 고대 도성제도사(상)』, 265쪽 참조.)
『唐六典』권7, '尙書工部 郎中員外郎'條에 의하면 당나라 長安城의 皇
城 북쪽에 자리한 宮城 남쪽으로 3개의 문이 있는데, 중앙의 承天門, 동

쪽에 해검석解劍席7)을 설치한다.

3품 이상 문관文官의 위치는 횡가의 남쪽, 길의 동쪽에 있다. 포성 후褒聖侯8)의 위치는 3품 문관 아래에 있고, 개공介公9)과 휴공酅公10) 의 위치는 길의 서쪽에 있다. 3품 이상 무관武官의 위치는 개공의 서쪽에서 조금 남쪽에 있다. 4품과 5품 문관의 위치는 악기걸이의 동쪽에 있고, 6품 이하의 위치는 횡가의 남쪽에 있다.

또 각 주州 조집사朝集使11)의 위치를 설치한다. 3품 이상 도독都

쪽의 長樂門, 서쪽의 永安門이다. 元正(정월 초하루)과 冬至에 성대하게 공물을 베풀거나 연회를 열거나 대사면을 반포하거나 낡은 것을 없애고 새로운 것을 포고하는 의례, 만국의 조공과 외국의 빈객을 접견하는 의례 등을 모두 承天門에서 거행하였다.

7) 해검석解劍席 : 관원이 殿에 오르기 전에 검을 풀고 신발을 벗을 수 있도 록 마련한 자리를 가리킨다. 대신이 조회에 참석할 때면 殿 앞의 解劍席 에서 검을 풀고 신발을 벗은 다음에야 殿에 오를 수 있었다.

8) 포성후褒聖侯 : 孔子 후손에게 내려진 爵號이다. 武德 9년(626)에 공자의 제33대 후손인 孔德倫에게 褒聖侯라는 작호를 내렸다.

9) 개공介公 : 北周(557~581) 황족의 자손을 가리킨다.

10) 휴공酅公 : 隋(581~618) 황족의 자손을 가리킨다.

11) 조집사朝集使 : 漢代에 해마다 지방의 郡에서 사자를 長安에 파견하여 군의 정치와 재정 상황을 보고하게 하였는데, 이 임무를 맡은 이를 上計 吏라고 했다. 唐에서도 이를 계승하여 각 道에서 매년 使者를 京師에 朝見하러 파견해 天子와 宰相을 알현하도록 하였는데, 이 임무를 맡은 이를 朝集使라고 했다. "천하의 朝集使는 모두 都督과 刺史와 上佐로 하여금 번갈아 맡게 한다. 변방 要州의 도독과 자사 및 일반 주에 홍수나 가뭄의 재해가 발생하여 일정 정도를 넘었을 경우에는 다른 관직이 대신 한다. 모두 10월 25일에 경사에 도착하며, 11월 1일에 戶部에서 引見의 예를 마치고, 尙書省에서 여러 관료를 禮見하고, 그다음에 考堂에 모여

督과 자사刺史의 위치는 3품 문·무 관원의 동쪽과 서쪽에 있다. 4품
이하 도독과 자사의 위치는 각 (주의) 방위에 따라 문·무 관원의 해
당 품급品級 아래쪽에 있다. 각 주의 사인使人의 위치는 조집사의 아
래쪽에 있다. 제친諸親의 위치는 4품과 5품 관원의 남쪽에 있다.12)

각 번객蕃客의 위치를 설치한다. 3등 이상의 경우, 동방·남방의
번객 위치는 동방 조집사의 동쪽에 있고 서방·북방의 번객 위치는
서방 조집사의 서쪽에 있는데, 각 나라별로 위치를 달리하여 두 줄
[異位重行]13)로 북쪽을 향하도록 한다. 4등 이하 번객의 위치는 각
(나라의) 방위에 따라 6품 조집사의 아래쪽에 있다.

또 궁문 밖에도 위치를 설치한다. 문관의 위치는 동쪽 조당에 있
고, 개공과 휴공의 위치는 서쪽 조당의 앞쪽에 있고, 무관의 위치는
개공의 남쪽에서 조금 뒤쪽으로 물러난 곳에 있는데, 각 등급별로
위치를 달리하여 두 줄이 되게 한다. 제친諸親의 위치는 4품과 5품
문·무 관원의 남쪽에 있다. 각 주 조집사 중에서 동방·남방 조집사

考績의 일에 응한다. 元日에 대전[太極殿]의 뜰에 그 貢物을 진열한다.
凡天下朝集使皆令都督·刺史及上佐更爲之. 若邊要州都督·刺史及諸
州水旱成分, 則佗官代焉. 皆以十月二十五日至于京都, 十一月一日戶
部引見訖, 於尙書省與羣官禮見, 然後集于考堂, 應考績之事. 元日, 陳
其貢筐於殿庭."(『唐六典』)

12) "諸親의 위치를 4품과 5품의 남쪽에 설치한다. 황제 종친의 자리는 동쪽
에 있고, 이성 친족의 자리는 서쪽에 있다.設諸親位於四品五品之南. 皇
宗親在東, 異姓親在西."(『通典』「禮典」)

13) 위치를 달리하여 두 줄[異位重行] : 조정의 儀禮에서 도열하는 방법으로,
위계가 높은 순서대로 앞에서부터 도열하며, 같은 위계의 경우는 나란히
하나의 열을 만들어 선다.

의 위치는 종친宗親의 남쪽에 있고, 사인使人의 위치는 각 (주의) 방
위에 따라 조집사의 아래쪽에 있다. 각 번객 중에서 동방·남방 번객
의 위치는 동방 조집사의 남쪽에 있고, 서방·북방 번객의 위치는 서
방 조집사의 남쪽에 있는데, 각 나라별로 위치를 달리하여 두 줄이
되게 한다.

其日, 將士塡諸街, 勒所部列黃麾大仗屯門及陳於殿庭, 群官就
次. 侍中版奏「請中嚴」. 諸侍衛之官詣閤奉迎, 吏部兵部主客戶
部贊群官·客使俱出次, 通事舍人各引就朝堂前位, 引四品以下
及諸親·客等應先置者入就位. 侍中版奏「外辦」. 皇帝服袞冕, 冬
至則服通天冠·絳紗袍, 御輿出自西房, 卽御座南向坐. 符寶郎奉
寶置於前, 公·王以下及諸客使等以次入就位. 典儀曰:「再拜.」
贊者承傳, 在位者皆再拜. 上公一人詣西階席, 脫舃, 跪, 解劍置
於席, 升, 當御座前, 北面跪賀, 稱:「某官臣某言: 元正首祚, 景
福惟新, 伏惟開元神武皇帝陛下與天同休.」【冬至云:「天正長至, 伏惟
陛下如日之昇.」】乃降階詣席, 跪, 佩劍, 俛伏, 興, 納舃, 復位. 在位者
皆再拜. 侍中前承詔, 降詣群官東北, 西面, 稱「有制」. 在位者皆
再拜, 宣制曰:「履新之慶, 與公等同之.」【冬至云:「履長.」】在位者
皆再拜, 舞蹈, 三稱萬歲, 又再拜.

　(예를 거행하는) 당일, 장사將士들이 모든 거리[街]를 메우며 지키
는데, 휘하의 병사들을 이끌고 황휘대장黃麾大仗[14]을 갖추고서 궁문

---

14) 황휘대장黃麾大仗: 황제가 출행할 때의 儀仗을 가리킨다. 黃麾仗이라고
　도 한다. 『唐六典』 '尙書禮部'條에서 "무릇 정월 초하루에 태극전에서
　크게 진열하고 설치하는 예를 거행한다. 황제는 袞冕을 착용하여 臨軒하

에 주둔을 하거나 대전의 뜰[殿庭]에 도열한다. 관원들이 임시 장막
[次]에 이른다. 시중侍中은 홀판[版]15)을 들고서 "뜰 중앙의 경계를
엄중히 할 것을 청합니다[請中嚴]"16)라고 아뢴다. 각 시위관侍衛官
이 합문閤門(곁문)에 이르러 영접할 채비를 한다. 이부吏部·병부兵
部·주객主客17)·호부戶部는 각 관원과 객사客使가 모두 임시 장막에

며, 宮縣의 樂器를 늘어놓으며, 역대의 寶玉과 輿輅를 진열하고, 黃麾仗를
을 갖추어 둔다.凡元日大陳設於太極殿. 皇帝袞冕臨軒, 展宮縣之樂, 陳
歷代寶玉·輿輅, 備黃麾仗."라고 하였다.

15) 홀판[版] : '版'은 手板, 즉 朝笏을 말한다. 홀판을 잡고서 아뢰는 것을 '版
奏'라고 한다.『後漢書』「黨錮傳·范滂」에서 "범방은 원한을 품고 판을
내던지고 관직을 버리고 떠났다.滂懷恨, 投版棄官而去."라고 하였는데,
李賢의 注에서 "판은 홀이다.版, 笏也."라고 하였다. "한나라 때 東京의
御史中丞이 尙書丞郞을 만나면, 中丞은 수레를 멈추고 版을 잡고서 읍
하고 丞郞은 수레에 앉아서 손을 들어 예를 표할 뿐이었다.漢東京御史中
丞遇尙書丞郞, 則中丞止車執版揖, 而丞郞坐車擧手禮之而已."(『宋書』
「百官志」上)

16) 청중엄請中嚴 : 뜰 중앙의 경계를 엄중히 하는 것을 말한다. 고대 제왕이
元旦의 朝會나 郊祀 등 大典을 거행할 때의 의절 가운데 하나이다. "시중
이 홀판을 잡고서 '궁중의 경계를 엄중히 할 것을 청합니다'라고 아뢴다.
각 侍衛의 관속은 각자 자신들의 군사를 이끌고서 들어가 대전의 뜰에 진
열한다.侍中版奏請中嚴. 諸衛之屬, 各督其隊入陳於殿庭."(『新唐書』「禮
樂志」)

17) 주객主客 : 戰國시대부터 있었던 官名이다. 秦과 漢 초기에는 典客이라
칭했으며, 九卿의 하나였다. 漢 武帝 때는 大鴻臚라고 칭했다. 漢 成帝
때 尙書에 主客曹를 두어 외교를 주관하게 했다. 後漢 光武帝 때 南主客
曹와 北主客曹로 나뉘었는데, 蕃國과 관련된 업무 및 황제의 호위를 관
장했다. 晉에서는 南·北·左·右 4主客으로 나뉘었다. 南朝에서는 하나
의 主客만 두었는데, 唐 역시 이를 따랐다. 唐부터 淸에 이르기까지 主客

서 나오도록 돕는다. 통사사인通事舍人[18]은 (그들이) 조당朝堂 앞의 위치로 가도록 각각 인도하고, 4품 이하 관원 및 제친諸親과 객사 가운데 미리 자리가 배정된 이들이 안으로 들어가서 위치로 나아가 도록 인도한다.

시중은 홀판을 들고서 "궁중의 경비가 갖추어졌습니다[外辦]"[19] 라고 아뢴다. 황제는 곤면袞冕[20]을 착용하고 있는데, 동지에는 통천 관通天冠[21]과 진홍색 깁으로 만든 핫옷[絳紗袍][22]을 착용한다. 황제

은 禮部 소속이었으며, 蕃國과 관련된 일을 관장했다.

18) 통사사인通事舍人 : 朝見과 上奏 업무를 관장하던 관직이다. 唐代에는 中書省에 從六品上의 中書通事舍人 16명을 두었고, 太子右春坊에 正 七品下의 太子通事舍人 8명을 두었다.

19) 외판外辦 : 천자가 출행할 때 儀仗과 扈從을 제자리에 정돈시키는 것을 말한다. 궁중의 경비가 갖추어졌음을 의미한다. "야루의 물이 다 내려가 기 5각 전에 알자·복야·대홍려는 각각 신하들에게 정해진 위치에 서도 록 알린다. 야루의 물이 다 내려가면 시중은 '궁중의 경비가 갖추었습니 다'라고 아뢴다. 황제가 나오면, 종과 북을 연주하고 백관이 모두 엎드려 절한다.漏未盡五刻, 謁者·僕射·大鴻臚各各奏群臣就位定. 漏盡, 侍中 奏外辦. 皇帝出, 鐘鼓作, 百官皆拜伏."(『晉書』「禮志」)

20) 곤면袞冕 : 천자의 6가지 冕服 가운데 하나로, 말려 있 는[袞] 용을 우두머리 무늬로 하는 복식이다. 9가지 무 늬[章]에 12旒이다. 천자가 선왕을 제사지내거나 제후 를 접견할 때 착용하는 예복이며, 上公이 천자를 朝聘 하거나 助祭할 때의 복식이기도 하다. 聶崇義의『三 禮圖』에 의하면, 9章은 龍, 山, 華蟲(산꿩), 火(불), 宗 彝(원숭이와 호랑이 술잔), 藻(마름풀), 粉米(흰쌀), 黼 (도끼), 黻(弓 글자가 등대고 있는 문양)이다.

袞冕
(聶崇義, 『三禮圖』)

21) 통천관通天冠 : 秦에서 유래한 冠으로, 秦·漢에서 魏晉南北朝시대까지
각 왕조에서 통천관을 사용하였다. 원래는 평상시에 쓰던 常冠이었는데
후에 朝服에 쓰는 관으로 변하였다. 朝服에 쓰는 관으로 정착된 것은 北
齊 이후다. "통천관은 높이는 9촌이며, 정면은 곧게 서 있는데 정수리 부
분에서 조금 비스듬히 뒤로 젖혀져 있고, 이어서 곧바로 아래로 내려가면
철로 된 卷(관의 테두리)과 梁(관 위쪽에 앞뒤로 걸쳐 있는 중심 부분)이
며, 앞면에는 산 모양의 장식이 있고 展筩(관 앞면에 날아오르는 듯한
뿔 모양의 장식물)이 있다. 천자가 평소 쓰는 관이다.通天冠高九寸, 正
竪, 頂少斜卻, 乃直下爲鐵卷梁, 前有山, 有展筩. 乘輿常服."(『後漢書』
「輿服志」)

通天冠(聶崇義, 『三禮圖』)

22) 진홍색 깁으로 만든 핫옷[絳紗袍] : '絳紗
袍'는 '朱紗袍'라고도 하는데, 진홍색 깁
으로 만든 핫옷을 말한다. 황제와 황태자
가 조회·제사·책봉 등 중대한 전례를 행
할 때에 착용하는 의복이다. 진홍색의 깁
으로 만들며, 안쪽은 붉은색이고, 옷깃·소
매·옷자락에 모두 검은색의 가선장식을
한다. 일반적으로 통천관을 쓰고, 흰색 깁

絳紗袍(『三才圖會』)

으로 만든 홑 속옷[白紗中單], 흰색의 치마와 저고리[白裙襦], 진홍색 깁
으로 만든 폐슬[絳紗蔽膝]을 일습으로 착용한다. 晉代에 처음 출현했는
데, 황제는 조회를 볼 때 통천관을 쓰고 강사포를 입으며, 황태자와 諸王
은 조복으로 遠遊冠을 쓰고 강사포를 입었다. 唐代에도 이와 같았지만
제왕의 경우에는 강사포를 입지 않았다. 『隋書』「禮儀志」에서는 "또 통

가 수레를 타고 서방西房23)으로부터 나와 어좌로 나아가서 남쪽을 향해 앉는다. 부보랑符寶郎24)이 옥새[寶]25)를 받들어 (어좌) 앞에 놓고, 공公과 왕 이하 및 각 객사 등이 차례대로 들어와 자기 위치로 간다. 전의典儀26)가 "재배!"라고 하면, 찬자贊者27)가 말을 이어받아 전하고, 위치에 있는 사람들이 모두 재배한다.

상공上公 1명이 서쪽 계단의 자리[席]에 이르러 신발[舃]28)을 벗고 꿇어앉아 검을 풀어서 자리에 놓고 난 뒤에 (대전에) 올라가 어좌의 앞쪽을 마주한 채 북쪽을 향해 꿇어앉아 경하를 올리면서 "아무개 관官인 신臣 아무개가 아뢰옵니다. 정월 초하루[元正] 연초[首祚]가 되어 큰 복[景福]이 다시 새롭게 열렸사옵니다. 개원신무황제폐하開元神武皇帝陛下29)께서 하늘과 같이 경사로우시길 바라옵니다"라고 말한다. 【동지에는 "하늘의 상태가 바야흐로 해가 점점 길어지니[長至],30) 폐하께서 떠오르는 해와 같으시길 바라옵니다"라고 말한다.】 그런 다음 계단을 내려와 (서쪽 계단의) 자리로 가서 꿇어앉아 검을 차고 엎드려 절한 뒤 일어나서 신발을 신고 원래 위치로 돌아간다. 위치

천관이 있는데 높이는 9촌이고 앞쪽에는 金博山과 (도요새 문양의) 鷸로 장식하고 검은색 개책[黑介幘]을 쓰며, 絳紗袍에 검은색으로 가선 장식을 한 中衣를 입고, 검은색 신발[黑舃]을 신으니, 이것을 朝服으로 삼는다.又有通天冠, 高九寸, 前加金博山·鷸, 黑介幘, 絳紗袍, 皁緣中衣, 黑舃, 是爲朝服."라고 하였다.

23) 서방西房 : 堂 위 중앙에 자리한 室의 서쪽에 있는 房을 가리킨다. 堂 위 중앙에 室이 있고, 동쪽과 서쪽에 각각 東房과 西房이 있다. 방에는 남쪽에 한 개의 출입문[戶]이 있다. 室에는 출입문[戶]과 창문[牖]이 있는데, 출입문은 동쪽에 있고, 창문은 서쪽에 있다. 따라서 室의 출입문[戶]의 서쪽과 창문[牖]의 동쪽이 堂의 정중앙이 된다.

에 있는 사람들이 모두 재배를 한다.

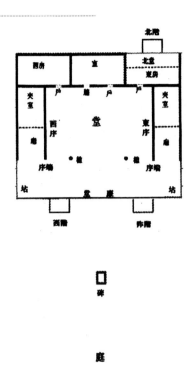

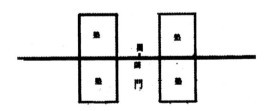

宮室圖(黃以周, 『禮書通故』)

24) 부보랑符寶郞 : 당나라 때 門下省 符寶司에 속한 官名으로, 이전 시대의
符璽郞에 해당한다. 漢代에 尙符璽郞은 符節令의 屬官으로, 璽印과 符

節을 관장했다. 三國시대 魏에서는 符璽郞(符璽郞中)이라 칭했다.

25) 옥새[寶] : 寶는 璽(옥새)를 의미한다. 武則天 시기 '璽'를 '寶'로 개칭했
    는데, 中宗 神龍 연간에 다시 璽로 고쳤다가 玄宗 開元 6년(718)에 다시
    寶로 개칭했다. 이후 璽와 寶는 혼용되었다.

26) 전의典儀 : 門下省 아래 從九品下의 관직으로, 2명이다. "전의는 대전 위
    에서 의례의 순서를 외쳐 의례의 절차를 이끄는 일과 대전 뜰의 (참가자
    들이 위치해야 할) 版位의 위치를 관장한다.典儀掌殿上贊唱之節及殿廷
    版位之次."(『舊唐書』「職官志」)

27) 찬자贊者 : 당나라 때 門下省 소속으로 12명이며, 소리를 쳐서 의례의 진
    행을 관장한다. 番官이라고도 한다. "贊者十二人. 隋太常·鴻臚二寺, 皆
    有贊者, 皇朝因置之, 隷門下省, 掌贊唱, 爲行事之節. 分番上下, 謂之
    番官."(『舊唐書』「職官志」)

28) 신발[舃] : 舃은 밑바닥을 두 겹으로 만든 신발을 가리킨다. 가죽으로 밑
    바닥을 만들고 그 위에 나무로 만든 밑바닥을 덧입힌다. 밑바닥이 홑으로
    되어 있는 신발은 '履'라고 한다.

履와 舃(黃以周, 『禮書通故』)

29) 개원신무황제폐하開元神武皇帝陛下 : 唐 玄宗 李隆基(685~762)를 가리
    킨다. 開元 연간(713~741)과 天寶 연간(742~756)의 성세를 누린 현종은
    다음과 같이 여러 차례에 걸쳐 자신의 尊號를 더했다. 開元神武皇帝
    (713), 開元聖文神武皇帝(739), 開元天寶聖文神武皇帝(742), 開元天寶
    聖文神武應道皇帝(748), 開元天地大寶聖文神武應道皇帝(749), 開元
    天地大寶聖文神武孝德證道皇帝(753),

30) 해가 점점 길어지고 있으니[長至] : 여기서는 冬至를 가리킨다. 夏至 이
    후로 해가 점점 짧아지고, 冬至 이후로는 해가 점점 길어지기 때문에 동

시중은 앞으로 나아가 황제의 명을 받든 후, 계단을 내려와 관원
들의 동북쪽으로 나아가서 서쪽을 향하여 "황제 폐하의 명이 있습
니다[有制]"라고 말한다. 위치에 있는 관원들은 모두 재배를 한다.
(시중은) "새해를 맞이하는 경사[履新之慶]31)를 공들과 함께 누리고
자 하노라"라고 황제의 명을 낭독한다.【동지에는 "해가 점점 길어지는
날을 맞이하는 경사[履長]"32)라고 한다.】 위치에 있는 관원들이 모두 재
배를 하고 만세萬歲를 3번 외친 후 또 재배를 한다.

初, 群官將朝, 中書侍郎以諸州鎭表別爲一桉, 俟於右延明門
外, 給事中以祥瑞桉俟於左延明門外, 侍郎·給事中俱就侍臣班.
初入, 戶部以諸州貢物陳於太極門東東·西庙[一],33) 禮部以諸
蕃貢物可執者, 蕃客執入就位, 其餘陳於朝堂前. 上公將入門, 中
書侍郎·給事中皆降, 各引其桉入, 詣東·西階下立. 上公將升賀,
中書令·黃門侍郎俱降, 各立, 取所奏之文以次升. 上公已賀, 中
書令前跪奏諸方表, 黃門侍郎又進跪奏祥瑞, 俱降, 置所奏之文於
桉. 侍郎與給事中引桉退至東·西階前, 桉出.

지를 長至라고 하는 것이다. 일반적으로 長至는 夏至를 가리킨다. 夏至
에 낮이 가장 길기 때문이다. "이 달(仲夏, 음력 5월)은 해가 가장 길고
음양이 다투며 생사가 나뉘는 때이다.是月也, 日長至, 陰陽争, 死生分."
(『禮記』「月令」)

31) 새해를 맞이하는 경사[履新之慶] : 履新은 새해를 가리킨다. 履新之慶 역
시 새해를 말한다.

32) 이장履長 : 冬至를 가리킨다. 履長之慶이라고도 한다.

33) [교감기 1] 『開元禮』 권97과 『通典』 권123에는 "戶部以諸州貢物陳於太
極門東東西庙"에서 '門' 다음에 '東'자가 중복되어 있지 않다.

이전에, 관원들이 조현朝見하려 할 때 중서시랑中書侍郎은 각 주
진州鎭[34)]에서 올린 표문[表]을 궤안 위에 따로 두고 우연명문右延明
門[35)] 바깥에서 기다린다. 급사중給事中은 상서안祥瑞桉[36)]을 가지고
좌연명문左延明門 바깥에서 기다린다. 시랑과 급사중은 모두 시신侍
臣의 행렬로 간다. 처음 들어올 때, 호부戶部는 각 주州의 공물貢物
을 태극문太極門 동쪽의 동상東廂과 서상西廂[37)]에 진설한다. 예부禮
部는 각 번蕃의 공물 중에서 들 수 있는 것은 번객蕃客이 들고 들어
가서 위치로 나아가게 하고, 그 나머지는 조당朝堂 앞쪽에 진설한다.

上公將入門, 中書侍郎·給事中皆降, 各引其桉入, 詣東·西階
下立. 上公將升賀, 中書令·黃門侍郎俱降, 各立, 取所奏之文以
次升. 上公已賀, 中書令前跪奏諸方表, 黃門侍郎又進跪奏祥瑞,

---

34) 주진州鎭 : 한 지역의 요충지를 말한다.
35) 우연명문右延明門 : 唐 長安城 太極宮의 太極殿 東廊에 있는 문이 左延
　　明門이고 西廊에 있는 문이 右延明門이다. 『類編長安志』권2, '西內宮
　　城'條에 의하면, 좌연명문의 동남쪽이 門下省이고 우연명문의 서남쪽이
　　中書省이다.
36) 상서안祥瑞桉 : 상서로운 소식을 아뢰는 상주문을 두는 궤안을 가리킨다.
37) 동상東廂과 서상西廂 : 正堂 양 옆으로 夾室이 있고, 그 앞쪽의 小堂을
　　'廂'이라 한다. "室에 동쪽과 서쪽의 廂이 있는 것을 '廟'라 하고, 동쪽과
　　서쪽의 廂이 없고 室만 있는 것을 '寢'이라 한다.室有東西廂曰廟, 無東
　　西廂有室曰寢."(『爾雅』「釋宮」) "살펴보건대, 廟의 제도에서 중앙이 大
　　室이고, 東序(당 위 동쪽 벽)와 西序(당 위 서쪽 벽)의 바깥쪽이 夾室이
　　다. 협실의 앞쪽 작은 堂이 東廂과 西廂인데, 이를 東堂과 西堂이라고도
　　한다.按, 廟之制中爲大室, 東西序之外爲夾室, 夾室之前小堂爲東西廂,
　　亦謂之東西堂."(郝懿行, 『爾雅義疏』)

俱降, 置所奏之文於桉. 侍郎與給事中引桉退至東·西階前, 桉出.

상공上公이 궁문 안으로 들어오려고 할 때, 중서시랑과 급사중은 모두 계단에서 내려와 각자 자신이 맡은 궤안을 가지고 동쪽과 서쪽 계단 아래로 나아가서 선다. 상공이 (계단 위쪽으로) 올라가 하례賀禮하려고 할 때, 중서령中書令과 황문시랑黃門侍郎은 모두 (계단에서) 내려와 각자 선 채로 상주문을 받은 뒤 차례대로 (계단 위쪽으로) 올라간다. 상공이 하례를 마치면, 중서령은 앞으로 나아가 무릎을 꿇은 채 각처에서 올린 표문을 상주하고, 황문시랑은 또 앞으로 나아가 무릎을 꿇은 채 상서로운 소식을 상주한 뒤 모두 (계단에서) 내려와 상주문을 궤안 위에 올려놓는다. 시랑과 급사중은 궤안을 들고 물러나 동쪽과 서쪽 계단 앞에 이른 후, 궤안을 들고 궁문 밖으로 나간다.

初, 侍中已宣制, 朝集使及蕃客皆再拜. 戶部尚書進詣階間跪奏, 稱 : 「戶部尚書臣某言 : 諸州貢物請付所司.」侍中前承制, 退, 稱 : 「制曰可.」禮部尚書以次進詣階間, 跪奏, 稱 : 「禮部尚書臣某言 : 諸蕃貢物請付所司.」侍中前承制, 退, 稱 : 「制曰可.」太府帥其屬受諸州及諸蕃貢物出歸仁·納義門, 執物者隨之. 典儀曰 : 「再拜.」通事舍人以次引北面位者出. 侍中前, 跪奏稱 : 「侍中臣某言禮畢.」皇帝降座, 御輿入自東房, 侍臣從至閤. 引東西面位者以次出, 蕃客先出. 冬至, 不奏祥瑞, 無諸方表.

이전에, 시중侍中이 황제의 명을 낭독하면 조집사朝集使 및 번객蕃客들은 모두 재배를 한다. 호부상서戶部尚書는 (동쪽과 서쪽) 계단 사이로 나아가서 무릎을 꿇고 "호부상서 신臣 아무개가 아뢰옵니다.

각 주의 공물貢物을 소관 부서에 넘기도록 해주옵소서"라고 아뢴다. 시중은 앞으로 나아가 황제의 명을 받든 후 물러나와 "폐하께서 윤허한다고 말씀하셨소[制曰可]"[38]라고 말한다. 예부상서禮部尙書는 이어서 (동쪽과 서쪽) 계단 사이로 나아가 무릎을 꿇고 "예부상서 신 아무개가 아뢰옵니다. 각 번蕃의 공물을 청컨대 소관 부서에 넘기도록 해주옵소서"라고 아뢴다. 시중은 앞으로 나아가 황제의 명을 받든 후 물러나와 "폐하께서 윤허한다고 말씀하셨소"라고 말한다.

태부太府[39]는 자신의 관속들을 이끌고 각 주 및 각 번에서 진헌한 공물을 받아 귀인문歸仁門과 납의문納義門을 통해 궁문 밖으로 나가는데, 예물을 들고 있는 자들이 그 뒤를 따른다. 전의典儀는 "재배再拜!"라고 소리친다. 통사사인通事舍人은 북쪽을 향해 서 있던 자들을 차례대로 인도하여 궁문 밖으로 나간다.

시중은 앞으로 나아가 무릎을 꿇고서 "시중 신 아무개가 아뢰오니, 예가 모두 끝났사옵니다[禮畢]"라고 아뢴다. 황제는 어좌에서 내려와 수레를 타고 동방東房으로 들어가고, 시신侍臣이 좇아서 합문

---

38) 제왈가制曰可 : '制'는 황제의 命令을 가리킨다. 신하가 奏請하는 바가 있으면 황제의 명으로 윤허하는 것을 '制曰可'라고 한다. 의례에서 황제가 신하의 奏請에 직접 답할 수는 없기 때문에 侍中이 황제를 대신해 황제의 의사를 전달하는 것이다.

39) 태부太府 : 唐나라 때 수도의 市署, 平准署, 左藏署, 右藏署, 常平署를 관할한 太府寺를 가리킨다. 그 연원은 『周禮』 「天官」의 大府까지 거슬러 올라간다. 大府는 왕을 위하여 문서나 재물을 보관하는 관직들의 우두머리로, 漢代에 錢穀과 관련된 일을 관장하던 大司農으로 이어진다. 大司農은 官秩이 中二千石으로, 국가재정을 담당했다. 한편 왕실재정을 담당한 少府는 卿 1명이 장관을 맡으며 官秩은 역시 中二千石이다.(『通典』 「職官」)

(곁문)으로 간다. (통사사인은) 동쪽과 서쪽을 향해 서 있던 자들을
인도하여 차례대로 나가게 하는데, 번객이 먼저 나간다. 동지에는
상서안祥瑞桉을 올리지 않고 각처에서 올리는 표문도 없다.

其會, 則太樂令設登歌於殿上, 二舞入, 立於縣南. 尚舍設群官
升殿者座: 文官三品以上於御座東南, 西向; 介公‧酅公在御座西
南, 東向; 武官三品以上於其後; 朝集使都督‧刺史, 蕃客三等以
上, 座如立位. 設不升殿者座各於其位. 又設群官解劍席於縣之西
北, 橫街之南. 尚食設壽尊於殿上東序之端, 西向; 設坫於尊南, 加
爵一. 太官令設升殿者酒尊於東‧西廂, 近北; 設在庭群官酒尊各
於其座之南. 皆有坫‧冪, 俱障以帷.

(정월 초하루와 동지의) 연회에서는 태악령太樂令이 대전 위에 등
가登歌40)를 진설하면, 이무二舞41)가 궁문 안으로 들어와 악기걸이
남쪽에 선다. 상사尚舍는 각 관원 가운데 대전 위로 올라갈 자들의
자리를 설치한다. 3품 이상의 문관의 자리는 어좌의 동남쪽에 있는
데 서쪽을 향한다. 개공介公과 휴공酅公의 자리는 어좌의 서남쪽에

---

40) 등가登歌 : 登哥, 登謌라고도 한다. 祭典이나 大朝會 때 樂師가 堂 위에
올라가 노래하는 것을 '登歌'라고 하며, 이때 노래를 위주로 하는 음악을
'登歌樂'이라고 한다.

41) 이무二舞 : 文舞와 武舞를 가리킨다. 『資治通鑑』 '隋 文帝 開皇 9年
(589)'條에 다음 내용이 나온다. "5음을 조율하여 오하‧이무‧등가‧방내
의 14조를 만들어 賓祭 때 그것을 사용했다.調五音爲五夏‧二舞‧登歌
‧房內十四調, 賓祭用之." 여기에 나오는 '二舞'에 대해 胡三省 注에서
"二舞는 문무와 무무의 이무이다.二舞, 文‧武二舞."라고 했다.

있는데 동쪽을 향한다. 3품 이상 무관의 자리는 그 뒤쪽에 있다. 조집사朝集使인 도독都督과 자사刺史, 3등 이상 번객蕃客의 자리는 각자 서 있을 때의 위치와 같게 한다. 대전 위로 오르지 않는 자들의 자리는 각각 서 있을 때의 위치에 설치한다. 악기걸이 서북쪽, 횡가橫街의 남쪽에 각 관원들의 해검석解劍席을 설치한다. 상식尙食[42]이 대전 위 동쪽 벽[東序][43]의 끝에 장수를 기원하는 술동이[壽尊]를 진설하는데 서쪽을 향하도록 놓고, 술동이 남쪽에 흙 받침대[坫][44]를

---

42) 상식尙食 : 2인으로, 正五品下의 宮官이다. "상식은 공급하는 음식[膳羞]의 품목과 숫자를 관장하며, 사선·사온·사약·사희의 四司의 관속을 총괄한다. 음식을 진헌할 때 먼저 맛을 본다.尙食掌供膳羞品齊之數, 惣司膳司醞司藥司饎四司之官屬. 凡進食, 先嘗之."(『唐六典』)

43) 동쪽 벽[東序] : 堂 위에는 東堂과 西堂을 가로막는 각각의 벽이 있는데, 이를 '序'라고 한다. 동쪽에 있는 것이 '東序'이고, 서쪽에 있는 것이 '西序'이다.

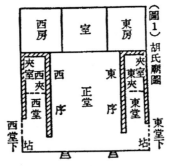

廟圖(胡培彙, 『儀禮正義』)

44) 흙 받침대[坫] : '坫'은 堂 위 동·서 양쪽 모서리에 흙을 쌓아 올려서 만든 臺로, 이곳에 술잔이나 물건을 놓아둔다. 당 위 동쪽 모서리에 있는 것을 '東坫'이라 하고, 서쪽 모서리에 있는 것을 '西坫'이라 한다.

진설한 뒤 술잔[爵]45) 1개를 올려놓는다. 태관령太官令46)은 대전 위로 올라갈 자들의 술동이를 동상東廂과 서상西廂에 북쪽 가까이 진설하고, 뜰[庭]에는 각 관원들의 술동이를 각각의 자리 남쪽에 진설한다. (술동이가 진설된 곳에는) 모두 흙 받침대[坫]와 덮개 보[冪]가 있으며, 모두 휘장[帷]47)을 둘러쳐서 가린다.

吏部兵部戶部主客贊群官・客使俱出次,　通事舍人引就朝堂前位,　又引非升殿者次入就位.　侍中版奏「外辦」.　皇帝改服通天冠・絳紗袍,　御輿出自西房,　卽御座.　典儀一人升就東階上,　通事舍人引公・王以下及諸客使以次入就位.　侍中進當御座前,　北面跪奏,　稱「侍中臣某言：請延諸公・王等升.」又侍中稱：「制曰可.」侍中詣東階上,　西面,　稱：「制延公・王等升殿上.」典儀承傳,　階下贊

---

45) 술잔[爵] : 1升 용량의 술잔으로, 그 모습이 참새와 같이 생겼다고 하여 '爵'이라 칭한다. 나무・청동・옥 등으로 만들었다. 1升 용량의 술잔을 爵, 2升 용량의 술잔을 觚, 3升 용량의 술잔을 觶, 4升 용량의 술잔을 角, 5升 용량의 술잔을 散이라고 한다.

46) 태관령太官令 : 太官署의 令을 가리키며, 大官令이라고도 한다. 北齊 때 光祿寺에 百官의 膳食을 관장하는 太官署를 설치했다. 隋・唐 시기 太官署는 光祿寺의 四署 가운데 하나였다. 당나라 때 태관서에는 令 2인, 丞 4인을 두었고, 監膳 10인, 監膳史 15인을 두었다.

47) 휘장[帷] : 베[布]를 사방으로 벽처럼 둘러서 친 휘장을 의미한다. 『周禮』「天官・幕人」의 鄭玄 注에 의하면, 帷・幕・幄・帟 등은 그 설치 방식과 기능이 각각 다르다. '帷'는 베를 사방으로 벽처럼 둘러서 친 것이고, '幕'은 帷 위에 베를 지붕처럼 펼쳐서 덮는 것이다. 帷幕으로 室을 만든다. '幄'은 帷幕 안에 다시 비단을 둘러쳐서 방을 만든 것이다. '帟'은 幄 안에서 앉는 자리 위에 펼치는 비단이다.

者又承傳, 在位者皆再拜. 應升殿者詣東‧西階, 至解劍席, 脫舄,
解劍, 升. 上公一人升階, 少東, 西面立於座後. 光祿卿進詣階間,
跪奏稱:「臣某言:請賜群臣上壽.」侍中稱:「制曰可.」光祿卿退,
升詣酒尊所, 西向立. 上公詣酒尊所, 北面. 尚食酌酒一爵授上公,
上公受爵, 進前, 北面授殿中監, 殿中監受爵, 進置御前, 上公退,
北面跪稱:「某官臣某等稽首言:元正首祚,【冬至云:「天正長至.」】
臣某等不勝大慶, 謹上千秋萬歲壽.」再拜, 在位者皆再拜, 立於席
後. 侍中前承制, 退稱:「敬舉公等之觴.」在位者又再拜. 殿中監
取爵奉進, 皇帝舉酒, 在位者皆舞蹈, 三稱萬歲. 皇帝舉酒訖, 殿
中監進受虛爵, 以授尚食, 尚食受爵於坫.

　이부吏部‧병부兵部‧호부戶部‧주객主客은 각 관원과 객사客使들
을 도와서 모두 임시 장막[次]에서 나오도록 한다. 통사사인通事舍人
은 (그들을) 인도하여 조당朝堂 앞의 위치로 나아가도록 하고, 또한
대전 위에 오르지 않는 자들을 인도하여 차례대로 들어가 위치로 나
아가도록 한다.

　시중은 홀판을 들고서 "궁중의 경비가 갖추어졌습니다[外辦]"라
고 아뢴다. 황제는 통천관通天冠과 진홍색 깁으로 만든 핫옷[絳紗袍]
으로 바꿔 착용한다. 황제는 수레를 타고 서방西房48)에서 나와 어좌
로 나아간다. 전의典儀 1명은 동쪽 계단 위쪽으로 올라가고, 통사사

---

48) 서방西房:堂 위 중앙에 자리한 室의 서쪽에 있는 房을 가리킨다. 堂 위
　　중앙에 室이 있고, 동쪽과 서쪽에 각각 東房과 西房이 있다. 방에는 남쪽
　　에 한 개의 출입문[戶]이 있다. 室에는 출입문[戶]과 창문[牖]이 있는데,
　　출입문은 동쪽에 있고, 창문은 서쪽에 있다. 따라서 室의 출입문[戶]의
　　서쪽과 창문[牖]의 동쪽이 堂의 정중앙이 된다.

인은 공公과 왕王 이하 및 각 객사客使들을 인도하여 차례대로 들어
와 각자의 위치로 나아가도록 한다. 시중은 어좌 앞으로 나아가 북

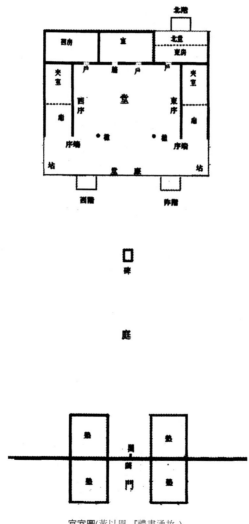

宮室圖(黃以周, 『禮書通故』)

쪽을 향해 무릎을 꿇고서 "시중 신臣 아무개가 아뢰옵니다. 청컨대 공과 왕 등을 인도하여 (堂 위로) 올라오게 해주시옵소서"라고 아뢴다. 또 시중은 "폐하께서 윤허한다고 말씀하셨소"라고 말한다. 시중은 동쪽 계단 위쪽으로 나아가 서쪽을 향해 "폐하께서 공과 왕 등을 인도하여 (堂 위로) 올라오도록 명하셨소"라고 말한다. 전의典儀가 (시중의) 말을 이어받아 전하고, 계단 아래의 찬자贊者가 또 말을 이어받아 전하면, 위치에 있는 사람들은 모두 재배를 한다.

대전 위로 올라가야 할 자들은 동쪽과 서쪽 계단 앞으로 나아가서 해검석解劍席에 이르러 신발[鳥]을 벗고 검을 푼 다음에 대전 위로 올라간다. 상공上公 1명이 계단 위쪽으로 올라가 약간 동쪽에서 서쪽을 향해 자리의 뒤쪽에 선다. 광록경光祿卿은 (동쪽과 서쪽) 계단 사이로 나아가 무릎을 꿇고서 "신 아무개가 아뢰옵니다. 청컨대, 신들이 축수의 술잔을 올릴 수 있도록[上壽]49) 허락해주옵소서"라고 아뢴다. 시중은 "폐하께서 윤허한다고 말씀하셨소"라고 말한다. 광록경은 물러나 (계단 위쪽으로) 올라가 술동이가 진설된 곳으로 나아가서 서쪽을 향해 선다. 상공은 술동이가 진설된 곳으로 나아가서 북쪽을 향해 선다. 상식尙食이 술잔에 술을 따라 상공에게 건네주면, 상공은 술잔을 받아들고 앞으로 나아가서 북쪽을 향하여 전중감殿中監에게 술잔을 건네준다. 전중감이 술잔을 받아들고 나아가서 어좌 앞[御前]에 술잔을 내려놓으면, 상공은 물러나 북쪽을 향해 무릎을 꿇고서 "아무개 관官인 신 아무개 등이 머리를 조아리며[稽首] 아뢰옵니다. 새해 첫날[元正首祚]에【동지에는 "하늘의 상태가 바야흐로

---

49) 상수上壽 : 윗사람에게 장수를 비는 뜻으로 술잔을 올리는 것을 말한다.

해가 점점 길어지니[天正長至]"50)라고 말한다.】 신 아무개 등은 큰 경사로움을 억누를 수가 없사오니, 삼가 폐하께서 천추만세千秋萬歲하시길 기원하옵니다"라고 말한다. (상공이) 재배를 하면, 위치에 있는 사람들이 모두 재배를 한 후 자리의 뒤쪽에 선다.

시중은 앞으로 나아가 황제의 명을 받든 후 물러나 "삼가 공들의 술잔을 들어 올리시오"라고 말한다. 위치에 있는 사람들이 또 재배를 한다. 전중감이 술잔을 취하여 황제에게 받들어 올리면, 황제는 술잔을 들어 마신다. 위치에 있는 사람들은 모두 춤을 추며 '만세萬歲'를 세 번 외친다. 황제가 술을 다 마시면, 전중감은 나아가 빈 술잔을 받아서 상식에게 건네주고, 상식은 술잔을 받아 흙 받침대[坫] 위에 올려놓는다.

初, 殿中監受虛爵, 殿上典儀唱[二]51) :「再拜.」階下贊者承傳, 在位者皆再拜. 上公就座後立, 殿上典儀唱:「就座.」階下贊者承傳, 俱就座. 歌者琴瑟升坐, 笙管立階間. 尚食進酒至階, 殿上典儀唱:「酒至, 興.」階下贊者承傳, 坐者皆俛伏, 起, 立於席後. 殿中監到階省酒, 尚食奉酒進, 皇帝擧酒. 太官令又行群官酒, 酒至,

---

50) 해가 점점 길어지고 있으니[長至] : 여기서는 冬至를 가리킨다. 夏至 이후로 해가 점점 짧아지고, 冬至 이후로는 해가 점점 길어지기 때문에 동지를 長至라고 하는 것이다. 일반적으로 長至는 夏至를 가리킨다. 夏至에 낮이 가장 길기 때문이다. "이 달(仲夏, 음력 5월)은 해가 가장 길고 음양이 다투며 생사가 나뉘는 때이다.是月也, 日長至, 陰陽爭, 死生分." (『禮記』 「月令」)

51) [교감기 2] : "殿上典儀唱"에서 '上'은 각 本에 '中'으로 되어 있는데, 『開元禮』 권97과 『通典』 권123에 의거하여 '上'으로 고쳤다.

殿上典儀唱：「再拜.」階下贊者承傳, 在位者皆再拜, 揎笏受觶.
殿上典儀唱：「就座.」階下贊者承傳, 皆就座. 皇帝擧酒, 尚食進
受虛爵, 復于坫. 觴行三周, 尚食進御食, 食至階, 殿上典儀唱：
「食至, 興.」階下贊者承傳, 坐者皆起, 立座後. 殿中監到階省按,
尚食品嘗食訖, 以次進置御前. 太官令又行群官按, 設食訖, 殿上
典儀唱：「就座.」階下贊者承傳, 皆就座. 皇帝乃飯, 上下俱飯. 御
食畢, 仍行酒, 遂設庶羞, 二舞作. 若賜酒, 侍中承詔詣東階上, 西
面稱：「賜酒.」殿上典儀承傳, 階下贊者又承傳, 坐者皆起, 再拜,
立, 受觶, 就席坐飲, 立, 授虛爵, 又再拜, 就座. 酒行十二遍.

이전에, 전중감殿中監이 빈 술잔[虛爵]을 건네받을 때, 대전 위의
전의典儀는 "재배!"라고 외친다. 계단 아래의 찬자贊者가 (전의의)
말을 이어받아 전하면, 위치에 있는 사람들은 모두 재배를 한다. 상
공上公이 자리의 뒤쪽으로 가서 서면, 대전 위의 전의는 "자리로 나
아가 앉으시오![就座]"라고 외친다. 계단 아래의 찬자가 말을 이어받
아 전하면, 모두 자리에 올라앉는다. 금琴과 슬瑟을 연주하며 노래하
는 악공은 (당堂 위로) 올라가서 앉고, 생笙과 관管을 연주하는 악공
들은 계단 사이에 선다.52)

상식尚食이 술을 받들고 계단에 이르면, 대전 위의 전의가 "술이

---

52) 堂上樂과 堂下樂에 관한 설명이다. "등가 악공은 당 위에 앉고 (대나무로
만든 관악기를 부는 악공인) 竹人은 당 아래에 서는데, 소위 '琴과 瑟은
당에 있고, 竽와 笙은 뜰에 있다'라는 것이다.登歌工人坐堂上, 竹人立堂
下, 所謂琴瑟在堂, 竽笙在庭也."(『舊唐書』「音樂志」)『禮記』「樂記」에
의하면, 琴과 瑟로 堂上樂을 만들고, 簫와 管으로 堂下樂을 만들었다고
한다. 堂上에서의 금과 슬을 연주하는 것은 조정의 다스림을 상징하고,
堂下에서 소와 관을 연주하는 것은 만물의 다스림을 상징한다.

도착했으니, 일어나시오!"라고 외친다. 계단 아래의 찬자가 말을 이어받아 전하면, 앉은 자들이 모두 몸을 숙여 엎드렸다가 일어난 후 자리의 뒤쪽에 선다. 전중감이 계단으로 가서 술을 살핀 후 상식이 술을 받들어 바치고, 황제가 술잔을 들어 마신다. 태관령太官令이 또 각 관원들의 잔에 술을 부어 돌리는데, 술이 이르면 대전 위의 전의가 "재배!"라고 외친다. 계단 아래의 찬자가 말을 이어받아 전하면, 위치에 있는 사람들이 모두 재배를 한 후 손에 들고 있던 홀을 띠에 꽂고[搢笏] 술잔[觶]53)을 받는다. 대전 위의 전의는 "자리로 나아가 앉으시오!"라고 외친다. 계단 아래의 찬자가 말을 이어받아 전하면, 모두 자리로 나아가 앉는다. 황제가 술잔을 들어 마시면, 상식은 나아가 (황제의) 빈 술잔을 받아서 흙 받침대[坫] 위에 되돌려놓는다.

　술잔을 3번 돌린 뒤, 상식이 어식御食을 올린다. 음식이 계단에 이르면, 대전 위의 전의가 "음식이 왔으니 일어나시오!"라고 외친다. 계단 아래의 찬자가 말을 이어받아 전하면 자리에 앉아 있던 자들은 모두 일어서 자리의 뒤쪽에 선다. 전중감은 계단에 이르러 궤안[桉]을 살핀다. 상식은 음식을 품상品嘗54)하고 난 뒤 차례대로 어좌 앞[御前]에 올린다. 태관령이 또 각 관원의 궤안을 돌리고, 음식을 다 진설하면, 대전 위의 전의는 "자리로 나아가 앉으시오!"라고 외친다. 계단 아래의 찬자가 말을 이어받아 전하면 모두 자리로 나아가

---

53) 술잔[觶] : 3升 용량의 술잔을 말한다. 1升 용량의 술잔을 爵, 2升 용량의 술잔을 觚, 3升 용량의 술잔을 觶, 4升 용량의 술잔을 角, 5升 용량의 술잔을 散이라고 한다.
54) 품상品嘗 : 황제에게 올릴 음식에 독이 있나 없나 알아보기 위해서 미리 먹어 보는 것을 말한다.

앉는다. 황제가 식사하면, 대전 위아래에 있는 자들이 모두 식사를 한다. 황제가 식사를 마친 후 술을 돌리고, 이어서 여러 가지 맛난 음식[庶羞]을 진설하면, 이무二舞(문무文舞와 무무武舞)를 연주한다.

황제가 술을 하사할 경우, 시중은 황제의 명을 받들어 동쪽 계단 위쪽으로 나아가서 서쪽을 향해 "술을 하사하셨소"라고 말한다. 대전 위의 전의가 말을 이어받아 전하고, 계단 아래의 찬자가 또 말을 이어받아 전하면, 앉아 있는 자들은 모두 일어나 재배를 한 후 서서 술잔을 받고 자리로 나아가 앉아서 술을 마신다. (술을 다 마신 후) 서서 빈 잔을 건네준 후 또 재배를 하고 자리로 나아가 앉는다. 술은 12번 돌린다.

會畢, 殿上典儀唱:「可起.」階下贊者承傳, 上下皆起, 降階, 佩劍, 納舃, 復位. 位於殿庭者, 仍立於席後. 典儀曰:「再拜.」贊者承傳, 在位者皆再拜. 若有賜物, 侍中前承制, 降, 詣群官東北, 西面稱:「有制.」在位者皆再拜. 侍中宣制, 又再拜, 以次出. 侍中前, 跪奏稱:「侍中臣某言:禮畢.」皇帝興, 御輿入自東房, 東·西面位者以次出.

연회가 끝나면 대전 위의 전의典儀는 "일어나도 좋소!"라고 외친다. 계단 아래의 찬자贊者가 말을 이어받아 전하면, 대전 위아래의 사람들은 모두 일어나는데, (계단 위쪽에 있던 사람들은) 계단을 내려와서 검을 차고 신발을 신은 후 원래 위치로 돌아간다. 대전의 뜰[殿庭]에 위치한 자들은 그대로 자리의 뒤쪽에 선다. 전의는 "재배!"라고 외친다. 찬자가 말을 이어받아 전하면, 위치에 있는 사람들은 모두 재배를 한다. 시중이 황제의 명을 낭독하면, 또 재배를 한 후 차례대로 나간다.

시중은 앞으로 나아가 무릎을 꿇고서 "시중 신臣 아무개가 아뢰오니, 예가 모두 끝났사옵니다"라고 말한다. 황제가 일어나서 수레를 타고 동방東房으로 들어가면, 동쪽과 서쪽을 향해 위치한 자들이 차례대로 나간다.

皇帝若服翼善冠·褲褶, 則京官褲褶, 朝集使公服. 設九部樂, 則去樂縣, 無警蹕. 太樂令帥九部伎立於左右延明門外, 群官初唱萬歲, 太樂令卽引九部伎聲作而入, 各就座, 以次作.

황제가 익선관翼善冠을 쓰고 고습褲褶55)을 착용하면, 경관京官56)들은 고습을 입고 조집사朝集使는 공복公服57)을 입는다. 9부악九部樂58)을 진설할 경우, 악현樂縣을 없애고 경필警蹕59)도 없다. 태악령太樂令이 9부기九部伎를 이끌고 좌·우 연명문延明門 밖에 선다. 관원들이 첫 번째 '만세萬歲'를 외치면, 태악령이 곧바로 9부기를 이끌고 음악을 연주하면서 들어가 각자 자리에 앉아서 차례대로 연주를 한다.

....

55) 고습褲褶 : 袴褶이라고도 한다. 袴와 褶衣를 조합하여 만든 의복으로, 본래 북방 유목민족의 복식이었다. '袴'는 바지로서 발꿈치까지 내려오는 긴 옷이다. '褶'은 추울 때 위에 덧입는 겹옷이다. 전국시대에 趙나라 武靈王이 胡服騎射의 군제 및 복제 개혁을 실시할 때 중원 지역에 들어왔다고 한다. 위진·남북조 시대에는 광범위하게 유행하여 황제·왕·관리에서 일반 백성들까지 평상복으로 입었고, 여자들도 대부분 착용했으며, 또한 朝服으로도 사용되었다. 수나라 때부터 관리의 공복이 되었으며, 당대에는 平巾幘을 쓸 때 이 옷을 입었다. '고습'이라는 명칭은 후한 말년에 시작되었다.

李壽(577~630)의 墓 第一 過洞 東壁 벽화에 그려진
儀衛圖에서 袴褶을 착용한 두 사람(陝西박물관 소장)

56) 경관京官 : 京師에서 일하는 중앙 관원을 가리킨다.

57) 공복公服 : 從省服이라고도 하는데, 『新唐書』「車服志」에 따르면 5品 이
상의 관리가 公事, 朔望朝謁, 太子를 알현할 때 입었다. 『通典』에 의하면
隋 文帝가 제도를 고치면서 조칙을 내려, 제사지낼 때의 옷은 반드시 禮
經에 합당하게 하고, 그 나머지 공무에는 모두 公服을 입고 종사하게 했
다. 唐 太宗 貞觀 4년(630)의 制에서는, 3品 이상은 紫色, 5品 이상은
緋色, 7品 이상은 綠色, 9品 이상은 靑色을 입으라고 했다.

58) 9부악九部樂 : 九部伎라고도 한다. "대업 연간에 이르러 양제가 〈청악〉
〈서량〉〈구자〉〈천축〉〈강국〉〈소륵〉〈안국〉〈고려〉〈예필〉을 확정하여
九部樂으로 삼았다.(及大業中, 煬帝乃定淸樂·西涼·龜茲·天竺·康國·
疏勒·安國·高麗·禮畢, 以爲九部.)"(『隋書』「音樂志」下) 隋 煬帝 이
후 唐 高祖 武德 초까지는 九部樂이 사용되었고, 이후 다시 立部伎와
坐部伎로 재구성되었다. 堂 아래에 서서 연주하는 것을 '입부기'라 하고,
堂 위에 앉아서 연주하는 것을 '좌부기'라고 한다. '部伎'는 '部樂'이라고
도 하는데, 수나라 때 여러 가지 악무를 묶음으로 만든 것에서 유래하였
다. 처음에는 일곱 가지였기 때문에 七部伎(七部樂)로 불리다가 나중에

臨軒冊皇太子.

임헌臨軒60)하여 황태자를 책봉하는 예.

有司卜日, 告于天地宗廟.

유사有司는 길일을 점쳐 천지天地와 종묘宗廟에 고제告祭를 올린다.

九部伎(九部樂)로 확대되었고, 이후 다시 十部伎(十部樂)가 되었다.

59) 경필警蹕 : 제왕이 거둥할 때 侍衛들이 주위를 경계시키거나 통행을 금지
하여 길을 깨끗이 하는 것을 말한다. '警'은 경계시키는 것을 말하고, '蹕'
은 통행을 금지하는 것을 말한다. "警蹕은 길가의 무리를 경계시키는 것이
다. 주나라의 예제에서는 통행을 금지하였지만 경계시키지는 않았다. 진나
라의 제도에서는 나아갈 때 경계하고 들어올 때 통행을 금지하였으니, 군
대를 출병시킬 때는 모두 경계시키고 귀국할 때는 모두 통행을 금지시켰
음을 말한다. 그러므로 '出警入蹕'이라고 한 것이다. (漢나라 이래로 천자
가 나아갈 때 '통행금지요!'라고 했는데) 한나라 梁 孝王 때에 이르러 왕
이 나아갈 때 '경계하시오!'라고 칭하며, 들어올 때 '통행금지요!'라고 칭
하여 천자보다 한 등급 낮추었다. 일설에서는 '蹕은 길[路]의 뜻이다'라고
하였는데, 길을 가는 자가 모두 도로에서 경계하는 것을 말한다.警蹕, 所
以戒行徒也. 周禮蹕而不警. 秦制出警入蹕, 謂出軍者皆警戒, 入國者皆
蹕止也, 故云'出警入蹕'也. 至漢朝梁孝王, 王出稱警, 入稱蹕, 降天子一
等焉. 一曰, '蹕, 路也', 謂行者皆警於塗路也."(崔豹, 『古今注』 「輿服」)

60) 임헌臨軒 : 황제가 친히 정전 앞쪽의 난간(섬돌)로 나아가는 것을 말한다.
정전 앞쪽은 堂과 陛(계단) 사이로 처마와 가까운 곳인데, 양쪽 끝에 난간
울타리가 있어 그 모양이 수레 위의 바람막이 휘장인 軒과 유사하다. 그
래서 황제가 정전 앞쪽의 난간으로 나아가는 것을 '臨軒(헌에 임하다)'이
라고 했다.

前一日, 尚舍設御幄于太極殿, 有司設太子次于東朝堂之北, 西向. 又設版位於大橫街之南, 展縣, 設桉, 陳車輿, 及文武群官·朝集·蕃客之次位, 皆如加元服之日.

하루 전날, 상사尚舍는 태극전太極殿[61]에 어악御幄[62]을 설치한다. 유사有司가 동쪽 조당朝堂의 북쪽에 태자의 임시 장막[次]을 설치하는데, 서쪽을 향하게 한다. 또 대횡가大橫街의 남쪽에 판위版位[63]를

----

61) 태극전太極殿 : 太極宮의 正殿을 가리킨다. 태극궁은 隋·唐 양대의 皇宮으로, 長安城 중축선 북쪽에 자리했다. 隋 文帝 開皇 2년(582)에 처음 세워졌으며 수나라 때는 大興宮이라 칭했다. 당 睿宗 景雲 元年(710)에 태극궁으로 개칭했다. 당나라의 正宮인 태극궁은 '京大內'라고 칭하기도 했다. 당 高宗 때 大明宮을 수축한 이후 태극궁을 '西內'라고 칭했다. 태극궁의 정전을 태극전이라 하는데, 매월 음력 1일과 15일에 조의를 거행하는 장소로 '中朝'에 해당한다. 태극전 앞에는 동서로 두 개의 복도가 나 있었는데, 동쪽 복도에는 門下省이 있고 서쪽 복도에는 中書省이 있어서 황제가 일상 정무를 처리하는 것을 도왔다. 『類編長安志』권2, '西內宮城'條에 의하면, 左延明門의 동남쪽이 門下省이고, 右延明門의 서남쪽이 中書省이다. 태극전 뒤쪽의 兩儀殿은 황제가 일상의 정무를 처리하는 '內朝'로, 전쟁의 승리를 경축하는 연회와 귀빈과 5품 이상의 관리를 위한 연회 등도 이곳에서 거행했다.(楊寬 저, 최재영 역, 『중국 고대 도성 제도사(상)』, 265~266쪽 참조.)

62) 어악御幄 : 황제의 장막을 뜻한다. 황제가 親征하거나 외출했을 때 머물던 곳을 의미한다.

63) 판위版位 : 典禮를 거행할 때 참가자가 자리해야 할 위치를 표시해둔 版을 말한다. "판위는 검은색 바탕에 붉은 글씨로 쓴다. 천자의 경우 사방 1척 2촌에 두께는 3촌이고, 태자의 경우 사방 9촌에 두께는 2촌이며, 공경 이하의 경우 사방 7촌에 두께는 1.5촌이다. 천자의 판위에는 '皇帝位'라 쓰고, 태자의 판위에는 '皇太子位'라 쓰고, 백관의 판위에는 '某品位'라

설치하고, 악기걸이[縣]64)를 배치하고, 궤안[杌]을 진설하고, 수레[車輿]를 진열한다. 각 문·무 관원과 조집사朝集史와 번객蕃客의 임시 장막과 위치는 모두 가원복加元服65)을 거행하는 날과 마찬가지로 한다.

其日, 前二刻, 宮官服其器服, 諸衛率各勒所部陳于庭. 左庶子奏「請中嚴」. 侍衛之官奉迎, 僕進金路, 內率一人執刀. 贊善奏「發引」. 令侍臣上馬, 庶子承令. 其餘略如皇帝出宮之禮. 皇太子遠遊冠·絳紗袍, 三師導, 三少從, 鳴鐃而行. 降路入次, 亦如鑾駕.

당일 (의례를 거행하기) 30분[二刻] 전, (태자의 속관인) 궁관宮官

쓴다.版位黑質赤文. 天子方尺有二寸, 厚三寸, 太子方九寸, 厚二寸, 公卿已下方七寸, 厚一寸有半. 天子版位題曰'皇帝位', 太子曰'皇太子位', 百官題曰'某品位'.(『唐六典』권14, 「太常寺」'奉禮郎'條의 원주)

64) 악기걸이[縣] : '縣'은 '懸'과 통한다. 악기를 걸어두는 筍과 虡 등의 악기걸이, 또는 악기걸이에 걸어두는 鐘·磬·鎛 등의 악기 자체를 '樂縣'이라 하는데, 이것을 '縣'이라고 칭한다. 『周禮』「春官·小胥」의 鄭玄 注에서 "樂縣은 종과 경 따위를 筍과 簴에 걸어두는 것을 말한다.樂縣, 謂鐘磬之屬縣於筍簴者."라고 했다. 『禮記』「曲禮」下의 鄭玄 注에서는 "縣은 악기이니, 종과 경 따위를 말한다.縣, 樂器, 鐘磬之屬也."라고 했다. 『文選』에 수록된 顔延年의 「三月三日曲水詩序」의 '將徒縣中宇'에 대한 李善의 註는 다음과 같다. "縣은 懸과 같으며, 종이나 경을 매달아 두는 기물을 말한다. 『주례』에서 '천자는 宮縣을 설치하고, 제후는 軒縣을 설치한다'라고 하였다.按縣, 同懸, 謂懸鐘磬之具也. 周禮'天子宮縣, 諸侯軒縣'."

65) 가원복加元服 : 황제가 처음 皇冠을 쓰는 冠禮를 가리킨다. 元은 首를 의미한다.

은 규정된 기물과 의복[器服]을 착용하고, 시위관侍衛官들은 각자 휘하의 병사들을 이끌고 뜰에 도열한다. 좌서자左庶子66)는 "뜰 중앙의 경계를 엄중히 할 것을 청합니다[請中嚴]"라고 아뢴다. 시위관은 (수레를) 받들어 맞이하고[奉迎], 내복內僕67)은 금로金路68)로 나아가 오르고, 내솔內率69) 1명은 칼을 잡는다. 찬선贊善70)은 "출발하옵니다[發引]"라고 아뢴다. 시신侍臣에게 말에 올라타도록 명을 전하면, 좌서자가 명을 이어받아 전한다. 그 나머지는 황제가 출궁出宮할 때의 의례와 대략 같다. 황태자는 원유관遠遊冠을 쓰고 진홍색 깁으로 만든 핫옷[絳紗袍]을 입는다. 삼사三師71)가 (앞에서) 인도하고, 삼소三

---

66) 좌서자左庶子 : 正四品上의 太子左春坊의 관직으로, 2인이다. "좌서자의 직분은 황태자를 시종하고, 예의의 진행을 도우며, 황태자에게 올라오는 상주문을 논정하고, 문서의 봉인과 제서를 감독하여 살펴보는 일을 담당한다.左庶子之職, 掌侍從, 贊相禮儀, 駁正啓奏, 監省封題."(『唐六典』권26)

67) 내복內僕 : 內侍省 內僕局의 장관인 內僕令을 가리킨다. 隋·唐 시기 모두 2명을 두었다. 隋에서는 從八品, 唐에서는 正八品下였으며, 中宮의 행차 때 수레의 출입과 관련된 업무를 관장했다.

68) 금로金路 : 왕이 사용하는 다섯 가지 수레를 五路(五輅)라고 하는데, 그 중 하나가 금으로 장식한 金路(金輅)이다. 五路는 玉路·金路·象路·革路·木路를 가리킨다. 金路는 왕이 빈객과 만나거나 제후와 연회가 있을 때 사용한다.

69) 내솔內率 : 宮禁의 侍衛를 관장한 太子左右內率을 가리킨다.

70) 찬선贊善 : 贊善大夫를 가리킨다. 唐 高宗 龍朔 2년(662)에 左右贊善大夫를 설치했는데, 太子宮의 侍從과 敎授를 관장했다.

71) 삼사三師 : 東宮三師, 즉 太子太師, 太子太傅, 太子太保를 가리킨다. 從一品官으로, 皇太子를 지도했다. 일반적으로 지위가 높고 덕망이 있는 대신이 겸임했으며, 전임하는 경우도 있었다.

少[72])가 뒤따르는데, 요鐃[73])를 울리면서 간다. (황태자는) 수레에서 내려 임시 장막으로 들어가는데, (그 예가) 난가鑾駕[74])와 같다.

　其日, 列黃麾大仗, 侍中請「中嚴」. 有司與群官皆入就位. 三師·三少導從, 皇太子立於殿門外之東, 西向. 黃門侍郎以冊·寶綬按立於殿內道北, 西面, 中書侍郎立按後. 侍中乃奏「外辦」. 皇帝服袞冕, 出自西房, 卽御座. 皇太子入就位. 典儀曰:「再拜.」皇太子再拜. 又曰:「再拜.」在位者皆再拜. 中書令降, 立於皇太子東北, 西向. 中書侍郎一人引冊·一人引寶綬按立於其東, 西面, 以冊授之. 中書令曰:「有制.」皇太子再拜, 中書令跪讀冊, 皇太子再拜受冊, 左庶子受之. 侍郎以璽綬授中書令, 皇太子進受, 以授左庶子. 皇太子再拜, 在位者皆再拜. 侍中奏「禮畢」. 皇帝入自東房, 在位者以次出.

---

72) 삼소三少 : 東宮三師를 보좌하던 관직으로, 太子少師, 太子少傅, 太子少保를 가리킨다.

73) 요鐃 : 방울처럼 생겼는데 추가 없으며, 손잡이가 있는데 이를 잡고서 소리를 울려 북소리를 중지시킨다. 軍中의 四金 가운데 하나이다. 퇴군할 때에 金鐃를 사용하여 북소리를 멈추게 한다. 『周禮』「地官·鼓人」의 鄭玄 注에서 "鐃는 鈴과 같은데, 舌(추)이 없고 손잡이가 있다.鐃如鈴, 無舌有秉."라고 했으며, 賈公彦 疏에서는 "진군할 때는 북을 치고, 퇴군할 때는 요를 울린다.進軍之時, 擊鼓, 退軍之時, 鳴鐃."라고 하였다. "요는 편종과 같은데 舌이 없으며, 손잡이가 있어 그것을 흔들어서 북을 그치게 한다.鐃如編鐘而無舌, 有柄, 搖之以止鼓."(『通典』 권144)

74) 난가鑾駕 : 천자가 타는 수레를 가리킨다. 鑾鈴(천자의 수레에 다는 방울)이 있기 때문에 생겨난 명칭이다.

(예를 거행하는) 당일, 황휘대장黃麾大仗75)을 갖추는데, 시중侍中은 "뜰 중앙의 경계를 엄중히 하옵소서"라고 청한다. 유사有司는 관원들과 함께 들어와서 위치로 나아간다. 삼사三師가 앞에서 인도하고, 삼소三少가 그 뒤를 따른다. 황태자는 대전 문밖의 동쪽에 서는데, 서쪽을 향한다. 황문시랑黃門侍郎은 책서冊書와 보수寶綬76)를 담은 궤안[桉]을 들고서 대전 안쪽 길의 북쪽에 서는데, 서쪽을 향한다. 중서시랑中書侍郎은 궤안의 뒤쪽에 선다.

시중은 "궁중의 경비가 갖추어졌습니다[外辦]"라고 아뢴다. 황제가 곤면袞冕을 착용하고 서방西房77)에서 나와 어좌로 나아가 앉으면, 황태자는 들어가서 위치로 나아간다. 전의典儀가 "재배!"라고 외치면, 황태자는 재배를 한다. 또 "재배!"라고 외치면 위치에 있는 자들이 모두 재배를 한다.

중서령中書令은 자리에서 내려와 황태자의 동북쪽에 서는데, 서쪽

---

75) 황휘대장黃麾大仗 : 황제가 출행할 때의 儀仗을 말한다. 黃麾仗이라고도 한다.

76) 보수寶綬 : 황제의 도장인 御寶를 가리키는데, 璽綬라고도 한다. 武則天 시기 '璽'를 '寶'로 고쳤는데, 中宗 神龍 연간에 다시 '璽'로 고쳤다가 玄宗 開元 6년(718)에 또 '寶'로 개칭했다. 이후 '璽'와 '寶'는 서로 혼용되며 사용되었다. 御寶는 寶身과 寶紐(손잡이)로 구성되어 있는데, 寶紐에는 어보를 잡기 편하게 하면서 장식성을 더한 寶綬가 있다.

77) 서방西房 : 堂 위 중앙에 자리한 室의 서쪽에 있는 房을 가리킨다. 堂 위 중앙에 室이 있고, 동쪽과 서쪽에 각각 東房과 西房이 있다. 방에는 남쪽에 한 개의 출입문[戶]이 있다. 室에는 출입문[戶]과 창문[牖]이 있는데, 출입문은 동쪽에 있고, 창문은 서쪽에 있다. 따라서 室의 출입문[戶]의 서쪽과 창문[牖]의 동쪽이 堂의 정중앙이 된다.

을 향한다. 중서시랑中書侍郎 1명이 책서를 담은 궤안을 들고 또 1

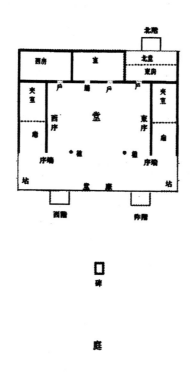

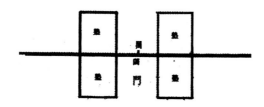

宮室圖(黃以周, 『禮書通故』)

명이 보수를 담은 궤안을 들고 (중서령의) 동쪽에 서는데, 서쪽을 향한다. (중서시랑은) 책서를 (중서령)에게 건네준다. 중서령이 "황제 폐하의 명이 있습니다[有制]"라고 말하면, 황태자는 재배를 한다. 중서령은 꿇어앉아 책서를 낭독한다. 황태자가 재배를 한 후 책서를 받으면, 좌서자左庶子가 그것을 건네받는다. 시랑侍郎이 보수[璽綬]를 중서령에게 건네주면, 황태자가 나아가서 그것을 받아 좌서자에게 건네준다. 황태자가 재배를 하면, 위치에 있는 사람들이 모두 재배를 한다.

시중은 "예가 모두 끝났사옵니다[禮畢]"라고 아뢴다. 황제가 동방東房으로 들어가면, 위치에 있던 자들은 차례대로 나간다.

皇帝御明堂讀時令.

황제가 명당明堂으로 가서 시령時令78)을 낭독할 때의 예.

孟春, 禮部尙書先讀令三日奏讀月令, 承以宣告.

맹춘孟春이 되면 예부상서禮部尙書는 월령月令을 낭독하는 예를 거행하기 사흘 전에, 월령月令을 낭독할 것을 아뢴 후 명을 받들어 고지한다.

---

78) 시령時令 : 月令을 가리킨다. 계절에 따른 政令으로, 12달을 하늘의 十二辰과 연결한 데서 유래했다.

前三日, 尙舍設大次於東門外道北, 南向; 守宮設文·武侍臣次
於其後之左·右; 設群官次於辟水東之門外, 文官在北, 武官在南,
俱西上.

(예를 거행하기) 사흘 전, 상사尙舍는 동문 바깥 길의 북쪽에 대차
大次79)를 설치하는데, 남쪽을 향하게 한다. 수궁守宮80)은 그 (대차
의) 뒤쪽의 좌우에 각각 문·무 시신侍臣들의 임시 장막[次]을 설치
하고 벽수辟水 동쪽의 문 바깥에 관원들의 임시 장막을 설치한다.
문관은 북쪽에 위치하고 무관은 남쪽에 위치하는데, 모두 서쪽을 윗
자리로 삼는다.

前一日, 設御座於靑陽左个, 東向. 三品以上及諸司長官座於堂

---

79) 대차大次 : 천자가 出宮하여 제사를 지내거나 제후가 朝覲하고 會同할
   때 行禮 장소에 도착하여 행사 전에 머무는 곳을 '大次'라고 한다. 행례
   를 마친 후 물러나서 다음 행례를 대기하는 곳을 '小次'라고 한다."朝
   日, 祀五帝, 則張大次·小次, 設重帟·重案, 合諸侯, 亦如之. 師田, 則
   張幕, 設重帟·重案. 諸侯朝覲·會同, 則張大次·小次."(『周禮』「天官
   ·掌次」)
80) 수궁守宮 : 守宮署를 가리킨다. 守宮署에는 令(正八品下) 1인과 丞(正九
   品下) 2인을 두었으며 監事·掌設·幕土 등의 관원이 있었다. 守宮署에서
   는 貢擧人과 蕃客에게 장막을 공급하고 王公의 婚禮 때 장막을 공급하는
   일을 관장했다. 또한 祭祀와 巡幸 때 王公과 百官의 자리를 설치하는 일
   을 관장했다. "令一人, 正八品下, 丞二人, 正九品下. 掌供帳帟. 祭祀·巡
   幸, 則設王公百官之位. 吏部·兵部·禮部試貢擧人, 則供帷幕. 王公婚
   禮, 亦供帳具. 京諸司長上官, 以品給其床罽. 供蕃客帷帟, 則題歲月. 席
   壽三年, 氈壽五年, 褥壽七年. 不及期而壞, 有罰. 監事二人. 有府二人,
   史四人, 掌設六人, 幕土八十人, 掌固四人."(『新唐書』「百官志」)

上 : 文官座於御座東北, 南向; 武官座於御座之東, 北向. 俱重行
西上. 設刑部郎中讀令座於御座東南, 北向, 有桉. 設文官解劍席
於丑陛之左, 武官於卯陛之右, 皆內向. 太樂令展宮縣於靑陽左个
之庭, 設擧麾位於堂上寅階之南, 北向; 其一位於樂縣東北, 南向.
典儀設三品以上及應升坐者位於縣東, 文左武右, 俱重行西向. 非
升坐者文官四品·五品位於縣北, 六品以下於其東, 絶位, 俱南向;
武官四品·五品於縣南, 六品以下於其東, 俱北向. 皆重行西上.
設典儀位於縣之西北, 贊者二人在東, 差退, 俱南向. 奉禮設門外
位各於次前, 俱每等異位, 重行相向, 西上.

(예를 거행하기) 하루 전날, 청양좌개靑陽左个[81]에 어좌御座를 설
치하는데, 동쪽을 향하게 한다. 3품 이상 및 각 부처 장관의 자리는
당堂 위에 위치한다. 문관의 자리는 어좌의 동북쪽에 위치하는데, 남
쪽을 향한다. 무관의 자리는 어좌의 동쪽에 위치하는데, 북쪽을 향
한다. 모두 두 줄로 설치하는데, 서쪽을 윗자리로 삼는다. 어좌의 동
남쪽에 형부낭중刑部郎中이 월령을 낭독할 자리[讀令座]를 설치하는
데, 북쪽을 향하게 하며 궤안[桉]을 둔다. 축폐丑陛[82]의 왼쪽에 문관

---

81) 청양좌개靑陽左介 : 明堂에서 天子가 정월에 거처하는 곳을 말한다. 『禮
記』 「月令」에서 "孟春의 달(음력 1월)에는 천자가 청양좌개에 거처한다.
孟春之月, 天子居靑陽左个."라고 했다. 鄭玄 注에서 "청양좌개는 大寢
의 동쪽 堂의 북쪽이다.靑陽左个, 大寢東堂北偏."라고 했다. 明堂 동쪽
에 있는 室이 靑陽太廟인데, 청양태묘의 남쪽에 있는 房이 靑陽右介이
고, 청양태묘의 북쪽에 있는 房이 靑陽左介이다.

82) 축폐丑陛:十二辰 가운데 丑의 방향(북북동)에 해당하는 계단을 말한다.
唐代 문헌에서는 十二辰으로 12계단의 명칭을 붙였는데, 子陛·丑陛·寅
陛·卯陛·辰陛·巳陛·午陛·未陛·申陛·酉陛·戌陛·亥陛이다. 이는

의 해검석解劍席을 설치하고, 묘폐卯陛의 오른쪽에 무관(의 해검석)을 설치하는데, 모두 안쪽을 향하게 한다. 태악령太樂令은 청양 좌개의 뜰에 궁현宮縣[83]을 진설하고, 당 위 (동북쪽 계단인) 인폐寅階의 남쪽에 (휘麾를 드는 자리인) 거휘위擧麾位[84]를 설치하는데 북쪽을 향하게 한다. 그중 (거휘위) 하나는 악기걸이의 동북쪽에 위치하며 남쪽을 향한다. 전의典儀가 악기걸이 동쪽에 3품 이상 및 당 위에 오를 자의 위치를 설치하는데, 문관은 왼쪽에 무관은 오른쪽에 위치한다. 모두 두 줄이며, 서쪽을 향한다. 당 위에 오르지 않는 자 가운데 4품과 5품 문관은 악기걸이 북쪽에 위치하고 6품 이하는 그 동쪽

天上의 12방위에 대응하는 것이다. 子陛·午陛·卯陛·酉陛는 각각 北陛·南陛·東陛·西陛라고도 한다.

83) 궁현宮縣 : 천자의 樂縣을 말한다. 縣은 懸을 의미한다. 鐘·磬 등의 악기를 틀에 걸 때의 제도인 樂縣에서는 음악을 사용하는 이의 지위에 따라 각기 구별이 있었다. 천자는 악기를 4면에 거는데, 이는 궁전의 4면을 상징하기 때문에 '宮縣'이라고 했다. 천자의 궁현에서 1면을 줄인 것이 제후의 軒縣이고, 헌현에서 다시 1면을 줄인 것이 경대부의 判縣이고, 판현에서 또 1면을 줄인 것이 士의 特縣이다. "正樂縣之位, 王宮縣, 諸侯軒縣, 卿大夫判縣, 士特縣."(『周禮』「春官·小胥」) 헌현은 남쪽을 비우고 나머지 3면에 악기를 건다. 판현은 남북을 비우고 동서 2면에 악기를 거는데, 서쪽에는 鐘을 매달고 동쪽에는 磬을 매단다. 特縣은 동쪽 1면에만 磬을 매달 뿐이다. 궁현이 4면인 것은 왕이 사방을 집으로 삼기 때문이고, 헌현이 남쪽을 비운 것은 왕이 南面하는 방향을 피한 것이다. 판현이 동쪽과 서쪽에 종과 경을 매단 것은 경대부가 좌우에서 왕을 보좌하는 것을 상징하고, 特縣은 士가 홀로 지조 있게 행동하는 것을 상징한다. 궁현·헌현·판현·특현의 배치도는 다음과 같다.(『文獻通考』 권 140「樂考」 참고)

에 위치하는데, 좌석은 없으며 모두 남쪽을 향한다. 4품과 5품 무관은 악기걸이 남쪽에 위치하고 6품 이하는 그 동쪽에 위치하는데, 모

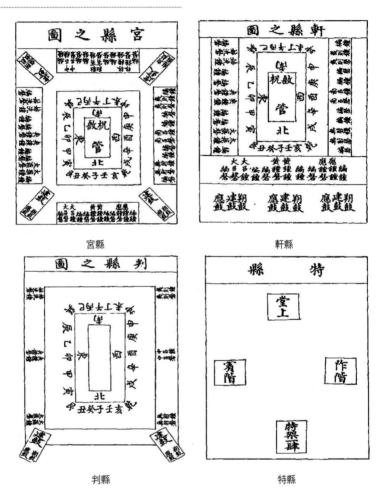

宮縣　　　　　軒縣

判縣　　　　　特縣

84) 거휘위擧麾位 : 協律郎이 麾(지휘봉처럼 쓰는 기)를 드는 자리를 말한다. "태악령이 악공을 인솔해 들어가 자리로 나아가고, 협률랑이 들어가 거휘위로 나아간다.太樂令帥工人入就位, 協律郎入就擧麾位."(『通典』 권131)

두 북쪽을 향한다. 모두 두 줄이며 서쪽을 윗자리로 삼는다.

악기걸이의 서북쪽에 전의의 자리를 마련한다. 찬자贊者 2명은 (전의) 동쪽에서 약간 뒤로 물러난 곳에 위치하는데, 모두 남쪽을 향한다. 봉례奉禮[85])가 문 바깥에 각각의 위치를 임시 장막[次] 앞에 설치하는데, 모두 각 등等마다 자리를 달리하며 두 줄로 서로 마주보고 서쪽을 윗자리로 삼는다.

其日, 陳小駕, 皇帝服青紗袍, 佩蒼玉, 乘金路出宮, 至于大次. 文·武五品以上從駕之官皆就門外位, 太樂令·工人·協律郎·典儀帥贊者皆先入, 群官非升坐者次入, 就位. 刑部郎中以月令置於桉, 覆以帊, 立於武官五品東南, 郎中立於桉後, 北面. 侍中版奏「外辦」. 皇帝御輿入自青龍門, 升自寅階, 卽座. 符寶郎置寶於前. 典儀升, 立於左个東北, 南向. 公·王以下入就西面位. 典儀曰: 「再拜.」贊者承傳, 在位者皆再拜. 侍中前, 跪奏稱:「侍中臣某言: 請延公·王等升.」又侍中稱:「制曰可.」侍中詣左个東北, 南向稱:「詔延公·王等升.」典儀傳, 贊者承傳, 在位者皆再拜. 西面位者各詣其階, 解劍, 脫舃, 升, 立於座後. 刑部郎中引桉進, 立於卯階下. 侍中跪奏「請讀月令」. 又侍中稱:「制曰可.」刑部郎中再拜, 解劍, 俛, 脫舃, 取令, 升自卯階, 詣席南, 北向跪, 置令於桉, 立於

***

85) 봉례奉禮 : 奉禮郎을 가리킨다. 奉禮郎은 太常寺에 소속된 從九品上에 해당하는 관직이다. 원래 명칭은 治禮郎이었는데, 唐 高宗 李治가 즉위한 이후 避諱를 위해 奉禮郎으로 개칭했다. "봉례랑은 君臣의 版位를 설치하여 조회와 제사의 예의를 받드는 일을 관장한다. 제사와 조회를 볼 때 백관의 위치를 설치한다. 奉禮郎掌設君臣之版位, 以奉朝會·祭祀之禮. 凡祭祀·朝會, 設庶官之位."(『唐六典』)

席後. 堂上典儀唱:「就座.」公·王以下及刑部郎中並就座. 刑部郎中讀令, 每句一絶, 使言聲可了. 讀訖, 堂上典儀唱「可起.」王·公以下皆起. 刑部郎中以令置於案, 與群官佩劍, 納舃, 復于位. 典儀曰:「再拜.」在位者皆再拜. 西面位者出. 侍中跪奏稱:「侍中臣某言:禮畢.」皇帝降座, 御輿出之便次, 南·北面位者以次出.

(예를 거행하는) 당일, 소가小駕[86]를 진열한다. 황제는 푸른 깁으

---

86) 소가小駕 : 제왕의 儀仗 행렬인 鹵簿 중 하나로, 宗廟에 제사할 때와 凶禮를 행할 때 사용했다. 鹵簿는 大駕·法駕·小駕의 3종류로 나뉘는데, 儀仗隊 규모가 가장 큰 것이 大駕이고 그다음이 法駕이며 가장 작은 것이 小駕이다. 鹵簿는 漢代 이후 后妃와 太子와 王公大臣에게도 공급되었고, 唐代에는 4품 이상에게 모두 공급되었다. "천자가 출행할 때 수레의 행렬을 '노부'라고 하는데, '대가'가 있고 '법가'가 있고 '소가'가 있다. '大駕'는 公卿이 앞에서 수레를 인도하여 이끌고, 大將軍이 참승을 하고, 太僕이 수레를 몬다. 屬車(副車)는 81승이며, 千乘의 萬騎를 갖춘다. 長安 시기(前漢) 때 (대가로) 출행을 하여 甘泉에서 하늘을 제사지냈는데, 백관이 뒤따랐다. 이때의 儀注가 있는데, '甘泉鹵簿'라고 한다. 중흥(後漢) 이래로 사용하는 일이 드물었다. 先帝(後漢 明帝) 때 大駕를 갖추어 原陵에 올라서 上陵의 예를 행했지만, 일상적으로 사용하지는 않았고 오직 大喪을 당했을 경우에만 이용하였다. '法駕'는 公卿은 鹵簿에 참여하지 않고, 河南尹·執金吾·洛陽令이 앞에서 수레를 인도하여 이끌고, 侍中이 참승을 하고, 奉車郎이 수레를 몬다. 屬車(副車)는 36승이다. 北郊와 明堂에 제사를 올리는 경우에는 副車의 수를 줄인다. '小駕'는 宗廟에 제사지낼 때 사용하는데, 출행할 때마다 太僕이 천자의 수레를 받들어 이끌고, 鹵簿의 준비를 尙書에 보고한다. 天子出, 車駕次第謂之鹵簿, 有大駕, 有小駕, 有法駕. 大駕則公卿奉引, 大將軍參乘, 太僕御, 屬車八十一乘, 備千乘萬騎. 在長安時, 出祠天於甘泉, 備之百官. 有其儀注, 名曰甘泉鹵簿. 中興以來希用之. 先帝時時備大駕, 上原陵也, 不常用,

로 만든 핫옷[靑紗袍]을 입고 푸른 옥[蒼玉]을 차고 금로金路[87]를 타고서 궁을 나가 대차大次에 이른다. 5품 이상 문·무 관원 가운데 황제의 출행을 수종하는 관원들은 모두 문밖의 위치로 나아간다. 태악령太樂令·악공[工人]·협률랑協律郎·전의典儀는 찬자贊者를 인솔해 먼저 들어가고, 관원들 가운데 당堂 위에 오르지 않는 자들이 이어서 들어가 위치로 나아간다. 형부낭중刑部郎中은 월령月令을 궤안[桉]에 올려놓고 천 덮개[帊]로 덮어놓은 후 5품 무관의 동남쪽에 선다. 낭중은 궤안 뒤쪽에 서는데, 북쪽을 향한다.

시중은 홀판을 들고서 "궁중의 경비가 갖추어졌습니다[外辨]"라고 아뢴다. 황제는 수레를 타고 청룡문靑龍門으로 들어간 뒤 (동북쪽 계단인) 인폐寅陛를 통해 올라가 어좌로 나아간다. 부보랑符寶郎은 (어좌의) 앞에 옥새[寶]를 내려놓는다. 전의는 당 위로 올라가 좌개左个의 동북쪽에 서는데, 남쪽을 향한다. 공公과 왕 이하는 들어와서 서쪽을 향한 위치로 나아간다. 전의는 "재배!"라고 외친다. 찬자가 말을 이어받아 전하면, 위치에 있는 사람들은 모두 재배를 한다.

시중은 어좌 앞으로 나아가 무릎을 꿇고서 "시중 신臣 아무개가 아뢰옵니다. 청컨대 공과 왕 등을 인도하여 (당 위로) 올라오게 해주

唯遭大喪, 乃施之. 法駕公卿不在鹵簿中, 唯河南尹·執金吾·洛陽令奉引, 侍中參乘, 奉車郎御, 屬車三十六乘, 北郊明堂則省諸副車. 小駕祠宗廟用之, 每出太僕奉駕, 上鹵簿於尙書中."(蔡邕, 『獨斷』 권下)

87) 금로金路 : 왕이 사용하는 다섯 가지 수레를 五路(五輅)라고 하는데, 그 중 하나가 금으로 장식한 金路(金輅)이다. 五路는 玉路·金路·象路·革路·木路를 가리킨다. 金路는 왕이 빈객과 만나거나 제후와 연회가 있을 때 사용한다.

시옵소서"라고 아뢴다. 또 시중은 "폐하께서 윤허한다고 말씀하셨소"라고 말한다. 시중은 좌개의 동북쪽으로 가서 남쪽을 향해 "폐하께서 공과 왕 등을 인도하여 (당 위로) 올라오도록 명하셨소"라고 말한다. 전의가 (시중의 말을) 전하고 찬자가 (전의의 말을) 이어받아 전하면, 위치에 있는 사람들은 모두 재배를 한다. 서쪽을 향해 위치한 자들은 각각 계단 앞으로 나아가 검을 풀고 신발[舄]을 벗은 후 당 위로 올라가서 자리의 뒤쪽에 선다.

형부낭중은 궤안을 가지고 나아가서 (동쪽 계단인) 묘폐卯陛 아래에 선다. 시중은 무릎을 꿇고서 "월령을 낭독할 것을 청하옵니다[請讀月令]"라고 아뢴다. 또 시중은 "폐하께서 윤허한다고 말씀하셨소"라고 말한다. 형부낭중은 재배를 한 후 검을 풀고 몸을 숙인 뒤 신발을 벗고서 월령을 집어 들고 (동쪽 계단인) 묘폐를 통해 당 위로 올라가, 자리의 남쪽으로 나아가서 북쪽을 향해 무릎을 꿇고 궤안에 월령을 놓아둔 다음 자리의 뒤쪽에 선다. 당 위의 전의가 "자리로 나아가 앉으시오![就座]"라고 외친다. 공과 왕 이하 및 형부낭중은 모두 자리로 나아가 앉는다. 형부낭중이 월령을 낭독하는데, 매 구句마다 한 번씩 끊어 읽어 소리가 분명하도록 한다. 낭독이 끝나면, 당 위의 전의는 "일어나도 좋소!"라고 외친다. 왕과 공 이하 모두 일어난다. 형부낭중은 궤안에 월령을 올려놓은 후 관원들과 함께 검을 차고 신발을 신고 원래 위치로 돌아간다. 전의는 "재배!"라고 외친다. 위치에 있는 사람들은 모두 재배를 한다. 서쪽을 향해 위치한 자들이 나간다.

시중은 무릎을 꿇고서 "시중 신臣 아무개가 아뢰오니, 예가 모두 끝났사옵니다"라고 아뢴다. 황제는 어좌에서 내려와 수레를 타고 나

가 임시 장막[便次]으로 간다. 남쪽과 북쪽을 향해 위치한 자들이 차
례대로 나간다.

自仲春以後, 每月各居其位, 皆冠通天, 服·玉之色如其時. 若
四時之孟月及季夏土王, 讀五時令於明堂亦如之.

중춘仲春 이후, 매 달마다 (황제는) 각각 그 위치에 거처한다.[88]
모두 통천관通天冠을 쓰며, 의복과 패옥의 색깔은 그 계절[時]에 따

---

88) 천자는 계절에 따라 머무는 거처를 달리했는데, 『禮記』 「月令」에 의하면
다음과 같다. 孟春에는 靑陽左个, 仲春에는 靑陽太廟, 季春에는 靑陽右
个에 거처한다. 孟夏에는 明堂左个, 仲夏에는 明堂太廟, 季夏에는 明堂
右个에 거처한다. 季夏 土王日에는 太廟太室에 거처한다. 孟秋에는 總
章左个, 仲秋에는 總章太廟, 季秋에는 總章右个에 거처한다. 孟冬에는
玄堂左个, 仲冬에는 玄堂太廟, 季冬에는 玄堂右个에 거처한다.

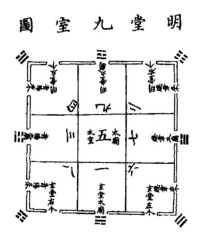

〈明堂九室圖〉(胡渭, 『易圖明辨』)

른다. 사시四時의 첫째 달[孟月]과 계하季夏의 토왕일[土王]⁸⁹⁾에 명
당明堂에서 오시령五時令⁹⁰⁾을 낭독할 때 역시 이와 같다.

皇帝親養三老五更於太學.

황제가 태학太學에서 삼로三老⁹¹⁾와 오경五更⁹²⁾을 몸소 봉양하
는[親養] 예.

所司先奏三師·三公致仕者, 用其德行及年高者一人爲三老, 次
一人爲五更, 五品以上致仕者爲國老, 六品以下致仕者爲庶老. 尙
食具牢饌.

해당 부서[所司]에서 먼저 상주하여, 벼슬에서 물러난 삼사三師와

---

89) 토왕일[土王] : 土의 기운이 가장 왕성한 시기로, 春夏秋冬 4계절 각각의
마지막 18일 동안이다. 이를 土旺用事 혹은 土王用事의 기간이라고 한
다. 24절기 중에서 立春·立夏·立秋·立冬의 절기가 시작되기 전 18일
동안에 해당한다. '王'은 '旺'과 통한다.

90) 오시령五時令 : 春·夏·季夏·秋·冬의 5개 時令을 말한다.

91) 삼로三老 : 正直·剛克·柔克의 三德을 갖춘 노인을 말한다. "太學에서
三老와 五更에게 식사를 대접한다.食三老五更於大學."(『禮記』「樂記」)
鄭玄은 三老와 五更에 대해 "모두 老人인데, 특히 三德과 五事에 대해
잘 아는 자이다.皆老人更知三德五事者也."라고 했다. 三德은 正直·剛克
·柔克이다. "三德은 첫째는 正直이라 하고, 둘째는 剛克이라 하고, 셋째
는 柔克이라 한다.三德, 一曰正直, 二曰剛克, 三曰柔克."(『尙書』「洪範」)

92) 오경五更 : 貌·言·視·聽·思의 五事를 갖춘 노인을 말한다. 고대에는
三老와 五更의 자리를 마련해 천자가 父兄의 예로써 그들을 대접했다.

삼공三公 가운데 덕행이 뛰어나고 나이가 많은 1명을 삼로三老로 삼고 그다음 1명을 오경五更으로 삼으며, 5품 이상 관원 중에서 벼슬에서 물러난 자를 국로國老로 삼고 6품 이하 관원 중에서 벼슬에서 물러난 자를 서로庶老로 삼는다. 상식尙食은 희생고기와 음식[牢饌]을 준비한다.

　前三日, 尙舍設大次於學堂之後, 隨地之宜. 設三老·五更次於南門外之西, 群老又於其後, 皆東向. 文官於門外之東, 武官在群老之西, 重行, 東西向, 皆北上.

　(예를 거행하기) 사흘 전, 상사尙舍는 학당學堂의 뒤쪽에 대차大次를 설치하는데, 지형에 따라 적당한 곳에 설치한다. 남문南門 바깥의 서쪽에 삼로三老와 오경五更의 임시 장막[次]을 설치하고, 군로群老(의 임시 장막)은 또 그 뒤쪽에 설치하는데, 모두 동쪽을 향하게 한다. 문관(의 임시 장막)은 문 바깥의 동쪽에 있고, 무관(의 임시 장막)은 군로의 서쪽에 있다. 두 줄로 설치하여 동서쪽을 향하도록 하는데, 모두 북쪽을 윗자리로 삼는다.

　前一日, 設御座於堂上東序, 西向, 莞筵藻席. 三老座於西楹之東, 近北, 南向; 五更座於西階上, 東向; 國老三人座於三老西階, 不屬焉. 皆莞筵藻席. 衆國老座於堂下西階之西, 東面北上, 皆蒲筵緇布純, 加莞席. 太樂令展宮縣於庭, 設登歌於堂上, 如元會. 典儀設文·武官五品以上位於縣東·西, 六品以下在其南, 皆重行, 西向北上; 蕃客位於其南; 諸州使人位於九品之後; 學生分位於文·武官之後. 設門外位如設次. 又設尊於東楹之西, 北向, 左玄酒,右坫以置爵.

 (예를 거행하기) 하루 전날, 당 위의 동쪽 벽[東序]에 어좌를 설치하는데, 서쪽을 향하도록 한다. 자리는 왕골자리[莞席]와 오채색의 부들자리[藻席]로 한다.[93] 삼로三老의 자리는 서쪽 기둥[西楹]의 동쪽에 북쪽 가까이 설치하는데, 남쪽을 향하도록 한다. 오경五更의 자리는 서쪽 계단 위쪽에 설치하는데, 동쪽을 향하도록 한다. 국로國老 3명의 자리는 삼로의 서쪽 계단에 설치하는데, 서로 맞닿게 하지 않는다. 모두 왕골자리와 오채색의 부들자리로 한다. 뭇 국로[衆國老]의 자리는 당 아래 서쪽 계단의 서쪽에 설치하는데, 동쪽을 향하게 하며 북쪽을 윗자리로 삼는다. 모두 검은 베로 가선 장식을 한 왕골자리를 깔고, 그 위에 오채색의 부들자리를 덧깐다.

 태악령太樂令이 대전의 뜰에 궁현宮縣을 진설하고 당 위에 등가登歌를 진설하는데, 원회元會[94] 때와 마찬가지로 한다. 전의典儀는 궁현 동쪽과 서쪽에 5품 이상 문·무 관원의 위치를 설치한다. 6품 이하의 위치는 그 남쪽에 있는데, 모두 두 줄로 설치하여 서쪽을 향하도록 하고 북쪽을 윗자리로 삼는다. 번객蕃客의 위치는 그 남쪽에 있다. 각 주州 사인使人의 위치는 9품의 뒤쪽에 있다. 학생學生의 위치는 문·무 관원의 뒤쪽에 따로 설치한다. 문 바깥의 위치는 임시 장막[次]을 설치한 것과 같게 설치한다. 또 동쪽 기둥[東楹]의 서쪽

---

93) "제후가 (종묘에) 제사지낼 경우, 문양이 그려진 비단으로 가선 장식을 한 부들자리[蒲筵]를 진설하는데 그 위에 가선장식을 한 왕골자리[莞席]를 덧깔고, 자리 오른쪽에 彤几를 진설한다.諸侯祭祀, 席蒲筵繢純, 加莞席紛純, 右彤几."(『周禮』「春官·宗伯」)

94) 원회元會 : 元旦의 朝會를 말한다.

에 술동이[尊]를 진설하는데, 북쪽을 향하도록 놓는다. 왼쪽에는 현주玄酒(물)⁹⁵⁾를 두고, 오른쪽에는 술잔을 올려놓는 흙 받침대[坫]를 둔다.

其日, 鑾駕將至, 先置之官就門外位, 學生俱青衿服, 入就位. 鑾駕至太學門, 回輅南向, 侍中跪奏「請降輅」. 降, 入大次. 文·武五品以上從駕之官皆就門外位, 太樂令·工人·二舞入, 群官·客使以次入. 初, 鑾駕出宮, 量時刻, 遣使迎三老·五更於其第, 三老·五更俱服進賢冠, 乘安車, 前後導從. 其國老·庶老則有司預戒之. 鑾駕旣至太學, 三老·五更及群老等俱赴集, 群老各服其服. 太常少卿贊三老·五更俱出次, 引立於學堂南門外之西, 東面北上; 奉禮贊群老出次, 立於三老·五更之後; 太常博士引太常卿升, 立於學堂北戶之內, 當戶北面. 侍中版奏「外辦」. 皇帝出戶, 殿中監進大珪, 皇帝執大珪, 降, 迎三老於門內之東, 西面立. 侍臣從立於皇帝之後, 太常卿與博士退立於左. 三老·五更皆杖, 各二人夾扶左右, 太常少卿引導, 敦史執筆以從. 三老·五更於門西, 東

---

95) 현주玄酒: 제사 때 사용하던 맑은 물을 의미한다. 술이 없었던 상고시대에는 각종 禮制에서 물을 사용하였다. 술이 등장한 이후에도 여전히 물을 넣은 술동이를 함께 진설했는데, 근본을 상기하기 위한 것이다. "술동이에 玄酒가 있는 것은 백성에게 근본을 잊지 않음을 가르치는 것이다.尊有玄酒, 教民不忘本也."(『禮記』 「鄕飮酒義」) "술동이는 반드시 玄酒를 숭상한다.凡尊必尙玄酒."(『禮記』 「玉藻」) 술을 진설할 때는 대부분 2통의 술동이를 사용하는데, 한 통에는 玄酒를 담고 다른 한 통에는 술을 담는다. 玄酒를 넣은 술동이는 술을 넣은 술동이의 서쪽에 놓는데, 서쪽을 윗자리로 삼기 때문이다.

面北上, 奉禮引群老隨入, 立於其後. 太常卿前奏「請再拜」. 皇帝再拜, 三老·五更去杖, 攝齊答拜. 皇帝揖進, 三老在前, 五更從, 仍杖, 夾扶至階, 皇帝揖升, 俱就座後立. 皇帝西面再拜三老, 三老南面答拜, 皇帝又西向肅拜五更, 五更答肅拜, 俱坐. 三公授几, 九卿正履. 殿中監·尚食奉御進珍羞及黍·稷等, 皇帝省之, 遂設於三老前. 皇帝詣三老座前, 執醬而饋[三],96) 乃詣酒尊所取爵, 侍中贊酌酒, 皇帝進, 執爵而酳. 尚食奉御以次進珍羞酒食於五更前, 國老·庶老等皆坐, 又設酒食於前, 皆食. 皇帝卽座. 三老乃論五孝六順·典訓大綱, 格言宣於上, 惠音被于下. 皇帝乃虛躬請受, 敦史執筆錄善言善行. 禮畢, 三老以下降筵, 太常卿引皇帝從以降階, 遂巡立於階前. 三老·五更出, 皇帝升, 立於階上, 三老·五更出門. 侍中前奏「禮畢」. 皇帝降還大次. 三老·五更升安車, 導從而還, 群官及學生等以次出. 明日, 三老詣闕表謝.

(예를 거행하는) 당일, 난가鑾駕97)가 (태학에) 도착하려 할 때, 미리 위치가 마련된 관원들은 문 바깥의 위치로 나아간다. 학생學生들은 모두 청금복靑衿服98)을 착용하고 안으로 들어와서 위치로 나아

---

96) [교감기 3] "執醬而饋"에서 '醬'은 각 本에 '爵'으로 되어 있는데, 『禮記』 「樂記」와 「祭義」, 『開元禮』 권104, 『通典』 권124에서는 모두 "執醬而 饋"라고 했다. 이에 근거해서 ('醬'으로) 고쳤다.

97) 난가鑾駕 : 천자가 타는 수레 또는 천자를 가리킨다. 鑾鈴(천자의 수레에 다는 방울)이 있기 때문에 생겨난 명칭이다.

98) 청금복靑衿服 : 푸른 옷깃이 달린 長衫으로, 國子生의 常服이다. 靑衿이 라고도 한다. 『詩經』 「鄭風·子衿」의 다음 구절에서 유래했다. "푸른 것 은 그대의 옷깃, 끝이 없는 것은 나의 마음.靑靑子衿, 悠悠我心." 이에 대해 毛傳에서 "靑衿은 푸른 옷깃이다. 학생이 입는 것이다.靑領靑衿,

간다. 난가가 태학太學의 문에 이르면 수레를 돌려 남쪽을 향하게 한다. 시중侍中은 무릎을 꿇고서 "청컨대 수레에서 내리소서[請降輅]"라고 아뢴다. (황제는) 수레에서 내려 대차大次 안으로 들어간다. 5품 이상 문·무 관원 가운데 황제를 수종한 관원들은 모두 문 바깥의 위치로 나아간다. 태악령太樂令과 악공[工人]과 이무二舞(문무文舞와 무무武舞)가 들어오고, 각 관원과 객사客使가 차례대로 들어온다.

이전에, 난가鑾駕가 궁에서 나올 때 (태학에 도착할) 시간을 계산해서 사자使者를 삼로三老와 오경五更의 저택[第]에 보내서 맞이하도록 한다. 삼로와 오경은 모두 진현관進賢冠을 쓰고 안거安車99)를 타는데, (수행하는 이들이) 앞에서 인도하고 뒤에서 수종한다. 국로國老와 서로庶老의 경우에는 유사有司가 그들에게 미리 (참여하도록) 고지한다. 난가가 태학에 이르면, 삼로와 오경 및 군로群老 등이 모두 와서 모이는데, 군로는 각자 (규정된) 복식을 착용한다. 태상소경太常少卿은 삼로와 오경이 모두 임시 장막[次]에서 나오도록 돕고 그들을 인도해 학당學堂 남문南門 바깥의 서쪽에 서도록 한다. 동쪽을 향하는데, 북쪽을 윗자리로 삼는다. 봉례奉禮는 군로가 임시 장막

靑領也. 學子之所服."라고 했다.
99) 안거安車 : 앉아서 탈 수 있도록 만든 작은 수레를 말한다. 연로한 고급 관리나 귀부인을 태우기 위한 용도로 사용되었다. 고관이 은퇴하여 고향으로 돌아가거나 명망 있는 사람을 초빙할 때 安車를 하사하기도 했다. 주로 말 1필을 사용하는데, 특별한 예우를 나타낼 경우에는 말 4필을 사용하기도 했다. 편히 앉아서 탈 수 있다는 의미에서 '安車'라고 명명한 것인데, 『晉書』「輿服志」에서 "앉아서 타는 것을 安車라 하고 기대서 타는 것을 立車라 한다.座乘謂之安車, 倚乘謂之立車."라고 했다.

에서 나오도록 도와 삼로와 오경의 뒤쪽에 서도록 한다. 태상박사太
常博士가 인도하여 태상경太常卿이 (당 위에) 올라 학당 북쪽 출입
문[戶] 안쪽에 서는데, 출입문을 마주하고 북쪽을 향한다.

시중은 홀판을 들고서 "궁중의 경비가 갖추어졌습니다[外辦]"라
고 아뢴다. 황제가 출입문 밖으로 나오면, 전중감殿中監이 대규大
珪[100]를 올린다. 황제가 대규를 쥐고 (당에서) 내려와 문 안의 동쪽
에서 삼로를 맞이하며 서쪽을 향해 선다. 시신侍臣이 뒤따라 황제의
뒤쪽에 선다. 태상경이 박사와 함께 물러나서 왼쪽에 선다. 삼로와
오경은 모두 지팡이[杖]를 쥐고 있으며, 각각 2명이 (삼로와 오경의)
좌우를 부축한다. 태상소경이 인도하고, 돈사敦史[101]가 붓을 들고서
뒤따른다. 삼로와 오경이 문 서쪽에 이르러 동쪽을 향하는데, 북쪽
을 윗자리로 삼는다. 봉례奉禮가 군로를 인도해 따라 들어와서 그
(삼로와 오경) 뒤쪽에 선다.

---

100) 대규大珪 : 典禮를 행할 때 황제가 쥐던, 옥으로 만든 홀을 가리킨다. 珪
   는 옥으로 만든 홀인 圭로, 위가 둥글고 아래는 모진 길쭉한 형태이다.
   "무릇 천자의 대규는 珽이라 하며, 길이는 3척이다.凡天子之大圭曰
   珽, 長三尺."(『唐六典』)

101) 돈사敦史 : 덕행을 갖춘 사람의 언행에 대한 기록 또는 그것을 기록하는
   사람을 가리키는데, '惇史'라고도 한다. "五帝는 덕행을 본받음에 氣體
   를 봉양하면서 (선한) 말을 구하지 않았지만, 선한 것이 있으면 그것을
   기록하여 惇史(돈후한 덕행의 역사)로 삼았다. 三王 역시 덕행을 본받았
   는데, 養老의 예를 마치고 (선한) 말을 구하였으니 이 또한 그 養老의
   예를 약간 간략하게 한 것으로, (삼왕에게) 모두 惇史가 있었다.五帝憲,
   養氣體而不乞言, 有善則記之爲惇史. 三王亦憲, 既養老而后乞言, 亦
   微其禮, 皆有惇史."(『禮記』「內則」) 鄭玄 注에서 "惇史'란 돈후한 덕행
   을 역사로 엮은 것이다.惇史, 史惇厚是也."라고 하였다.

태상경은 앞으로 나아가 "청컨대 재배하시옵소서"라고 아뢴다.
황제가 재배하면, 삼로와 오경은 지팡이를 내려놓고 옷자락을 끌어
올리며[攝齊]102) 답배를 한다. 황제가 읍하며 나아가길 청하면, 삼로
가 앞장서고 오경이 뒤따르는데, 지팡이를 쥐고 부축을 받아 계단
앞까지 간다. 황제가 읍을 한 후 오르도록 청하면, 모두 자리 뒤쪽으
로 가서 선다. 황제는 서쪽을 향해 삼로에게 재배를 하고, 삼로는 남
쪽을 향해 답배를 한다. 황제가 또 서쪽을 향해 오경에게 숙배肅
拜103)를 하면, 오경은 숙배로 답배한 후 모두 앉는다. 삼공三公은 궤
안[几]을 내려놓고, 구경九卿은 신발을 바르게 놓는다. 전중감과 상
식봉어尙食奉御104)가 맛있는 음식과 찰기장 밥[黍]과 메기장 밥[稷]

---

102) 섭제攝齊 : 공경의 예를 표하기 위하여 堂에 오를 때 옷자락을 잡아 살짝
들어올리는 것을 말한다. 『論語』「鄕黨」에 '攝齊升堂'이라는 구절이 나
온다. 朱熹의 『論語集注』에서는 "禮에 장차 당에 오르려고 할 때 양손
으로 옷자락을 들어올려 땅에서 한 자쯤 떨어지게 하니, 옷자락을 밟아
넘겨져 몸가짐이 흐트러질까 두려워서이다.禮, 將升堂, 兩手摳衣, 使去
地尺, 恐攝之而傾跌失容也."라고 했다.

103) 숙배肅拜 : 跪拜를 하되 고개는 숙이지 않고 揖만 하는 것으로, 九拜 중
가벼운 예법에 속한다. 『周禮』에 따르면 '九拜'는 다음과 같다. "첫째는
계수, 둘째는 돈수, 셋째는 공수, 넷째는 진동, 다섯째는 길배, 여섯째는
흉배, 일곱째는 기배, 여덟째는 포배, 아홉째는 숙배이다.一曰稽首, 二曰
頓首, 三曰空首, 四曰振動, 五曰吉拜, 六曰凶拜, 七曰奇拜, 八曰褒拜,
九曰肅拜."(『周禮』「春官 · 太祝」) 여기에 나오는 肅拜에 대해 鄭玄 注
에서는 "허리를 굽히고 손을 아래로 내리는 것으로, 지금의 揖이 바로
이것이다.但俯下手, 今時揖是也."라고 했다.

104) 상식봉어尙食奉御 : 尙食局의 관직으로, 正五品下이며 2인이다. 천자의
음식을 공급하는 일을 관장한다. "상식봉어는 천자의 평소 음식을 공급

등을 올리면 황제가 그것을 살핀 다음 삼로 앞에 진설한다. 황제가 삼로의 자리 앞으로 가서 젓갈[醬]105)을 집어 대접한 다음 술동이 쪽으로 가서 술잔을 집어 들면 시중이 (황제가) 술 따르는 것을 돕는다. 황제가 나아가 술잔을 쥐고 입가심[酳]을 한다. 상식봉어가 맛있는 음식과 술을 오경 앞에 차례대로 올리고, 국로와 서로 등이 모두 앉는다. 또 (국로와 서로) 앞에 술과 음식을 진설하면 모두 먹는다. 황제가 자리에 앉으면 삼로가 오효五孝106)와 육순六順,107) 전훈

하는 일을 관장하여 사시의 금기에 따르고 오미의 적절함에 따르며, 음식을 올릴 때는 반드시 먼저 맛본다. 무릇 천하의 여러 주에서 맛있고 진귀한 물건을 올리면 모두 그 명칭과 수량을 변별하여 그 보관과 공급을 엄중히 한다.尚食奉御供天子之常膳, 隨四時之禁, 適五味之宜, 當進食, 必先嘗. 凡天下諸州進甘滋珍異, 皆辨其名數, 而謹其儲供." (『唐六典』)

105) 장醬 : '醬'은 젓갈의 총명으로, 초장[醯]과 고기젓갈[醢]을 포함한다. 孫詒讓은 『周禮』 「天官·醢人」의 "醯醬之物"에 대해서 다음과 같이 말했다. "醯醬이라는 것은, '醯'는 식초로 조미한 절임이고 '醬'은 아직 식초로 조미하지 않은 고기젓갈이다. 경문에서 '醬'이라고 한 것은 대부분 醯醢(젓갈)의 통명이다.凡醯醬之物者, 醯亦卽和醢之齊菹, 醬卽未和醢之醢. 凡經言醬者, 多爲醯醢之通名."

106) 오효五孝 : 天子·諸侯·卿大夫·士·庶人의 5등급에 따른 효, 즉 五等之孝를 말한다. 『孝經』의 「天子章」 「諸侯章」 「卿大夫章」 「士章」 「庶人章」에 자세한 내용이 나오는데, 어버이를 극진히 섬기면 천자는 백성을 덕으로 교화해 세상의 본보기가 되며, 제후는 사직을 보존하고 백성을 화평하게 하며, 경대부는 종묘를 보존하고, 서인은 부모를 봉양할 수 있다고 했다. 孔子가 말한 효의 5가지 내용을 '五孝'라고도 한다. "공자가 말씀하셨다. '효자가 어버이를 섬길 때, 기거하심에는 그 공경을 다하고, 봉양함에는 그 즐거움을 다해 드리며, 병이 드시면 근심을 다하고,

典訓의 대강大綱[108]을 강론하니, 법칙이 되는 말[格言]이 위로 퍼지고 은혜로운 소리[惠音]가 아래로 이른다. 황제가 겸허하게 몸소 가르침 받기를 청하고, 돈사가 붓을 들어 선언善言과 선행善行을 기록한다. 예가 모두 끝나면, 삼로 이하는 자리에서 내려간다. 태상경은 황제를 인도하여 (삼로 등의 뒤를) 따라서 계단을 내려온 후, 뒷걸음질하면서 물러나 앞쪽에 선다. 삼로와 오경이 나가면, 황제는 당 위로 올라가 계단 위쪽에 선다. 삼로와 오경이 문밖으로 나간다.

시중은 어좌 앞으로 나아가 "예가 모두 끝났사옵니다"라고 아뢴다. 황제는 당에서 내려와 대차大次로 돌아간다. 삼로와 오경은 안거安車에 오르고, (수행하는 이들이) 앞에서 인도하고 뒤에서 따르며 돌아간다. 관원과 학생 등이 차례대로 나간다. 이튿날, 삼로는 궁문[闕]으로 나아가 감사를 표한다.

초상엔 슬픔을 다하며, 제사지낼 때엔 엄숙함을 다한다. 이 5가지를 온전히 다해야만 어버이를 잘 섬겼다고 할 수 있다.'子曰, 孝子之事親也, 居則致其敬, 養則致其樂, 病則致其憂, 喪則致其哀, 祭則致其嚴. 五者備矣, 然後能事親."(『孝經』「紀孝行章」)

107) 육순六順 : 사람으로서 지켜야 할 6가지 도리로, 君義・臣行・父慈・子孝・兄愛・弟敬을 말한다. "군주는 의롭고 신하는 (그 의로운 명을) 행하며, 아버지는 자애롭고 자녀는 효도하며, 형은 아우를 사랑하고 아우는 형을 공경하는 것을 六順이라고 합니다.君義, 臣行, 父慈, 子孝, 兄愛, 弟敬, 所謂六順也."(『左傳』「隱公 3年」)

108) 전훈典訓의 대강大綱 : 典訓은 규범적인 訓示라는 의미인데,『尙書』가운데「堯典」「伊訓」등의 편명을 병칭한다. 典訓의 大綱은「堯典」에 나오는 堯・舜의 德,「伊訓」에서 역설하는 天命 등의 요지를 의미한다.

州貢明經・秀才・進士身孝悌旌表門閭者, 行鄉飲酒之禮, 皆刺
史爲主人. 先召鄉致仕有德者謀之, 賢者爲賓, 其次爲介, 又其次
爲衆賓, 與之行禮, 而賓擧之. 主人戒賓, 立於大門外之西, 東面;
賓立於東階下, 西面. 將命者立於賓之左, 北面, 受命出, 立於門
外之東, 西面, 曰:「敢請事.」主人曰:「某日行鄉飲酒之禮, 請吾
子臨之.」將命者入告, 賓出, 立於門東, 西面拜辱, 主人答拜. 主人
曰:「吾子學優行高, 應茲觀國, 某日展禮, 請吾子臨之.」賓曰:
「某固陋, 恐辱命, 敢辭.」主人曰:「某謀於父師, 莫若吾子賢, 敢固
以請.」賓曰:「夫子申命之, 某敢不敬須.」主人再拜, 賓答拜, 主人
送, 賓拜退. 其戒介亦如之, 辭曰:「某日行鄉飲酒之禮, 請吾子貳
之.」

주州에서 명경明經・수재秀才・진사進士 출신 가운데 효성과 우애
[孝悌]가 있어 마을 어귀 문에 정표旌表를 세워 표창한 자들을 중앙
으로 보낼 때 향음주례鄉飲酒禮를 행하는데, 모두 자사刺史를 주인
主人으로 삼는다. 먼저, 벼슬에서 물러난 마을의 덕 있는 자를 소집
해 함께 상의하여 현자賢者를 빈賓으로 삼고 그다음을 개介109)로 삼
고 또 그다음을 중빈衆賓으로 삼는다. (주인은) 이들과 함께 예를 행
하는데, 빈賓이 예를 주관한다.

　주인(자사)은 빈에게 (예에 참여하도록) 알릴[戒賓]110) 때 대문 바

---

109) 개介 : 예의 진행을 돕는 담당자 중에서 빈객 쪽의 사람을 말한다. "擯者
　　는 有司 가운데 예의 진행을 돕는 자이다. 주인 쪽의 사람을 擯이라 하
　　고, 빈객 쪽의 사람을 介라 한다.擯者, 有司佐禮者, 在主人曰擯, 在客
　　曰介."(『儀禮』「士冠禮」鄭玄 注)
110) 계빈戒賓 : 주인이 賓에게 행사를 미리 알리는 것을 말한다. 『儀禮』「鄉

깥의 서쪽에서 동쪽을 향해 서고, 빈(현자)은 동쪽 계단 아래에서 서쪽을 향해 선다. (빈쪽의) 명을 전하는 자[將命者]¹¹¹⁾는 빈의 왼쪽에서 북쪽을 향해 서서 (빈에게) 명을 받은 후 (문밖으로) 나와 대문 바깥의 동쪽에 서서 서쪽을 향해 (주인에게) "감히 무슨 일로 오셨는지 묻겠습니다[敢請事]"라고 말한다. 주인이 "모일某日에 향음주례를 행하고자 하니, 그대가 왕림해주시기를 청합니다"라고 말한다. 명을 전하는 자가 (대문 안으로) 들어가 (빈에게) 고하고, 빈이 (대문 밖으로) 나와서 대문 동쪽에 서서 서쪽을 향해 왕림해준 수고로움에 배례를 하면[拜辱]¹¹²⁾, 주인은 답배를 한다. 주인은 "그대는 학

射禮」에서 "주인은 빈에게 행사를 알린다.主人戒賓."라고 했는데, 鄭玄 注에서는 이렇게 말했다. "戒는 경계한다, 고한다는 뜻이다. 賓은 주인의 동료와 벗이다. 옛날에는 길한 일이 있으면 현자와 함께 기뻐하여 이루기를 즐겼고, 흉한 일이 있으면 현자와 함께 슬퍼하여 애통해하고자 하였다. 이제 아들의 관례를 행하려고 하므로 동료와 벗을 찾아가 알리고 참여하도록 하는 것이다.戒, 警也, 告也. 賓, 主人之僚友. 古者, 有吉事則樂與賢者歡成之, 有凶事則欲與賢者哀戚之. 今將冠子, 故就告僚友使來."

111) 장명자將命者 : '명을 전하는 자'라는 의미로, 將은 傳을 뜻한다. 『儀禮』 「士相見禮」에서 "주인이 다시 賓을 뵙는데 빈이 가져왔던 예물을 들고 가서 말하기를 '지난번 그대께서 욕되게 찾아오셔서 아무개로 하여금 뵐 수 있게 해주셨습니다. 명을 전하는 자에게 예물을 돌려드리고자 합니다'라고 한다.主人復見之, 以其摯, 曰, 曏者吾子辱, 使某見. 請還摯於將命者."라고 했는데, 鄭玄 注에서는 이렇게 말했다. "將은 傳(전한다)의 뜻과 같으니, 명을 전하는 자[傳命者]란 대접하고 돕는 擯者를 가리킨다.將猶傳也, 傳命者, 謂擯相者."

112) 배욕拜辱 : 상대가 수고롭게 찾아온 것에 대해 拜禮하는 것을 말한다. 주인이 빈을 찾아가 (향음주례의 일을) 알리면, 빈은 (자신의 집까지 찾

문이 뛰어나고 행실이 고상하니, 국정國情을 살피기에[觀國] 마땅합니다. 모일에 예를 행하고자 하오니, 그대가 왕림해주시길 청합니다"라고 말한다. 빈은 "아무개[某]는 고루하여 명을 욕되게 할까 염려되니, 감히 사양하겠습니다"라고 말한다. 주인은 "아무개(주인)가 부사父師113)와 상의했는데, 그대만큼 어진 분이 없으니 감히 거듭 청합니다"라고 말한다. 빈은 "선생[夫子]께서 거듭 명하시니, 아무개가 감히 공경히 (명을) 기다리지 않을 수 있겠습니까!"라고 말한다. 주인은 재배를 하고, 빈은 답배를 한다. 주인이 물러가면, 빈은 배례를 하면서 전송한다. 개에게 예에 참여하도록 알리는 것[戒介] 역시 이와 마찬가지로 하는데, 청하는 말에 "모일에 향음주례를 행하고자 하오니, 그대가 부빈副賓[貳]이 되어 왕림해주시길 청합니다"라고 한다.

아온 수고로움에 대해 주인에게) 배례한다. 주인은 답배하며 빈이 되어 줄 것을 청한다. 빈은 예의상 한 번 사양하고 허락한다. 주인이 재배하고, 빈은 답배한다.主人戒賓, 賓拜辱. 主人答拜, 乃請賓. 賓禮辭許. 主人再拜, 賓答拜."(『儀禮』「鄕飮酒禮」) 鄭玄 注에서는 이렇게 말했다. "戒는 경계한다, 고한다는 뜻이다. 拜辱은 상대가 스스로를 낮추어 집까지 찾아온 수고로움에 대해 배례하는 것이다.戒, 警也, 告也. 拜辱, 出拜其自屈辱至已門也."

113) 부사父師 : 나이가 들어 벼슬에서 물러난 뒤 귀향한 大夫를 가리킨다. 『儀禮』「鄕飮酒禮」에서 "주인이 선생을 찾아가 누구를 빈과 개로 삼을 것인지를 상의한다.鄕飮酒之禮. 主人就先生而謀賓·介."라고 했는데, 鄭玄 注에서는 이렇게 말했다. "옛날에 70세가 되면 벼슬에서 물러나 향리에서 노년을 보내는데, (그 신분이) 大夫이면 父師라 하고 士이면 少師라 하며 향리에서 학문을 가르친다.古者, 年七十而致仕, 老於鄕里, 大夫名曰父師, 士名曰少師, 而敎學焉."

其日質明, 設賓席於楹間, 近北, 南向; 主人席於阼階上, 西向; 介席於西階上, 東向; 衆賓席三於賓席之西, 南向; 皆不屬. 又設堂下衆賓席於西階西南, 東面北上. 設兩壺於賓席之東, 少北, 玄酒在西, 加勺冪. 置篚於壺南, 東肆, 實以爵觶. 設贊者位於東階東, 西向北上. 賓·介及衆賓至, 位於大門外之右, 東面北上. 主人迎賓於門外之左, 西面拜賓, 賓答拜; 又西南面拜介, 介答拜; 又西南面揖衆賓, 衆賓報揖. 主人又揖賓, 賓報揖. 主人先入門而右, 西面. 賓入門而左, 東面. 介及衆賓序入, 立於賓西南, 東面北上. 衆賓非三賓者皆北面東上.

(예를 거행하는) 당일 동틀 무렵, (堂의 위) 기둥 사이[楹間] 북쪽 가까이에 빈의 자리[賓席]를 진설하는데, (자리의 머리 부분이) 남쪽을 향하도록 하여 놓는다. 주인의 자리[主人席]는 동쪽 계단[阼階][114] 위쪽에 진설하는데, (자리의 머리 부분이) 서쪽을 향하도록 하여 놓는다. 개의 자리[介席]는 서쪽 계단 위쪽에 진설하는데, (자리의 머리 부분이) 동쪽을 향하도록 하여 놓는다. 중빈의 자리[衆賓席] 중에서 세 자리는 빈의 자리 서쪽에 진설하는데, 남쪽을 향하도록 놓으며, 모두 자리가 서로 맞닿지 않게 한다. 또 서쪽 계단의 서남쪽에 당 아래 중빈의 자리를 진설하는데, 동쪽을 향하도록 놓으며

114) 조계阼階 : '東階'라고도 한다. 주인이 오르고 내리는 계단으로 동쪽 계단에 해당한다. "주인은 문 안으로 들어가 오른쪽으로 나아가고, 빈객은 문 안으로 들어가 왼쪽으로 나아간다. 주인은 동쪽 계단으로 나아가고, 빈객은 서쪽 계단으로 나아간다.主人入門而右, 客入門而左, 主人就東階, 客就西階."(『禮記』「曲禮」上) "동쪽 계단을 오를 때는 오른쪽 발을 먼저 내딛고, 서쪽 계단을 오를 때는 왼쪽 발을 먼저 내딛는다.上於東階, 則先右足, 上於西階, 則先左足."(『禮記』「曲禮」上)

북쪽을 윗자리로 삼는다. 빈의 자리 동쪽에 술동이[壺] 2개를 조금
북쪽에 진설하는데 현주玄酒를 담은 술동이를 서쪽에 두며, 술 국자
[勺]와 덮개 보[冪]를 얹어놓는다. 술동이 남쪽에 대광주리[篚]를 진
설하는데 머리 부분이 동쪽을 향하도록 놓고 술잔[爵觶]115)을 넣어
둔다. 찬자贊者의 자리를 동쪽 계단의 동쪽에 진설하는데 (자리의
머리 부분이) 서쪽을 향하도록 놓으며, 북쪽을 윗자리로 삼는다.

빈과 개와 중빈이 도착하면 대문 바깥의 오른쪽에서 동쪽을 향해
서는데, 북쪽을 윗자리로 삼는다. 주인은 대문 바깥의 왼쪽에서 빈을
맞이한다. 주인이 서쪽을 향해 빈에게 배례를 하면, 빈은 답배를 한
다. 또 (주인이) 서남쪽을 향해 개에게 배례를 하면, 개는 답배를 한
다. 또 (주인이) 서남쪽을 향해 중빈에게 읍을 하면, 중빈은 답례로
읍을 한다. 주인이 또 빈에게 읍을 하면, 빈은 답례로 읍을 한다. 주
인은 먼저 대문 안으로 들어가 오른쪽으로 나아가서 서쪽을 향해 선
다. 빈은 대문 안으로 들어가 왼쪽으로 나아가서 동쪽을 향해 선다.
개와 중빈이 순서대로 대문 안으로 들어가 빈의 서남쪽에서 동쪽을
향해 서는데, 북쪽을 윗자리로 삼는다. 중빈衆賓으로서 삼빈三賓116)

---

115) 작치爵觶 : 1升 용량의 술잔을 爵이라 하고, 3升 용량의 술잔을 觶라 한
다. 賓·介·衆賓에게 술을 올릴[獻] 경우에는 爵을 사용하고, 酬와 旅酬
를 할 경우에는 觶를 사용했다.

116) 삼빈三賓 : 鄕飮酒禮를 행할 때 연차에 따른 지위에서 賓과 介 다음에
해당하는 이를 가리킨다. "매년 季冬이면 현령이 주인이 되고 마을의
노인 가운데 60세 이상으로 덕행이 있는 자 1명을 賓으로 삼고, 그 다음
가는 사람을 介로 삼고, 그 다음가는 사람을 三賓으로 삼고, 그 다음가는
사람을 衆賓으로 삼았다.正齒位, 每年季冬, 縣令爲主人, 鄕之老人六
十以上有德行者一人爲賓, 次一人爲介, 又其次爲三賓, 又其次爲衆

이 아닌 자들은 모두 북쪽을 향해 서는데, 동쪽을 윗자리로 삼는다.

主人將進揖, 當階揖, 賓皆報揖. 及階, 主人曰:「請吾子升.」賓曰:「某敢辭.」主人曰:「固請吾子升.」賓曰:「某敢固辭.」主人曰:「終請吾子升.」賓曰:「某敢終辭.」主人升自阼階, 賓升自西階, 當楣, 北面立. 執尊者徹冪. 主人適篚, 跪取爵, 興, 適尊實之, 進賓席前, 西北面獻賓. 賓西階上北面拜. 主人少退, 賓進於席前, 受爵, 退, 復西階上, 北面立. 主人退於阼階上, 北面拜, 送爵. 賓少退, 贊者薦脯·醢於賓席前. 賓自西方升席, 南面立. 贊者設折俎, 賓跪, 左執爵, 右取脯, 擩於醢, 祭於籩·豆之間, 遂祭酒, 啐酒, 興, 降席東, 適西階上, 北面跪, 卒爵, 執爵興, 適尊實之, 進主人席前, 東面酢主人. 主人於阼階上北面拜, 賓少退. 主人進受爵, 退阼階上, 北面立. 賓退, 復西階上, 北面拜, 送爵. 贊者薦脯·醢於主人席前, 主人由席東自北方升席, 贊者設折俎, 主人跪, 左執爵, 右祭脯, 擩於醢, 祭於籩·豆之間, 遂祭酒, 啐酒, 興, 自南方降席, 復阼階上, 北面跪, 卒爵, 執爵興, 跪奠爵於東序端, 興, 適篚, 跪取觶實之以酬, 復阼階上, 北面跪, 奠觶, 遂拜, 執觶興. 賓西階上答拜. 主人跪酒祭, 遂飲, 卒觶, 執觶興, 適尊實之, 進賓席前, 北面. 賓拜, 主人少退. 賓旣拜, 主人跪奠觶於薦西, 興, 復阼階上位. 賓遂進席前, 北面跪, 取觶, 興, 復西階上位. 主人北面拜送. 賓進席前, 北面跪, 奠觶於薦東, 興, 復西階上位. 主人北面揖, 降立阼階下, 西面. 賓降立於階西, 東面.

주인主人이 장차 (문 안으로 들어와 당堂으로) 나아가려고 때 읍

賓.”(『通典』「禮典」)

을 하고, 계단을 마주한 곳에서 읍을 하면, 빈賓은 모두 답례로 읍을 한다.117) 계단 앞에 이르러, 주인은 "청컨대, 그대[吾子]118)께서 (먼저) 오르소서"라고 말한다. 빈은 "아무개는 감히 사양하겠습니다"라고 말한다. 주인이 "거듭 청컨대, 그대께서 (먼저) 오르소서"라고 말한다. 빈은 "아무개는 감히 거듭 사양하겠습니다[固辭]"라고 말한다.

---

117) 『儀禮』「鄕飮酒禮」에서 "주인은 빈과 세 번 읍을 하고, 계단에 이르러 세 번 사양을 한다.主人與賓三揖, 至於階, 三讓."라고 하였다. 이에 대해 鄭玄 注에서는 이렇게 말했다. "'세 번 읍을 한다'는 것은 문 안쪽의 위치에서 당으로 나아가려고 할 때 읍을 하고, 당으로 이르는 길에 이르러 읍을 하고, 碑에 이르러 읍을 한다는 뜻이다.三揖者, 將進揖, 當陳揖, 當碑揖." 堂下에서 廟門에 이르는 곳을 '뜰[庭]'이라고 하는데, 이 뜰을 3등분하여 북쪽에 돌로 만든 '碑'를 설치했으며 해그림자를 관측해서 시간을 계산하거나 희생을 매다는 데 이것을 이용했다. 凌廷堪은 "'將進揖'은 곧 문안으로 들어와 장차 오른쪽으로 꺾어지는 곳에서 읍을 하는 것이고, '當陳揖'이란 장차 북쪽으로 꺾어지는 곳에서 읍을 하는 것이다. 陳과 門은 서로 일직선이 아니므로 문 안으로 들어오면 반드시 두 번 꺾어진 후에 陳(堂塗, 즉 庭에서 堂에 이르는 동서 양쪽의 길을 말함)과 마주한다. 禮書에서 '三揖'이라고 한 것은 의미가 다르지 않다.將進揖, 卽入門將右曲揖也, 當陳揖, 卽將北曲揖也. 陳與門不相直, 故入門必再曲然後當陳, 禮言三揖, 義不異也."라고 하였다.(胡培翬, 『儀禮正義』권5 참조)

118) 오자吾子 : 상대방에 대한 존칭이다. 『儀禮』「士冠禮」에서 "주인은 빈에게 (관례의 날짜를) 알리면서 '아무개에게 아들 아무개가 있는데 그 머리에 베로 짠 관을 씌우고자 하오니, 吾子께서 오셔서 관례의 예를 가르쳐주시기 바랍니다'라고 한다.戒賓曰, 某有子某, 將加布於其首, 願吾子之敎之也."라고 했는데, 鄭玄 注에서는 이렇게 말했다. "吾子는 서로 친근해 하는 말이다. 吾는 우리[我]라는 뜻이다. 子는 남자에 대한 미칭이다.吾子, 相親之辭. 吾, 我也. 子, 男子之美稱."

주인은 "끝내 청컨대, 그대께서 (먼저) 오르소서"라고 말한다. 빈은 "아무개가 감히 끝내 사양할 수 있겠습니까![終辭]"라고 말한다.[119] 주인은 동쪽 계단[阼階]을 통해 당 위로 올라가고 빈은 서쪽 계단을 통해 (당 위로 올라가), 들보[楣][120]를 마주한 곳에서 북쪽을 향해 선다.[121]

술동이를 담당하는 자[執尊者]는 덮개 보[冪]를 걷어낸다. 주인은 대광주리[篚] 쪽으로 가서 무릎을 꿇고 술잔[爵]을 집어 들고 일어나 술동이 쪽으로 가서 술잔을 채운 뒤 빈의 자리 앞으로 나아가 서북쪽을 향해 빈에게 술을 올린다[獻賓]. 빈은 서쪽 계단 위쪽에서 북쪽

---

119) 禮에서 주인과 빈은 문 안으로 들어와서 계단을 마주하는 곳에 이를 때까지 서로 三揖, 즉 세 차례 읍을 한다. 이후 계단 앞에 이르러 다시 서로 먼저 오르도록 三讓, 즉 세 차례 양보를 한다. 첫 번째 사양하는 것을 禮辭, 두 번째 사양하는 것을 固辭, 세 번째 사양하는 것을 終辭라고 한다. "묘문 안으로 들어간 후에 (주인은 빈과 서로) 세 차례 읍을 하고, 계단 앞에 이르렀을 때 (주인은 빈과 서로 먼저 오르도록) 세 차례 양보한다.至于廟門, 揖入. 三揖, 至于階, 三讓."(『儀禮』「士冠禮」) 이에 대해 鄭玄 注에서는 이렇게 말했다. "'예사(예의상 사양함)'는 한 번 사양한 후에 허락하는 것이다. 두 번 사양한 후에 허락하는 것을 '고사(거듭 사양함)'라고 한다. 세 번 사양하는 것을 '종사(끝내 사양함)'라고 하는데, 허락하지 않는 것이다.禮辭, 一辭而許. 再辭而許曰固辭. 三辭曰終辭, 不許也."

120) 들보[楣] : '楣'는 堂의 앞쪽 들보를 말한다. 집을 측면에서 볼 때 5부분으로 이루어진 집을 '五架屋'이라고 하는데, 중앙의 서까래가 가장 높은 곳을 '棟(마룻대)'이라 하고, 棟의 양쪽 부분을 '楣(들보)'라 하고, 그 아래 가장자리 양쪽 부분을 '庪(상인방)'라 한다. 『爾雅』「釋宮」에서 "'楣'는 들보를 가리킨다.楣謂之梁."라고 한 것에 대해 郭璞의 注에서는 "'楣'는 문 위의 가로지른 들보이다.門戶上橫梁."라고 하였다.

을 향해 배례를 한다. 주인은 조금 물러나고, 빈은 자리 앞으로 나아
가 술잔을 건네받은 뒤 물러나 서쪽 계단 위쪽으로 되돌아와서 북쪽
을 향해 선다.

주인은 동쪽 계단[阼階] 위로 물러나 북쪽을 향해 배례를 한 후
술잔을 건네준다. 빈이 조금 물러나면, 찬자贊者는 빈의 자리[賓席]
앞에 말린 고기[脯]와 고기젓갈[醢][122]을 올린다. 빈은 (자리의 서쪽

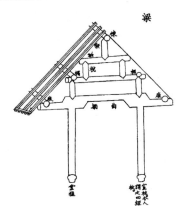

五架之屋(黃以周, 『禮書通故』)

121) 主人은 동쪽 계단[阼階] 위쪽 들보[楣]를 마주하는 곳에서 북쪽을 향하
여 賓이 堂에 이른 것을 존중하는 의미로 再拜를 하고, 賓은 서쪽 계단
위쪽 楣를 마주하는 곳에서 북쪽을 향하여 주인에게 答拜를 하는 것이
다. "주인은 阼階 위쪽의 들보를 마주하는 곳에서 북쪽을 향해 재배를
한다. 빈은 서쪽 계단 위쪽의 들보를 마주하는 곳에서 북쪽을 향해 답배
를 한다.主人阼階上當楣, 北面再拜. 賓西階上當楣, 北面答拜."(『儀
禮』「鄕飮酒禮」) "'楣'는 당의 앞쪽 들보를 가리킨다. 다시 배례를 하는
것은 빈이 이 당에 와준 것에 대해 (주인이) 배례를 하여 빈을 높이는
뜻이다.楣, 前梁也. 復拜, 拜賓至此堂, 尊之."(『儀禮』「鄕飮酒禮」鄭玄
注) "빈이 이 당에 이른 것에 대해 주인이 배례를 하는 것이다.主人拜賓
至此堂."(『儀禮』「鄕射禮」鄭玄 注)

으로부터) 자리의 위에 올라 남쪽을 향해 선다. 찬자는 희생 고기의 뼈를 잘라서 올려놓은 절조折俎[123])를 진설한다. 빈은 무릎을 꿇고서 왼손으로 술잔을 잡고 오른손으로 말린 고기를 집어 들어 고기젓갈에 묻힌 뒤 대나무제기[籩]와 나무제기[豆][124) 사이에서 고수레를

122) 포脯와 해醢 : 말린 고기와 고기젓갈을 의미한다. '脯'는 얇게 썰어서 양념하여 말린 고기이고, '醢'는 육류나 어류 등으로 만든 젓갈이다. 脯와 醢는 籩과 豆에 나누어 담아 놓기 때문에 일반적으로 '脯醢'라고 하면 그것을 담은 '籩豆'를 지칭한다. '籩豆'라고 하면 그 안에 담겨 있는 '脯醢'를 지칭하기도 한다.

123) 절조折俎 : "희생의 뼈마디를 갈라서 해체하여 올려놓은 희생제기를 '折俎'라고 한다.凡節解者皆曰折俎."(『儀禮』「特牲饋食禮」鄭玄 注) '折俎'에서의 '折'은 희생의 전체 몸체를 뼈마디에 따라 잘라서 덩어리를 만드는 것을 말한다. "그 희생의 뼈마디를 갈라서 희생제기 위에 담는다. 折其體以爲俎."(『儀禮』「士冠禮」鄭玄 注) "희생의 몸통에서 사지를 떼어내고 마디를 잘라서 희생제기[俎] 위에 담는 것이다.牲體枝解節折在俎."(『儀禮』「鄕飮酒禮」鄭玄 注) 진상을 받는 자의 신분에 따라 희생제기 안에 담는 희생의 부위와 수량도 달라지며 사용하는 희생도 차이가 난다. 예를 들면 士冠禮에서는 돼지고기[豚]를 사용하고, 燕禮나 鄕飮酒禮 등에서는 개고기[狗]를 사용한다. 俎(희생제기)는 大房, 房俎라고도 하는데, 『禮記』「明堂位」에 의하면 有虞氏는 梡俎, 夏后氏는 嶡俎, 殷나라는 棋俎, 周나라는 房俎를 사용했다고 한다.

梡俎   嶡俎   棋俎   房俎
(聶崇義, 『三禮圖』)

124) 변籩과 두豆 : 대나무제기와 나무제기를 의미한다. '籩'은 마른 음식을 담는 그릇으로, 용량은 4升이며 대나무로 만든다. 『周禮』「天官·籩人」鄭玄 注에서 "대나무로 만든 것을 籩이라 한다.竹曰籩."라고 했다. '豆'

한다. 고수레를 마친 뒤 술을 맛보고 일어나 자리의 동쪽을 통해 내려와서 서쪽 계단 위쪽으로 가서 북쪽을 향해 무릎을 꿇고 술잔의 술을 다 마신 뒤 술잔을 잡고 일어나 술동이 쪽으로 가서 술잔을 채워 주인의 자리[席] 앞으로 나아가 동쪽을 향해 주인에게 술을 올려 작작(酢)[125)의 예를 행한다. 주인이 동쪽 계단 위쪽에서 북쪽을 향해 배례를 하면, 빈은 조금 물러난다. 주인은 나아가 술잔을 받은 뒤 동쪽 계단 위쪽으로 물러나 북쪽을 향해 선다. 빈은 물러나 서쪽 계단 위쪽으로 되돌아와 북쪽을 향해 배례를 하고 술잔을 건네준다.

찬자는 주인의 자리 앞에 말린 고기와 고기젓갈을 올린다. 주인은

는 채소절임이나 젓갈 등 섰은 음식을 담는 그릇으로, 용량은 4升이며 나무로 만든다. 『周禮』 및 『禮記』의 鄭玄 注에 의하면, 豆는 입이 둥글고 직경은 1尺 2寸이며 덮개가 있다. 또한 '豆'는 豆와 籩의 總名이기도 한데, 郝懿行의 『爾雅義疏』에 따르면 籩과 豆는 같은 종류의 그릇이며 豆라고만 할 경우 籩을 포함한다.

豆(좌)와 籩(우)(黃以周, 『禮書通故』)

125) 작작(酢) : 主人이 賓에게 먼저 술을 올려 마시게 하는 것을 '獻'이라 하고, 賓이 이에 대한 보답으로 主人에게 술을 올려 마시게 하는 것을 '酢'이라 한다.

자리의 동쪽을 통해서 북쪽 방향으로부터 자리 위로 오른다. 찬자는 희생 고기의 뼈를 잘라서 올려놓은 절조折俎를 진설한다. 주인은 무릎을 꿇고서 왼손으로 술잔을 잡고 오른손으로 말린 고기로 고수레를 하는데, 고기젓갈에 묻힌 후 대나무제기와 나무제기 사이에서 고수레를 한다. 이어서 술을 맛보고 일어나 자리의 남쪽을 통해 자리에서 내려와 동쪽 계단[阼階] 위로 되돌아온다. 북쪽을 향해 무릎을 꿇고 술잔의 술을 다 마신 후 술잔을 잡고 일어나 무릎을 꿇고 당 위의 동쪽 벽 끝[東序端][126]에 술잔을 내려놓은 다음 일어나 대광주리[篚] 쪽으로 가서 무릎을 꿇고 술잔[觶]을 집어 든 뒤 술을 채워 빈에게 수酬[127]의 예를 행한다. (주인은) 동쪽 계단 위쪽으로 되돌아와 북쪽을 향해 무릎을 꿇고서 술잔을 내려놓고, 이어서 (빈에게) 배례를 한

---

126) 당 위의 동쪽 벽 끝[東序端] : 堂의 동쪽과 서쪽 벽을 '序'라고 한다. '序端'은 堂의 동쪽 벽의 끝을 가리킨다. "堂의 동쪽과 서쪽 벽을 '序'라고 한다.堂東西牆謂之序."(『儀禮』「士冠禮」鄭玄 注) "序端은 東序(당 위의 동쪽 벽)의 끝이다.序端, 東序頭也."(『儀禮』「鄕射禮」鄭玄 注)

127) 수酬 : 主人이 賓으로부터 술잔을 받아 마신 다음 賓에게 다시 한 잔을 따라주는 것을 말한다. 主人이 賓에게 먼저 술을 올려 마시게 하는 것을 '獻'이라 하고, 賓이 이에 대한 보답으로 主人에게 술을 올려 마시게 하는 것을 '酢'이라 하며, 主人이 술잔을 받아 마시고 賓에게 다시 한 잔을 따라주는 것을 '酬'라 한다. 이렇게 獻·酢·酬의 과정을 한 번 하는 것을 '壹憲의 禮'라고 한다. 賈公彦은 다음과 같이 설명하였다. "주인이 빈에게 獻을 하고, 빈이 주인에게 酢를 한다. 주인이 빈에게 酬를 하려 할 때는 먼저 술을 다 마신 뒤에 酬를 한다. 빈은 받은 술잔을 바닥에 내려놓고 마시지 않는다. 이는 빈과 주인이 각각 두 잔씩 마시는 것으로 예가 완성되기 때문이다.主人獻賓, 賓酢主人. 主人將酬賓, 先自飮訖, 乃酬. 賓奠而不擧. 是賓主人各兩爵而禮成也."(『儀禮注疏』)

후 술잔을 잡고 일어난다. 빈은 서쪽 계단 위쪽에서 답배를 한다.

주인은 무릎을 꿇고 술로 고수레를 한 후 이어서 술을 마셔 술잔을 비운 다음 술잔을 잡고 일어나 술동이 쪽으로 가서 술잔에 술을 채운 후 빈의 자리[席] 앞으로 나아가 북쪽을 향해 선다. 빈이 배례를 하면, 주인은 조금 물러난다. 빈이 배례를 마치면, 주인은 무릎을 꿇고 말린 고기를 담은 대나무제기 및 고기젓갈을 담은 나무제기[薦]의 서쪽에 술잔을 내려놓은 후 일어나서 동쪽 계단 위쪽의 위치로 되돌아간다. 빈은 이어서 자리 앞으로 나아가 북쪽을 향해 무릎을 꿇고서 술잔을 집어 들고 일어나 서쪽 계단 위쪽의 위치로 되돌아간다. 주인은 북쪽을 향해 술잔을 보내준 후 배례를 한다. 빈은 자리 앞으로 나아가 북쪽을 향해 무릎을 꿇고 말린 고기를 담은 대나무제기 및 고기젓갈을 담은 나무제기의 동쪽에 술잔을 내려놓은 후 일어나서 서쪽 계단 위쪽의 위치로 되돌아간다. 주인이 북쪽을 향해 읍을 한 후 (당에서) 내려와 동쪽 계단 아래에서 서쪽을 향해 선다. 빈은 (당에서) 내려와 계단의 서쪽에서 동쪽을 향해 선다.

主人進延介, 揖之, 介報揖. 至階, 一讓升, 主人升阼階, 介升西階, 當楣, 北面立. 主人詣東序端, 跪取爵, 興, 適尊實之, 進於介席前, 西南面獻介. 介西階上北面拜, 主人少退, 介進, 北面受爵, 退復位. 主人於介右北面拜送爵, 介少退, 主人立於西階之東. 贊者薦脯·醢於介席前, 介進自北方, 升席, 贊者設折俎, 介跪, 左執爵, 右祭脯·醢, 遂祭酒, 執爵興, 自南方降席, 北面跪, 卒爵, 執爵興. 介授主人爵, 主人適尊實之, 酢於西階上, 立於介右, 北面跪, 奠爵, 遂拜, 執爵興. 介答拜. 主人跪祭, 遂飲, 卒爵, 執爵興, 進,跪奠爵於西楹南, 還阼階上, 揖降. 介降, 立於賓南.

　주인主人은 개介를 인도하여 나아가게 하며[進延]128) 읍을 한다.
개는 답례로 읍을 한다. 계단 앞에 이르러 한 번 사양한 후 올라간
다. 주인은 동쪽 계단을 통해서 오르고 개는 서쪽 계단을 통해서 오
르는데, 들보[楣]와 마주한 곳에서 북쪽을 향해 선다. 주인은 당의
위 동쪽 벽 끝[東序端]에 이르러 무릎을 꿇고서 술잔[爵]을 집어 들
고 일어나 술동이 쪽으로 가서 술잔에 술을 채운 다음 개介의 자리
[席] 앞으로 나아가 서남쪽을 향하여 개에게 헌獻129)의 예를 행한다.
개가 서쪽 계단 위쪽에서 북쪽을 향해 배례를 하면, 주인은 뒤로 조
금 물러난다. 개는 앞으로 나아가서 북쪽을 향해 술잔을 받은 후 물
러나 원래 위치로 돌아간다. 주인이 개의 오른쪽에서 북쪽을 향하여
술잔을 건네준 후 배례를 하면, 개는 뒤로 조금 물러나고 주인은 서
쪽 계단의 동쪽에 선다.

　찬자贊者가 개의 자리 앞에 말린 고기[脯]와 고기젓갈[醢]을 올린
다. 개는 나아가서 자리의 북쪽을 통해서 자리 위로 오른다. 찬자는
(희생 고기의 뼈를 잘라서 올려놓은) 절조折俎를 진설한다. 개는 무

---

128) 진연進延 : 인도하여 나아가게 한다는 뜻이다. 『爾雅』 「釋詁」에서 “肅
　　 ·延·誘·薦·餤·晉·寅·蠱은 모두 ‘進’의 뜻이다.肅·延·誘·薦·餤·
　　 晉·寅·蠱, 進也.”라고 하였고, 이에 대해 邢昺은 “모두 나아가서 인도
　　 한다는 뜻이다. ‘延’은 인도하여 앞으로 나아가게 한다는 뜻이다.皆謂進
　　 道. 延者, 引而進之.”(『爾雅注疏』 권2)라고 하였다.
129) 헌獻 : 主人이 賓에게 먼저 술을 올려 마시게 하는 것을 ‘獻’이라 한다.
　　 이에 대한 보답으로 賓이 主人에게 술을 올려 마시게 하는 것을 ‘酢’이
　　 라 한다.

를을 꿇고서 왼손으로 술잔을 잡고 오른손으로 말린 고기와 고기젓
갈로 고수레를 하고, 이어서 술로 고수레를 한 후 술잔을 잡고 일어
나 자리의 남쪽을 통해 자리에서 내려와 북쪽을 향해 무릎을 꿇고
술잔의 술을 다 마신 후 술잔을 잡고 일어난다. 개가 주인에게 빈
술잔을 건네주면, 주인은 술동이 쪽으로 가서 술잔에 술을 채운 후
서쪽 계단 위쪽에서 술을 올려 작酢의 예를 행한 후 개의 오른쪽에
선다. 북쪽을 향해 무릎을 꿇고서 술잔을 내려놓고, 이어서 배례를
한 후 술잔을 잡고 일어난다. 개는 답배를 한다. 주인은 무릎을 꿇고
고수레를 하고, 이어서 술을 맛본 후 술잔의 술을 다 마신 후 술잔을
잡고 일어나서 나아가 무릎을 꿇고 당 위의 서쪽 기둥 남쪽에 술잔
을 내려놓은 후 동쪽 계단 위쪽으로 돌아가 읍을 한 후 내려온다.
개는 당에서 내려와 빈의 남쪽에 선다.

主人於阼階前西南揖衆賓, 遂升, 適西楹南, 跪取爵, 興, 適尊實
之, 進於西階上, 南面獻衆賓之長, 升西階上, 北面拜, 受爵. 主人
於衆賓長之右, 北面拜送. 贊者薦脯·醢於其席前, 衆賓之長升席,
跪, 左執爵, 右祭脯·醢, 祭酒, 執爵, 興, 退於西階上, 立飲訖, 授
主人爵, 降, 復位. 主人又適尊實之, 進於西階上, 南面獻衆賓之
次者, 如獻衆賓之長. 又次一人升, 飲, 亦如之. 主人適尊實酒, 進
於西階上, 南面獻堂下衆賓. 每一人升, 受爵, 跪祭, 立飲, 贊者遍
薦脯·醢於其位. 主人受爵·尊於篚. 主人與賓一揖一讓升, 賓·介
·衆賓序升, 卽席.

주인主人은 동쪽 계단[阼階] 앞 서남쪽에 서서 중빈衆賓들에게 읍
을 하고, 이어서 당堂 위로 올라가 서쪽 기둥[西楹]의 남쪽으로 가서,

무릎을 꿇고 술잔을 집어 들고 일어나 술동이 쪽으로 가서 술잔에 술을 채운 다음 서쪽 계단 위쪽으로 나아가서 남쪽을 향해 중빈의 우두머리[衆賓之長]에게 헌獻의 예를 행한다. (중빈의 우두머리는) 서쪽 계단을 통해 당 위로 올라가서 북쪽을 향해 배례를 한 후 술잔을 받는다. 주인은 중빈의 우두머리 오른쪽에서 술잔을 건네준 후 배례를 한다.

찬자贊者는 중빈의 우두머리 자리 앞에 말린 고기[脯]와 고기젓갈[醢]을 올린다. 중빈의 우두머리는 자리 위로 올라가 무릎을 꿇고 왼손으로 술잔을 잡고 오른손으로 말린 고기와 고기젓갈로 고수레를 하고, 술로 고수레를 한 후 술잔을 잡고 일어나 서쪽 계단 위쪽으로 물러나 선 채로 술잔의 술을 마신 후 주인에게 술잔을 건네준 다음 당에서 내려와 원래의 위치로 되돌아간다. 주인은 또 술동이 쪽으로 가서 술잔에 술을 채운 후 서쪽 계단 위쪽으로 나아가서 남쪽을 향해 중빈의 우두머리에 다음가는 사람[次者]에게 헌의 예를 행하는데, 중빈의 우두머리에게 헌의 예를 행할 때와 마찬가지 의절로 한다. 또 그 다음가는 한 사람이 당 위로 올라가서 술을 마시는데, 또한 중빈의 우두머리에 다음가는 사람과 마찬가지 의절로 한다.

주인은 술동이 쪽으로 가서 술잔에 술을 채운 후 서쪽 계단 위쪽으로 나아가서 남쪽을 향해 당 아래의 중빈들에게 헌의 예를 행한다. 한 사람씩 당 위로 올라가 술잔을 받은 후 무릎을 꿇고서 고수레를 하고 선 채로 술잔의 술을 마신다. 찬자는 그들의 자리에 말린 고기와 고기젓갈을 한꺼번에 두루 올린다. 주인은 건네받은 술잔과 술동이를 대광주리[篚] 안에 넣어둔다. 주인과 빈은 한 차례 읍을 하고 한 차례 양보를 한 후 당 위로 올라가고, 빈·개·중빈도 순서대로 당 위로 올라가 자리로 나아간다.

設工人席於堂廉西階之東[四],[130] 北面東上. 工四人, 先二瑟,
後二歌. 工持瑟升自階, 就位坐. 工鼓鹿鳴, 卒歌, 笙入, 立於堂下,
北面, 奏南陔. 乃間歌, 歌南有嘉魚, 笙崇丘; 乃合樂周南關雎・召
南鵲巢.

당堂 위의 남쪽 끝 모서리[堂廉][131] 서쪽 계단 동쪽에 악공[工人]
의 자리를 설치하는데, (자리의 머리 부분이) 북쪽을 향하게 하고 동
쪽을 윗자리로 삼는다. 악공은 4명인데, 슬瑟을 연주하는 2명의 자
리는 앞쪽에 있고, 노래 부르는 2명의 자리는 뒤쪽에 있다. 악공은
슬을 들고 계단을 통해서 당 위로 올라가 위치로 나아가 앉는다. 악

---

130) [교감기 4] "設工人席於堂廉西階之東"에서 '階'자는 각 本에 원래 없
지만 『開元禮』 권128과 『通典』 권130에 근거해서 보충했다.

131) 당렴堂廉: 堂 위의 남쪽 끝 모서리를 말한다. 『儀禮』 「鄕飮酒禮」에서
"堂廉에 자리를 설치하는데, 동쪽을 윗자리로 삼는다.設席于堂廉, 東
上."라고 했는데, 鄭玄 注에서는 이렇게 말했다. "악공을 위하여 자리를
만드는 것이다. 가장자리를 '廉'이라고 한다. (『儀禮』) 「燕禮」에 '서쪽
계단 위에 악공의 자리를 설치하는데, 조금 동쪽으로 한다. 악정이 먼저
올라가 북쪽을 향한다'라고 하였다. 이것은 악정이 먼저 (堂으로) 올라가
서쪽 계단의 동쪽에 서면 악공의 자리가 계단의 동쪽에 있음을 말하는
것이다.爲工布席也. 側邊曰廉. 燕禮曰, 席工於西階上少東, 樂正先升,
北面. 此言樂正先升, 立于西階東, 則工席在階東." 『禮記』 「喪大記」에
서 "경대부는 堂廉의 기둥 서쪽에 서는데, 북쪽을 향하고 동쪽을 윗자리
로 삼는다.楹卿大夫卽位於堂廉楹西, 北面東上."라고 했는데, 孔穎達
疏에서는 이렇게 말했다. "堂廉은 堂基의 남쪽 가장자리로, 廉陵의 위
쪽이다.堂廉, 謂堂基南畔, 廉陵之上."

공이 〈녹명鹿鳴〉[132]을 연주하며 노래를 마치면, 생笙을 부는 자가
들어와서 당堂 아래에 서는데, 북쪽을 향해 〈남해南陔〉[133]를 연주한

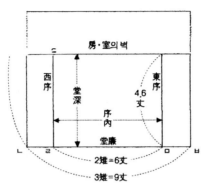

堂廉(이케다 스에토시, 『의례(Ⅰ)』)

132) 〈녹명鹿鳴〉:『詩經』「小雅」의 篇名이다.『儀禮』「鄕飮酒禮」에서 "악공
은 〈녹명〉〈사모〉〈황황자화〉를 노래한다.工歌鹿鳴, 四牡, 皇皇者華."라
고 했는데, 鄭玄 注에서는 이렇게 말했다. "셋 모두『시경』「소아」의 편
명이다. 〈녹명〉은 군주가 신하 및 사방의 嘉賓과 더불어 燕飮하면서 도
를 익히고 정사를 닦는 것을 노래한 樂歌. 이는 자신에게 좋은 술이
있어 嘉賓을 초대하니, 嘉賓이 와서 나에게 좋은 도를 보여주고 또한
嘉賓이 크고 밝은 덕을 지녀 본받을 만한 것을 즐거워하는 뜻을 취한
것이다.三者皆小雅篇也. 鹿鳴, 君與臣下及四方之賓燕, 講道修政之樂
歌也. 此采其己有旨酒, 以召嘉賓, 嘉賓旣來, 示我以善道, 又樂嘉賓有
孔昭之明德, 可則傚也."

133) 〈남해南陔〉:『詩經』「小雅」의 篇名인데 망실되었다.『儀禮』「鄕飮酒
禮」에서 "笙을 부는 자가 들어와 堂 아래에 자리하는데, 磬을 치는 자의
남쪽에서 북쪽을 향해 선다. (笙을 부는 자는) 〈남해〉〈백화〉〈화서〉를
연주한다.笙入堂下, 磬南北面立. 樂南陔, 白華, 華黍."라고 했는데, 鄭
玄 注에서는 이렇게 말했다. "笙은 笙을 부는 자이다. 笙으로 이 시를
연주하여 음악을 이루는 것이다. 〈남해〉〈백화〉〈화서〉는 「소아」의 편명
이다. 오늘날에는 망실되어 그 내용은 들어보지 못했다.笙, 吹笙者也,

다. (생 연주와) 갈마들며 노래를 부르는데, 〈남유가어南有嘉魚〉[134]
를 노래하고 (노래가 끝나면) 생笙으로 〈숭구崇丘〉[135]를 분다. 이어
서 주남周南의 〈관저關雎〉[136]와 소남召南의 〈작소鵲巢〉[137]를 합악合
樂[138]한다.

以笙吹此詩以爲樂也. 南陔·白華·華黍·小雅篇也. 今亡, 其義未聞."

134) 〈남유가어南有嘉魚〉: 『詩經』「小雅」의 篇名이다. 『儀禮』「鄕飮酒禮」
에서 "이에 갈마들면서, 〈어리〉를 노래하고 〈유경〉을 불며, 〈남유가어〉
를 노래하고 〈숭구〉를 불며, 〈남산유대〉를 노래하고 〈유의〉를 분다.乃間
歌魚麗, 笙由庚, 歌南有嘉魚, 笙崇丘, 歌南山有臺, 笙由儀."라고 했는
데, 鄭玄 注에서는 이렇게 말했다. "間은 갈마든다[代]는 뜻으로, 한 번
노래하면 (그다음에) 한 번 부는 것을 가리킨다. 여섯 개는 모두 「소아」
의 편명이다. … 〈남유가어〉는 태평시대에 군자가 술을 마련해 현자와 더
불어 그것을 함께하는 것을 즐김을 말한 것으로, 이는 예로써 현자를
예우하니 현자가 무리지어 귀의하여 그와 더불어 즐긴다는 뜻을 취한
것이다.間, 代也, 謂一歌則一吹也. 六者皆小雅篇也. … 南有嘉魚言大
平君子有酒, 樂與賢者共之也, 此采其能以禮下賢者, 賢者累蔓而歸
之, 與之宴樂也."

135) 〈숭구崇丘〉: 『詩經』「小雅」의 篇名인데 망실되었다. "〈유경〉〈숭구〉
〈유의〉는 오늘날 망실되어 그 내용은 들어보지 못했다.由庚, 崇丘, 由儀
今亡, 其義未聞."(『儀禮』「鄕飮酒禮」鄭玄 注)

136) 〈관저關雎〉: 『詩經』「周南」의 篇名이다. "이에 「주남」의 〈관저〉〈갈담〉
〈권이〉와 「소남」의 〈작소〉〈채번〉〈채빈〉을 합악한다.乃合樂, 周南關雎
葛覃卷耳, 召南鵲巢采蘩采蘋."(『儀禮』「鄕飮酒禮」) "〈관저〉는 후비의
덕을 말한 것이다.關雎言后妃之德."(鄭玄 注)

137) 〈작소鵲巢〉: 『詩經』「召南」의 篇名이다. "이에 「주남」의 〈관저〉〈갈담〉
〈권이〉와 「소남」의 〈작소〉〈채번〉〈채빈〉을 합악한다.乃合樂, 周南關雎
葛覃卷耳, 召南鵲巢采蘩采蘋."(『儀禮』「鄕飮酒禮」) "〈작소〉는 國君의
부인의 덕을 말한 것이다.鵲巢言國君夫人之德."(鄭玄 注)

司正升自西階,【司正謂主人贊禮者, 禮樂之正. 旣成, 將留賓, 爲有懈墮, 立
司正以監之.】跪取觶於篚, 興, 適尊實之, 降自西階, 詣階間, 左還,
北面跪, 奠觶, 拱手少跪[五],139) 取觶, 遂飮, 卒觶, 奠, 再拜. 賓降
席, 跪取觶於篚, 適尊實之, 詣阼階上, 北面酬主人. 主人降席, 進
立於賓東, 賓跪奠觶, 遂拜, 執觶興, 主人答拜, 賓立飮, 卒觶, 適
尊實之, 阼階上東南授主人, 主人再拜, 賓少退, 主人受觶, 賓於
主人之西, 北面拜送, 賓揖, 復席. 主人進西階上, 北面酬介, 介降
席, 自南方進, 立於主人之西, 北面. 主人跪奠觶, 遂拜, 執觶興,
介答拜. 主人立飮, 卒觶, 適尊實之, 進西階上, 西面立, 介拜, 主
人少退, 介受觶, 主人於介東, 北面拜送, 主人揖, 復席.

사정司正140)은 서쪽 계단을 통해 당堂 위로 올라가【사정은 예를 돕

---

138) 합악合樂 : 노래와 음악을 함께 연주하는 것을 의미한다. '合樂'에 대해
鄭玄은 "歌樂이 여러 악기소리와 함께 연주되는 것歌樂與衆聲俱作"이
라고 하였는데, 그 구체적인 연주 형태에 대해서는 다양한 설이 존재한
다. ①李如圭와 獒繼公은 당 위에서 瑟을 타면서 「召南」의 시편을 노래
를 하고, 당 아래에서 鐘과 磬을 치면서 「周南」의 시편을 합주하는 것으
로 보았다. 이렇게 堂上과 堂下에서 노래와 연주를 합주하여 세 번 마치
는 것을 '合樂三終'이라고 한다. ②孔穎達은 「주남」을 노래로 읊고 「소
남」을 笙으로 연주하여 합주하기를 세 차례 하는 것이라고 본다. ③凌廷
堪은 당 위와 당 아래에서 동일한 시편을 동시에 노래로 읊고 악기로
연주하는 것을 合樂으로 본다.(胡培翬, 『儀禮正義』 권6 참조)

139) [교감기 5] 『開元禮』 권128과 『通典』 권130에는 "拱手少跪"에서 '少'
다음에 '立'자가 있다.

140) 사정司正 : 예를 돕는[贊禮] 주인 쪽의 사람을 말한다. "相으로 하여금
司正이 되게 한다.作相爲司正."(『儀禮』 「鄕飮酒禮」) 『儀禮注疏』에서
賈公彦은, 이곳의 '相'은 문밖에서 빈을 맞이하던 자로, 이제 燕飮을 하

는[贊禮] 주인 쪽의 사람을 말한다. 예악의 정식 절차가 이미 이루어졌으므로,[141] 빈을 머물게 하고자 할 때 나태한 마음이 생길까 봐 사정을 세워서 살피는 것이다.】무릎을 꿇고 대광주리[篚] 안에서 술잔[觶]을 집어 들고 일어나 술동이 쪽으로 가서 술잔에 술을 채운 후 서쪽 계단을 통해 내려와 (동쪽과 서쪽) 계단 사이로 가서 왼쪽으로 돌아 북쪽을 향해 무릎을 꿇고 술잔을 내려놓는다. 두 손을 마주잡고[拱手] 잠시 무릎을 꿇고서 술잔을 집어 들고, 이어서 술을 마셔 술잔의 술을 다 마신 후 술잔을 내려놓고 재배를 한다.

빈賓이 자리에서 내려와 무릎을 꿇고 대광주리 안에서 술잔을 집어 들고 술동이 쪽으로 가서 술잔에 술을 채운 후 동쪽 계단[阼階] 위쪽으로 가서 북쪽을 향해 주인에게 수酬의 예를 행한다. 주인은 자리에서 내려와 나아가서 빈의 동쪽에 선다. 빈이 무릎을 꿇고 술잔을 내려놓고 이어서 배례를 한 후 술잔을 잡고 일어나면, 주인은

기 위해 그를 司正으로 삼은 것이라고 했다. 相을 司正으로 삼는 것에 대해서, 方苞는 앞의 절차는 예를 돕는 相禮를 위주로 한 것이며 이후의 절차는 예를 행하는 데 있어서 술을 절제하도록 하는 謹酒의 의미가 있기 때문이라고 했다.(胡培翬, 『儀禮正義』 권6 참조)

141) 본문에는 "禮樂之正. 既成"으로 되어 있으나, "禮樂之正, 既成"으로 연결해서 봐야 한다. 『儀禮』 「鄕飮酒禮」에서 "相으로 하여금 司正이 되게 한다.作相爲司正."라고 했는데, 鄭玄 注에서는 이렇게 말했다. "예악의 정식 절차가 이미 이루어졌으므로 빈들을 머무르게 하고자 할 때 나태한 마음이 생길 수 있기 때문에 사정을 세워서 감독하게 하는 것이다.禮樂之正既成, 將留賓, 爲有解惰, 立司正以監之." 예악의 정식 절차[禮樂之正]가 이루어졌다는 것은 앞에서 말한 예와 악의 정식 절차가 끝났음을 의미한다. 즉 주인이 빈과 獻禮와 酢禮 등을 행함으로써 禮가 이루어지고, 노래와 악기 연주를 合樂함으로써 樂이 이루어진 것을 가리킨다.

답배를 한다. 빈은 일어나 술을 마셔 술잔의 술을 다 비운 후 술동이 쪽으로 가서 술잔에 술을 채운 후 동쪽 계단 위쪽의 동남쪽으로 가서 주인에게 건네준다. 주인은 재배를 하고, 빈은 뒤로 조금 물러난다. 주인은 술잔을 건네받는다. 빈은 주인의 서쪽에서 북쪽을 향해 술잔을 건네준 후 배례를 한다. 빈은 읍을 한 후 자리로 돌아간다.

주인은 서쪽 계단 위쪽으로 나아가서 북쪽을 향해 개介에게 수酬의 예를 행한다. 개는 자리에서 내려와 (자리의) 남쪽으로부터 나아가 주인의 서쪽에 서서 북쪽을 향한다. 주인은 무릎을 꿇고서 술잔을 내려놓고 이어서 배례를 한 후 술잔을 잡고 일어난다. 개는 답배를 한다. 주인은 선 채로 술을 마셔 술잔의 술을 다 비운 후 술동이 쪽으로 가서 술잔에 술을 채운 후 서쪽 계단 위쪽으로 나아가 서쪽을 향해 선다. 개가 배례를 하면, 주인은 뒤로 조금 물러난다. 개는 술잔을 받는다. 주인은 개의 동쪽에서 북쪽을 향해 (개에게) 술잔을 건네준 후 배례를 한다. 주인은 읍을 한 후 자리로 돌아간다.

司正升自西階, 近西, 北面立, 相旅曰:「某子受酬.」受酬者降席, 自西方進, 北面立於介右. 司正退, 立於序端, 東面, 避受酬者. 介跪奠觶, 遂拜, 執觶興, 某子答拜. 介立飮, 卒觶, 適尊實之, 進西階上, 西南面授某子, 某子受觶, 介立於某子之左, 北面, 揖, 復席. 司正曰:「某子受酬.」受酬者降席, 自西方立於某子之左, 北面, 某子跪奠觶, 遂拜, 執觶興, 受酬者答拜. 某子立飮, 卒觶, 適尊實之, 進西階上, 西南面授之, 受酬者受觶, 某子立於酬者之右, 揖, 復席. 次一人及堂下衆賓受酬亦如之. 卒受酬者以觶跪奠於篚, 興, 復階下位. 司正適阼階上, 東面請命於主人, 主人曰:「請

坐於賓.」司正回, 北面告於賓曰:「請賓坐.」賓曰:「唯命.」賓·主
各就席坐. 若賓·主公服者, 則降脫履, 主人先左, 賓先右. 司正降,
復位. 乃羞肉殽·醢, 賓·主燕飲, 行無算爵, 無算樂, 主人之贊者
皆興焉. 已燕, 賓·主俱興, 賓以下降自西階, 主人降自東階, 賓以
下出立於門外之西, 東面北上, 主人送於門外之東, 西面再拜, 賓
·介逡巡而退.

사정司正은 서쪽 계단을 통해 당堂 위로 올라가 서쪽 가까이에서
북쪽을 향해 서서 뭇 사람들을 살피며[相旅] "아무개 선생[某子]께서
는 수醻의 술잔을 받으십시오."라고 말한다. 수의 술잔을 받을 사람
들은 자리에서 내려와 (자리의) 서쪽으로부터 나아가 북쪽을 향해
개의 오른쪽에 선다. 사정은 물러나 당 위의 벽 끝[序端]에서 수의
술잔을 받을 사람들을 피해 동쪽을 향해 선다. 개는 무릎을 꿇고서
술잔을 내려놓고, 이어서 배례를 한 후 술잔을 잡고 일어난다. 아무
개 선생은 답배를 한다. 개는 선 채로 술을 마셔 술잔[觶]의 술을 다
비운 후 술동이 쪽으로 가서 술잔에 술을 채운 다음 서쪽 계단 위쪽
으로 나아가서 서남쪽을 향해 아무개 선생에게 술잔을 건넨다. 아무
개 선생은 술잔을 건네받는다. 개는 아무개 선생의 왼쪽에 서서 북
쪽을 향해 읍을 한 후 자리로 돌아간다.

사정은 "아무개 선생께서는 수醻의 술잔을 받으십시오."라고 말한
다. 수의 술잔을 받을 사람은 자리에서 내려와 서쪽으로부터 나아가
아무개 선생의 왼쪽에서 북쪽을 향해 선다. 아무개 선생은 무릎을
꿇고서 술잔을 내려놓고, 이어서 배례를 한 후 술잔을 잡고 일어난
다. 수의 술잔을 받을 사람은 답배를 한다. 아무개 선생이 선 채로
술을 마셔 술잔의 술을 다 비운 후 술동이 쪽으로 가서 술잔에 술을

채운 다음 서쪽 계단 위쪽으로 나아가서 서남쪽을 향해 술잔을 건네주면, 수의 술잔을 받을 사람은 술잔을 건네받는다. 아무개 선생은 수의 술잔을 받은 사람의 오른쪽에 서서 읍을 한 후 자리로 돌아간다.

그다음의 한 사람 및 당 아래의 중빈衆賓이 수의 술잔을 받을 때에도 이와 마찬가지 의졸로 한다. 마지막으로 수酬의 술잔을 받은 사람은 무릎을 꿇고서 대광주리[篚] 안에 술잔을 넣어둔 후 일어나서 계단 아래의 위치로 돌아간다.

사정은 동쪽 계단[阼階] 위쪽으로 가서 동쪽을 향해 주인의 명을 청한다. 주인은 "빈에게 자리에 앉도록 청하라"고 말한다. 사정은 돌아가서 북쪽을 향해 빈에게 "청컨대 빈께서는 자리에 앉으십시오"라고 고한다. 빈은 "명을 따르겠습니다[唯命]"라고 말한다. 빈과 주인이 각자의 자리로 나아가 앉는다. 만약 빈과 주인이 공복公服을 착용하고 있을 경우 당 아래로 내려가서 신발을 벗는데, 주인은 왼쪽 신발을 먼저 벗고 빈은 오른쪽 신발을 먼저 벗는다. 사정은 당에서 내려가 본래의 위치로 돌아간다. 이에 크게 썬 고기 조각과 고기젓갈[醢]을 올리고, 빈과 주인이 주연[燕飲]을 즐긴다. 술잔의 수를 따지지 않고 계속 술잔을 돌리고[無算爵]¹⁴²⁾ 악곡의 수를 따지지 않

---

142) 무산작無算爵 : 술잔의 수를 세지 않는다, 즉 술잔의 수를 따지지 않고 취할 때까지 계속 술잔을 돌린다는 의미다. '無筭爵'이라고도 한다. "算은 數이다. 빈과 주인이 연회에서 술을 마실 때, 술잔이 도는 것을 세지 않고 취하면 그친다. 「鄕射禮」에서 '두 사람으로 하여금 빈과 대부에게 술잔을 들어 권하게 한다' '술잔을 잡은 자가 술잔을 씻고 (堂으로) 올라가서 술잔에 술을 채워 빈과 대부의 자리 앞에 되돌려 놓는다'라고 한

고 음악을 연주하는데[無算樂],143) 주인 쪽의 찬자贊者는 모두 선다.

연회가 끝나면 빈과 주인 모두 일어난다. 빈 이하는 서쪽 계단을 통해 내려가고, 주인은 동쪽 계단을 통해 내려간다. 빈 이하는 나가서 문밖의 서쪽에 서는데, 동쪽을 향하며 북쪽을 윗자리로 삼는다. 주인은 문밖의 동쪽에서 전송하는데, 서쪽을 향해 재배한다. 빈과 개는 뒷걸음질하며 물러난 후 떠난다.

季冬之月正齒位, 則縣令爲主人, 鄕之老人年六十以上有德望者一人爲賓, 次一人爲介, 又其次爲三賓, 又其次爲衆賓. 年六十者三豆, 七十者四豆, 八十者五豆, 九十者及主人皆六豆. 賓·主燕飲, 則司正北面請賓坐, 賓·主各就席立. 司正適篚, 跪取觶, 興, 實之, 進立于楹間, 北面, 乃揚觶而戒之以忠孝之本. 賓·主以下皆再拜. 司正跪奠觶, 再拜, 跪取觶飲, 卒觶, 興, 賓·主以下皆坐. 司正適篚, 跪奠觶, 興, 降復位, 乃行無算爵. 其大抵皆如鄕飲酒禮.

계동季冬의 달, 나이에 따른 자리를 바로잡을[正齒位]144) 때면 현

것이 모두 이것이다.算, 數也. 賓主燕飲, 爵行無數, 醉而止也. 鄕射禮曰, 使二人擧觶于賓與大夫, 又曰, 執觶者洗, 升實觶, 反奠於賓與大夫. 皆是."(『儀禮』「鄕飲酒禮」鄭玄 注)

143) 무산악無算樂 : 악곡의 수를 세지 않는다, 즉 악곡의 수를 따지지 않고 실컷 즐길 때까지 계속 음악을 연주한다는 의미다. '無筭樂'이라고도 한다. "연회의 음악 역시 악곡의 수를 세지 않는다. 노래와 악기를 갈마들며 연주하기도 하고 함께 연주하기도 하며 즐거움을 다하면 그친다.燕樂亦無數, 或間或合, 盡歡而止也."(『儀禮』「鄕飲酒禮」鄭玄 注)

144) 정치위正齒位 : 나이에 따른 자리를 바로잡는다는 의미다. '齒位'는 年齒(나이)에 따른 자리를 뜻하고, '正'은 바로잡는다는 의미다. "오늘날

령縣令이 주인主人이 되고, 마을의 60세 이상의 노인 가운데 덕망을
갖춘 1명이 빈賓이 되고, 그다음 1명이 개介가 되고, 또 그다음 사람
이 삼빈三賓이 되고, 또 그다음 사람이 중빈衆賓이 된다. 60세인 자
는 3두豆, 70세인 자는 4두, 80세인 자는 5두, 90세인 자와 주인은
모두 6두이다.

　빈과 주인이 주연을 즐길 때면, 사정司正은 북쪽을 향해 빈에게
자리에 앉도록 청한다. 빈과 주인은 각자의 자리로 나아가서 선다.
사정은 대광주리[篚] 쪽으로 가서 무릎을 꿇고 (대광주리 안의) 술
잔을 집어 들고 일어나서 술잔에 술을 채운 후 당 위의 기둥 사이
[楹間]로 나아가서 북쪽을 향해 선다. 이어서 술잔을 들어 올리고
충효忠孝가 근본임을 알린다. 빈과 주인 이하는 모두 재배를 한다.

郡國에서 10월에 이 향음주례를 행하는데, (『周禮』)「黨正」의 해마다
'나라에서 귀신을 찾아 제사하면, 예로써 백성을 모아 序에서 飮酒의
예를 행하여 나이에 따른 자리를 바로 잡는다'라는 설명에 따른 것이다.
… 무릇 향당에서 행하는 음주의 예는 반드시 백성이 모이는 때에 하는
데, 백성이 교화되어 현자를 숭상하고 어른을 높일 줄 알기를 바라기
때문이다. 孟子는 '천하에 통용되는 존귀함이 세 가지가 있는데, 爵·德
·年齒이다'라고 했다.今郡國十月行此飮酒禮, 以黨正每歲'邦索鬼神
而祭祀, 則以禮屬民而飮酒于序, 以正齒位'之說, … 凡鄕黨飮酒必於
民聚之時, 欲其見化知尙賢尊長也. 孟子曰, 天下有達尊三, 爵也, 德
也, 齒也."(『儀禮』「鄕飮酒禮」鄭玄 注) "나이에 따른 자리를 바로잡는
다는 것은 (『禮記』)「향음주의」에서 '60세인 자는 앉고, 50세인 자는 立
侍한다. 60세인 자는 3豆, 70세인 자는 4豆, 80세인 자는 5豆, 90세인
자는 6豆이다'라고 한 것이 바로 이것이다.正齒位者, 鄕飮酒義所謂, 六
十者坐, 五十者立侍. 六十者三豆, 七十者四豆, 八十者五豆, 九十者六
豆, 是也."(『周禮』「地官·黨正」鄭玄 注)

사정은 무릎을 꿇고서 술잔을 내려놓고 재배를 한 후 무릎을 꿇고
서 술잔을 집어 들고 술을 마셔 술잔의 술을 다 비운 후 일어난다.
빈과 주인 이하는 모두 앉는다. 사정은 대광주리 쪽으로 가서 무릎
을 꿇고 (대광주리 안에) 술잔을 넣어 둔 후 당에서 내려와 원래 위
치로 돌아간다. 이에 술잔의 수를 따지지 않고 술을 마시는데[無算
爵]. 그 의례의 대강[大抵]은 모두 (『의례儀禮』의) 「향음주례鄕飮酒
禮」와 같다.

禮樂十
예악 10

김용천 역주

五曰凶禮.

다섯 번째는 흉례凶禮이다.

『周禮』五禮, 二曰凶禮. 唐初, 徙其次第五, 而李義府·許敬宗以
爲凶事非臣子所宜言, 遂去其「國卹」一篇, 由是天子凶禮闕焉.
至國有大故, 則皆臨時采掇附比以從事, 事已, 則諱而不傳, 故後
世無考焉. 至開元制禮, 惟著天子賑卹水旱·遣使問疾·弔死·擧
哀·除服·臨喪·冊贈之類, 若五服與諸臣之喪葬·衰麻·哭泣, 則
頗詳焉.

『주례』의 오례五禮 가운데 두 번째가 흉례凶禮이다.[1] 당나라 초기
에 그 순서를 옮겨서 다섯 번째로 하였는데, 이의부李義府·허경종許
敬宗이 상례喪禮의 일은 신하들이 말할 수 있는 바가 아니라고 하여
드디어 그「국휼國卹」한편을 없애니, 이로 인해서 천자의 흉례가 빠
지게 되었다. 나라에 커다란 일이 발생하게 되면 모두 임시로 유사

---

1) 『주례』의 오례五禮 … 흉례凶禮이다 : '五禮'는 吉禮·凶禮·軍禮·賓禮·
嘉禮의 다섯 가지 의례를 말한다. 『주례』「춘관·소종백小宗伯」에 "(소
종백은) 오례의 금령과 행례자의 신분에 따라 사용하는 희생과 기물의
존비 차등을 관장한다.掌五禮之禁令與其用等."고 하였고, 鄭玄의 注에
서는 鄭司農의 말을 인용하여 "오례는 길·흉·군·빈·가이다.五禮, 吉
·凶·軍·賓·嘉."라고 하였다. 『수서』「예의지」1에서는 "길례로 귀신을
공경하고, 흉례로 방국의 휴사를 애도하고, 빈례로 빈객을 친애하고, 군례
로 공경하지 않는 이를 주멸하고, 가례로 혼인의 짝을 화합시키니, 이를
오례라고 한다.以吉禮敬鬼神, 以凶禮哀邦國, 以賓禮親賓客, 以軍禮誅
不虔, 以嘉禮合姻好, 謂之五禮."고 하였다.

한 사례를 주워 모아 유비시켜서 일을 거행하고, 일이 끝나면 비밀에 부쳐 전하지 않았다. 이 때문에 후세에 상고할 방법이 없게 되었다. 개원開元(713~741) 연간에 예를 제정할 때 이르러서는, 단지 천자가 수재와 가뭄이 발생할 때 진휼하는 의절·사자使者를 보내어 병에 걸린 신하를 위문하는 의절·죽은 신하를 조문하는 의절[弔死]·죽음을 슬퍼하여 곡을 하는 의절[擧哀]·상복을 벗을 때의 의절[除服]·황제가 친히 문상을 할 때의 의절[臨喪]·책명으로 죽은 이를 추증하는 의절[冊贈]2) 등에 대해서만 기록하였지만, 오복의 제도와 신하들의 상장喪葬·최마衰麻·곡읍哭泣의 경우에는 자못 상세하였다.

凡四方之水·旱·蝗, 天子遣使者持節至其州, 位于庭, 使者南面, 持節在其東南, 長官北面, 寮佐·正長·老人在其後, 再拜, 以授制書. 其問疾亦如之, 其主人迎使者於門外, 使者東面, 主人西面, 再拜而入. 其問婦人之疾, 則受勞問者北面.

무릇 사방에 수재·가뭄·황충의 재해가 발생하면, 천자는 사자使者와 지절持節3)을 해당 주州에 파견하여 이르게 하였다. (사자와 지절은 주의 관청) 뜰[庭] 중앙에 위치하여 선다. 사자는 남쪽을 향해 서고, 지절은 사자의 동쪽에서 남쪽을 향해 서는데, 장관長官4)이 북

---

2) 책명으로 죽은 이를 추증하는 의절[冊贈] : '冊贈'은 冊書를 내려 죽은 이에게 작위와 재물을 추증하는 것을 말한다.

3) 지절持節 : 신하가 왕명을 받들어 출행할 때는 반드시 符節을 잡고서 증빙으로 삼는다. 위진시대 이후에는 使持節·持節·假節·假使節 등이 있었다. 당나라 초기에는 諸州의 刺史에게 '持節'의 칭호를 붙여주었는데, 후에 節度使가 생기자 持節의 칭호가 드디어 폐해졌다.

쪽을 향해 서고, 요좌寮佐[5]·정장正長[6]·노인老人[7]이 장관의 뒤쪽에서 북쪽을 향해 재배를 하면, 제서制書를 건네준다. 병에 걸린 신하를 위문할 때에도 이와 같은 절차로 하였다. 그 주인은 문 밖에서 사자를 맞이하는데, 사자는 동쪽을 향해 서고, 주인은 서쪽을 향해 재배를 한 후 문 안으로 들어간다. 부인의 병을 위문할 경우에는 위문을 받는 자가 북쪽을 향해 선다.

若擧哀之日, 爲位於別殿, 文武三品以上入哭于庭, 四品以下哭于門外. 有司版奏'中嚴'·'外辦'. 皇帝已變服而哭, 然後百官內外在位者皆哭, 十五擧音, 哭止而奉慰. 其除服如之. 皇帝服: 一品錫衰, 三品以上緦衰, 四品以下疑衰. 服期者, 三朝晡止; 大功, 朝晡止; 小功以下, 一哀止. 晡, 百官不集. 若爲蕃國君長之喪, 則設次于城外, 向其國而哭, 五擧音止.

만일 거애擧哀의 예를 행하는 날이라면, 별전別殿에 곡위哭位를 마련하는데, 3품 이상의 문관과 무관은 별전의 뜰[庭] 안으로 들어가서 곡을 하고, 4품 이하의 문관과 무관은 문 밖에서 곡을 한다. 유

---

4) 장관長官 : 관직의 우두머리라는 뜻으로, 당송시대에는 대체로 '현령'을 가리켰는데, 이곳에서는 州의 장관인 刺史를 가리킨다.

5) 요좌寮佐 : 州의 장관인 刺史를 보좌하는 막료를 가리킨다.

6) 정장正長 : 이곳에서는 里의 正長 즉 里正을 가리킨다. '里正'은 鄕官으로서, 춘추시대에는 里 안에서 일을 잘 처리하는 자를 '里正'으로 임명하였다. 北齊 이후에도 각 왕조에서 里正을 설치하였는데, 明代에는 '里長'으로 개칭하였다.

7) 노인老人 : 교화를 담당하는 鄕官으로서, 鄕·縣·郡에 모두 설치하였다.

사有司는 홀판을 잡고서 '뜰 중앙의 경계가 엄중합니다[中嚴]', '궁중
의 경비가 갖추어졌습니다[外辦]'라고 아뢴다.8) 황제는 변복變服을
한 후 곡을 하고, 그런 다음에 곡위에 위치한 내외의 백관들이 모두
곡을 하는데 15번 슬피 곡하는 소리를 내고, 곡을 마치면 위로의 말
을 올린다. 상복을 벗을 때에도 이와 같은 의절로 한다. 황제의 의복
은 다음과 같다. (죽은 이가) 1품의 경우에는 석최錫衰를 착용하고,
3품 이상의 경우에는 시최緦衰를 착용하고, 4품 이하의 경우에는 의
최疑衰를 착용한다.9) 기년의 복을 하는 경우에는 세 차례 아침과 저

---

8) 홀판을 … 아뢴다 : 유사들이 홀판을 잡고서 아뢰는 것을 '版奏'라고 한다.
   뜰 중앙의 경계를 엄중히 하는 것을 '中嚴'이라 한다. 고대 제왕들이 元旦
   의 朝會나 郊祀 등 大典을 거행할 때의 의절 가운데 하나이다. 『신당서』
   「예악지」1에 "시중이 홀판을 잡고서 '궁중의 경계를 엄히 할 것을 청합니
   다.'라고 아뢴다. 각 侍衛의 속관들은 각자 자신들의 군사를 이끌고 들어
   가서 궁중의 뜰에 진열한다.侍中版奏'請中嚴'. 諸衛之屬各督其隊入陳
   於殿庭."고 하였다. 천자가 출행할 때 儀仗·扈從들을 제자리에 정돈시
   키는 것을 '外辦'이라 한다. 『진서』「예지」下에 "야루의 물이 다 내려가기
   5각전 알자·복야·대홍려는 각각 신하들에게 정해진 위치에 서도록 알린
   다. 야루의 물이 다 내려가면 시중은 '궁중의 경비가 갖추었습니다.'라고
   아뢴다. 황제가 나오면, 종과 북을 연주하고, 백관들은 모두 엎드려 절을
   한다.漏未盡五刻, 謁者·僕射·大鴻臚各各奏群臣就位定. 漏盡, 侍中奏
   外辦. 皇帝出, 鐘鼓作, 百官皆拜伏."고 하였다.
9) 1품의 경우에는 … 착용한다 : 석최·시최·의최의 세 가지는 모두 조문할
   때 착용하는 弔服이다. 『주례』「춘관·司服」에 "왕은 삼공과 육경을 조문
   할 때는 석최를 착용하고, 제후를 조문할 때는 시최를 착용하고, 대부·
   사를 조문할 때는 의최를 착용하는데, 그 머리에는 모두 弁絰(작변과 같
   은 형태의 흰 베로 만든 수질)을 두른다.王爲三公六卿錫衰, 爲諸侯緦衰,
   爲大夫士疑衰, 其首服皆弁絰."고 하였다. '석최'는 세밀한 베로 만든 상

녁[朝晡]의 곡10)을 하고 그치고, 대공의 복을 하는 경우에는 한 차례 아침과 저녁의 곡을 하고 그치고, 소공의 복을 하는 경우에는 한 차례 슬픔을 표하는 곡을 하고 그친다. 저녁의 곡을 할 때는 백관들은 참여하지 않는다. 번국蕃國의 군장의 상이라면 성 밖에 차次(임시 장막)를 설치하고 그 나라를 향해 곡을 하는데, 5번 슬피 곡하는 소리를 내고 그친다.

若臨喪, 則設大次於其門西, 設素裯榻於堂上. 皇帝小駕 · 鹵簿, 乘四望車, 警蹕, 鼓吹備而不作. 皇帝至大次, 易素服, 從官皆易服, 侍臣則不. 皇帝出次, 喪主人免絰 · 釋杖 · 哭門外, 望見乘輿, 止哭而再拜, 先入門右, 西向. 皇帝至堂, 升自阼階, 卽哭位. 巫 · 祝各一人先升, 巫執桃立于東南, 祝執茢立于西南, 戈者四人先

복으로, 천자가 삼공 · 구경을 위해, 제후가 경 · 대부를 위해, 대부가 命婦를 위해, 명부가 大夫를 위해 조문을 할 때 착용한다. 『주례』「춘관 · 司服」의 정현 주에 "군주가 신하를 위해 착용하는 조복이다.君爲臣服弔服也."라고 하였다. '시최'는 15승반의 베로 만든 상복으로, 천자가 제후의 상을 조문할 때 착용한다. '의최'는 14승의 베로 만든 상복으로, 천자가 대부 · 사의 상을 조문할 때 착용한다. '疑'는 '비스하다[擬]'는 뜻으로, 15승의 吉服과 승수가 거의 비슷하기 때문에 '의최'라고 한 것이다.

10) 아침과 저녁[朝晡]의 곡 : '朝晡'는 '朝'는 辰時 즉 아침 7시부터 9시까지를 뜻하며, '晡'는 申時 즉 오후 3시부터 5시까지를 뜻한다. 즉 '朝晡'는 '朝夕'과 같은 뜻으로, 아침과 저녁에 곡을 하는 '朝夕哭'을 말한다. 일반 상례에서는 죽은 당일에서 殯(대렴)을 하기 전까지는 소리가 끊이지 않게 곡을 하는데, 이를 '無時哭'이라 한다. 빈(대렴)을 한 이후부터 매장을 하기 전까지는 아침과 저녁에 정기적으로 殯宮의 阼階 아래에서 곡을 하는데, 이를 '朝夕哭'이라 한다.

後隨升. 喪主人入廷[11]再拜, 敕引乃升, 立戶內之東, 西向. 皇帝
出, 喪主人門外拜送. 皇帝變服于次, 乃還廬. 文·武常服. 皇帝升
車, 鼓吹不作而入. 其以敕使冊贈, 則受冊於朝堂, 載以犢車, 備
鹵簿, 至第. 妃主以內侍爲使. 贈者以蠟印畫綬. 冊贈必因其啓葬,
旣葬則受於靈寢, 旣除則受於廟. 主人公服而不哭, 或單衣而介
幘. 受必有祭. 未廟, 受之寢.

　　황제가 직접 문상을 할 경우[臨喪]에는 상을 당한 신하의 집 대문
서쪽에 대차大次[12]를 설치하고, 당堂 위에 흰색 요를 올려놓은 평상
을 진설한다. 황제는 소가小駕의 노부鹵簿[13]를 갖추는데, 사망거四望

---

11) 廷 : 四庫全書本에는 '廷'이 '庭'으로 되어 있다. 이에 따라 번역한다.
12) 대차大次 : '次'는 베로 만든 휘장을 세우고 갈대로 엮은 자리를 깔아 옷을
　　갈아입거나 휴식을 취하기 위한 임시 장막을 말한다. 천자가 출궁하여 제
　　사를 지내거나 제후가 조근·회동을 할 때 행례 장소에 도착하여 행사 전
　　에 머무는 곳을 '大次'라 하고, 행례를 마친 후 물러나서 다음 행례를 대기
　　하는 곳을 '小次'라고 한다. 『周禮』 「天官·掌次」의 정현 주 참조.
13) 소가小駕의 노부鹵簿 : '노부'는 천자가 출행할 때 뒤따르며 호종하는 수
　　레의 행렬, 즉 의장대를 말하는데, 그 규모에 따라 '大駕', '法駕', '小駕'
　　로 구분한다. 漢代 이후에는 后妃·太子·王公大臣에게도 공급하였고,
　　唐代에는 4품 이상에 모두 鹵簿를 공급하였다. 蔡邕의 『獨斷』 권하에
　　"천자가 출행할 때 수레의 행렬을 '노부'라고 하는데, '대가'가 있고 '법가'
　　가 있고 '소가'가 있다. '大駕'는 公卿이 앞에서 수레를 인도하여 이끌고,
　　大將軍이 참승을 하고, 太僕이 수레를 몬다. 屬車(副車)는 81승이며, 千
　　乘의 萬騎를 갖춘다. 전한시대에 (대가로) 출행하여 감천에서 하늘을 제
　　사지냈는데, 백관들이 뒤따랐다. 이때의 儀注가 있는데, 『甘泉鹵簿』라고
　　한다. 후한시대 이래로 사용하는 일이 드물었다. 후한 명제 때 大駕를

車14)를 타고, 지나가는 길을 경계시키고 통행을 금지하며[警蹕]15),

갖추어 原陵에 올라서 上陵의 예를 행했지만, 일상적으로 사용하지는 않았고, 大喪을 당했을 경우에만 이용하였다. '法駕'는 公卿은 鹵簿에 참여하지 않고, 河南尹·執金吾·洛陽令이 앞에서 수레를 인도하여 이끌고, 侍中이 참승을 하고, 奉車郎이 수레를 몬다. 屬車(副車)는 30승이다. 北郊와 明堂에 제사를 올리는 경우에는 副車의 수를 줄인다. '小駕'는 宗廟에 제사를 지낼 때 사용하는데, 출행할 때마다 太僕이 천자의 수레를 받들어 이끌고, 鹵簿의 준비를 尙書에 보고한다. 天子出, 車駕次第謂之鹵簿, 有大駕, 有小駕, 有法駕. 大駕則公卿奉引, 大將軍參乘, 太僕御, 屬車八十一乘, 備千乘萬騎. 在長安時, 出祠天於甘泉, 備之百官. 有其儀注, 名曰'甘泉鹵簿.' 中興以來希用之. 先帝時時備大駕, 上原陵也, 不常用, 唯遭大喪, 乃施之. 法駕公卿不在鹵簿中, 唯河南尹·執金吾·洛陽令奉引, 侍中參乘, 奉車郎御, 屬車三十六乘, 北郊明堂則省諸副車. 小駕祠宗廟用之, 每出太僕奉駕, 上鹵簿於尙書中."고 하였다.

14) 사망거四望車 : 사면에 창이 있어 주위를 관망할 수 있는 수레를 말한다. 『신당서』「車服志」에 "사망거는 능묘를 배알하거나 조문을 할 때 타는 수레이다. 형태는 安車와 같다.四望車者, 拜陵·臨弔所乘也, 制如安車." 고 하였다.

15) 지나가는 길을 경계시키고 통행을 금지하며[警蹕] : 제왕이 출입을 할 때 거쳐 지나가는 길에 侍衛들이 주위를 경계시키고, 통행을 금지시켜 길을 깨끗이 하는 것을 '警蹕'이라고 한다. '警'은 경계시키는 것이고, '蹕'은 통행을 금지하는 것을 말한다. 崔豹의 『古今注』「輿服」에 "'警蹕'은 길가의 무리들을 경계시키는 것이다. 주나라의 예제에서는 통행을 금지시키지만 경계시키지는 않았다. 진나라의 제도에서는 나아갈 때 경계시키고, 들어올 때 통행을 금지시켰으니, 군대를 출병시킬 때는 모두 경계를 시키고, 귀국할 때는 모두 통행을 금지시켰음을 말한다. 그러므로 '出警入蹕'이라 한 것이다. (한나라 이래로 천자가 나아갈 때 '통행금지요!'라고 칭했는데), 한나라 양 효왕 때 이르러 왕이 나아갈 때 '경계하시오!'라고 칭하고, 들어올 때 '통행금지요!'라고 칭하여 천자보다 한 등급 낮추었다.

고취악鼓吹樂16)의 악대를 갖추지만 연주하지는 않는다. 황제는 대차 大次에 이르면 소복素服으로 갈아입고, 종관從官도 모두 옷을 갈아 입지만 시신侍臣은 옷을 갈아입지 않는다. 황제가 차次에서 나오면, 상주는 수질[絰]을 벗고 지팡이[杖]를 내려놓고서 문 밖에서 곡을 하며, 황제의 수레를 멀리 바라보면서 곡을 멈추고 재배를 한 후 먼저 대문의 오른쪽으로 들어가서 서쪽을 향해 선다.

황제는 당堂에 이르러 동쪽 계단[阼階]을 통해 올라가서 곡위哭位로 나아간다. 무巫와 축祝 각각 한 사람이 먼저 당 위로 오르는데, 무는 복숭아나무를 잡고서 동남쪽에 서고, 축은 갈대 빗자루를 잡고

일설에 '躍은 길[路]의 뜻이다.'라고 하였는데, 길을 가는 자가 모두 도로에서 경계하는 것을 말한다.警躍, 所以戒行徒也. 周禮躍而不警. 秦制出警入躍, 謂出軍者皆警戒, 入國者皆躍止也, 故云'出警入躍'也. 至漢朝梁孝王, 王出稱警, 入稱躍, 降天子一等焉. 一曰, '躍, 路也', 謂行者皆警於塗路也."라고 하였다.

16) 고취악鼓吹樂 : 일종의 기악 합주곡으로, 북[鼓]·징[鉦]·통소[簫]·갈잎 피리[笳] 등의 악기를 합주한다. 한나라 초기에는 변경의 군대에서 연주하여 위엄을 장중하게 하였는데, 후에 점차 조정에서도 연주하게 되었다. 崔豹의『古今注』「音樂」에 "「단소요가短簫鐃歌」는 군악이니, 黃帝가 岐伯을 시켜 지은 것으로, 이 음악으로 위엄을 세우고 덕망을 떨치며, 전사들을 교화시켜 권면한다.『주례』에서 말한 '왕이 크게 승리를 거두면 개선의 음악을 연주하게 하고, 군대가 크게 승리를 거두면 개선의 음악을 연주하게 한다.'는 것이다. 漢나라의 음악에 「황문고취黃門鼓吹」가 있으니, 천자가 신하들을 연회로 즐기게 하는 것이다. 「단소요가」는 鼓吹의 1章일 뿐이니, 또한 공을 세운 제후에게 하사하는 것이다.「短簫鐃歌」, 軍樂也, 黃帝使岐伯所作也, 所以建武揚德, 風勸戰士也.『周禮』所謂'王大捷, 則令凱樂, 軍大獻, 則令凱歌者也.' 漢樂有「黃門鼓吹」, 天子所以宴樂群臣.「短簫鐃歌」, 鼓吹一章耳, 亦以賜有功諸侯."라고 하였다.

를 잡고서 서남쪽에 서며, 창을 든 4인이 앞뒤로 따라 당 위로 올라
간다.[17] 상주가 뜰 안으로 들어가 재배를 하면, 황제는 칙서를 내려
상주를 인도하여 당堂 위로 올라가서 실室의 문 안의 동쪽에서 서쪽
을 향해 선다. 황제가 대문 밖으로 나가면, 상주는 대문 밖에서 배례
를 하며 전송한다. 황제는 차次에서 옷을 갈아입고, 상주는 여막[廬]
으로 돌아온다. 문관과 무관도 평상복으로 갈아입는다. 황제가 수레

---

17) 무巫와 축祝 … 올라간다 : 『禮記』 「檀弓」 下에 "군주가 신하의 상에 문상
을 할 때, 巫는 복숭아나무를 잡고, 祝은 빗자루를 잡고, 小臣은 창을 잡
으니, 꺼리는 바가 있기 때문이다. 살아 있는 이를 대하는 것과 달리하는
것이다. 상례에 죽은 이를 꺼려하는 이치가 있으나, 그것은 선왕이 말하기
어려워한 바이다. 君臨臣喪, 以巫祝桃茢執戈, 惡之也. 所以異於生也. 喪
有死之道焉, 先王之所難言也."라고 하였다. 陳澔의 『禮記集說』에서는
"복숭아의 성질은 악을 물리치니 귀신이 두려워한다. 왕망이 한나라 고조
의 신령을 싫어하여 복숭아나무 끓인 물을 사당의 벽에 뿌렸다. '茢'은
갈대로 만든 빗자루이니, 더러움을 제거하는 것이다. 巫가 복숭아나무를
잡고, 祝이 빗자루를 잡고, 小臣이 창을 잡는 것은 대개 사람들이 꺼리는
흉하고 사악한 기운이 있기 때문에 이 세 가지 물건으로 물리치는 것이다.
살아 있는 사람에게 임할 때는 오직 창을 잡을 뿐이다. 이제 복숭아와
빗자루를 더 가지고 있기 때문에 '살아 있는 이를 대할 때와 달리한다.'고
한 것이다. 군주가 신하를 부릴 때 예로서 하는데, 신하가 죽자 싫어한다
면 어찌 예라고 할 수 있겠는가? 그러나 사람이 죽으면, 꺼리게 된다. 그
러므로 喪禮에 참으로 죽은 이를 꺼려하는 이치가 있는데, 선왕이 차마
말하지 않은 것이다. 桃性辟惡, 鬼神畏之. 王莽惡高廟神靈, 以桃湯灑其
壁. 茢, 苕帚也, 所以除穢. 巫執桃, 祝執茢, 小臣執戈, 蓋爲其有凶邪之
氣可惡, 故以此三物, 辟祓之也. 臨生者, 則惟執戈而已. 今加以桃茢,
故曰'異於生也.' 君使臣以禮, 死而惡之, 豈禮也哉? 然人死, 斯惡之矣.
故喪禮實有惡死之道焉, 先王之所不忍言也."라고 하였다.

에 오르고, 고취악의 악대는 연주하지 않은 채로 궁으로 들어온다.

칙사敕使(황제의 사자)를 보내 책명으로 죽은 이에게 추증을 할 경우[冊贈], (칙사는) 조당朝堂(조정)에서 책서를 받아서 독거犢車[18]에 싣고 노부鹵薄의 호위를 받으면서 관저에 이른다. 왕비나 공주가 죽은 경우라면 내시內侍를 사자로 보내고, 추증을 할 때는 문양을 넣은 끈을 매단 밀랍 인장을 사용한다. 책명으로 추증을 하는 것은 반드시 계장啓葬할 때를 이용하는데, 만일 이미 장례를 마쳤다면 영침靈寢[19]에서 책서를 받고, 이미 상복을 벗었다면 묘廟에서 책서를 받는다. 주인은 공복公服을 입고 곡을 하지 않는데, 혹은 단의單衣[20]를 입고 개책介幘[21]을 두른다. 책서의 추증을 받을 때는 반드시 제

----

18) 독거犢車 : 소가 끄는 수레로서, 『宋書』「禮志」5에 "한대에는 제후 가운데 가난한 자들이 탔는데, 후에는 귀한 자들도 타게 되었다. 손권이 '수레 안에 8마리의 소가 있다.'고 하였는데, 독거를 가리킨다.漢諸侯貧者乃乘之, 其後轉見貴. 孫權云'車中八牛', 即犢車也."고 하였다. 『晉書』「百官志」에는 "犢車는 소가 끄는 수레이다. 옛날 귀한 자는 소가 끄는 수레를 타지 않았다. 漢나라 武帝가 推恩令을 내린 끝에 諸侯 중에 세력이 약하여 가난한 자는 소가 모는 수레를 타기도 하였다. 그 뒤에 점점 귀해져서 靈帝와 獻帝 이래로는 天子로부터 士에 이르기까지 마침내 일반적으로 타는 수레가 되었다.犢車, 牛車也. 古之貴者, 不乘牛車. 漢武帝推恩之末, 諸侯寡弱貧者, 至乘牛車. 其後稍貴之, 自靈獻以來, 天子至士, 遂爲常乘."고 하였다.

19) 영침靈寢 : 墳墓 혹은 靈柩를 가리킨다.

20) 단의單衣 : 홑겹으로 만든 옷을 말한다. 『宋書』「禮志」5에 "조복을 받을 때는 단의 7장 2척을 받는다.諸受朝服, 單衣七丈二尺."고 하였다. 吊服이나 士·大夫의 便服으로 입는다.

21) 개책介幘 : '책'은 머리를 감싸는 두건을 말한다. 채옹의 『獨斷』下에 "'책'

사를 올리는데, 아직 묘廟에 신주를 안치하지 않았을 경우에는 침寢에서 받는다.22)

은 옛날 비천한 자들이나 일을 집행할 때 관을 쓰지 못하는 자들이 착용하던 것이다.幘者, 古之卑賤執事不冠者之所服也."라고 하였다.『진서』「여복지」에서는 "'책'은 옛날 천한 사람이나 관을 쓰지 못하는 자들이 쓰던 관이다. …『한주漢注』에, '진현관을 쓰는 자는 耳(책의 후반 부분)를 길게 해야 하니, 오늘날의 개책이다. 혜문관을 쓰는 자는 이를 짧게 해야 하니, 오늘날의 평상책이다.'라고 하였다. … 개책은 문리들이 쓰고, 평상책은 무관들이 쓴다.幘者, 古賤人不冠者之服也. …『漢注』曰, '冠進賢者, 宜長耳, 今介幘也. 冠惠文者, 宜短耳, 今平上幘也.' … 介幘服文吏, 平上幘服武官也."고 하였다.『수서』「예의지」에서는 "'책'은 존비와 귀천이 모두 착용한다. 문관은 耳를 길게 하니 이를 '개책介幘'이라 하고, 무관은 이를 짧게 하니 이를 '상책上幘'이라 한다.'幘', 尊卑貴賤皆服之. 文者長耳, 謂之介幘, 武者短耳, 謂之平上幘."고 하였다.

22) 아직 … 받는다 : 종묘의 正殿을 '廟'라고 칭하고, 後殿을 '寢'이라 칭하는데, 합하여 '寢廟'라고 한다.『禮記』「月令」의 정현 주에 "무릇 묘는 앞에 있는 것을 '묘'라고 하고, 뒤에 있는 것을 '침'이라 한다.凡廟, 前曰廟, 後曰寢."고 하였고, 공영달의 소에서는 "'廟'는 신과 접하는 곳이니, 그 곳이 존귀하므로 앞쪽에 있다. '寢'은 衣冠을 보관하는 곳이니, 묘에 비해 비천하므로 뒤쪽에 있다. 다만 廟의 제도는 동쪽과 서쪽의 廂(당의 동서 양쪽의 행랑)이 있고, 序(堂 위의 동·서 벽)·牆(실과 방의 담)이 있는데, 寢의 제도는 단지 室만 있을 뿐이다. 그러므로『爾雅』「釋宮」에서 '室에 동쪽과 서쪽의 廂(東房·西房)이 있는 것을 廟라고 하고, 동쪽과 서쪽의 廂이 없고 室만 있는 것을 寢이라 한다.'고 한 것이 이것이다.廟是接神之處, 其處尊, 故在前, 寢, 衣冠所藏之處, 對廟爲卑, 故在後. 但廟制有東西廂, 有序牆, 寢制唯室而已. 故「釋宮」云, '室有東西廂曰廟, 無東西廂有室曰寢', 是也."라고 하였다.

五服之制.

오복의 제도.

斬衰三年. 正服:子爲父, 女子子在室與已嫁而反室爲父. 加服
: 嫡孫爲後者爲祖, 父爲長子. 義服: 爲人後者爲所後父, 妻爲夫,
妾爲君, 國官爲君. 王公以下三月而葬, 葬而虞, 三虞而卒哭. 十三
月小祥, 二十五月大祥, 二十七月禫祭.

참최 삼년.

정복正服.[23] 아들이 아버지를 위해 참최 삼년으로 복을 하는 경
우, 아직 시집을 가지 않았거나 시집을 갔다가 쫓겨나서 집으로 돌

---

[23] 정복正服: '정복'이란 순수한 혈연관계에 따른 본래의 복을 의미한다. '강
복降服'이란 정복(본복)보다 낮추어서 복을 하는 것을 이라 한다. 복을
낮추어 하는 데에는 ①자신의 높은 신분을 이유로 상대방에게 낮추어서
복을 하는 '존강尊降', ②높은 신분의 사람에게 눌려서 상대방에게 낮추
어서 복을 하는 '압강厭降', ③방존旁尊을 이유로 상대방을 낮추어서 복
을 하는 '방존강旁尊降', ④양자로 본종에서 나간 사람이나 출가한 딸이
본종의 사람들에 대해 낮추어서 복을 하는 '출강出降'의 4 종류가 있다.
'의복義服'이란 혼인이나 군신 관계 등 인위적인 관계 변화에 따라 의리
상 복을 하는 것을 말한다. ①쫓겨난 처의 자식이 어머니를 위해 자최
장기로 복을 하는 경우[出妻之子爲母], ②동거한 계부를 위해 자최 부장
기로 복을 하는 경우[繼父同居者], ③남편의 군주를 위해 자최 부장기로
복을 하는 경우[爲夫之君], ④며느리가 시부모를 위해 자최 부장기로 복
을 하는 경우[婦爲舅姑] 등이 이에 해당된다. 며느리는 시집오기 전까지
는 시부모와 아무런 혈연관계도 없으므로 복도 없었지만 혼인을 통해 남
편의 친족에 편입됨으로써 의리상 복을 하게 된 것이 그러한 사례이다.

아온 딸이 아버지를 위해 참최 삼년으로 복을 하는 경우가 여기에
해당한다.

　가복加服. 적손으로서 후사가 된 자가 할아버지를 위해 참최 삼년
으로 복을 하는 경우,24) 아버지가 장자를 위해 참최 삼년으로 복을

---

24) 적손으로서 … 경우 :『의례』「상복」에는 적손이 할아버지에게 복을 하는
규정이 없으며, 단지 '자최부장기'장에 "(할아버지는) 적손을 위해 자최
부장기로 복을 한다.適孫."고 규정하고 있을 뿐이다. 이때의 '적손'은 할
아버지 생존 시에 적자(아버지)가 먼저 죽어서 할아버지의 후사된 손자를
말한다.「상복」'자최부장기'장의 규정에 대해서 가공언은 '적자가 죽고
그 적손이 重(종묘제사의 주재권)을 계승한 경우에 할아버지가 그 적손을
위해 기년의 복을 하는 것此謂適子死, 其適孫承重者, 祖爲之期.'이라고
해석하였고, 또 "장자는 아버지를 위해 참최복을 하고, 아버지도 (장자를
위해) 참최복을 한다. 적손이 重을 계승한 경우 (적손은) 할아버지를 위해
참최복을 하는데 할아버지는 적손을 위해 기년으로 복을 하고 참최복으
로 갚아 주지 않는다. 이것은 아버지와 아들은 한 몸으로서 본래 3년의
정이 있기 때문에 특별히 아들을 위해 참최복을 하지만, 할아버지는 손자
를 위해 본래 한 몸이 아니기 때문에 단지 기년으로 갚아준다. 그러므로
기년의 복을 하고 참최복을 할 수 없는 것이다.長子爲父斬, 父亦爲斬.
適孫承重, 爲祖斬, 祖爲之期, 不報之斬者, 父子一體, 本有三年之情,
故特爲子斬, 祖爲孫本非一體, 但以報期, 故期, 不得斬也."라고 하였다.
즉 가공언은 할아버지가 적손을 위해 3년의 복을 하지 않는 것은 본래
한 몸이 아니기 때문이라고 해석한 것이다. 그러나 오정화는 할아버지는
이미 적자를 위해 참최복을 하였기 때문에 '不貳斬'의 원칙에 따라 두
번 참최복을 할 수 없기 때문으로 해석하였다. "적자가 죽었을 때 그 할아
버지는 이미 그 적자를 위해 참최의 복을 하였다. 그러므로 다시 적손을
위해 참최의 복을 하지 못하는 것이다.適子死, 其祖已爲之服斬, 故不復
爲適孫斬也."라고 하였다.(『의례주소』, 667쪽 및『의례정의』, 1419쪽 참
조) 즉 가공언과 오정화는 '자최부장기'장에 "(할아버지는) 적손을 위해

하는 경우가 여기에 해당한다.[25]

　의복義服. 남의 후사가 된 자가 후사로 삼아준 아버지를 위해 참
최 삼년으로 복을 하는 경우,[26] 처가 남편을 위해 참최 삼년으로 복
을 하는 경우, 첩이 군君(남편)을 위해 참최 삼년으로 복을 하는 경
우[27], 국관國官(親王의 封國 관리)[28]이 군주를 위해 참최 삼년으로

　자최 부장기로 복을 한다.適孫.”는 규정에 대한 해석을 통해 '적손은 할아
　버지를 위해 참최 삼년의 복을 하는 것'으로 추론한 것이다. 이러한 추론
　을 예제 상에서 명확히 규정한 것은 『대당개원례』가 처음이며, 송대의
　『政和禮』, 사마광의 『書儀』, 주희의 『朱子家禮』 및 조선의 『經國大典』
　에서도 이를 계승하였다.

25) 아버지가 … 해당한다 : 『開元禮』, 『政和禮』, 司馬光의 『書儀』, 『朱子家
　禮』, 邱濬의 『家禮儀節』에서는 '加服의 참최 삼년'으로, 黃幹의 『儀禮經
　傳通解續』와 胡培翬의 『儀禮正義』에서는 '正服의 참최 삼년'으로 분류
　하였다. 한편 『高麗史』 「禮志」에서는 '爲長子及妻'를 '正服의 齊衰不杖
　周'로 규정하였다.

26) 남의 후사가 된 자가 … 복을 하는 경우 : 『대당개원례』, 『정화오례신의』,
　사마광의 『서의』, 『주자가례』, 구준의 『가례의절』에서는 '義服의 참최 삼
　년'으로, 황간의 『의례경전통해속』과 호배휘의 『의례정의』에서는 '正服의
　참최 삼년'으로 분류하였다.

27) 첩이 … 경우 : '君'은 첩의 남편이다. 진전은 “女君(적처)보다 신분이 낮
　기 때문에 감히 '夫'로 칭하지 못하는 것이다. '君'으로 칭한 것은 신하와
　같기 때문이다.降於女君, 故不敢稱夫, 稱爲君者, 同於人臣也.”라고 하
　였고, 오계공은 “첩은 신하와 같다. 그러므로 (첩) 또한 섬기는 사람을
　군주로 여긴다.妾與臣同, 故亦以所事者爲君.”고 하였다. 호배휘, 『의례
　정의』, 1372쪽 참조. '처가 남편을 위해妻爲夫'와 '첩이 군을 위해妾爲君'
　를 『대당개원례』, 『정화오례신의』, 사마광의 『서의』, 『주자가례』, 구준의
　『가례의절』에서는 '의복의 참최 삼년'으로, 황간의 『의례경전통해속』와
　호배휘의 『의례정의』에서는 '정복의 참최 삼년'으로 분류하였다.

복을 하는 경우가 여기에 해당한다.29)

왕공王公 이하 3개월 만에 장례를 치르고, 장례를 마친 후에 우제
虞祭를 지내고, 삼우제를 지낸 후에 졸곡卒哭을 한다. 13개월 만에
소상제小祥祭를 지내고, 25개월 만에 대상제大祥祭를 지내고, 27개
월 만에 담제禫祭를 지낸다.

齊衰三年. 正服：子, 父在爲母. 加服：爲祖後者, 祖卒則爲祖
母, 母爲長子. 義服：爲繼母・慈母, 繼母爲長子, 妾爲君之長子.

자최 삼년齊衰三年.

정복正服. 아들이 아버지가 살아계실 때 어머니를 위해 자최 삼년
으로 복을 하는 경우가 여기에 해당한다.30)

가복加服. 할아버지의 후사가 된 자가 할아버지가 돌아가신 후 할
머니를 위해 자최 삼년으로 복을 하는 경우,31) 어머니가 장자를 위

---

28) 국관國官(親王의 封國 관리)：爵에 봉해진 자의 家를 國이라고 하고, 여
자로서(주로 公主) 爵에 봉해지면 그 家를 邑이라고 한다. 國官은 親王
封國의 관리이고, 邑官은 公主 封邑의 관리이다.

29) 국관 … 해당한다：『대당개원례』와 황간의 『의례경전통해속』에는 '의복의
참최 삼년'으로, 호배휘의 『의례정의』에는 '정복의 참최 삼년'으로 분류했
는데, 『정화오례신의』, 사마광의 『서의』, 『주자가례』, 구준의 『가례의절』
에는 '國官이 군주를 위해' 복을 하는 규정이 보이지 않는다.

30) 아들이 … 해당한다：『의례』 「상복」에는 '자최 장기'로 규정되어 있다. 황
간의 『의례경전통해속』에는 '정복의 자최 장기'로, 호배휘의 『의례정의』
에는 '降服의 자최 장기'로, 『대당개원례』, 『정화오례신의』, 사마광의 『서
의』, 『주자가례』, 구준의 『가례의절』에서는 '父卒爲母'・'父在爲母' 모두
'正服의 자최 삼년'으로 규정하였다.

해 자최 삼년으로 복을 하는 경우가 여기에 해당한다.[32]

의복義服. 계모繼母나 자모慈母를 위해 자최 삼년으로 복을 하는 경우,[33] 계모가 장자를 위해 자최 삼년으로 복을 하는 경우,[34] 첩이 군君(남편)의 장자를 위해 자최 삼년으로 복을 하는 경우가 여기에 해당한다.[35]

齊衰杖周. 降服: 父卒, 母嫁及出妻之子爲母, 報服亦如之. 正服: 爲祖後者, 祖在爲祖母. 義服: 父卒, 繼母嫁, 從, 爲之服, 報 ; 夫爲妻.

----

31) 할아버지의 … 경우 : 『대당개원례』에서는 '정복의 자최 삼년', 『정화오례신의』, 사마광의 『서의』, 『주자가례』, 구준의 『가례의절』에서는 '가복의 자최 삼년'으로 분류하였다.

32) 어머니가 … 해당한다 : 황간의 『의례경전통해속』, 호배휘의 『의례정의』, 『대당개원례』에서는 '정복의 자최 삼년'으로, 『정화오례신의』, 사마광의 『서의』, 『주자가례』, 구준의 『가례의절』에서는 '가복의 자최 삼년'으로 분류하였다.

33) 계모繼母나 … 경우 : 황간의 『의례경전통해속』에서는 '강복의 자최 삼년', 호배휘의 『의례정의』에서는 '정복의 자최 삼년', 『대당개원례』에서는 '가복의 자최 삼년', 『정화오례신의』, 『주자가례』, 구준의 『가례의절』에서는 '의복의 자최 삼년'으로 분류하였다.

34) 계모가 … 경우 : 『의례』「상복」에는 이 규정이 없다. 『대당개원례』, 『정화오례신의』, 『주자가례』, 『가례의절』에서도 『신당서』와 마찬가지로 '의복의 자최 삼년'으로 규정하였다.

35) 첩이 … 해당한다 : 황간의 『의례경전통해속』, 호배휘의 『의례정의』에서는 '정복의 자최 삼년'으로, 『대당개원례』, 『정화오례신의』, 『주자가례』, 구준의 『가례의절』에서는 '의복의 자최 삼년'으로 분류하였다.

자최 장주齊衰杖周.

강복降服. 아버지가 돌아가신 후 어머니가 개가를 했다가 돌아가 셨을 때 자식이 어머니를 위해 자최 장기로 복을 하는 경우 및 쫓겨 난 처의 자식이 어머니를 위해 자최 장기로 복을 하는데, 어머니도 마찬가지로 자최의 복으로 갚아주는 경우가 여기에 해당한다.36)

정복正服. 할아버지의 후사가 된 자가 할아버지가 살아계실 때 할 머니를 위해 자최 장기로 복을 하는 경우가 여기에 해당한다.37)

의복義服. 아버지가 돌아가신 후 계모가 개가를 했을 때38) 아들이

---

36) 아버지가 돌아가신 후 … 해당한다 : 『의례』「상복」에는 앞의 '어머니가 개 가한 후'의 자식의 복제에 대한 규정은 없다. 다만 '아버지가 돌아가신 후 계모가 개가를 했을 경우 그녀를 따라갔다면 자최 장기로 복을 한다.' 고 규정할 뿐이다. 따라서 『의례』「상복」의 복제 규정에 대한 강복·정복 ·의복 분류를 시도하는 황간의 『의례경전통해속』과 호배휘의 『의례정의』 에서는 '어머니가 개가한 경우'의 복제에 대한 분류도 당연히 보이지 않 는다. 다만 '쫓겨난 처' 즉 '出母'에 대한 자식의 복제 규정에 대해서는 황간의 『의례경전통해속』에서는 '정복의 자최 장기'로, 호배휘의 『의례정 의』에서는 '의복의 자최 장기'로 분류하였다. 또한 『대당개원례』에서는 두 경우 모두 '정복의 자최 장기'로, 『정화오례신의』, 사마광의 『서의』, 『주자 가례』, 구준의 『가례의절』에서는 두 경우 모두 '강복의 자최 장기'로 분류 하였다.

37) 할아버지의 … 해당한다 : 『대당개원례』, 『정화오례신의』, 구준의 『가례의 절』에서는 '정복의 자최 장기'로, 사마광의 『서의』, 『주자가례』에서는 '가 복의 자최 장기'로 분류하였다.

38) 아버지가 돌아가신 후 계모가 개가를 했을 때 : 皇密은 아버지가 돌아가 신 후 홀로 남은 계모에게 경제적 능력이 없고 자식도 어려서 먹고살기 위해 어쩔 수 없이 개가를 한 상황을 말한 경우라고 하였다. "한 번 그와 더불어 나란히 하였다면, 종신토록 바꾸지 않는 것이다. 그러므로 죽으면

계모를 따라간[從] 경우39)에 계모를 위해 자최 장기로 복을 하고, 계모도 똑같이 복을 해주는 경우,40) 남편이 처를 위해 자최 장기로 복을 하는 경우가 여기에 해당한다.41)

묘혈을 함께 하여 두 번 결혼하는 의리가 없다. 그렇다면 예에서 그 재가를 허락한 것은 왜인가? 대공의 친도 없는데다 자기는 경제적 능력이 없고 자식은 어려서 스스로 먹고살 수 없다. 그래서 그 아이를 껴안고 함께 다른 사람에게 시집을 간 경우를 말한다."(『通典』권89, 흉례11, '齊縗杖周裳', 2453쪽, "皇密云 … 夫一與之齊, 則終身不改, 故死則同穴, 無再醮之義. 然則禮許其嫁, 謂無大功之親, 己稚子幼, 不能自存, 故攜其孤孩與之適人.")

39) 아들이 계모를 따라간[從] 경우 : '從'에 대해서는 역대로 다양한 해석이 제기되었다. ① '종'을 허사로 해석하는 입장(정현). ② '종'을 남편의 상에 아내로서의 의무를 다한 경우로 해석하는 입장(마융). 이 경우 계모가 자기의 아버지에 대한 3년상을 끝마치지 않았다면 그 자식은 계모를 위해 복을 하지 않는다. ③ '종'을 상복을 입는 아들과 계모와의 실제적인 관계로 해석하는 입장(왕숙). 왕숙은 계모를 따라가서 의탁하여 양육을 받았다면 그녀를 위해 복을 해주지만, 따라가지 않았다면 복을 하지 않는다고 해석하였다.(從乎繼母而寄育, 則爲服, 不從則不服.) ④ '일찍이 모자관계였던 그 은혜 때문에 복을 한다.'는 정현의 설과 '계모를 따라가 양육을 받은 실제적인 관계 때문에 복을 한다.'는 왕숙의 설은 이후 논란의 대상이 되었다. 西晉시대에는 정설이 없었으며, 남북조 시대에는 대체로 정현의 설이 득세하였다.(호배휘, 『의례정의』, 1405~1406쪽 참조.)

40) 아버지가 … 경우 : 황간의 『의례경전통해속』에서는 '정복의 자최 장기'로, 호배휘의 『의례정의』, 『대당개원례』, 『정화오례신의』, 『주자가례』, 구준의 『가례의절』에서는 '의복의 자최 장기'로 분류하였다.

41) 남편이 … 해당한다 : 황간의 『의례경전통해속』와 호배휘의 『의례정의』에서는 '정복의 자최 장기'로, 『대당개원례』, 『정화오례신의』, 사마광의 『서의』, 『주자가례』, 구준의 『가례의절』에서는 '의복의 자최 장기'로 분류하였다.

齊衰不杖周. 正服：爲祖父母, 爲伯叔父, 爲兄弟, 爲衆子, 爲兄弟之子及女子子在室與適人者, 爲嫡孫, 爲姑・姉妹與無夫子, 報, 女子子與適人爲祖父母, 妾爲其子. 加服：女子子適人者爲兄弟之爲父後者. 降服：妾爲其父母, 爲人後者爲其父母, 報, 女子子適人者爲其父母. 義服：爲伯叔母, 爲繼父同居者, 妾爲嫡妻, 妾爲君之庶子, 婦爲舅・姑, 爲夫之兄弟之子, 舅・姑爲嫡婦.

자최 부장주齊衰不杖周.

정복正服. 할아버지・할머니를 위해 자최 부장기로 복을 하는 경우,[42] 큰아버지・작은아버지를 위해 자최 부장기로 복을 하는 경우,[43] 형제를 위해 자최 부장기로 복을 하는 경우,[44] 중자衆子를 위

---

[42] 할아버지・할머니를 … 경우：황간의 『의례경전통해속』, 호배휘의 『의례정의』, 『대당개원례』『정화오례신의』, 사마광의 『서의』, 『주자가례』, 구준의 『가례의절』에서 모두 '정복의 자최 부장기'로 분류하였다.

[43] 큰아버지・큰어머니 … 경우：황간의 『의례경전통해속』, 호배휘의 『의례정의』, 『대당개원례』『정화오례신의』, 사마광의 『서의』, 『주자가례』, 구준의 『가례의절』에서 모두 '정복의 자최 부장기'로 분류하였다.

[44] 형제를 위해 … 경우：『신당서』에는 '兄弟之子'라고 하였지만, 엄밀히 말하면 '昆弟之子'로 표현해야 한다. 복제 상에서 '昆弟'와 '兄弟'는 다른 의미로 사용되는데, 大功 이상일 경우에는 '곤제'라 하고, 小功 이하일 경우에는 '형제'라고 한다. 『의례』「상복」편에서는 곤제(친형제)를 위해서는 자최 부장기로, 형제(종조곤제)를 위해서는 소공 5월로 복을 하는 것으로 규정되어 있다. 하지만, 『대당개원례』 이후 예제서에서는 모두 '형제'를 '곤제'와 같은 의미로 사용하였다. ○ 황간의 『의례경전통해속』, 호배휘의 『의례정의』, 『대당개원례』『정화오례신의』, 사마광의 『서의』, 『주자가례』, 구준의 『가례의절』에서도 모두 '형제(곤제)의 아들을 위해 자최 부장기로 복을 하는 것'을 '정복의 자최 부장기'로 분류하였다.

해 자최 부장기로 복을 하는 경우,45) 형제의 아들과 딸46) 및 아직

45) 중자衆子를 … 경우 : 정현에 의하면 '衆子'는 장자의 동생 및 첩의 아들을 가리킨다. 士의 경우에는 장자의 동생 및 아들을 '衆子'라고 칭하고 자최 부장기로 복을 해줌으로써 장자와 현격하게 차등을 두지 않지만, 大夫의 경우에는 이들을 '庶子'라고 칭하고 大功으로 복을 해줌으로써 한 등급을 더 낮춘다.(『의례』 「상복」 '자최 부장기'장의 정현 주, "衆子者, 長子之弟及妾子. 士謂之'衆子', 未能遠別也. 大夫則謂之'庶子', 降之爲大功.") 천자와 제후는 방친에 대해서는 기년 이하의 복을 끊으므로 중자에 대해 무복이다. 가공언은 "제후는 방친에 대해서는 기년 이하의 복을 끊으니, 중자를 위해서는 복을 하지 않는다. 대부는 한 등급을 낮추어서 중자를 위해 대공으로 복을 한다.諸侯絶旁期, 爲衆子無服, 大夫降一等, 爲衆子大功."고 하였다. ○ 황간의 『의례경전통해속』, 호배휘의 『의례정의』, 『대당개원례』 『정화오례신의』, 사마광의 『서의』, 『주자가례』, 구준의 『가례의절』에서도 '중자를 위해 자최 부장기로 복을 하는 것'을 모두 '정복의 자최 부장기'로 분류하였다.

46) 형제의 아들과 딸 : 陳銓과 胡培翬는 '兄弟(昆弟)之子'에서의 '子'를 '아들과 딸'로 해석하였다. 진전은 '子'는 아들과 딸을 겸하여 말한 것으로 그 복은 똑같다고 하였고, 호배휘는 딸이 시집을 가지 않고 집에 있을 경우 아들과 마찬가지로 자최 부장기로 복을 해주지만, 출가하면 대공으로 낮추어서 복을 해준다고 하였다.(호배휘, 『의례정의』, 1418쪽 참조) ○ 형제(곤제)에 대해서 자최 부장기로 복을 하므로 형제의 아들에 대해서는 한 등급 낮추어서 대공으로 복을 해야 한다. 이에 대해서 『의례』 「상복」 '자최 부장기·전'에서는 형제의 아들이 자신(世父·叔父)에게 자최 부장기로 복을 해주기 때문에 자신도 똑같이 자최 부장기로 복을 하여 갚아주는 '報服'의 논리로 정당화했다.(傳曰, "何以期也? 報之也.") ○ '형제의 아들과 딸을 위해서 자최 부장기로 복을 하는 것'에 대해 황간의 『의례경전통해속』, 호배휘의 『의례정의』, 『대당개원례』 『정화오례신의』, 사마광의 『서의』, 『주자가례』, 구준의 『가례의절』에서도 모두 '정복의 자최 부장기'로 분류하였다.

시집을 가지 않고 집에 있거나 다른 사람에게 시집을 간 딸을 위해 자최 부장기로 복을 하는 경우,[47] 적손을 위해 자최 부장기로 복을 하는 경우,[48] 고모·손위누이·손아래누이와 (제주가 되어줄) 남편과

---

[47] 아직 시집을 … 복을 하는 경우 : 아직 시집을 가지 않고 집에 있는 딸의 경우에는 아들과 마찬가지로 '자최 부장기'로 복을 하지만,『의례』「상복」 '대공 9월'장에 "시집간 고모·손위누이·손아래누이·딸을 위해 대공 9월로 복을 한다.姑·姊妹·女子子適人者."고 하였듯이 딸이 시집을 가게 되면 '出降'의 원칙에 따라 한 등급을 낮추어 대공 9월로 복을 한다.(「상복」 '자최 부장기'장의 정현 주, "女子子嫁者, 以出降.") 따라서『신당서』에서 '다른 사람에게 시집을 간 딸을 위해 자최 부장기로 복을 한다.'고 한 규정이 어디에 근거를 둔 것인지는 명확하지 않다.

[48] 적손을 위해 … 경우 : 이곳의 '적손'은 할아버지 생존 시에 '적자(아버지)'가 죽어서 할아버지의 후사를 이은 손자를 가리킨다. 아버지가 살아 있을 경우 손자가 적손이 되는 경우는 없다. 가공언은 "적자가 죽고 그 적손이 重(종묘제사의 주재권)을 계승한 경우에 할아버지는 그 적손을 위해 기년의 복을 한다.此謂適子死, 其適孫承重者, 祖爲之期."고 하였다. 또 "장자는 아버지를 위해 참최복을 하고, 아버지도 (장자를 위해) 참최복을 한다. 적손이 重을 계승한 경우 (적손은) 할아버지를 위해 참최복을 하는데, 할아버지는 적손을 위해 기년으로 복을 하고 참최복으로 갚아 주지 않는 것은 아버지와 아들은 한 몸으로서 본래 3년의 정이 있기 때문에 특별히 아들을 위해 참최복을 하지만, 할아버지는 손자를 위해 본래 한 몸이 아니기 때문에 단지 기년의 복으로 갚아주는 것이다. 그러므로 기년의 복을 하고 참최복을 할 수 없는 것이다.長子爲父斬, 父亦爲斬. 適孫承重, 爲祖斬, 祖爲之期, 不報之斬者, 父子一體, 本有三年之情, 故特爲子斬, 祖爲孫本非一體, 但以報期, 故期, 不得斬也."라고 하였다. 즉 가공언은 할아버지가 적손을 위해 3년의 복을 하지 않는 것은 본래 한 몸이 아니기 때문이라고 해석한 것이다. 그러나 오정화는 할아버지는 이미 적자를 위해 참최복을 하였기 때문에 '不貳斬'의 원칙에 따라 두 번 참최복을 할

아들이 없는 딸을 위해 자최 부장기로 복을 하는데 이들도 똑같은
복으로 갚아주는 경우, 아직 시집을 가지 않고 집에 있거나 다른 사
람에게 시집을 간 딸이 할아버지·할머니를 위해 자최 부장기로 복
을 하는 경우,49) 첩이 자신의 친아들을 위해 자최 부장기로 복을 하

수 없기 때문에 자최 기년으로 복을 하는 것이라고 해석하였다. "적자가
죽었을 때 그 할아버지는 이미 그 적자를 위해 참최의 복을 하였다. 그러
므로 다시 적손을 위해 참최의 복을 하지 못하는 것이다.適子死, 其祖已
爲之服斬, 故不復爲適孫斬也."(『의례주소』, 667쪽 및 『의례정의』, 1419
쪽 참조.) ○ '(할아버지가) 적손을 위해 자최 부장기로 복을 하는 것'에
대해 황간의 『의례경전통해속』, 호배휘의 『의례정의』, 『대당개원례』에서
는 '정복의 자최 부장기'로, 『정화오례신의』, 사마광의 『서의』, 『주자가
례』, 『가례의절』에서는 '가복의 자최 부장기'로 분류하였다.

49) 고모·손위누이·손아래누이와 … 경우 : 『신당서』의 원문 "爲姑·姊妹與
無夫子, 報. 女子子與適人爲祖父母"에는 앞뒤로 탈오와 착간이 있는 듯
하다. 『의례』 「상복」 '자최 부장기'장에는 "姑·姊妹·女子子, 適人, 無主
者. 姑·姊妹, 報.(시집간 고모·손위누이·손아래누이·딸에게 제사를 주
관할 사람이 없을 경우 그녀들을 위해 자최 부장기로 복을 한다. 고모와
손위누이·손아래누이도 똑같은 복으로 갚아 준다)"와 "女子子爲祖父
母.(딸이 할아버지·할머니를 위해 자최 부장기로 복을 한다)"로 되어 있
으며, 『대당개원례』의 '齊衰 不杖周'의 조목에서도 "爲姑·姊妹·女子子
在室及適人無主者, 姑·姊妹, 報."와 "女子子爲祖父母."의 두 규정을
두고 있다. ○ 본래 고모·손위누이·손아래누이·딸을 위해서는 자최 부
장기로 복을 한다. 그런데 이들이 시집을 가면 '出降'의 원칙에 따라 한
등급을 낮추어 대공 9월로 복을 해준다.(『의례』 「상복」 '대공 9월'장, "姑
·姊妹·女子子適人者.") 다만 그녀들에게 제사를 주관해 줄 祭主가 없
을 경우, 낮추었던 복에 한 등급을 더하여 자최 부장기로 복을 해주는
것이다. 또 시집을 간 고모·손위누이·손아래누이는 본래 그녀들의 곤제
와 조카들을 위해 대공 9월로 복을 해 주어야 하지만(『의례』 「상복」 '대공

는 경우가 여기에 해당한다.50)

9월'장, "시집간 딸은 여러 형제들을 위해 대공 9월로 복을 한다.女子子適
人者爲衆昆弟." ; '대공 9월'장, "시집간 고모가 남자 조카[丈夫]와 여자
조카[婦人]를 위해 대공 9월로 복을 하는데, 조카들도 똑같은 복으로 갚
아 준다姪丈夫婦人, 報."), 이제 그녀들에게 제사를 주관해 줄 제주가 없
기 때문에 낮추었던 복에 한 등급을 더하여 자최 부장기의 복을 해 준다.
제주가 없는 시집간 고모·손위누이·손아래누이도 곤제와 조카들에 대해
서 그들이 더해준 복(자최 부장기)으로 갚지 않을 수 없기 때문에 마찬가
지로 자최 기년복을 입어준다. 이것이 '報'이다. 다만 시집간 딸의 경우는
부모를 위해서 마땅히 자최 부장기의 복을 해야 하므로 '갚는다[報].'고
말할 필요가 없기 때문에 「상복」 '자최 부장기'장에서 "姑·姊妹, 報"라고
하여 '女子子(딸)' 세 글자를 제외한 것이다. ○ 「상복」 '자최 부장기'장에
서 "딸이 할아버지·할머니를 위해 자최 부장기로 복을 한다.女子子爲祖
父母."고 규정하였다. 마융은 '손녀[女孫]'라고 하지 않고 '딸[女子子]'이
라고 한 것은 부인의 본질은 親親이기 때문에 아버지에 연결시켜 말한
것不言'女孫', 言'女子子'者, 婦質者親親, 故繼父言之"이라고 하였다.
○ '시집간 고모·손위누이·손아래누이·딸에게 제사를 주관할 사람이 없
을 경우 그녀들을 위해 자최 부장기로 복을 하고, 고모와 손위누이·손아
래누이도 똑같이 자최 부장기의 복으로 갚아 주는 것姑·姊妹·女子子,
適人, 無主者. 姑·姊妹, 報'에 대해서 황간의 『의례경전통해속』, 호배휘
의 『의례정의』, 『대당개원례』, 『정화오례신의』, 사마광의 『서의』, 『주자가
례』, 구준의 『가례의절』에 모두 '정복의 자최 부장기'로 분류하였다. '딸이
할아버지·할머니를 위해 자최 부장기로 복을 하는 것女子子爲祖父母'
에 대해서는 황간의 『의례경전통해속』, 호배휘의 『의례정의』, 『대당개원
례』, 『정화오례신의』, 사마광의 『서의』, 『주자가례』, 구준의 『가례의절』에
서도 모두 '정복의 자최 부장기'로 분류하였다.

50) 첩이 … 해당한다 : 『의례』 「상복」 '자최 부장기'장에서는 "제후의 첩과 대
부의 첩은 자신의 친아들을 위해 자최 부장기로 복을 한다.公妾·大夫之
妾, 爲其子."고 규정하였다. 제후의 첩과 대부의 첩은 남편인 제후나 대부

가복加服. 시집을 간 딸이 아버지의 후사가 된 형제(곤제)를 위해 자최 부장기로 복을 하는 경우가 여기에 해당한다.51)

강복降服. 첩이 자신의 친부모를 위해 자최 부장기로 복을 하는 경우,52) 남의 후사가 된 사람이 자신의 친부모를 위해 자최 부장기

의 존에 눌려서, 즉 厭降의 원칙에 따라서 자신의 친아들에 대해 대공 9월로 낮추어서 복을 해야 하는데, 낮추지 않고 자최 부장기로 복을 한다. 이에 대해서『의례』「상복」'자최 부장기·전'에서는 "첩은 군(남편)과 한 몸이 될 수 없으므로 자신의 친아들을 위해 정의를 펼쳐 본복(자최 부장기)을 입을 수 있기 때문이다.妾不得體君, 爲其子得遂也."라고 설명한다.『대당개원례』,『정화오례신의』,『주자가례』, 구준의『가례의절』등에서는『신당서』와 마찬가지로 "첩은 자신의 친아들을 위해 자최 부장기로 복을 한다.妾爲其子."고 규정하였다. ○ '첩이 자신의 친아들을 위해 자최 부장기로 복을 하는 것'에 대해서 황간의『의례경전통해속』, 호배휘의 『의례정의』,『대당개원례』,『정화오례신의』,『주자가례』, 구준의『가례의절』에서도『신당서』와 마찬가지로 '정복의 자최 부장기'로 분류하였다.

51) 시집을 간 딸이 … 해당한다 : 본래 딸은 자신의 친곤제를 위해 자최 부장기로 복을 하는데, 시집을 가게 되면 '出降'의 원칙에 따라 한 등급을 낮추어 대공 9월로 복을 한다. 다만 그 곤제가 아버지의 후사가 되었다면 다시 한 등급을 높여 자최 부장기로 복을 한다. ○ 황간의『의례경전통해속』와 호배휘의『의례정의』에서는 '정복의 자최 부장기'로 분류하였고, 『대당개원례』,『정화오례신의』,『주자가례』, 구준의『가례의절』에는『신당서』와 마찬가지로 '가복의 자최 부장기'로 분류하였다.

52) 첩이 … 경우 : 본래 딸은 아버지를 위해서는 참최 3년, 어머니를 위해서는 자최 3년(아버지가 돌아가셨을 경우) 혹은 자최 장기(아버지가 살아 계실 경우)로 복을 해야 하는데, 시집을 가면 '출강'의 원칙에 따라 한 등급을 낮추어서 자최 부장기로 복을 한다. 이 때문에 예서에서 모두 '강복의 자최 부장기'로 분류한 것이다. 다만 시집을 가서 첩이 되었다면, 적처의 존에 눌려서 또 다시 한 등급을 낮추어 자신의 사친에 대해 대공 9월로

로 복을 하는데, 친부모도 똑같은 복으로 갚아주는 경우,53) 시집을
간 딸이 자신의 친부모를 위해 자최 부장기로 복을 하는 경우가 여
기에 해당한다.54)

　　의복義服. 큰어머니·작은어머니를 위해 자최 부장기로 복을 하는
경우,55) 동거한 계부를 위해 자최 부장기로 복을 하는 경우,56) 첩이

　　복을 하는 것으로 오해할 수 있다. 이 때문에 「상복」 '자최 부장기·전'에
　서 "왜 기년으로 복을 하는가? 첩은 군(남편)과 한 몸이 될 수 없으므로
　친부모를 위해 정의를 펼쳐 본복을 입을 수 있기때 문이다.傳曰, "何以期
　也? 妾不得體君, 得爲其父母遂也."라고 하여 첩도 적처와 마찬가지로
　자신의 사친(친부모)을 위해 자최 부장기로 복을 할 수 있음을 밝혔다.
　○ 황간의 『의례경전통해속』, 호배휘의 『의례정의』, 『대당개원례』, 『정화
　오례신의』, 『주자가례』, 구준의 『가례의절』에서도 『신당서』와 마찬가지로
　'강복의 자최 부장기'로 분류하였다.

53) 남의 후사가 … 경우 : 황간의 『의례경전통해속』, 호배휘의 『의례정의』,
　『대당개원례』, 『정화오례신의』, 사마광의 『서의』, 구준의 『가례의절』에서
　도 모두 『신당서』와 마찬가지로 '강복의 자최 부장기'로 분류하였다. 다만
　『주자가례』에는 이 규정이 보이지 않는다.

54) 시집을 간 딸이 … 해당한다 : 황간의 『의례경전통해속』, 호배휘의 『의례
　정의』, 『대당개원례』, 『정화오례신의』, 사마광의 『서의』, 구준의 『가례의
　절』에서도 모두 『신당서』와 마찬가지로 '강복의 자최 부장기'로 분류하였
　다. 다만 『주자가례』에는 이 규정이 보이지 않는다.

55) 큰어머니·작은어머니를 … 경우 : 큰어머니와 작은어머니, 즉 伯母와 叔
　母를 위해 자최 부장기로 복을 하는 것에 대해 『의례』 「상복」 '자최 부장
　기'장에서는 '어머니[母]'라는 명분 때문에 복을 하는 것으로 해석한다.
　(世母·叔母何以亦期也? 以名服也.) 『예기』 「大傳」에 6가지의 服術(복
　상을 하는 원칙)을 들고 있는데, 그 세 번째가 '名(명분)'이다. 이에 대해
　정현은 "'名'은 큰어머니[世母]·작은어머니[叔母] 등이 이에 해당한다."
　고 하였다. ○ 황간의 『의례경전통해속』, 호배휘의 『의례정의』, 『정화오례

적처를 위해 자최 부장기로 복을 하는 경우,[57] 첩이 군君(남편)의 서
자를 위해 자최 부장기로 복을 하는 경우,[58] 며느리가 시아버지 · 시
어머니를 위해 자최 부장기로 복을 하는 경우,[59] 남편의 형제의 아

신의』, 사마광의 『서의』에서는 '정복의 자최 부장기'로, 『대당개원례』, 『주
자가례』, 구준의 『가례의절』에서는 '의복의 자최 부장기'로 분류하였다.

56) 동거한 계부를 위해 … 경우 : 호배휘는 '계부를 위해 복을 한다.'고 하지
않고, '동거한 계부를 위해 복을 한다.'고 한 것은 동거해야지 '계부'라는
칭호가 있고, 만약 동거하지 않았다면 '계부'라고 칭하지 못함을 보인 것
이라고 하였다. 이여규는 "계부가 이 아들을 위해 하는 복은 명문 규정이
없지만, 계모가 개가한 경우에 자최 장기로 보복하는 것으로 추론한다면,
혹 자최 장기로 복을 하여 깊는 것인 듯하다.繼父服此子, 無文, 以繼母嫁
報服推之, 或者以報服乎?"고 하였다. 호배휘, 『의례정의』, 1430쪽 참조.
○ 황간의 『의례경전통해속』, 호배휘의 『의례정의』, 『대당개원례』, 『정화
오례신의』, 『주자가례』, 구준의 『가례의절』에서도 모두 『신당서』와 마찬
가지로 '강복의 자최 부장기'로 분류하였다.

57) 첩이 적처를 위해 … 경우 : 황간의 『의례경전통해속』, 호배휘의 『의례정
의』, 『대당개원례』, 『정화오례신의』, 사마광의 『서의』, 『주자가례』, 구준의
『가례의절』에서도 모두 『신당서』와 마찬가지로 '의복의 자최 부장기'로
분류하였다.

58) 첩이 군君(남편)의 서자를 위해 … 경우 : 『의례』 「상복」에는 이 규정이 없
다. 『대당개원례』와 『정화오례신의』, 『주자가례』, 구준의 『가례의절』에는
모두 『신당서』와 마찬가지로 '의복의 자최 부장기'로 분류하였다.

59) 며느리가 … 경우 : 「상복」 '자최 부장기 · 전'에서는 며느리가 시부모를 위
해 자최 부장기로 복을 하는 것을 남편을 따라서 복을 하는 '從服'으로
설명한다.(傳曰, "何以期也? 從服也.") '종복'이란 직접적인 혈연관계가
없던 대상을 인위적으로 혈연관계 속에 편입하거나 인위적인 관계에 압
도되어 인위적인 관계인 상태로 복을 하도록 의무지우는 것으로, 복의
주체에 비해 한 등급 낮추어서 복을 한다. 따라서 남편은 부모를 위해

들·딸을 위해 자최 부장기로 복을 하는 경우,[60] 시아버지·시어머니가 적부嫡婦를 위해 자최 부장기로 복을 하는 경우가 여기에 해당한다.[61]

3년의 복을 하므로 그의 부인은 시부모를 위해 한 등급을 낮추어 자최 부장기로 복을 한다. ○ 황간의 『의례경전통해속』, 호배휘의 『의례정의』, 『대당개원례』에서는 『신당서』와 마찬가지로 '의복의 자최 부장기'로 분류하였다. 하지만 『정화오례신의』, 사마광의 『서의』, 『주자가례』, 구준의 『가례의절』에서는 '시아버지를 위해서는 의복의 참최 삼년'으로, '시어머니를 위해서는 의복의 자최 삼년'으로 복을 하는 것으로 규정하였다.

60) 남편의 형제의 … 경우 : 큰어머니[世母]와 작은어머니[叔母]가 남편의 곤제의 아들과 딸들을 위해 자최 부장기로 복을 하는 것이다. 방포는 "아버지가 살아 계시면 어머니를 위해 기년의 복을 하고, 큰어머니와 작은 어머니를 위해서도 마찬가지로 기년의 복을 하며, 어머니는 중자를 위해 기년의 복을 하고, 남편의 곤제의 자식들을 위해서도 기년의 복을 한다. 왜인가? 은혜는 이어지기가 어려운 바이므로, 그 의리를 중시하여 유지시키기 위한 것이다. 어려서 부모를 잃으면 이 큰어머니와 작은어머니 이외에는 의지할 사람이 없다. 과부로 혼자가 되면 이 곤제의 자식들 이외에는 돌아갈 곳이 없다. 이 때문에 친어머니는 아니지만 어머니로 여기고, 친 자식이 아니지만 자식으로 여긴다. 그러므로 자식의 의리를 요구하는 것이다."라고 하였다. 『의례정의』, 1444쪽 참조. 즉 혈연에 따른 복이 아니라 서로 의지하는 상대에 대한 의리의 차원에서 복을 하는 것이다. ○ 황간의 『의례경전통해속』, 호배휘의 『의례정의』, 『대당개원례』, 『정화오례신의』, 『주자가례』, 구준의 『가례의절』에서도 모두 『신당서』와 마찬가지로 '의복의 자최 부장기'로 분류하였다.

61) 시아버지·시어머니가 … 경우가 여기에 : 『의례』 「상복」에는 시부모는 嫡婦를 위해 대공 9월의 복을 하고, 庶婦를 위해 소공 5월로 복을 하는 것으로 규정하였다. 따라서 황간의 『의례경전통해속』와 호배휘의 『의례정의』에서는 적부에 대한 복을 '정복의 대공 9월'로, 서부에 대한 복을 '정복의

齊衰五月. 正服 : 爲曾祖父母, 女子子在室及嫁者亦如之.

자최 5월(齊衰五月).

정복正服. 증조부모를 위해 자최 5월로 복을 하는 경우, 아직 시집을 가지 않고 집에 있거나 시집을 간 딸이 (증조부모를 위해서) 또한 자최 5월로 복을 하는 경우가 여기에 해당한다.[62]

소공 5월'로 분류하였다. 그러나 『대당개원례』, 『정화오례신의』 사마광의 『서의』, 『주자가례』, 구준의 『가례의절』에서는 모두 적부에 대한 복을 '의복의 자최 부장기'로, 서부에 대한 복을 '의복의 대공 9월'로 분류하였다.

62) 증조부모를 … 해당한다 : 『의례』「상복」 '자최 삼월'장에 "증조부모를 위해 자최 3월로 복을 한다.曾祖父母."고 하였고, 같은 '자최 삼월'장에 "시집을 갔거나 아직 시집을 가지 않은 딸이 증조부모를 위해 자최3월로 복을 한다.女子子嫁者‧未嫁者, 爲曾祖父母."고 하였다. 아버지를 위해 참최 3년, 조부모를 위해 자최 부장기의 복을 하므로 증조부모를 위해서는 그보다 한 등급 아래인 '대공'의 복을 해야 한다. 또한 服은 친족관계로 말하면 高祖(4대친)에서, 오복五服의 구분으로 말하면 緦麻에서 끝나므로 증조부모를 위해서는 '소공'의 복을 해야 한다. 그런데 『의례』「상복」에서는 증조부모를 위해 비교적 무거운 '자최'의 복을 하고, 복을 하는 기간은 가장 짧은 '3개월'로 하는 것으로 규정하였다. 이 점은 증손에 대한 복이 小功이어야 하는데도 緦麻로 규정한 것과 연관이 있다. 즉 3세대 동거의 가족구성에서 曾祖와 玄孫의 연대감은 현저하게 감소하기 때문이다. 그러나 증조의 경우는 직계 존속이기 때문에 비속인 현손에 대한 복처럼 복을 하는 방식과 기간을 낮추지 못하고, 기간은 한 등급 낮추되 방식은 높이는 선에서 절충한 것이다. 이를 『상복』 '자최 삼월‧傳'에서는 "소공은 형제 사이에 입는 복이니, 형제 사이에 입는 복으로 감히 至尊(증조부모)을 위해 복을 할 수 없기 때문小功者, 兄弟之服也. 不敢以兄弟之服, 服至尊也."이라고 설명하였다. 또한 딸은 시집을 가더라도 '出降'의 원칙에 따라 증조부모에 대한 복을 낮추지 않고 여전히 자최 3월로

齊衰三月. 正服 : 爲高祖父母, 女子子在室及嫁者亦如之. 義服
: 爲繼父不同居者.

자최 삼월[齊衰三月].

정복正服. 고조부모를 위해 자최 3월로 복을 하는 경우,[63] 아직 시

복을 하는데, '자최 삼월·전'에서는 증조부의 존 때문에 감히 낮추지 못하
는 것이라고 설명한다.何以服齊衰三月? 不敢降其祖也." ○ 『의례』 「상
복」에는 '자최 5월'의 규정이 없는데, 『대당개원례』의 제정 때 처음으로
'자최 5월'의 규정이 생겨났고, 그 이후에도 지속되었다.(秦蕙田, 『五禮通
考』 권255, 「凶禮」10, "蕙田案傳文雖以三月爲斷, 而曾祖父條, 開元禮
增齊衰五月, 至今猶然.") ○ 황간의 『의례경전통해속』에서는 증조부모
를 위한 복을 '의복의 자최 삼월'로 호배휘의 『의례정의』에서는 '의복의
자최 삼월'로 분류하였지만, 『대당개원례』, 『정화오례신의』, 사마광의 『서
의』, 『주자가례』, 구준의 『가례의절』에서도 『신당서』와 마찬가지로 모두
'정복의 자최 5월'로 분류하였다.

[63] 『의례』 「상복」에는 고조에 대한 복제는 규정되어 있지 않다. 「상복」 '자최
삼월·전'의 정현 주에 "바야흐로 '小功'을 말한 것은 복의 수가 5에서
끝나니, 고조를 위해서는 시마의 복을 해야 하고, 증조를 위해서는 소공의
복을 해야 하기 때문이다. 조부를 위해 기년의 복을 한다는 사실에 근거한
다면 증조를 위해서는 대공, 고조를 위해서는 소공의 복을 해야 한다. 고
조와 증조는 모두 소공에서 차이가 나므로 증손과 현손은 그들을 위해
같은 복을 하기 때문이다. 상복을 무겁게 한 것은 존존 때문이다. 기간을
줄인 것은 은의가 감쇄하기 때문이다.正言'小功'者, 服之數盡於五, 則高
祖宜緦麻, 曾祖宜小功也. 據祖期, 則曾祖宜大功, 高祖宜小功也. 高祖
·曾祖皆有小功之差, 則曾孫·玄孫爲之服同也. 重其衰麻, 尊尊也. 減
其日月, 恩殺也."라고 하였다. 증조 이상을 위한 복에 대해 호배휘는 "경
문에서는 고조의 복에 대해 언급하지 않았는데, 정현은 증조와 복을 같이
한다 하였고, 후세의 유자들은 이를 미루어 증조·고조 이상 미치는 자가
있다면 모두 자최 3월의 복을 한다고 하였다. 정통의 친이므로 상을 당했

집을 가지 않고 집에 있거나 시집을 간 딸이 (고조부모를 위해서) 자최 3월로 복을 하는 경우가 여기에 해당한다.

의복義服. 지금은 동거하지 않는 계부를 위해 자최 3월로 복을 하는 경우가 여기에 해당한다.[64]

其父卒母嫁, 出妻之子爲母, 及爲祖後, 祖在爲祖母, 雖周除, 仍心喪三年.

다면 복을 하지 않을 수 없는 것이다.今案, 經不言高祖之服, 鄭氏謂與曾祖同服, 後儒推之, 謂曾高而上苟有及者, 皆服齊衰三月. 蓋以正統之親, 當喪不容無服."라고 하였다. 호배휘, 『의례정의』, 1470쪽 참조. ○ 황간의 『의례경전통해속』와 『의례정의』에는 「상복」편에 '고조에 대한 복제 규정이 없기 때문에 降 · 正 · 義의 분류도 없다. 『대당개원례』, 『정화오례신의』, 사마광의 『서의』, 『주자가례』, 구준의 『가례의절』에서는 '정복의 자최 삼월'로 분류하였다.

64) 지금은 … 해당한다 : 『예기』 「상복소기」에 "'동거하지 않는 계부'라는 것은 반드시 이전에는 동거했다는 뜻이다. (계부와 계자) 모두 상주가 될 후사가 없고 재산을 함께 하면서 할아버지와 아버지의 사당을 세워 제사 지내는 경우를 '동거'라고 한다. 상주가 될 후사가 있는 경우를 '이거'라고 한다.繼父不同居也者, 必嘗同居. 皆無主後, 同財而祭其祖禰爲同居, 有主後者爲異居."라고 하였다. 정약용은 "'모두 상주가 될 후사가 없다.'는 것은 계부에게 이미 상주도 없고 제주도 없다는 뜻이다. 의탁하고 있는 아들이 비록 처를 얻어서 자식을 낳더라도 어찌 복을 하지 않을 수 있겠는가?皆無主後, 謂繼父旣無喪主, 亦無祭主也. 寓子雖娶妻産子, 豈得不服乎?"라고 하였다. 『여유당전서』 제3집, 『喪禮四箋』 권15, 「喪期別」 16, 383쪽 참조. ○ 황간의 『의례경전통해속』, 호배휘의 『의례정의』, 『대당개원례』, 『정화오례신의』, 『주자가례』, 구준의 『가례의절』에서도 『신당서』와 마찬가지로 '의복의 자최 삼월'로 분류하였다.

아버지가 돌아가신 후 개가한 어머니를 위해 복을 하는 경우,65) 쫓겨난 처의 아들이 어머니를 위해 복을 하는 경우,66) 할아버지의 후사가 된 사람이 할아버지가 살아계실 때 할머니를 위해 복을 하는 경우67) 비록 1년 만에 상복을 벗지만 여전히 심상心喪으로 3년을 채운다.68)

大功, 長殤九月, 中殤七月. 正服 : 爲子·女子子之長殤·中殤, 爲叔父之長殤·中殤, 爲姑·姊妹之長殤·中殤, 爲兄弟之長殤·

---

65) 아버지가 … 복을 하는 경우 : 『의례』「상복」에는 아버지가 돌아가신 후 개가한 어머니에 대한 복제 규정이 없다. 『대당개원례』와 사마광의 『서의』에서는 '정복의 자최 장기'로, 『정화오례신의』, 『주자가례』, 구준의 『가례의절』에서는 '강복의 자최 장기'로 분류하였다.

66) 쫓겨난 … 경우 : 황간의 『의례경전통해속』, 『대당개원례』, 사마광의 『서의』에서는 '정복의 자최 장기'로, 호배휘의 『의례정의』에서는 '의복의 자최 장기'로, 『정화오례신의』, 『주자가례』, 구준의 『가례의절』에서는 '강복의 자최 장기'로 분류하였다.

67) 할아버지의 … 경우 : 『의례』「상복」에는 이에 대한 복제 규정이 없다. 『대당개원례』, 『정화오례신의』, 『주자가례』에서는 '정복의 자최 장기'로, 사마광의 『서의』와 구준의 『가례의절』에서는 '가복의 자최 삼년'으로 분류하였다.

68) 비록 … 채운다 : '心喪'은 음악을 듣지 않고, 술과 고기 음식을 먹지 않고, 吉席에 참여하지 않는데, 다만 흉복을 착용하지 않는 복상을 말한다. 본래 스승이 돌아가셨을 때 제자들이 상복을 입지 않은 채로 마음으로 애도하는 심상을 했지만, 후대에는 아버지 생존 중에 어머니가 돌아가시거나, 개가한 친모·계모·양모를 위해, 적손이 조부 생존 중에 조모를 위해 정해진 服紀를 마치고 심상으로 3년을 채웠다.

中殤, 爲嫡孫之長殤·中殤, 爲兄弟之子·女子[69]之長殤·中殤.
義服 : 爲夫之兄弟之子·女子子之長殤·中殤.

장상[70]대공 9월[大功長殤九月]·중상대공 7월[大功中殤七月]

정복正服. 장상이나 중상으로 죽은 아들과 딸을 위해 대공으로 복
을 하는 경우,[71] 장상이나 중상으로 죽은 숙부를 위해 대공으로 복
을 하는 경우,[72]장상이나 중상으로 죽은 고모·손위누이·손아래누
이를 위해 대공으로 복을 하는 경우,[73] 장상이나 중상으로 죽은 형

---

69) 女子 :『의례』「상복」과『대당개원례』권132,「흉례」'五服制度'에는 '女
子子'로 되어 있다.

70) 장상 : 성인이 되지 못하고 죽은 것을 '殤'이라 한다. 19세에서 16세 사이
에 죽으면 '長殤', 15세에서 12세 사이에 죽으면 '中殤', 11세부터 8세 사
이에 죽으면 '下殤'이라고 한다. 8세 미만에 죽으면 '無服의 殤'이라고
한다. 가공언은 "『공자가어』「본명」에 '남자아이는 태어난 지 8개월이 되
면 이빨이 나고, 8세가 되면 이빨을 간다. 여자아이는 7개월이 되면 이빨
이 나고, 7세가 되면 이빨을 간다.'고 하였다. 이제 (「상복」 '大功殤'의)
傳文은 남자아이에 의거하여 말했다. 그러므로 8세 이상으로 죽으면 '有
服의 殤'이 된다.『家語』「本命」云'男子八月生齒, 八歲齓齒. 女子七月生
齒, 七歲齓齒.' 今傳據男子而言, 故八歲已上爲有服之殤也."고 하였다.
『의례주소』, 893쪽 참조.

71) 장상과 중상으로 … 경우 : 황간의『의례경전통해속』과 호배휘의『의례정
의』에서는 '강복'으로,『대당개원례』,『정화오례신의』, 구준의『가례의절』
에서는 '정복'으로 분류하였다.

72) 장상과 중상으로 … 경우 : 황간의『의례경전통해속』과 호배휘의『의례정
의』에서는 '강복'으로,『대당개원례』,『정화오례신의』, 구준의『가례의절』
에서는 '정복'으로 분류하였다.

73) 장상과 중상으로 … 경우 : 황간의『의례경전통해속』과 호배휘의『의례정
의』에서는 '강복'으로,『대당개원례』,『정화오례신의』, 구준의『가례의절』

제를 위해 대공으로 복을 하는 경우,[74] 남편의 곤제의 아들·딸을 위해 대공으로 복을 하는 경우,[75] 장상이나 중상으로 죽은 형제의 아들·딸을 위해 대공으로 복을 하는 경우가 여기에 해당한다.[76]

의복義服. 장상으로 죽은 남편의 형제의 아들과 딸을 위해 대공 9월로 복을 하는 경우가 여기에 해당한다.[77]

成人九月. 正服 : 爲從兄弟, 爲庶孫. 降服 : 爲女子子適人者, 爲姑·姊妹適人者報; 出母爲女子子適人者, 爲兄弟之女適人者報;

에서는 '정복'으로 분류하였다.

74) 장상과 중상으로 … 경우 : 황간의 『의례경전통해속』과 호배휘의 『의례정의』에서는 '강복'으로, 『대당개원례』, 『정화오례신의』, 구준의 『가례의절』에서는 '정복'으로 분류하였다.

75) 장상과 중상으로 … 경우 : 황간의 『의례경전통해속』과 호배휘의 『의례정의』에서는 '강복'으로, 『대당개원례』, 『정화오례신의』, 구준의 『가례의절』에서는 '정복'으로 분류하였다.

76) 장상과 중상으로 … 해당한다 : 郝敬은 "존속의 殤은 숙부와 고모에서 그치고, 세부(큰아버지) 이상은 아버지보다 나이가 많으므로 殤이 없다. 尊屬之殤, 止於叔父姑, 自世父以上長於父, 則無殤也."고 하였다. 시복의 주체에 대해서 호배휘는 숙부를 위해서는 형의 아들이 복을 하고, 고모를 위해서는 조카와 형제가 복을 하고, 남편의 곤제의 아들·딸을 위해서는 큰어머니와 작은어머니가 복을 한다고 하였다. 『의례정의』, 1486쪽 참조. ○ 황간의 『의례경전통해속』과 호배휘의 『의례정의』에서는 '강복'으로, 『대당개원례』, 『정화오례신의』, 구준의 『가례의절』에서는 '정복'으로 분류하였다.

77) 장상이나 … 해당한다 : 황간의 『의례경전통해속』, 『대당개원례』, 『정화오례신의』, 구준의 『가례의절』에서는 '의복'으로, 호배휘의 『의례정의』에서는 '강복'으로 분류하였다.

爲人後者爲其兄弟與姑·姉妹在室者報. 義服: 爲夫之祖父母與
伯叔父母報, 爲夫之兄弟女適人者報; 夫爲人後者, 其妻爲本生舅
·姑, 爲衆子之婦.

성인대공 9월[成人 九月]

정복正服. 종형제(종부곤제, 4촌 형제)78)를 위해 대공 9월로 복을
하는 경우,79) 서손庶孫을 위해 대공 9월로 복을 하는 경우가 여기에
해당한다.80)

---

78) 종형제(종부곤제, 4촌 형제) : '종형제'는 큰아버지나 작은아버지의 아들,
즉 從父昆弟(4촌 형제)를 말한다.

79) 종형제(종부곤제, 사촌형제)를 … 경우 : 정현에 의하면 아직 시집을 가지
않지 않고 집에 있는 종부자매를 위해서도 마찬가지로 대공 9월로 복을
한다.(「상복」 '대공 9월'장의 정현 주, "其姉妹在室, 亦如之.") ○ 황간의
『의례경전통해속』, 호배휘의 『의례정의』, 『대당개원례』, 『정화오례신의』,
사마광의 『서의』, 『주자가례』, 구준의 『가례의절』에서도 『신당서』와 마찬
가지로 모두 '정복의 대공 9월'로 분류하였다.

80) 서손庶孫을 … 해당한다 : 정현에 의하면 서손자와 서손녀 모두에게 대공
9월로 복을 한다.(「상복」 '대공 9월'장의 정현 주, "男女皆是.") 陳銓은
적손 한 사람 이외에는 모두 서손이 된다고 하였다. 이에 반해 胡培翬는
적자가 있을 경우 적손이 없으므로, 적자가 있는 경우에는 모든 손자가
서손이 된다고 하였다. 호배휘는 또 "손자는 조부모를 위해 기년의 복을
하고, 조부모는 서손에 대해 자신의 존귀함을 가하기 때문에 동일한 복으
로 갚아 주지 않고 대공의 복을 한다. 만약 적자가 먼저 죽었다면 적손
한 사람을 위해 기년의 복을 한다.孫於祖父母服期, 祖父母於庶孫以尊
加之, 故不爲報服, 而服大功也. 若適子先死, 則爲適孫一人期."고 하였
다. 호배휘, 『의례정의』, 1492쪽 참조. ○ 황간의 『의례경전통해속』, 호배
휘의 『의례정의』, 『대당개원례』, 『정화오례신의』, 사마광의 『서의』, 『주자
가례』, 구준의 『가례의절』에서 모두 『신당서』와 마찬가지로 '정복의 대공

강복降服. 시집을 간 딸을 위해 대공 9월로 복을 하는 경우, 시집을 간 고모·손위누이·손아래누이를 위해 대공 9월로 복을 하는데 이들도 똑같은 복으로 갚아주는 경우,[81] 쫓겨난 어머니가 시집을 간 딸을 위해 대공 9월로 복을 하는 경우,[82] 시집을 간 형제의 딸들을 위해 대공 9월로 복을 하는데 이들도 똑같은 복으로 갚아주는 경우,[83] 남의 후사가 된 사람이 친형제와 아직 시집을 가지 않고 집에 있는 고모·손위누이·손아래누이를 위해 대공 9월로 복을 하는데 이들도 똑같은 복으로 갚아주는 경우가 여기에 해당한다.[84]

9월'로 분류하였다.

81) 시집을 간 … 경우 : 딸·고모·손위누이·손아래누이는 모두 그 본복이 자최 부장기인데, 출가하였기 때문에 '出降'의 원칙에 따라 한 등급을 낮추어 대공 9월로 복을 하는 것이다. ○ 황간의 『의례경전통해속』, 호배휘의 『의례정의』, 『대당개원례』, 『정화오례신의』, 구준의 『가례의절』에 모두 『신당서』와 마찬가지로 '강복의 대공 9월'로 분류하였지만, 사마광의 『서의』에서는 '정복의 대공 9월'로 분류하였다.

82) 쫓겨난 어머니가 … 경우 : 『의례』「상복」에는 이 규정이 없다. 『대당개원례』, 『정화오례신의』, 구준의 『가례의절』에서는 '강복의 대공 9월'로 분류하였다.

83) 시집을 간 … 경우 : 『의례』「상복」에는 이 규정이 없다. 『대당개원례』, 『정화오례신의』, 구준의 『가례의절』에서는 '강복의 대공 9월'로 분류하였고, 사마광의 『서의』에서는 '정복의 대공 9월'로 분류하였다.

84) 남의 후사가 … 해당한다 : 『의례』「상복」 '대공 9월'장에는 "남의 후사가 사람은 친곤제를 위해 대공 9월로 복을 한다.爲人後者爲其昆弟."고 규정하였다. 본래 친곤제(친형제)를 위해서는 자최 부장기로 복을 해야 하지만, 다른 종으로 나갔으므로 '出降'의 원칙에 따라 한 등급을 낮추어 대공 9월로 복을 하는 것이다. 『의례』「상복」에는 '아직 시집을 가지 않고 집에 있는 고모·손위누이·손아래누이'에 대한 복의 규정은 없지만, 다만 '소

의복義服. 남편의 조부모와 백부모·숙부모를 위해 대공 9월로 복을 하는데 이들도 똑같은 복으로 갚아주는 경우,[85] 남편의 형제의 시집간 딸들을 위해 대공 9월로 복을 하는데 이들도 똑같은 복으로 갚아주는 경우,[86] 남편이 남의 후사가 되었을 때 그의 처가 남편의

공 5월'장에 "남의 후사가 된 사람은 시집간 친자매를 위해 소공 5월로 복을 한다.爲人後者, 爲其姊妹適人者."라고 하였다. 시집을 간 친자매를 위해 소공 5월로 복을 한다면, 아직 시집을 가지 않았을 경우에는 '출강'의 원칙이 적용되지 않으므로 대공 9월의 복을 해야 한다. 정현에 따르면 '소공 5월'장에서 '친고모'를 언급하지 않은 것은 친한 이를 들면 은혜가 가벼운 사람에 대해서도 당연히 낮춘다는 것을 알 수 있기 때문이다.(不言姑者, 擧其親者, 而恩輕者降可知.) ○ 황간의 『의례경전통해속』, 호배휘의 『의례정의』, 『대당개원례』, 『정화오례신의』에서 모두 '강복의 대공 9월'로 분류하였다.

85) 남편의 조부모 … 경우 : 이 규정은 상복을 결정하는 여섯 가지 원칙 즉 '六術' 가운데 '從服'에 해당한다. '종복'이란 시복의 대상과 주체를 매개하는 사람과의 친족관계 때문에 매개자의 친족이나 군주 및 군주의 친족에 대해 복을 하는 것을 말한다. 종복을 할 경우 시복의 주체는 시복의 매개자에 비해 한 등급을 낮추어서 복을 하는데, 이곳에서는 남편(시복의 매개자)을 따라서 남편의 조부모 등에 복을 하는 것이므로 남편보다 한 등급을 낮추어서 복을 해야 한다. 남편은 조부모·백(세)부모·숙부모를 위해 모두 기년으로 복을 하므로 그 부인은 남편을 따라서 한 등급을 낮추어 대공 9월로 복을 하는 것이다. ○ 황간의 『의례경전통해속』, 호배휘의 『의례정의』, 『대당개원례』, 『정화오례신의』, 사마광의 『서의』, 『주자가례』, 구준의 『가례의절』에서도 『신당서』와 마찬가지로 모두 '의복의 대공 9월'로 분류하였다.

86) 남편의 형제의 … 경우 : 『신당서』, 『통전』, 『대당개원례』에는 모두 "爲夫之兄弟女適人者"라고 하여 '女'로 표현하였지만, 「의례」 「상복」 '대공 9월'장에는 "爲夫之昆弟之婦人子適人者"라고 하여 '婦人子'로 표현하였

친부모를 위해 대공 9월로 복을 하는 경우,[87] 중자의 처[衆婦, 庶婦]를 위해 대공 9월로 복을 하는 경우가 여기에 해당한다.[88]

다. 정현에 따르면 '婦人子'는 '女子子(딸)'의 뜻인데, '女子子'라고 하지 않은 것은 시집을 갔기 때문에 恩誼가 소원해졌음을 나타내기 위한 것이다.('婦人子'者, 女子子也. 不言'女子子'者, 因出, 見恩疏.) 호배휘는 "'女'는 자기의 소생으로서 친하지만, '婦'는 남의 며느리로서 소원하다. 이제 '여자자'라고 하지 않고 '부인자'라고 한 것은 그녀가 집을 떠나 다른 사람에게 시집을 감으로써 낮추어서 대공으로 복을 하기 때문에 은의가 소원해졌음을 보인 것이다."라고 하여 정현의 설을 부연한다. 호배휘, 『의례정의』, 1506쪽 참조. ○ 황간의 『의례경전통해속』, 『대당개원례』, 『정화오례신의』, 사마광의 『서의』, 『주자가례』, 『가례의절』에서는 모두 『신당서』와 마찬가지로 '의복의 대공 9월'로 분류하였지만, 호배휘의 『의례정의』에서는 '강복의 대공 9월'로 분류하였다.

87) 남편이 … 경우 : 『의례』 「상복」에는 이 규정이 없다. 『대당개원례』, 『정화오례신의』, 『주자가례』, 구준의 『가례의절』에서도 『신당서』와 마찬가지로 모두 '의복의 대공 9월'로 분류하였다.

88) 중자의 처 … 해당한다 : 『爾雅』 「釋親」에는 "아들의 처를 '며느리[婦]'라고 하는데, 맏며느리[長婦]를 '嫡婦'라고 하며, 나머지 며느리[衆婦]를 '庶婦'라고 한다.子之妻爲婦, 長婦爲嫡婦, 衆婦爲庶婦."고 하였다. 정현에 따르면 '적자의 처'가 '적부'이므로(『의례』 「상복」, '대공 9월'장 정현의 주, "適婦, 適子之妻."), '衆子의 妻'는 '衆婦' 곧 '庶婦'가 되는 것이다. '衆子'는 장자(적자)의 동생 및 첩의 아들을 가리킨다.(『의례』 「상복」, '대공 9월'장 정현의 주, "衆子者, 長子之弟及妾子.") 그런데 『의례』 「상복」에는 시부모가 적부를 위해 대공 9월로 복을 하는 것에 비해 "시부모가 서부(중부)를 위해 소공 5월로 복을 한다."고 하여 서부(중부)를 위해서는 적부보다 한 등급을 낮춘 소공으로 복을 하는 것으로 규정하였다. 본래 며느리는 시부모를 위해 자최 부장기로 복을 하고, 시부모는 며느리를 위해 대공 9월로 복을 해야 하는데, 서부를 위해서 소공 5월로 복은 하는 것은, 陳銓에 의하면 어머니의 존으로 인해서 낮추기 때문이다. 그러나

小功五月殤. 正服：爲子·女子子之下殤, 爲叔父之下殤, 爲姑
·姊妹之下殤, 爲兄弟之下殤, 爲嫡孫之下殤, 爲兄弟之子·女子
子之下殤, 爲從兄弟姊妹之長殤, 爲庶孫之長殤. 降服：爲人後
者爲其兄弟之長殤, 出嫁姑爲姪之長殤, 爲人後者爲其姑·姊妹
之長殤. 義服：爲夫之兄弟之子·女子子之下殤, 爲夫之叔父之
長殤.

상소공 5월小功五月殤.

정복正服. 하상으로 죽은 아들·딸을 위해 소공 5월로 복을 하는
경우,[89] 하상으로 죽은 작은아버지를 위해 소공 5월로 복을 하는
경우,[90] 하상으로 죽은 고모·손위누이·손아래누이를 위해 소공 5
월로 복을 하는 경우,[91] 하상으로 죽은 형제를 위해 소공 5월로 복
을 하는 경우,[92] 하상으로 죽은 적손을 위해 소공 5월로 복을 하는

『대당개원례』 이후 『정화오례신의』, 사마광의 『서의』, 『주자가례』, 『가례
의절』에서는 모두 적부에 대한 복을 '의복의 자최 부장기'로, 서부(중부)
에 대한 복을 '의복의 대공 9월'로 각각 한 등급씩 올려서 복을 하는 것으
로 규정하였다.

89) 하상으로 죽은 아들을 … 경우 : 황간의 『의례경전통해속』와 호배휘의 『의
례정의』에서는 '강복의 상소공 5월'로, 『대당개원례』, 『정화오례신의』, 구
준의 『가례의절』에서는 '정복의 상소공 5월'로 분류하였다.

90) 하상으로 죽은 작은아버지를 … 경우 : 황간의 『의례경전통해속』와 호배휘
의 『의례정의』에서는 '강복의 상소공 5월'로, 『대당개원례』, 『정화오례신
의』, 구준의 『가례의절』에서는 '정복의 상소공 5월'로 분류하였다.

91) 하상으로 죽은 고모 … 경우 : 황간의 『의례경전통해속』와 호배휘의 『의례
정의』에서는 '강복의 상소공 5월'로, 『대당개원례』, 『정화오례신의』, 구준
의 『가례의절』에서는 '정복의 상소공 5월'로 분류하였다.

92) 하상으로 죽은 형제 … 경우 : 황간의 『의례경전통해속』와 호배휘의 『의례

경우,93) 하상으로 죽은 형제의 아들·딸을 위해 소공 5월로 복을 하는 경우,94) 장상으로 죽은 종형제(종부곤제, 4촌 형제)·종자매(종부자매, 4촌 자매)를 위해 소공 5월로 복을 하는 경우,95) 장상으로 죽은 서손庶孫을 위해 소공 5월로 복을 하는 경우가 여기에 해당한다.96)

정의』에서는 '강복의 상소공 5월'로,『대당개원례』,『정화오례신의』, 구준의 『가례의절』에서는 '정복의 상소공 5월'로 분류하였다.

93) 하상으로 죽은 적손을 … 경우 : 황간의 『의례경전통해속』와 호배휘의 『의례정의』에서는 '강복의 상소공 5월'로,『대당개원례』,『정화오례신의』, 구준의 『가례의절』에서는 '정복의 상소공 5월'로 분류하였다.

94) 하상으로 죽은 형제의 아들 … 경우 : 이상의 경우는 본래 모두 자최 부장기로 복을 해야 하는데, 하상으로 죽었기 두 등급을 낮추어 소공으로 복을 하는 것이다. ○ 황간의 『의례경전통해속』와 호배휘의 『의례정의』에서는 '강복의 상소공 5월'로,『대당개원례』,『정화오례신의』, 구준의 『가례의절』에서는 '정복의 상소공 5월'로 분류하였다.

95) 장상으로 죽은 종형제 … 경우 : 마융은 "성인으로 죽었다면 대공의 복을 한다. 장상으로 죽은 경우에는 한 등급 낮춘다. 그러므로 소공으로 복을 하는 것이다.成人服大功也. 長殤降一等, 故小功也."라고 하였다. ○ 황간의 『의례경전통해속』와 호배휘의 『의례정의』에서는 '강복의 상소공 5월'로,『대당개원례』,『정화오례신의』, 구준의 『가례의절』에서는 '정복의 상소공 5월'로 분류하였다.

96) 장상으로 죽은 서손 … 해당한다 :『의례』「상복」'상소공 5월'장에는 "(시집간 고모와 할아버지가 각각) 장상으로 죽은 조카와 남녀 서손을 위해 소공 5월로 복을 한다.爲姪·庶孫丈夫婦人之長殤."고 규정하였다. 성세좌는 "고모가 시집을 가지 않았을 경우 조카를 위해 큰아버지·작은아버지와 마찬가지로 기년으로 하는 것이 본복인데, 그 조카가 장상으로 죽었다면 대공으로 복을 한다. 이제 이 소공의 장에 둔 것은 그 고모가 이미 다른 사람에게 시집갔음을 밝히기 위한 것이다.姑在室爲姪, 與世·叔父

강복降服. 남의 후사가 된 사람이 장상으로 죽은 친형제를 위해 소공 5월로 복을 하는 경우,[97] 출가한 고모가 장상으로 죽은 조카를 위해 소공 5월로 복을 하는 경우,[98] 남의 후사가 된 사람이 장상으로 죽은 친고모·친손위누이·친손아래누이를 위해 소공 5월로 복을 하는 경우가 여기에 해당한다.[99]

의복義服. 하상으로 죽은 남편의 형제의 아들·딸을 위해 소공 5월로 복을 하는 경우,[100] 장상으로 죽은 남편의 작은아버지를 위해

同, 本服期, 長殤當降爲大功. 今在此小功, 明是已適人者也."라고 하였다. 마융은 "할아버지가 서손을 위해 복을 할 경우 성인으로 죽었다면 대공으로, 장상으로 죽었다면 한 등급 낮추어 소공으로 복을 한다.祖爲庶孫, 成人大功, 長殤降一等, 故小功也."고 하였다. 호배휘,『의례정의』, 1527쪽 참조. ○ 황간의『의례경전통해속』와 호배휘의『의례정의』에서는 '강복의 상소공 5월'로,『대당개원례』,『정화오례신의』, 구준의『가례의절』에서는 '정복의 상소공 5월'로 분류하였다.

97) 남의 후사가 … 경우 : 황간의『의례경전통해속』, 호배휘의『의례정의』, 『대당개원례』,『정화오례신의』, 구준의『가례의절』에서도『신당서』와 마찬가지로 모두 '강복의 상소공 5월'로 분류하였다.

98) 출가한 고모가 … 경우 : 황간의『의례경전통해속』, 호배휘의『의례정의』, 『대당개원례』,『정화오례신의』, 구준의『가례의절』에서는『신당서』와 마찬가지로 '강복의 상소공 5월'로 분류하였다. 다만 황간의『의례경전통해속』, 호배휘의『의례정의』,『대당개원례』에서는 '출가'의 조건이 없으며, 『정화오례신의』와『가례의절』에서만 "시집간 딸(고모)이 장상으로 죽은 형제의 자식(조카)을 위해 소공 5월로 복을 한다.女適人者爲兄弟之子長殤."고 규정하여 '시집을 간 경우'로 한정하였다.

99) 남의 후사가 된 사람이 … 해당한다 :『의례』「상복」에는 이 규정이 없다. 『대당개원례』,『정화오례신의』, 구준의『가례의절』에서는『신당서』와 마찬가지로 모두 '강복의 상소공 5월'로 분류하였다.

소공 5월로 복을 하는 경우가 여기에 해당한다.[101]

成人正服: 爲從祖祖父報, 爲從祖父報, 爲從祖姑·姊妹在室者報, 爲從祖兄弟報, 爲從祖祖姑在室者報, 爲外祖父母, 爲舅及從母報. 降服: 爲從父姊妹適人者報, 爲孫女適人者, 爲人後者爲其姑·姊妹適人者報. 義服: 爲從祖祖母報, 爲從祖母報, 爲夫之姑·姊妹在室及適人者報, 娣姒婦報, 爲同母異父兄弟姊妹報, 爲嫡母之父母·兄弟·從母, 爲庶母慈己者, 爲嫡孫之婦, 母出爲繼母之父母兄弟從母, 嫂叔報.

성인 소공成人

정복正服. 종조조부從祖祖父(할아버지의 형제, 아버지의 큰아버지·작은아버지)를 위해 소공 5월로 복을 하는데 똑같은 복으로 갚아주는 경우, 종조부從祖父(할아버지 형제의 아들, 아버지의 4촌 형제)를 위해 소공 5월로 복을 하는데 똑같은 복으로 갚아주는 경우,[102]

---

100) 하상으로 죽은 남편의 형제의 아들 … 경우: 황간의 『의례경전통해속』와 호배휘의 『의례정의』에서는 '강복의 상소공 5월'로, 『대당개원례』, 『정화오례신의』, 구준의 『가례의절』에서는 '의복의 상소공 5월'로 분류하였다.

101) 장상으로 죽은 남편의 작은아버지를 … 해당한다: 남편의 작은아버지는 성인으로 죽었다면 대공 9월로 복을 해야 하는데, 장상으로 죽었기 때문에 한 등급 낮추어서 소공 5월로 복을 하는 것이다. ○ 황간의 『의례경전통해속』, 『대당개원례』, 『정화오례신의』, 구준의 『가례의절』에서는 '의복의 상소공 5월'로, 호배휘의 『의례정의』에서는 '강복의 상소공 5월'로 분류하였다.

102) (곤제의 손자가) … 경우: 『爾雅』 「釋親」에 "아버지의 큰아버지와 작은아버지를 '종조조부(종조할아버지)'라 하고, 아버지의 큰어머니와 작은

아직 시집을 가지 않고 집에 있는 종조고從祖姑(아버지의 4촌 자매, 5촌 고모, 당고모)·종조자매從祖姊妹(아버지의 4촌 자매, 6촌 자매)를 위해 소공 5월로 복을 하는데 똑같은 복으로 갚아주는 경우,[103]

어머니를 '종조조모(종조할머니)'라 한다. 아버지의 종부곤제(4촌 형제)를 '종조부(5촌 從叔)'라 하고, 아버지의 종부곤제의 처를 '종조모(5촌 從叔母)라 한다.父之世父叔父爲從祖祖父, 父之世母叔母爲從祖祖母. 父之從父昆弟爲從祖父. 父之從父昆弟之妻爲從祖母."고 하였다. 마융은 "종조조부모(종조할아버지·종조할머니)는 증조할아버지의 아들이니, 할아버지의 곤제로서 정복은 소공이고, 종조부모(5촌 종숙·5촌 종숙모)는 종조조부의 아들이니, 아버지의 종부곤제(4촌 형제)이다.從祖祖父母者, 曾祖之子, 祖之昆弟也, 正服小功, 從祖父母者, 從祖祖父之子, 是父之從父昆弟也."라고 하였다.(호배휘,『의례정의』, 1530쪽 참조) 성세좌는 종조조부(종조할아버지)를 위해 복을 하는 사람은 곤제의 손자이고, 종조부(5촌 종숙)를 위해 복을 하는 사람은 종부곤제(4촌 형제)의 아들이라고 하였다.(爲從祖祖父者, 昆弟之孫也, 爲從祖父者, 從父昆弟之子也) 오계공은 종조조부(종조할아버지)는 할아버지의 곤제, 종조부(5촌 종숙)는 할아버지의 곤제의 아들이라고 하였다. 호배휘,『의례정의』, 1531쪽 참조. ○ 황간의『의례경전통해속』, 호배휘의『의례정의』,『대당개원례』,『정화오례신의』, 사마광의『서의』,『주자가례』, 구준의『가례의절』에서도 모두『신당서』와 마찬가지로 '정복의 소공 5월'로 분류하였다.

103) 아직 시집을 가지 않고 … 경우 :『의례』「상복」에는 이에 대한 규정이 없다. 다만 '시마 삼월'장에 "시집간 종조고(아버지의 4촌 자매, 5촌 고모, 당고모)·종조자매(아버지의 4촌 형제의 딸, 6촌 자매)를 위해 시마 3월로 복을 하는데, 이들도 똑같은 복으로 갚아 준다.從祖姑·姊妹適人者, 報."고 하였으므로, 이들이 시집을 가지 않았을 경우에는 소공 5월로 복을 한다는 것을 알 수 있다. ○『대당개원례』,『정화오례신의』, 사마광의『서의』,『주자가례』, 구준의『가례의절』에서는 '정복의 소공 5월'로 분류

종조형제從祖兄弟(아버지의 4촌 형제의 아들, 6촌 형제)를 위해 소공 5월로 복을 하는데 똑같은 복으로 갚아주는 경우,104) 아직 시집을 가지 않고 집에 있는 종조조고從祖祖姑(할아버지의 4촌 자매)를 위해 소공 5월로 복을 하는데 똑같은 복으로 갚아주는 경우,105) 외조부모外祖父母(외할아버지·외할머니)를 위해 소공 5월로 복을 하는 경우,106) 외삼촌 및 이모를 위해 소공 5월로 복을 하는데 (이모와 외

하였다.

104) 종조형제 … 갚아주는 경우 : 황간의 『의례경전통해속』, 호배휘의 『의례정의』에서는 '정복의 소공 5월'로, 『정화오례신의』, 사마광의 『서의』, 『주자가례』, 구준의 『가례의절』에서도 모두 『신당서』와 마찬가지로 '정복의 소공 5월'로 분류하였다. 다만 『대당개원례』에는 이에 대한 규정이 없다.

105) 아직 시집을 가지 않고 … 경우 : 『의례』 「상복」에는 이에 대한 규정이 없다. 『대당개원례』, 『정화오례신의』, 구준의 『가례의절』에서는 '정복의 소공 5월'로, 사마광의 『서의』에서는 '의복의 소공 5월'로 분류하였다.

106) 외조부모 … 경우 : 외할아버지·외할머니를 위해 소공으로 복을 하는 이유. ① 외할아버지·외할머니는 어머니의 지존이기 때문에 加服을 한다는 입장. 마융은 "외할아버지·외할머니는 어머니의 부모이다. 본복은 시마이지만, 어머니가 지존으로 받드는 분이기 때문에 소공으로 가복을 한다.外祖父母者, 母之父母也. 本服總, 以母所至尊, 加服小功."고 하였다. 저인량은 "마융과 정현은 모두 (외할아버지·외할머니는) 어머니의 지존이기 때문에 본복은 시마이지만 소공으로 가복을 한다고 하였다. 성인이 본종을 중히 여기고 외족을 가벼이 하는 뜻을 가장 잘 이해한 것이다.馬·鄭皆云'以母之至尊, 故本服總, 而加服小功', 最得聖人重本宗輕外族之意."라고 하였다. ② 소공의 복이 본복이라는 입장 : 오계공은 "아들이 어머니를 따라 어머니의 친족에게 복을 할 경우 모두 어머니보다 두 등급을 낮추어서 한다. 어머니는 친정부모를 위해 기년의 복을 하므로 마땅히 소공을 해야 한다. 존 때문에 가복하는 것이 아니다.子從

삼촌도) 똑같은 복으로 갚아주는 경우가 이에 해당한다.[107]

母而服母黨者, 皆降於其母二等, 母爲其父母期, 宜小功, 非以加尊."
라고 하였다. 호배휘는 어머니는 아버지의 후사가 된 자신의 곤제에 대
해 기년의 복을 하는데, 오계공의 설대로라면 두 등급을 낮추어 소공의
복을 해야 하는데 왜 그렇게 하지 않는가라고 비판하였다.(與傳違, 大
謬. 如其說, 則母爲其昆弟之爲父後者期, 何不亦降二等而小功乎?) 호
배휘, 『의례정의』, 1536쪽 참조. ○ 황간의 『의례경전통해속』, 호배휘의
『의례정의』, 『대당개원례』, 『정화오례신의』, 사마광의 『서의』, 『주자가
례』, 구준의 『가례의절』에서도 모두 『신당서』와 마찬가지로 '정복의 소
공 5월'로 분류하였다.

107) 외삼촌 및 … 해당한다 : 『의례』「상복」에서는 이모는 남녀의 조카를 위
해 소공 5월로 복을 하고(從母, 丈夫·婦人, 報), 남녀의 조카도 이모를
위해 소공 5월로 복을 하지만, 외삼촌은 조카를 위해 시마 3월로 복을
하고[甥] 조카도 외삼촌을 위해 시마 3월로 복을 하는 것[舅]으로 규정
하였다. '從母'는 어머니의 자매, 즉 이모이다. 『의례』「상복」 '소공 5월
·전'에 의하면 본래 외친에 대한 복은 모두 시마인데, (從母에 대해서
는) '어머니[母]'라는 명분 때문에 한 등급을 높여서 소공 5월로 복을
하는 것이라고 하였다.("何以小功也? 以名加也. 外親之服皆緦也.") 이
에 반해서 조카가 외삼촌을 위해 시마 3월로 복을 하는 것에 대해서 『의
례』「상복」 '시마 삼월·전'에서는 외삼촌이 조카를 위해 시마 3월로 복
을 하기 때문에 똑같이 갚아주는 것이라고 설명한다.("何以緦也? 報之
也.") 또 외삼촌이 조카를 위해 시마 3월로 복을 하는 것에 대해서 『의
례』「상복」 '시마 삼월·전'에서는 어머니를 따라서 복을 하는 '종복'의
원칙으로 설명한다.("何以緦? 從服也.") 이여규는 "고모의 자식이 어머
니를 따라 나에게 복을 해 주기 때문에, 나도 그에게 복을 해 주는 것이
다.姑之子從於母而服己, 己則報之."라고 하였다.(호배휘, 『의례정의』,
1567쪽 참조.) 어머니는 곤제(나의 외삼촌)를 위해 대공 9월로 복을 하는
데, 자식(나)은 어머니를 따라 시마로 복을 하는 것이다. 외삼촌과 조카
사이의 복제에 대해서는 당 태종 정관 14년(640) 이래 논란이 지속된

강복降服. 시집을 간 종부자매從父姊妹(4촌 자매)를 위해 소공 5월로 복을 하는데 (종부자매도) 똑같은 복으로 갚아주는 경우,108) 시집을 간 손녀를 위해 소공 5월로 복을 하는 경우,109) 남의 후사가된 사람이 시집을 간 친고모·친손위누이·친손아래누이를 위해 소공 5월로 복을 하는데 이들도 똑같은 복으로 갚아주는 경우가 이에해당한다.110)

끝에 고종 현경 2년(657) 9월에 이모와 조카 사이의 복제와 마찬가지로소공 5월로 報服하는 것으로 결정되었다.『구당서』권27「예의지(7)」참조. ○ 황간의『의례경전통해속』, 호배휘의『의례정의』에서는 이모와 조카 사이의 보복을 '정복의 소공 5월'로, 외삼촌과 조카 사이의 보복을'정복의 시마 삼월'로 분류하였다.『대당개원례』,『정화오례신의』,『주자가례』, 구준의『가례의절』에서는 외삼촌·이모·조카 사이의 報服을 모두 '정복의 소공 5월'로, 사마광의『서의』에서는 모두 '가복의 소공 5월'로 분류하였다.

108) 시집을 … 경우: 황간의『의례경전통해속』, 호배휘의『의례정의』,『대당개원례』,『정화오례신의』, 구준의『가례의절』에서 모두『신당서』와 마찬가지로 '강복의 소공 5월'로 분류하였다.

109) 시집을 … 경우: 황간의『의례경전통해속』, 호배휘의『의례정의』,『대당개원례』,『정화오례신의』, 구준의『가례의절』에서 모두『신당서』와 마찬가지로 '강복의 소공 5월'로 분류하였다.

110) 남의 후사간 된 사람이 … 해당한다:『의례』「상복」'소공 5월'장에서는"爲人後者, 爲其姊妹適人者."라고 하여 '姑(고모)'가 빠져 있는데, 정현은 "고모를 언급하지 않은 것은 친한 이를 들면 은혜가 가벼운 사람에대해서도 낮춘다는 것을 알 수 있기 때문이다.不言姑者, 擧其親者, 而恩輕者降可知."라고 하였다. ○ 황간의『의례경전통해속』, 호배휘의『의례정의』,『대당개원례』,『정화오례신의』, 구준의『가례의절』에서 모두『신당서』와 마찬가지로 '강복의 소공 5월'로 분류하였다.

의복義服. 종조조모從祖祖母(할아버지 형제의 처, 아버지의 큰어머니·작은어머니, 종조할머니)를 위해 소공 5월로 복을 하는데 (종조조모도) 똑같은 복으로 갚아주는 경우,[111] 시집을 갔거나 아직 시집을 가지 않은 남편의 고모·손위누이·손아래누이를 위해서 소공 5월로 복을 하는데 이들도 똑같은 복으로 갚아주는 경우,[112] 손아랫동서[娣婦]와 손윗동서[姒婦]를 위해 소공 5월로 복을 하는데 서로 똑같은 복으로 갚아주는 경우,[113] 동모이부(同母異父)의 형제·자매

---

111) 종조조모 … 경우 : ○ 황간의『의례경전통해속』, 호배휘의『의례정의』, 사마광의『서의』에서는 '정복의 소공 5월'로,『대당개원례』,『정화오례신의』,『주자가례』, 구준의『가례의절』에서는 '의복의 소공 5월'로 분류하였다.

112) 시집을 갔거나 … 경우 : 정현에 의하면 남편의 고모·손위누이·손아래누이의 경우 아직 시집을 가지 않았거나 이미 시집을 간 경우를 나누지 않는 것은 은혜가 가벼우므로 대략 降服을 하는 예를 따랐기 때문으로 설명한다.(「상복」 '소공 5월'장 정현의 주, "夫之姑·姉妹, 不殊在室及嫁者, 因恩輕, 略從降.") 호배휘는 "남편은 고모와 자매를 위해 정복으로 기년의 복을 하는데, 출가하면 낮추어서 대공으로 복을 한다. 처는 한 등급을 낮추어 남편을 따라서 복을 하므로, 시집을 가지 않았다면 그 정복은 대공이며 출가했다면 낮추어서 소공으로 복을 한다. 이제 은혜가 가볍기 때문에 시집을 갔는지 가지 않았는지를 불문하고 똑같이 소공으로 강복하는 예에 따른다. 이것이 '대략'이라는 의미이다.夫爲姑·姉妹正服期, 出家降服大功, 妻從服降一等, 在室正服大功, 出家降服小功, 今因恩輕, 不分在室與出家, 一從降服小功之例服之, 是略也."라고 정현의 설을 부연하였다. 호배휘,『의례정의』1541쪽 참조. ○ 황간의『의례경전통해속』와 호배휘의『의례정의』,『대당개원례』,『정화오례신의』, 사마광의『서의』,『주자가례』, 구준의『가례의절』에서 모두『신당서』와 마찬가지로 '의복의 소공 5월'로 분류하였다.

113) 손아랫동서 … 경우 :『의례』「상복」 '소공 5월'장에는 "夫之姑·姉妹, 娣

를 위해 소공 5월로 복을 하는데 서로 같은 복으로 갚아주는 경우,[114] (첩의 자식이) 적모嫡母의 부모·형제·자매를 위해 소공 5월로 복을 하는 경우,[115] 자기를 양육해준 서모庶母를 위해 소공 5월

·姒婦, 報."로 되어 있어, '報'의 한 글자가 앞의 '남편의 고모·손위누이·손아래누이[夫之姑·姊妹]'까지 걸린다. 이 '報'의 주체에 대해 마융은 고모가 조카며느리에게 갚는 것으로 보았고(報者, 姑報姪婦也.), 이여규는 고모가 조카며느리에게 갚는 것과 동서들끼리 서로 갚아 주는 것으로 해석하였다. "손아랫동서와 손윗동서 양쪽을 언급하였으므로 서로 갚는다는 뜻이 자명하다. '報'자는 '남편의 고모와 자매를 위해 한다.'는 것에도 걸리는데, 이 글자가 아래에 있는 것은 요컨대 손아랫동서와 손윗동서의 복도 남편으로 인해 생겨난 것이기 때문에 앞의 문장을 함께 받는 것이다.娣·姒婦兩見, 則相爲報自明. 報文指爲夫之姑·姊妹而退在下者, 要娣·姒之服亦因夫而生, 故使幷蒙上文."라고 하였다. 호배휘,『의례정의』, 1541쪽 참조. ○ 황간의『의례경전통해속』와 호배휘의『의례정의』,『대당개원례』,『정화오례신의』, 사마광의『서의』,『주자가례』, 구준의『가례의절』에서 모두『신당서』와 마찬가지로 '의복의 소공 5월'로 분류하였다.

114) 동모이부 … 경우:『의례』「상복」에는 이에 대한 규정이 없다. ○『대당개원례』에서는 '의복의 소공 5월'로,『정화오례신의』,『주자가례』, 구준의『가례의절』에서는 '정복의 소공 5월'로, 사마광의『서의』에서는 '가복의 소공 5월'로 분류하였다.

115) (첩의 자식이) 적모嫡母의 부모·형제·자매를 … 경우:『의례』「상복」에는 이에 대한 규정이 없다.『대당개원례』,『정화오례신의』, 구준의『가례의절』에는『신당서』와 마찬가지로 "爲嫡母之父母·兄弟·從母."로 되어 있고,『주자가례』에는 "庶子爲嫡母之父母·兄弟·姊妹."로 되어 있다.『대당개원례』의 원주에 따르면 이 규정은 첩의 자식이 적모의 부모 및 형제·자매를 위해 소공 5월로 복을 하고, 적모가 죽으면 복을 하지 않는 것을 말한다.(謂妾子爲嫡母之父母及兄弟·姊妹, 嫡母卒則不服)

로 복을 하는 경우,116) 적손의 처를 위해 소공 5월로 복을 하는 경우,117) 쫓겨난 어머니가 계모의 부모·형제·자매를 위해 소공 5월로

○『대당개원례』,『정화오례신의』,『주자가례』, 구준의『가례의절』에 모두『신당서』와 마찬가지로 '의복의 소공 5월'로 분류하였다.

116) 자기를 양육해 준 … 경우 :『의례』「상복」'소공 5월'장에는 "군자자君子子가 자기를 양육해 준 서모를 위해 소공 5월로 복을 한다.君子子爲庶母慈己者."라고 하여 '군자자(대부의 적저의 아들)에 한하여 소공 5월로 복을 하는 것으로 규정하였다.『예』의 규정에서 士는 庶母를 위해 시마의 복을 하고, 대부 이상의 경우에는 복을 하지 않는다. 따라서 군자의 아들도 士禮에 따라 서모를 위해 시마의 복을 하는 것이다. 정현에 의하면, '군자자'는 대부 및 공자의 적처의 아들로서,「상복」'소공 5월·전'에서 "자기를 양육해 주었기 때문에 가복을 하는 것이다."라고 하여 하였으므로 대부 및 공자의 적처의 아들(군자자)도 士禮에 따라 庶母를 위해서는 시마의 복을 한다.(君子子者, 大夫及公子之適妻子. 以慈己加, 則君子子亦以士禮爲庶母緦也.) 또 戴聖은 '君子子'를 '대부의 적처의 아들'로, '서모'를 '대부의 귀첩'으로 해석한다. "(군자자는) 대부의 적처의 아들로서, 귀첩에게 양육된 경우이다. 대부는 천첩에게 복을 하지 않는데, 자신을 양육했다면 시마의 복을 한다. '대부의 아들'이라고 하지 않고 '군자자'라고 칭한 것은 군자는 대부와 같기 때문이다.君子子爲庶母慈己者, 大夫之適妻之子, 養於貴妾, 大夫不服賤妾, 慈己則緦服也. 其不言'大夫之子'而稱'君子子'者, 君子猶大夫也."라고 하였다. 호배휘,『의례정의』, 1549쪽 참조 ○ 황간의『의례경전통해속』와 호배휘의『의례정의』에서는 '정복의 소공 5월'로,『대당개원례』,『정화오례신의』,『주자가례』, 구준의『가례의절』에서 '의복의 소공 5월'로 분류하였다.

117) 적손의 처를 … 경우 : 마융은 "할아버지는 적손의 처를 위해 소공으로 복을 하고, 서손의 처를 위해 한 등급 낮추어서 시마로 복을 한다.祖父母爲適孫之婦小功, 庶孫降一等, 故服緦."고 하였고, 가공언·이여규도 같은 입장이다.(호배휘,『의례정의』, 1557쪽 참조.) 그런데 정작『의례』「상복」에는 '적손의 처'에 대한 복의 규정이 없다. ① 오계공·서건학 등은

복을 하는 경우,[118] 형수[嫂]와 시동생[叔]이 소공 5월로 복을 하는
데 서로 똑같은 복으로 갚아주는 경우가 여기에 해당한다.[119]

탈문 때문으로 본다. 오계공은 "서손의 처를 위해 시마로 복을 하므로
적손의 처를 위해서는 소공의 복을 해야 한다. '소공 5월'장에 이에 대한
규정이 보이지 않는 것은 문장이 탈오되었기 때문이다.庶孫之婦緦, 則
適孫之婦, 小功也. 小功章, 不見之者, 文脫耳."라고 하였다. ② 그러나
秦蕙田은 '適孫'이란 존재할 수 없기 때문으로 본다. "적자가 있다면
적손은 있을 수 없다. 적자의 처가 있다면 적손의 처는 있을 수 없다.
적자가 죽어서 적손이 후사를 이었다하더라도 그 적자의 처가 있다. 결
국 적손의 처는 서손의 처가 된다. 적자와 적자의 처가 모두 죽고 적손의
처가 (적손보다) 먼저 죽는 경우는 매우 드문 일이다. 그러므로 경문에서
규정하지 않은 것이다. 또 적자의 처가 적자보다 먼저 죽는 경우가 없
는 것은 아니지만, 그 때는 재취 때문이다. 그러나 이때도 적자의 처는
존재하는 셈이 된다. 더욱이 아들이 죽고, 며느리가 시아버지보다 먼저
죽은 경우는 1%도 안 되는 비정상적인 상태. 성인은 정상적인 경우
에 대해 말할 뿐이다."(진혜전,『五禮通考』권258, 凶禮13, 喪禮 참조.)
○『대당개원례』,『정화오례신의』,『주자가례』, 구준의『가례의절』에서는
『신당서』와 마찬가지로 모두 '의복의 소공 5월'로 분류하였다.

118) 쫓겨난 어머니가 … 경우 : 『의례』「상복」에는 이에 대한 복의 규정이 없
다.『대당개원례』,『정화오례신의』,『주자가례』, 구준의『가례의절』에는
'의복의 소공 5월'로 분류하였다.

119) 형수[嫂]와 … 해당한다 : 『의례』「상복」에는 형수와 시동생은 서로 복을
하지 않는 것으로 되어 있다.『의례』「상복」'대공 9월장·전'에 "남편의
곤제에 대해서는 왜 복의 규정이 없는가? 그 남편이 아비의 항렬에 속한
다면, 처는 모두 어미의 항렬이 된다. 그 남편이 아들의 항렬에 속한다면,
처는 모두 며느리의 항렬이 된다. 동생의 처를 며느리라고 칭한다면, 형
수를 또한 어머니라고 칭해야 하는데, 그것이 가능한 일이겠는가? 그러
므로 명분이란 사람의 이치에 있어 중대한 것이니, 삼가지 않을 수 있겠
는가?傳曰, '何以大功也? 從服也. 夫之昆弟何以無服也? 其夫屬乎父

緦麻三月殤. 正服: 爲從父兄弟姉妹之中殤·下殤, 爲庶孫之中
殤·下殤, 爲從祖叔父之長殤, 爲從祖兄弟之長殤, 爲舅及從母之
長殤, 爲從父兄弟之子之長殤, 爲兄弟之孫長殤, 爲從祖姑·姉妹
之長殤. 降服: 爲人後者爲其兄弟之中殤·下殤, 爲姪之中殤·下
殤, 出嫁姑爲之報,[120] 爲人後者爲其姑·姉妹之中殤·下殤. 義服
: 爲人後者爲從父兄弟之長殤, 爲夫之叔父之中殤·下殤, 爲夫之
姑·姉妹之長殤.

상시마 삼월緦麻三月殤.

정복正服. 중상이나 하상으로 죽은 종부형제(4촌 형제)·종부자매
(4촌 자매)를 위해 시마 3월로 복을 하는 경우,[121] 중상이나 하상으

道者, 妻皆母道也. 其夫屬乎子道者, 妻皆婦道也. 謂弟之妻婦者, 是嫂
亦可謂之母乎? 故名者人治之大者也, 可無愼乎?"라고 하였다. 형수
와 시동생 사이의 복제에 대해서도 당 태종 정관 14년(640)에 논란이
되었는데, 결국 소공 5월의 報服으로 결정되었다. 『구당서』 권27 「예의
지」7 참조. ○ 『대당개원례』, 『정화오례신의』, 『주자가례』, 사마광의 『서
의』, 『주자가례』, 구준의 『가례의절』에 『신당서』와 마찬가지로 모두 '의
복의 소공 5월'로 분류하였다.

120) 出嫁姑爲之報 : 『대당개원례』 권132, 凶禮, 「五服制度」의 '緦麻三月·
殤 降服' 조의 원주에 "出嫁姑爲之服."로 되어 있으므로, 이곳에서도
한 항목의 규정이 아니라 '爲姪之中殤·下殤'의 규정에 대한 주로 보아
야 한다.

121) 중상이나 하상으로 죽은 종부형제 … 경우: 본래 종부곤제(종부형제)가
성인으로 죽었다면 대공 9월로 복을 하고, 장상으로 죽었다면 한 등급을
낮추어 소공 5월로 복을 하는데, 중상이나 하상으로 죽었기 때문에 두
등급을 낮추어서 시마 3월로 복을 하는 것이다. 대공 이하의 殤服에서는
중상은 하상을 따른다. ○ 황간의 『의례경전통해속』와 호배휘의 『의례정

로 서손庶孫을 위해 시마 3월로 복을 하는 경우,122) 장상으로 죽은 종조·숙부를 위해 시마 3월로 복을 하는 경우, 장상으로 죽은 종조숙부從祖叔父(할아버지의 동생)를 위해 시마 3월로 복을 하는 경우,123) 장상으로 죽은 종조형제從祖兄弟(아버지의 4촌 형제의 아들, 6촌 형제)를 시마 3월로 복을 하는 경우,124) 장상으로 죽은 외삼촌 및 이모를 위해 시마 3월로 복을 하는 경우,125) 장상으로 죽은 종부

의』에서는 '강복의 시마 3월'로,『대당개원례』,『정화오례신의』, 구준의
『가례의절』에서는 '정복의 시마 3월'로 분류하였다.

122) 중상이나 하상으로 죽은 서손庶孫 … 경우 : 본래 庶孫이 성인으로 죽었
다면 대공 9월로 복을 하고, 장상으로 죽었다면 한 등급을 낮추어 소공
5월로 복을 한다. 중상으로 죽으면, 중상은 하상을 따르기 때문에 하상으
로 죽은 경우와 마찬가지로 다시 한 등급을 더 낮추어서 시마 3월로 복
을 하는 것이다. ○ 황간의 『의례경전통해속』와 호배휘의 『의례정의』에
서는 '강복의 시마 3월'로,『대당개원례』,『정화오례신의』, 구준의 『가례
의절』에서는 '정복의 시마 3월'로 분류하였다.

123) 장상으로 죽은 종조숙부 … 경우 :『의례』「상복」에는 이에 대한 복의 규
정이 없다.『대당개원례』,『정화오례신의』, 구준의『가례의절』에서는 '정
복의 시마 3월'로 분류하였다.

124) 장상으로 죽은 종조형제 … 경우 : ○ 황간의『의례경전통해속』와 호배휘
의『의례정의』에서는 '강복의 시마 3월'로,『대당개원례』,『정화오례신
의』, 구준의『가례의절』에서는 '정복의 시마 3월'로 분류하였다.

125) 장상으로 죽은 외삼촌 … 경우 :『의례』「상복」에는 장상으로 죽은 외삼
촌에 대한 복의 규정이 없으니, 복을 하지 않는 것이다. 이에 비해서 이
모가 장상으로 죽으면 시마 3월로 복을 한다. 마융은 이모가 성인으로
죽으면 소공으로 복을 해 주는데, 장상으로 죽었다면 한 등급을 낮추기
때문에 시마로 복을 해 주는 것이라고 하였다. 호배휘는 "外親의 殤服에
대한 규정은 이 조목(이모)이 유일하다. 외친의 복은 모두 시마이므로

형제(4촌 형제)의 아들을 위해 시마 3월로 복을 하는 경우,[126] 장상으로 죽은 형제의 손자를 위해 시마 3월로 복을 하는 경우,[127] 장상으로 죽은 종조고從祖姑(아버지의 4촌 자매, 5촌 고모, 당고모)와 종조자매從祖姊妹(아버지의 4촌 형제의 딸, 6촌 자매)를 위해 시마 3월로 복을 하는 경우가 여기에 해당한다.[128]

殤으로 죽었다면 복이 없다. 다만 이모는 외조카를 위해 소공으로 가복을 해 주기 때문에, 장상으로 죽은 경우에도 시마 3월로 복을 해 주고, 중상이나 하상으로 죽은 경우에는 복을 하지 않는다."고 하였다.(호배휘, 『의례정의』, 1559쪽 참조.) 그러나 당나라 고종 현경 2년(657) 9월에 외삼촌에 대한 복이 소공 5월로 결정된 이후의 예서에서 장상으로 죽은 외삼촌을 위해 시마 3월의 복을 하는 것으로 규정된다. ○ 황간의 『의례경전통해속』와 호배휘의 『의례정의』에서는 장상으로 죽은 이모의 복을 '강복의 시마 3월'로 분류하였다. 『대당개원례』, 『정화오례신의』, 구준의 『가례의절』에서는 장상으로 죽은 이모와 외삼촌의 '정복의 시마 3월'로 분류하였다.

126) 장상으로 죽은 종부형제 … 경우 : ○ 황간의 『의례경전통해속』와 호배휘의 『의례정의』에서는 '강복의 시마 3월'로, 『대당개원례』, 『정화오례신의』, 구준의 『가례의절』에서는 '정복의 시마 3월'로 분류하였다.

127) 장상으로 죽은 형제의 손자 … 경우 : ○ 황간의 『의례경전통해속』와 호배휘의 『의례정의』에서는 '강복의 시마 3월'로, 『대당개원례』, 『정화오례신의』, 구준의 『가례의절』에서는 '정복의 시마 3월'로 분류하였다.

128) 장상으로 죽은 종조고 … 해당한다 : 『의례』「상복」에는 이에 대한 복의 규정이 없다. 다만 같은 '시마 3월'장에 "시집간 종조고(아버지의 4촌 자매, 5촌 고모, 당고모)·종조자매(아버지의 4촌 형제의 딸, 6촌 자매)를 위해 시마 3월로 복을 하는데, 이들도 똑같은 복으로 갚아 준다.從祖姑·姊妹適人者, 報."라고 하였으므로, 종조고와 종조자매에 대한 본복은 소공 5월임을 알 수 있다. 따라서 이들이 장상으로 죽었다면 한 등급을 낮추어 시마 3월로 복을 한다는 것도 알 수 있다. ○ 『대당개원례』, 『정화

강복降服. 남의 후사가 된 사람이 중상이나 하상으로 죽은 친형제를 위해 시마 3월로 복을 하는 경우,[129] 중상이나 하상으로 죽은 조카를 위해 시마 3월로 복을 하는 경우[130]{출가한 고모가 이들에게 똑같은 복으로 갚아주는 것이다.}, 남의 후사가 된 사람이 중상이나 하상으로 죽은 친고모·친손위누이·친손아래누이를 위해 시마 3월로 복을 하는 경우가 여기에 해당한다.[131]

오례신의』, 구준의 『가례의절』에서는 '정복의 시마 3월'로 분류하였다.

129) 남의 후사가 된 사람이 … 경우 : 『의례』「상복」에는 이에 대한 복의 규정이 없다. 다만 '상소공 5월'장에 "남의 후사가 된 사람이 장상으로 죽은 친곤제(친형제)를 위해 소공 5월로 복을 한다.爲人後者, 爲其昆弟之長殤."고 하였으므로 중상이나 하상으로 죽었을 경우 시마 3월로 복을 한다는 것을 알 수 있다. ○『대당개원례』,『정화오례신의』, 구준의 『가례의절』에서는 '강복의 시마 3월'로 분류하였다.

130) 중상이나 하상으로 죽은 조카를 … 경우 : 『의례』「상복」에서는 이모가 외조카를 위해 소공 5월, 외삼촌이 외조카를 위해 시마 3월로 규정하였다. 따라서 중상이나 하상으로 죽으면 두 등급을 낮추어 복을 해야 하는데, 소공 5월이든 시마 3월이든 두 등급을 낮추면 무복이 된다. 따라서 『의례』「상복」편에는 중상이나 하상으로 죽은 조카에 대한 복의 규정은 없다. ○『대당개원례』에서는 '강복의 시마 3월'로 분류하였다.

131) 남의 후사가 된 사람이 … 해당한다 : 『의례』「상복」에는 이에 대한 복의 규정이 없다. 다만 '소공 5월'장에 "남의 후사가 된 사람이 시집간 친자매와 친고모를 위해 소공 5월로 복을 한다.爲人後者, 爲其姊妹適人者." 라고 하였으므로, 남의- 후사가 된 사람이 자신의 친자매와 친고모를 위해 하는 본복은 대공 9월임을 알 수 있다. 따라서 장상으로 죽으면 한 등급을 낮추어서 소공 5월로 복을 하고, 중상이나 하상으로 죽으면 다시 한 등급을 낮추어 시마 3월로 복을 한다는 것도 알 수 있다. ○『대당개원례』,『정화오례신의』, 구준의 『가례의절』에서는 '강복의 시마 3월'로

의복義服. 남의 후사가 된 사람이 장상으로 죽은 종부형제(4촌 형제)를 위해 시마 3월로 복을 하는 경우,[132] 중상이나 하상으로 죽은 남편의 작은아버지를 위해 시마 3월로 복을 하는 경우,[133] 장상으로 죽은 남편의 고모·손위누이·손아래누이를 위해 시마 3월로 복을 하는 경우가 여기에 해당한다.[134]

成人. 正服: 爲族兄弟, 爲族曾祖父報, 爲族祖父報, 爲族父報, 爲外孫, 爲曾孫·玄孫, 爲從母兄弟姊妹, 爲姑之子, 爲舅之子, 爲族曾祖姑在室者報, 爲族祖姑在室者報, 爲族姑在室者報. 降服: 爲從祖姑·姊妹適人者報, 女子子適人者爲從祖父報, 庶子爲父後者爲其母, 爲從祖姑適人者報, 爲人後者爲外祖父母, 爲兄弟之孫女適人者報. 義服; 爲族曾祖母報, 爲族祖母報, 爲族母報, 爲庶

분류하였다.

132) 남의 후사가 된 사람이 … 경우:『의례』「상복」에는 이에 대한 복의 규정이 없다. ○『대당개원례』에서는 '의복의 시마 3월'로,『정화오례신의』와 구준의『가례의절』에서는 '강복의 시마 3월'로 분류하였다.

133) 중상이나 하상으로 죽은 … 경우: ○ 황간의『의례경전통해속』,『대당개원례』,『정화오례신의』, 구준의『가례의절』에서는 '의복의 시마 3월'로, 호배휘의『의례정의』에서는 '강복의 시마 3월'로 분류하였다.

134) 장상으로 죽은 … 해당한다: 남편의 고모·손위누이·손아래누이가 성인으로 죽었다면 소공 5월로 복을 해야 한다. 하지만 장상으로 죽었을 경우에는 한 등급을 낮추어 시마 3월로 복을 하는 것이다. 따라서 중상이나 하상으로 죽었을 경우에는 다시 한 등급을 낮추어야 하므로 복이 없게 된다. ○ 황간의『의례경전통해속』,『대당개원례』,『정화오례신의』, 구준의『가례의절』에서는 '의복의 시마 3월'로, 호배휘의『의례정의』에서는 '강복의 시마 3월'로 분류하였다.

孫之婦, 女子子適人者爲從祖伯叔母, 爲庶母, 爲乳母, 爲婿, 爲妻之父母, 爲夫之曾祖高祖父母, 爲夫之從祖祖父母報, 爲夫之從祖父母報, 爲夫之外祖父母報, 爲從祖兄弟之子, 爲夫之從父兄弟之妻, 爲夫之從父姊妹在室及適人者, 爲夫之舅及從母報.

성인 시마成人

정복正服. 족형제族兄弟(고조의 현손, 8촌 형제)를 위해 시마 3월로 복을 하는 경우,135) 족증조부族曾祖父(증조할아버지의 형제)를 위해 시마 3월로 복을 하는데 상대도 똑같은 복으로 갚아주는 경우,136) 족조부族祖父(할아버지의 4촌 형제)를 위해 시마 3월로 복을 하는데 상대도 똑같은 복으로 갚아주는 경우,137) 족부族父(아버지의 6촌 형제)를 위해 시마 3월로 복을 하는데 족부도 똑같은 복으로 갚아주는 경우,138) 외손을 위해 시마 3월로 복을 하는 경우,139) 증손과

---

135) 족형제 … 복을 하는 경우 : ○ 황간의 『의례경전통해속』, 호배휘의 『의례정의』, 『대당개원례』, 『정화오례신의』, 『주자가례』, 구준의 『가례의절』에서 모두 『신당서』와 마찬가지로 '정복의 시마 3월'로 분류하였다.

136) 족증조부 … 갚아주는 경우 : ○ 황간의 『의례경전통해속』, 호배휘의 『의례정의』, 『대당개원례』, 『정화오례신의』, 『주자가례』, 구준의 『가례의절』에서 모두 『신당서』와 마찬가지로 '정복의 시마 3월'로 분류하였다.

137) 족조부 … 갚아주는 경우 : ○ 황간의 『의례경전통해속』, 호배휘의 『의례정의』, 『대당개원례』, 『정화오례신의』, 『주자가례』, 구준의 『가례의절』에서 모두 『신당서』와 마찬가지로 '정복의 시마 3월'로 분류하였다.

138) 족부 … 갚아주는 경우 : ○ 황간의 『의례경전통해속』, 호배휘의 『의례정의』, 『대당개원례』, 『정화오례신의』, 『주자가례』, 구준의 『가례의절』에서 모두 『신당서』와 마찬가지로 '정복의 시마 3월'로 분류하였다.

139) 외손을 … 복을 하는 경우 : ○ 황간의 『의례경전통해속』, 호배휘의 『의례정의』, 『대당개원례』, 『정화오례신의』, 사마광의 『서의』, 『주자가례』,

현손을 위해 시마 3월로 복을 하는 경우,140) 이모의 아들·딸을 위해 시마 3월로 복을 하는 경우,141) 고모의 자식을 위해 시마 3월로 복을 하는 경우,142) 외삼촌의 자식을 위해 시마 3월로 복을 하는 경

구준의 『가례의절』에서 모두 『신당서』와 마찬가지로 '정복의 시마 3월'로 분류하였다.

140) 증손과 현손 … 복을 하는 경우 : 『의례』「상복」에는 증손을 위해 시마 3월로 한다고 규정하였지만, 현손에 대한 복의 규정은 없다.「상복」'시마 3월'장의 정현 주에 "고조와 증조는 모두 소공에서 차이가 나므로 증손과 현손은 그들을 위해 같은 복을 한다. "高祖·曾祖皆有小功之差, 則曾孫·玄孫爲之服同也."고 하였으므로 현손에 대한 복도 증손과 마찬가지로 시마 3월임을 알 수 있다. ○ 황간의 『의례경전통해속』과 호배휘의 『의례정의』에서는 증손에 대한 복을 '정복의 시마 3월'로 분류하였고, 『대당개원례』, 『정화오례신의』, 사마광의 『서의』, 『주자가례』, 구준의 『가례의절』에서 모두 증손과 현손의 복을 '정복의 시마 3월'로 분류하였다.

141) 이모의 아들 … 복을 하는 경우 : 『爾雅』「釋親」에 "이모의 아들은 종모곤제이고, 이모의 딸은 종모자매이다.從母之男子爲從母昆弟, 其女子者爲從母姊妹."라고 하였다. 『의례』「상복」'시마 3월·전'에서는 이모(종모)의 아들(곤제)을 위해 시마 3월의 복을 하는 것은 명분 때문에 복을 해주는 것이라고 설명한다.("何以緦也? 以名服也.") 가공언은 '어머니'라는 명분 때문에, 오계공은 '곤제'라는 명분 때문에 복을 한다고 하였고, 마융은 '어머니'와 '곤제'의 두 가지 의리를 겸한다고 하였다.(『의례주소』, 728쪽 및 『의례정의』, 1565쪽 참조.) ○ 황간의 『의례경전통해속』, 호배휘의 『의례정의』, 『대당개원례』, 『정화오례신의』, 사마광의 『서의』, 『주자가례』, 구준의 『가례의절』에서 모두 『신당서』와 마찬가지로 '정복의 시마 3월'로 분류하였다.

142) 고모의 자식을 … 복을 하는 경우 : 李如珪는 "고모의 자식이 어머니를 따라 나에게 복을 해주기 때문에, 나도 그에게 복을 해 주는 것이다.姑之子從於母而服己, 己則報之."라고 하였다.(호배휘, 『의례정의』, 1567쪽

우,143), 아직 시집을 가지 않고 집에 있는 족증조고族曾祖姑(증조할

아버지의 자매)를 위해 시마 3월로 복을 하는데 똑같은 복으로 갚아

주는 경우,144) 아직 시집을 가지 않고 집에 있는 족조고族祖姑(아버

지의 6촌 자매)를 위해 시마 3월로 복을 하는데 똑같은 복으로 갚아

주는 경우,145) 아직 시집을 가지 않고 집에 있는 족고族姑(7촌 숙모)

를 위해 시마 3월로 복을 하는데 똑같은 복으로 갚아주는 경우가 여

기에 해당한다.146)

강복降服. 시집을 간 종조고從祖姑(아버지의 4촌 자매, 5촌 고모,

참조.) 정현에 의하면, 고모의 자식은 나와 外兄弟이다. 고모가 밖으로
출가하여 낳은 자식이기 때문에 나와 외형제가 되는 것이다. ○ 황간의
『의례경전통해속』, 호배휘의 『의례정의』, 『대당개원례』, 『정화오례신의』,
사마광의 『서의』, 『주자가례』, 구준의 『가례의절』에서 모두 『신당서』와
마찬가지로 '정복의 시마 3월'로 분류하였다.

143) 외삼촌의 자식을 … 복을 하는 경우 : ○ 황간의 『의례경전통해속』, 호배
휘의 『의례정의』, 『대당개원례』, 『정화오례신의』, 사마광의 『서의』, 『주
자가례』, 구준의 『가례의절』에서 모두 『신당서』와 마찬가지로 '정복의
시마 3월'로 분류하였다.

144) 아직 시집을 가지 않고 … 갚아주는 경우 : 『의례』「상복」에는 이에 대한
복의 규정이 없다. ○ 『대당개원례』, 『정화오례신의』, 『주자가례』, 구준의
『가례의절』에서 모두 『신당서』와 마찬가지로 '정복의 시마 3월'로 분류
하였다.

145) 아직 시집을 가지 않고 … 갚아주는 경우 : 『의례』「상복」에는 이에 대한
복의 규정이 없다. ○ 『대당개원례』, 『정화오례신의』, 『주자가례』, 구준의
『가례의절』에는 '정복의 시마 3월'로 분류하였다.

146) 아직 시집을 가지 않고 … 해당한다 : 『의례』「상복」에는 이에 대한 복의
규정이 없다. ○ 『대당개원례』, 『정화오례신의』, 『주자가례』, 구준의 『가
례의절』에는 '정복의 시마 3월'로 분류하였다.

당고모)·종조자매從祖姉妹(아버지의 4촌 형제의 딸, 6촌 자매)를 위해 시마 3월로 복을 하는데 이들도 똑같은 복으로 갚아주는 경우,147) 시집을 간 딸이 종조부從祖父(할아버지 형제의 아들, 아버지의 4촌 형제)를 위해 시마 3월로 복을 하는데 종조부도 똑같은 복으로 갚아주는 경우,148) 서자로서 아버지의 후사가 된 사람이 친어머니를 위해 시마 3월로 복을 하는 경우,149) 시집을 간 종조고從祖姑

---

147) 시집을 간 … 갚아주는 경우 : 호배휘는 "'갚아준다[報]'고 말한 것은 양쪽이 서로 복을 한다는 뜻을 밝힌 것이다.言報者, 明兩相爲服也."라고 하였다. 마융은 "할아버지 형제의 딸과 할아버지 형제의 손녀는 모두 나의 입장에서 보면 재종관계에 있다. 시집을 가지 않았다면 소공으로 복을 하고, 다른 사람에게 시집갔다면 한 등급을 낮추므로 시마 3월로 복을 하는 것이다.從祖姑·姊妹, 於己再從, 在室小功, 適人降一等, 故緦也."라고 하였다.(호배휘,『의례정의』, 1558쪽 참조.) ○ 황간의『의례경전통해속』에서는 '정복의 시마 3월'로, 호배휘의『의례정의』,『대당개원례』,『정화오례신의』, 구준의『가례의절』에서는 '강복의 시마 3월'로 분류하였다.

148) 시집을 간 딸이 … 갚아주는 경우 : ○『대당개원례』,『정화오례신의』에서는 '강복의 시마 3월'로 분류하였다.

149) 서자로서 … 복을 하는 경우 : 이곳의 '庶子'는 첩의 아들이다. 아버지의 후사가 된 서자가 친어머니를 위해 시마 3월로 복을 하는 이유에 대해서,『의례』「상복」'시마 3월·전'에서는 서자가 아버지의 후사가 되면 尊者(아버지)와 한 몸[一體]이 되기 때문에 감히 私親(어머니)에 대해서 복을 할 수 없지만, 궁중에서 사람이 죽으면 길례와 흉례를 병행할 수 없기 때문에 3개월 동안 제사를 거행하지 않는데, 그 때를 이용해서 친어머니를 위해 시마 3월로 복을 하는 것으로 설명한다.("何以緦也? 傳曰, '與尊者爲一體, 不敢服其私親也.' 然則何以服緦也? 有死於宮中者, 則爲之三月不擧祭. 因是以服緦也.") 또 정현에 의하면, 아버지의 후사가 되지 못했을 경우, 군주가 죽으면 그의 서자는 친어머니를 위해 대공 9월로

(아버지의 4촌 자매, 5촌 고모, 당고모)를 위해 시마 3월로 복을 하는데 종조고도 똑같은 복으로 갚아주는 경우,150) 남의 후사가 된 사람이 본생의 외할아버지·외할머니를 위해 시마 3월로 복을 하는 경우,151) 시집을 간 형제의 손녀를 위해 시마 3월로 복을 하는데 그녀도 똑같은 복으로 갚아주는 경우가 여기에 해당한다.152)

　의복義服. 족증조모族曾祖母(증조할아버지 형제의 처)를 위해 시마 3월로 복을 하는데 족증조모도 똑같은 복으로 갚아주는 경우,153)

　　복을 하고, 대부가 죽으면 그의 서자는 친어머니를 위해 자최 3년으로 복을 하고, 사의 서자는 아버지가 살아 계셔도 친어머니를 위해 일반인과 마찬가지로 자최 장기로 복을 한다.('시마 3월'장 정현의 주, "君卒, 庶子爲母大功. 大夫卒, 庶子爲母三年也. 士雖在, 庶子爲母皆如衆人.") ○ 황간의 『의례경전통해속』, 호배휘의 『의례정의』, 『대당개원례』, 『정화오례신의』, 『주자가례』, 구준의 『가례의절』에서도 『신당서』와 마찬가지로 모두 '강복의 시마 3월'로 분류하였다.

150) 시집을 간 종조고 … 갚아주는 경우 : ○ 황간의 『의례경전통해속』에서는 '정복의 시마 3월'로, 호배휘의 『의례정의』, 『대당개원례』, 구준의 『가례의절』에서는 '강복의 시마 3월'로, 『신당서』와 마찬가지로 모두 '강복의 시마 3월'로 분류하였다.

151) 남의 후사가 된 사람이 … 복을 하는 경우 : 『의례』「상복」에는 이에 대한 복의 규정이 없다. ○ 『대당개원례』, 『정화오례신의』, 구준의 『가례의절』에서는 '강복의 시마 3월'로 분류하였다.

152) 시집을 간 형제의 손녀를 … 해당한다 : 『의례』「상복」에는 이에 대한 복의 규정이 없다. ○ 『대당개원례』, 『정화오례신의』, 구준의 『가례의절』에서는 '강복의 시마 3월'로 분류하였다.

153) 족증조모 … 갚아주는 경우 : ○ 황간의 『의례경전통해속』와 호배휘의 『의례정의』에서는 '정복의 시마 3월'로, 『대당개원례』, 『정화오례신의』, 『주자가례』, 구준의 『가례의절』에서는 '의복의 시마 3월'로 분류하였다

족조모族祖母(아버지의 6촌 형제의 처)를 위해 시마 3월로 복을 하
는데 족조모도 똑같은 복으로 갚아주는 경우,154) 족모族母(족형제의
처, 8촌 형제의 처)를 위해 시마 3월로 복을 하는데 족모도 똑같은
복으로 갚아주는 경우,155) 할아버지·할머니가 서손庶孫의 처를 위
해 시마 3월로 복을 하는 경우,156) 시집을 간 딸이 종조백숙모從祖伯
叔母(아저지의 4촌 형제의 처)를 위해 시마 3월로 복을 하는 경
우,157) 서모庶母를 위해 시마 3월로 복을 하는 경우,158) 유모乳母를

---

154) 족조모 … 갚아주는 경우 : ○ 황간의 『의례경전통해속』와 호배휘의 『의
례정의』에서는 '정복의 시마 3월'로, 『대당개원례』, 『정화오례신의』, 『주
자가례』, 구준의 『가례의절』에서는 '의복의 시마 3월'로 분류하였다

155) 족모 … 갚아주는 경우 : ○ 황간의 『의례경전통해속』와 호배휘의 『의례
정의』에서는 '정복의 시마 3월'로, 『대당개원례』, 『정화오례신의』, 『주자
가례』, 구준의 『가례의절』에서는 '의복의 시마 3월'로 분류하였다

156) 할아버지·할머니가 … 복을 하는 경우 : ○ 황간의 『의례경전통해속』와
호배휘의 『의례정의』, 사마광의 『서의』에서는 '정복의 시마 3월'로, 『대
당개원례』, 『정화오례신의』, 『주자가례』, 구준의 『가례의절』에서는 '의복
의 시마 3월'로 분류하였다

157) 종조백숙모 … 복을 하는 경우 : 이 규정은 『대당개원례』에서만 '의복의
시마 3월'로 분류하였다.

158) 서모庶母를 위해 … 복을 하는 경우 : 『의례』 「상복」 '시마 3월'장에는
"士가 서모를 위해 시마 3월로 복을 한다.士爲庶母."고 하여 士만이 庶
母를 위해 복을 할 수 있다고 규정하였다. '시마 3월·전'에서는 士는
어머니[母]라는 명분 때문에 복을 하지만 대부 이상은 복을 하지 못한다
고 하였다.("傳曰, 何以緦也? 以名服也. 大夫以上, 爲庶母無服.") 雷
次宗은 오복의 규정 가운데 시복의 주체를 말하지 않는 것은 모두 '士'
의 신분이라고 하였다. 또한 이곳에서만 시복의 주체로서 '士'를 언급한
것은 "(복의 규정 가운데) 이 경문에서만 '사'라고 말한 것은 왜인가?

위해 시마 3월로 복을 하는 경우,[159] 사위[婿]를 위해 시마 3월로 복을 하는 경우,[160] 처의 부모를 위해 시마 3월로 복을 하는 경우,[161]

대부 이상은 서모에 대한 복이 없다. 서인에게는 첩이 없기 때문에 서모도 없다. 서모를 위해 복을 하는 경우는 士뿐이다.此獨言士, 何乎? 蓋大夫以上, 庶母無服, 庶人無妾, 則無庶母. 爲庶母者, 唯士而已.”라고 하였다.(『의례정의』, 1560~1561쪽 참조.) 아울러 賀循은 이곳의 '庶母'는 사인 아버지의 첩(庶母, 士父之妾也)이라고 하였다. ○ 호배휘의 『의례정의』, 사마광의 『서의』에서는 '정복의 시마 3월'로, 황간의 『의례경전통해속』와 『대당개원례』, 『정화오례신의』, 『주자가례』, 구준의 『가례의절』에서는 '의복의 시마 3월'로 분류하였다

159) 유모乳母를 위해 … 복을 하는 경우 :『의례』「상복」'시마 3월·전'에서는 이 역시 어머니라는 명분 때문에 시마의 복을 해주는 것이라고 설명한다.(“何以緦也? 以名服也.”) 馬融은 '母'라는 명분 때문에, 郝敬은 '乳'라는 명분 때문에 복을 하는 것으로 해석하였다. 마융은 "사가 유모를 위해 복을 하는 것은 그녀가 자기를 젖으로 양육해 주어서 '모'(어머니)라는 이름이 있기 때문이다.士爲乳母服, 以其乳養於己, 有母名.”라고 하였고, 학경은 "유모는 외인의 부인으로서 대신 자식을 양육한 사람으로 본래는 '모'라고 할 수 없지만, 젖을 먹여줌으로써 '유'라는 이름을 얻었다. 그러므로 본래 복이 없지만, 명분 때문에 복을 할 수 있게 된 것이다.乳母, 外人婦代食子者, 本不名母, 而以乳得名, 本無服, 而以名得服.”라고 하였다.(『의례정의』, 1563쪽 참조.) ○ 황간의 『의례경전통해속』, 호배휘의 『의례정의』, 『대당개원례』, 『정화오례신의』, 사마광의 『서의』, 『주자가례』, 구준의 『가례의절』에서 모두 『신당서』와 마찬가지로 '의복의 시마 3월'로 분류하였다.

160) 사위[婿]를 위해 … 복을 하는 경우 : ○ 황간의 『의례경전통해속』과 호배휘의 『의례정의』에서는 '정복의 시마 3월'로,『대당개원례』,『정화오례신의』, 사마광의 『서의』, 『주자가례』, 구준의 『가례의절』에서 모두 '의복의 시마 3월'로 분류하였다.

161) 처의 부모를 … 복을 하는 경우 :『의례』「상복」'시마 3월·傳'에서는 처

남편의 증조할아버지·증조할머니와 고조할아버지·고조할머니를
위해 시마 3월의 복을 하는 경우,162) 남편의 종조조부從祖祖父(할아
버지의 형제, 아버지의 큰아버지·작은아버지)와 종조조모從祖祖母
(할아버지 형제의 처, 아버지의 큰어머니·작은어머니, 종조할머니)
를 위해 시마 3월로 복을 하는데 이들도 똑같은 복으로 갚아주는 경
우,163) 남편의 외할아버지·외할머니를 위해 시마 3월로 복을 하는
데 이들도 똑같은 복으로 갚아주는 경우,164) 종조형제從祖兄弟(6촌

를 따라서 장인·장복에게 복을 하는 從服으로 설명한다.("傳曰, 何以
緦? 從服也.") 오계공은 "기년의 복을 하는 사람(처)을 따라 시마의 복
을 한다. 이는 자기 처보다 3등급을 낮춘 것이다. 처가 남편을 따라 복을
할 때는 한 등급을 낮추고, 자식이 어머니를 따라 복을 할 때는 두 등급
을 낮추고, 남편이 처를 따라 복을 할 때는 3등급을 낮춘다. 차등의 마땅
함이다.從期服而緦, 是降於其妻三等矣. 妻從夫, 降一等, 子從母, 二
等, 夫從妻, 降三等, 差之宜也."라고 하여 傳文의 뜻을 상설하였다. ○
황간의 『의례경전통해속』과 호배휘의 『의례정의』에서는 '정복의 시마 3
월'로, 『대당개원례』, 『정화오례신의』, 사마광의 『서의』, 『주자가례』, 구
준의 『가례의절』에서는 '의복의 시마 3월'로 분류하였다.

162) 남편의 증조할아버지 … 복을 하는 경우 : ○ 황간의 『의례경전통해속』,
    호배휘의 『의례정의』, 『대당개원례』, 『정화오례신의』, 사마광의 『서의』,
    『주자가례』, 구준의 『가례의절』에서 모두 『신당서』와 마찬가지로 '의복
    의 시마 3월'로 분류하였다.
163) 남편의 종조조부 … 갚아주는 경우 : ○ 황간의 『의례경전통해속』, 호배휘
    의 『의례정의』, 『대당개원례』, 『정화오례신의』, 사마광의 『서의』, 『주자
    가례』, 구준의 『가례의절』에서 모두 『신당서』와 마찬가지로 '의복의 시
    마 3월'로 분류하였다.
164) 남편의 외할아버지 … 갚아주는 경우 : ○ 황간의 『의례경전통해속』, 호배
    휘의 『의례정의』, 『대당개원례』, 『정화오례신의』, 사마광의 『서의』, 『주

형제)의 아들을 위해 시마 3월로 복을 하는 경우, 남편의 종부형제(4
촌 형제)의 처를 위해 시마 3월로 복을 하는 경우,165) 아직 시집을
가지 않고 집에 있거나 시집을 간 남편의 종부자매(4촌 자매)를 위
해 시마 3월로 복을 하는 경우,166) 남편의 외삼촌 및 이모를 위해
시마 3월로 복을 하는데 이들도 똑같은 복으로 갚아주는 경우가 여
기에 해당한다.167)

改葬: 子爲父母, 妻妾爲其夫, 其冠服杖屨皆依『儀禮』. 皇家所
絶傍親無服者, 皇弟·皇子爲之皆降一等.

개장改葬.168) 아들이 부모를 위하여, 처와 첩이 그 남편을 위하여

자가례』, 구준의 『가례의절』에서 모두 『신당서』와 마찬가지로 '의복의
시마 3월'로 분류하였다.

165) 남편의 종부형제 … 복을 하는 경우: ○『대당개원례』, 『정화오례신의』,
사마광의 『서의』, 『주자가례』, 구준의 『가례의절』에서도 모두 『신당서』
와 마찬가지로 '의복의 시마 3월'로 분류하였다.

166) 아직 시집을 가지 않고 … 복을 하는 경우: ○『대당개원례』, 『정화오례
신의』, 사마광의 『서의』, 『주자가례』, 구준의 『가례의절』에서도 모두 『신
당서』와 마찬가지로 '의복의 시마 3월'로 분류하였다.

167) 남편의 외삼촌 … 해당한다: ○『대당개원례』, 『정화오례신의』, 사마광의
『서의』, 『주자가례』, 구준의 『가례의절』에서도 모두 『신당서』와 마찬가
지로 '의복의 시마 3월'로 분류하였다.

168) 개장改葬: 분묘가 붕괴되어 옮겨서 다시 장례를 치르는 것을 말한다. 개
장을 할 때는 시마의 복을 착용한다. 『의례』 「상복·記」의 정현 주에 "분
묘가 다른 이유로 붕괴되어 시신을 넣은 널[尸柩]이 망실되려는 경우를
말한다. '改葬'이란 관물이 훼손되어 장례 때처럼 다시 설치하는 것임이
분명하다. 奠은 대렴 때처럼 올리며, 사당에서 사당으로 옮길 때와 분묘

개장을 할 때 시마의 복을 착용하니, 이때의 관·상복·지팡이·신발은 모두 『의례』의 규정에 따른다. 황가皇家에서 끊고서 복을 하지 않는 방친들에 대해서 황제皇弟와 황자皇子는 이들을 위해 모두 한 등급을 낮추어서 복을 한다.[169]

初, 太宗嘗以同爨緦而嫂叔乃無服, 舅與從母親等而異服, 詔侍中魏徵·禮部侍郎令狐德棻等議:「舅爲母族, 姨乃外戚它姓, 舅固爲重, 而服止一時, 姨喪乃五月, 古人未達者也. 於是服曾祖父

에서 분묘로 옮길 때 그 예는 처음 장례를 치를 때와 동일해야 한다. 緦麻를 착용하는 경우는 신하가 군주를 위하여, 아들이 아버지를 위하여, 아내가 남편을 위하여 개장을 하는 경우이다. 반드시 시마를 착용해야 하는 이유는 몸소 시신과 널을 보게 되므로 복을 하지 않을 수 없기 때문이다. 시마로 3월을 복상하고 상복을 벗는다. 謂墳墓以他故崩壞, 將亡失尸柩也. 言'改葬'者, 明棺物毀敗, 改設之, 如葬時也. 其奠如大斂, 從廟之廟, 從墓之墓, 禮宜同也. 服緦者, 臣爲君也, 子爲父也, 妻爲夫也. 必服緦者, 親見尸柩, 不可以無服, 緦三月而除之."고 하였다.

169) 황가皇家에서 … 복을 한다 : 천자와 제후는 방친의 기년복 이하에 대해서는 끊고서 복을 하지 않다. 이를 '絶旁期'라고 한다. 천자와 제후가 복을 하지 않는 방친들을 위해 복을 하는 사람들은 한 등급을 낮추어서 복을 한다. 賈公彦은 『의례』「상복」'자최 부장기'의 소에서 "천자·제후는 정통의 친이니, 后夫人과 長子·長子의 妻 등을 위해 낮추지 않고 복을 하지만, 나머지 친에 대해서는 복을 하지 않는다. 천자·제후가 끊고서 복을 하지 않는 대상에 대해, 대부는 한 등급 낮추어서 복을 한다. 즉 대부가 중자를 위해 대공의 복을 하는 경우이다. 天子·諸侯爲正統之親, 后夫人與長子·長子之妻等不降, 餘親則絶. 天子·諸侯絶者, 大夫降一等, 即大夫爲衆子大功之等是也."라고 하였다. (『의례주소』, 664쪽 참조).

母齊衰三月者, 增以齊衰五月; 適子婦大功, 增以期; 衆子婦小功, 增以大功; 嫂叔服以小功五月報; 其弟妻及夫兄亦以小功; 舅服 緦, 請與從母增以小功.」然律疏舅報甥, 服猶緦. 顯慶中, 長孫無 忌以爲甥爲舅服同從母, 則舅宜進同從母報. 又古庶母緦, 今無 服, 且庶母之子, 昆弟也, 爲之杖齊, 是同氣而吉凶異, 自是亦改 服緦. 上元元年, 武后請「父在, 服母三年」. 開元五年, 右補闕盧 履冰言:「禮, 父在爲母期, 而服三年, 非也, 請如舊章.」乃詔幷議 舅及嫂叔服, 久而不能決. 二十年, 中書令蕭嵩等改脩五禮, 於是 父在爲母齊衰三年.

처음(정관 40년, 640)에,[170] 태종은 일찍이 한솥밥을 먹은 사람(이 모부와 외숙모) 사이에도 시마의 복을 하는데 형수와 시동생 사이에 는 복이 없으며, 외삼촌과 이모는 혈연의 친소관계가 동등한데도 복 을 하는 기간에 차이가 있다고 생각하여 시중侍中 위징魏徵[171]·예 부시랑禮部侍郎 영호덕분令狐德棻[172] 등에게 조서를 내려 의론하도

---

170) 처음에 : 정관 14년(640), 당 태종이 修禮官들이 일을 아뢰는 기회를 이 용해서 상복에 관한 논의를 일으킨 것을 말한다.(『舊唐書』 권27, 「禮儀 志」7 참조.)

171) 위징(魏徵: 580~643) : 자는 玄成, 祖籍은 巨鹿郡 曲陽縣 사람이다. 直 言과 極諫으로 당 태종을 보좌하여 '貞觀之治'를 이루는 데 큰 역할을 하였으며, 후세 '一代名相'으로 칭송받았다. 관직은 光祿大夫에 이르렀 고, 鄭國公에 봉해졌으며, 시호는 文貞이다. 『群書治要』의 총 편집자이 며, 『隋書』의 序論, 『梁書』·『陳書』·『齊書』의 總論 등을 저술했다. 그 의 언론은 대부분 『정관정요』에 보인다. 그 가운데 가장 유명한 것이 「諫太宗十思疏」이다.

172) 영호덕분令狐德棻(583~666) : 자는 季馨, 宜州 華原 출신이다. 文史를 널리 섭렵하여 어린 나이에 文名을 떨쳤다. 수말에 藥城縣令이 되었고,

록 하였다. (이에 위징과 영호덕분 등이 상주하여 말했다.)

"외삼촌은 어머니의 본족이고, 이모는 외척(어머니의 친족) 가운데 다른 성에 속합니다. 외삼촌이 진실로 중한데도 한 계절(3개월)의 복을 하는 데에 그치고, 이모의 상에는 5개월 동안이나 복을 하니, 옛 사람들도 이해하지 못한 부분입니다. 이에 증조부모를 위해 자최 3월로 복을 하던 것을 늘려서 자최 5월로 복을 하게 하고,173) 적부適婦(맏며느리, 적자의 처)를 위해 대공 9월로 복을 하던 것을 늘려서 자최 부장기로 복을 하게 하고,174) 중부衆婦(맏며느리 이외의 며느리, 庶婦, 衆子의 처)를 위해 소공 5월로 복을 하던 것을 늘려서 대공 9월로 복을 하게 하고,175) 형수와 시동생 사이의 복은 소공

당 왕조에서 起居舍人, 禮部侍郎, 國子祭酒, 太常卿을 역임했고, 弘文館·崇賢館 의 學士 등의 관직을 겸했다. 梁·陳·北齊·北周 및 隋나라의 正史를 중수하도록 주청하여 받아들여졌다. 『周書』의 주편집자이며, 彭陽郡公에 봉해졌다.

173) 증조부모를 … 하게 하고 : 『의례』 「상복」 '자최 3월'장에 "증조부모를 위해 자최 3월로 복을 한다.曾祖父母."고 하였는데, 『대당개원례』 권132, 「흉례」, '오복제도'에는 '正服의 자최 5월'로 규정되었다(爲曾祖父母).

174) 적부適婦(맏며느리, 적자의 처)를 … 하게 하고 : 『의례』 「상복」 '대공 9월'장에 "적부를 위해 대공 9월로 복을 한다.適婦."고 하였는데, 『대당개원례』 권132, 「흉례」, '오복제도'에는 '의복의 자최 부장기'로 규정되었다(舅姑爲嫡婦).

175) 중부衆婦(맏며느리 이외의 며느리, 庶婦, 衆子의 처)를 … 하게 하고 : 『의례』 「상복」 '소공 5월'장에 "시부모는 서부 위해 소공 5월로 복을 한다.庶婦."고 하였는데, 『대당개원례』 권132, 「흉례」, '오복제도'에는 '의복의 대공 9월'로 규정하였다(爲衆子婦).

5월로 서로 갚아주도록 하고,[176] 그 동생의 처(제수) 및 남편의 형(시아주버니)을 위해서 또한 소공 5월로 복을 하게 하고,[177] 외삼촌을 위해 시마의 복을 하고 있는데, 청컨대 이모를 위해 복을 할 때와 마찬가지로 소공 5월로 복을 하게 하소서."

然『律疏』舅報甥, 服猶緦. 顯慶中, 長孫無忌以爲甥爲舅服同從母, 則舅宜進同從母報. 又古庶母緦, 今無服, 且庶母之子, 昆弟也, 爲之杖齊, 是同氣而吉凶異, 自是亦改服緦. 上元元年, 武后請「父在, 服母三年」. 開元五年, 右補闕盧履冰言:「禮, 父在爲母期, 而服三年, 非也, 請如舊章.」乃詔幷議舅及嫂叔服, 久而不能決. 二十年, 中書令蕭嵩等改脩五禮, 於是父在爲母齊衰三年.

그러나 『율소律疏』[178]에는 외삼촌이 외조카를 위해 갚아주기는

---

176) 형수와 시동생 … 갚아주도록 하고 : 『의례』「상복」에는 이에 대한 복의 규정이 없는데, 『대당개원례』 권132, 「흉례」, '오복제도'에는 '의복의 소공 5월'로 규정하였다(嫂叔報).

177) 그 동생의 처(제수) … 하게 하고 : 『의례』「상복」 '대공 9월'장에는 처는 남편의 조부모·세부모·숙부모를 위해 대공 9월의 복을 하는 것으로 규정하였지만(夫之祖父母·世父母·叔父母), 남편의 형제들에 대한 처의 복제 규정은 없다. 이에 대해 '대공 9월·전'에서는 "그 남편이 아비의 항렬에 속하면, 처는 모두 어미의 항렬이 된다. 그 남편이 아들의 항렬에 속하면, 처는 모두 며느리의 항렬이 된다. 동생의 처를 며느리라고 칭한다면, 형수를 또한 어머니라고 칭해야 하는데, 그것이 가능한 일이겠는가?其夫屬乎父道者, 妻皆母道也. 其夫屬乎子道者, 妻皆婦道也. 謂弟之妻婦者, 是嫂亦可謂之母乎?"라고 하여 '어머니'라는 명분 때문에 혐의를 피하기 위하여 복을 하지 않는 것으로 설명한다. 따라서 결국 형수와 시동생 사이뿐 아니라, 제수와 시아주버니 사이에도 복이 없는 것이다.

하지만 복은 여전히 시마 3월로 규정되어 있었다.[179]

---

178) 『율소律疏』: 태종 정관 원년(627)에 長孫無忌·房玄齡 등에게 새로운 법
전을 편찬하게 하였는데 10년 만에 『貞觀律』을 완성했다. 고종 영휘 2년
(651) 재판에 있어서 법률해석의 통일을 기하고 明法科 수험생을 위하여
太尉 長孫無忌, 司空 李勣 등 19명에 새로운 법전을 편찬하도록 하였다.
영휘 2년(651) 장손무기, 李勣 등은 『정관율』을 기초로 수정을 가하게
하여 律 12권을 새롭게 편찬했다. 이것이 『永徽律』이다. 『영휘율』은 『정
관율』과 그 내용에 있어 커다란 차이가 없어 『정관율』에 대한 계승과 보
충의 성격을 띤다. 영휘 3년(652)에 다시 律學通才와 신료들에게 『영휘
율』에 대한 축조해석을 가하여 보고하도록 하였다. 이에 晉代의 律文에
대한 張斐, 杜預 등의 주석의 성과를 바탕으로 1년여에 걸쳐 『律疏』30
권을 편찬하여 상주하였고, 영휘 4년(653)에 고종의 비준을 거쳐 『영휘
율』과 합편하여 義疏를 律文의 뒤에 나누어 덧붙여서 반포하였다. 疏文
이 모두 '疏議曰'로 시작하기 때문에 일반적으로 『唐律疏議』라 칭한다.

179) 외삼촌이 … 있었다 : 『唐律疏議』 권1, 「名例」, '十惡', "열 번째가 내란
이다十曰內亂." 注에 "小功 이상의 친족을 간음한 행위를 말한다謂姦
小功以上親."고 하였고, 疏議에서는 "'小功 이상의 친족을 간음한 행
위.'라는 것은 禮에 의하면 남자가 小功服을 입어야 할 친족 부인과 간
통한 경우를 말한다. 만약 부인이 남자에 대하여 비록 小功服이 있으나,
남자는 緦麻服으로 입어야 하는 경우에는 그렇지 않다. 외손녀가 외조
부에게 또는 甥姪女가 외숙에 대한 경우 등을 말한다.姦小功以上親者,
謂據禮男子爲婦人著小功服而姦者. 若婦人爲男夫, 雖有小功之服, 男
子爲報服緦麻者, 非謂外孫女於外祖父及外甥於舅之類."고 하였다. 외
조카와 외삼촌의 복제는 唐禮와 古禮가 다르다. 고례에서 외조카는 외
삼촌을 위해 시마의 복을 하고, 외삼촌도 외조카를 위해 마찬가지로 시
마로 보복을 한다. 당 태종 貞觀 연간(640)의 修禮 때 외조카는 외삼촌
을 위해 이모를 위한 복과 똑같이 소공 5월복을 하는 것으로 바꾸었지만,
외삼촌은 조카를 위해서 여전히 시마로 보복을 하는 것으로 정했다. 이
때문에 『율소』에서 외조카와 외삼촌을 사례로 들어서 외조카는 외삼촌

고종 현경 2년(657) 9월에 장손무기長孫無忌[180]는 "외조카가 외삼촌을 위해 이모와 마찬가지로 소공 5월로 복을 하고 있으니, 외삼촌도 마땅히 이모가 외조카에게 갚아주는 것과 똑같이 소공 5월로 늘려서 복을 해야 합니다."라고 하였다. 또 "옛날에는 서모庶母를 위해 시마로 복을 했는데, 지금은 복을 하지 않습니다. 또 서모의 자식은 자기의 곤제昆弟입니다. 그 곤제가 자신의 친모를 위해 자최 장기로 복을 하고 있는데,[181] (자기는 그녀를 위해 복을 해주지 않는다면)

을 위해 소공의 복을 하지만, 외삼촌은 보복으로 시마에 그치므로, '남자가 부인(여자)을 위해 소공의 복을 입는 것'과 다르다고 한 것이다.

180) 장손무기長孫無忌(594~659) : 字는 輔機, 본관은 河南郡 洛陽縣이다. 唐의 凌煙閣 24 공신 가운데 첫 번째로, 初唐을 대표하는 정치가이자, 태종의 長孫皇后의 오빠이다. 장손무기는 학문을 좋아하고, 文章과 史書에 정통했다. 626년 '玄武門의 變' 때 房玄齡·杜如晦 등과 함께 습격 계획 세웠다. 太宗 즉위 후 左武侯大將軍이 되었다. 627년, 吏部尙書, 齊國公에 봉해졌다. 649년, 태종 임종 때 李治(고종)의 후견과 輔政을 의탁 받았다. 고종 즉위 후 太尉로 승진, 中書令을 檢校하고, 門下省과 尙書省을 통령했다. 武照가 황후로 책봉된 후, 657년에 褚遂良·来濟 등의 모반 무고로 좌천되었다. 659년, 許敬宗의 농간으로 官爵을 삭탈당하고 黔州(귀주성)로 유배되었고, 마침내 자살했다. 『唐律疏義』, 『隋書』의 편찬자로 알려져 있다.

181) 그 곤제가 … 있는데 : 이곳에서는 '父在爲母'의 규정을 적용시킨 것이다. 『의례』「상복」, '자최 3년·전'에 대한 정현의 주에 "대부의 첩의 자식이 아버지가 살아 계실 때 어머니를 위해 대공의 복을 하기 때문에, 사의 첩의 자식은 어머니를 위해 기년의 복을 한다. 아버지가 돌아가셨다면 모두 (3년의 복으로 情意를) 펼 수 있다.大夫之妾子, 父在爲母大功, 則士之妾子, 爲母期矣. 父卒則皆得伸也."고 하였다. 胡培翬는 '대부의 첩의 자식이 아버지 생존 중에 어머니를 위해 대공의 복을 한다.'는 규정

이는 동기同氣(같은 아버지의 혈통)인데도 길흉이 완전히 다른 것입니다. 이후로 또한 (서모를 위해) 시마의 복을 하는 것으로 바꾸소서."라고 하였다.

고종 상원 원년(674), 무후武后가 '아버지가 살아계실 경우에도 어머니를 위해 3년으로 복을 할 것'을 청했다.

현종 개원 5년(717), 우보궐右補闕[182] 노리빙盧履冰[183]은 "「예禮」에 의하면 아버지가 살아계시면 어머니를 위해 기년으로 복을 하니, 3년 동안 복을 하는 것은 잘못입니다. 청컨대 옛 규정대로 하소서."라고 하였다.

이어서 외삼촌 및 형수와 시동생 사이의 복제에 대해서도 아울러 의론하도록 하였지만 오래도록 결정을 보지 못했다. 현종 개원 20년(732), 중서령中書令 소숭蕭嵩[184] 등이 오례를 개수하여 제정했고

은 '大功章'에 보이며, '사의 첩의 자식이 어머니를 위해 기년의 복을 한다.'는 것은 경에 명문규정은 없지만 '자최 장기장'의 '父在爲母' 조항에 들어갈 수 있는 것이라고 하였다.(호배휘, 『의례정의』, 1390쪽 참조.)

182) 우보궐右補闕 : 무측천 垂拱 원년(685)에 2인을 설치하였는데, 從7品上으로, 황제에게 간언을 하고 인재를 추천하는 일을 관장하였다. 天授 2년(691)에는 5인으로 증원했다. 左補闕은 문하성에 속하고, 右補闕은 中書省에 속했다.

183) 노리빙盧履冰 : 幽州 范陽사람으로, 元魏都官尙書 義僖의 5대손이다. 개원 5년(717), 右補闕이 되었다.(『신당서』 권191 「盧履冰列傳」 참조)

184) 소숭蕭嵩(?~749) : 자는 喬甫, 호는 體竣으로, 南蘭陵郡 처음 洺州參軍에 임명되었다가 재상 陸象先과 姚崇의 인정을 받아 宋州刺史로 승진하고, 尙書左丞, 兵部侍郎이 되었다. 또 河西節度使가 되어 반간계로 吐蕃의 大將 悉諾邏恭祿을 제거하고, 명장 張守珪 등을 등용하여 吐蕃을 대파하였다. 입조하여 재상이 되고 中書令에 임명되었으며, 徐國公

(『대당개원례』), 이때 아버지가 살아 계실 경우에도 어머니를 위해 자최 삼년의 복을 하는 것으로 규정했다.

諸臣之喪.

有疾, 齊於正寢, 臥東首北墉下. 疾困, 去衣, 加新衣, 徹樂, 清掃內外. 四人坐而持手足, 遺言則書之屬纊. 氣絶, 寢於地. 男子白布衣, 被髮徒跣; 婦人女子靑縑衣, 去首飾; 齊衰以下, 丈夫素冠. 主人坐於床東, 啼踊無數. 衆主人在其後, 兄弟之子以下又在其後, 皆西面南上, 哭. 妻坐於床西, 妾及女子在其後[185] 哭踊無數. 兄弟之女以下又在其後, 皆東面南上, 籍稿坐哭. 內外之際, 隔以行帷. 祖父以下爲帷東北壁下, 南面西上; 祖母以下爲帷西北壁, 南面東上. 外姻丈夫於戶外東, 北面西上; 婦人於主婦西北, 南面東上. 諸內喪, 則尊行丈夫及外親丈夫席位於前堂, 若戶外之左右, 俱南面. 宗親戶東, 西上; 外親戶西, 東上. 凡喪, 皆以服精粗爲序, 國官位於門內之東, 重行北面西上, 俱衰巾帕頭, 舒薦坐; 參佐位於門內之西, 重行北面東上, 素服, 皆舒席坐, 哭. 斬衰, 三日不食; 齊衰, 二日不食; 大功, 三不食; 小功·緦麻, 再不食.

신하들의 상[諸臣之喪].

병이 들면 정침正寢에서 병자를 재계시키고, 북쪽 벽[北墉] 아래에서 머리를 동쪽으로 하여 눕힌다. 병세가 혼미해지면 옷을 벗기고

에 봉해졌다.

185) 妾及女子在其後 : 『開元禮』 권138과 『通典』 권138에는 '女子'가 '女子子'로 되어 있다.

새로운 옷으로 갈아입히며, 음악을 치우고, 내외를 깨끗이 청소한다. 4인이 앉아서 손과 다리를 잡고,[186] 유언이 있으면 촉광屬纊[187]을 할 때 기록해 둔다. 기가 끊어지면 옮겨서 바닥에 눕힌다.[188] 아들은 흰 베옷을 입고, 머리를 풀어헤치고 맨발을 하며, 부인과 딸은 푸른 합사비단 옷을 입고, 머리 장식을 제거한다. 자최 이하의 복을 하는 사람의 경우, 남자들은 소관素冠[189]을 쓴다.

주인主人(상주)은 침상의 동쪽에 앉아서 피를 토하듯 울부짖고 [啼] 가슴을 두드리면서 발을 구르는데[踊][190]정해진 횟수가 없

---

186) 4인이 … 잡고 : 內喪이라면 부인들이 손과 발을 잡는다.(『대당개원례』 권142,「흉례」 '四品五品喪1'의 원주)

187) 촉광屬纊 : '纊'은 새 솜이다. '촉광'은 솜을 병자의 코끝에 대어 숨이 끊어졌는지를 살피는 것이다. 호배휘는 "이것은 孝子의 신중함이다. 병자의 숨이 끊어졌지만 효자는 차마 죽은 것으로 여기지 못하므로 솜을 대어 살피면서 숨이 남아 있어 다시 살아나기를 바라는 것이다."라고 해석한다.(호배휘,『의례정의』, 1918쪽 참조.)

188) 기가 끊어지면 … 눕힌다 : 사람이 처음 태어날 때 바닥에 있었기 때문에 그가 다시 살아나기를 바라는 것이다.(『대당개원례』 권142,「흉례」 '四品五品喪1'의 원주)

189) 소관素冠 : 누이지 않은 베로 만든 흰색의 관으로, 凶喪에 쓰는 관이다. 『예기』「곡례」하에 "대부와 사가 고국을 떠나 국경을 넘게 되면 지면을 쓸어 자리를 만들고 고국을 향해 곡을 한다. 소의素衣(누이지 않은 베로 만든 흰색 상의)와 소상素裳(누이지 않은 베로 만든 흰색 하의)을 입고 소관素冠(누이지 않은 베로 만든 흰색 관)을 쓴다.大夫·士去國, 踰竟, 爲壇位, 鄕國而哭. 素衣·素裳·素冠."고 한 것에 대해 정현은 "상례로 자처하는 것을 말한다.言以喪禮自處也."고 하였고, 공영달은 "이제 이미 군주와 헤어졌으므로 그 상의·하의·관을 모두 흰색으로 하니, 흉례의 장식이다.今既離君, 故其衣裳冠皆素, 爲凶飾也."라고 하였다.

다.[191] 중주인衆主人(주인의 형제들)은 주인의 뒤에 서고, 형제의 아들 이하는 또 중주인의 뒤에 서서 모두 남쪽을 윗자리로 삼아서 서쪽을 향해 곡을 한다.[192] 처는 침상의 서쪽에 앉고, 첩 및 딸들은 처의 뒤에서 소리 내어 울고[哭]과 가슴을 두드리면서 발을 구르는데[踊], 정해진 횟수가 없다. 형제의 딸 이하는 또 (주인의) 첩과 딸들 뒤에서 모두 남쪽을 윗자리로 삼아서 동쪽을 향해 볏짚거적을 깔고 앉아서 곡을 한다. 안과 밖의 사이는 휘장을 칠 수 있는 정도의 간격을 둔다. 할아버지 이하의 사람들은 휘장의 동북쪽 벽 아래에서 서쪽을 윗자리로 삼아서 남쪽을 향해 서고, 할머니 이하의 사람들은 휘장의 서북쪽 벽 아래에서 동쪽을 윗자리로 삼아서 남쪽을 향해 선다. 외인外姻(외친, 어머니·처의 친족)의 남자들은 호戶(室의 문) 밖의 동쪽에서 서쪽을 윗자리로 삼아서 북쪽을 향해 서고, 여자들은 주부主婦(상주의 적처)의 서북쪽에서 동쪽을 윗자리로 삼아서 남쪽을 향해 선다. 무릇 부인들의 상[內喪]이라면 높은 항렬의 남자 및 외친外親의 남자들은 당堂 앞쪽에 자리하여 호戶(室의 문)의 좌우에

---

190) 가슴을 두드리면서 발을 구르는데[踊] : '踊'은 상례에서 애통한 마음을 표시하는 의절이다. 곡을 하는 사람은 가슴을 두드리고 발을 구르면서 극도의 슬픔을 표시한다. 한 번 踊을 할 때마다 세 번 발을 구르는데, 세 번 용을 하여 9번 발을 구르는 것으로 하나의 의절을 삼는데, 이를 '成踊'이라고 말한다.(一踊三跳, 三踊九跳, 稱成踊.)

191) 주인은 … 없다 : 『예기』 「喪大記」에 "처음 죽었을 때, 주인은 피를 토하듯 울부짖고, 형제는 곡을 하고, 부인은 곡과 용을 한다.始卒, 主人啼, 兄弟哭, 婦人哭踊."고 하였다.

192) 중주인 … 곡을 한다 : 가공언은 중주인의 경우 '주인의 뒤에 있다'고만 말하고 '앉는다.'고 말하지 않았으므로 서는 것임을 알 수 있다고 하였다.(『의례주소』, 765쪽 참조.)

있는 사람과 함께 모두 남쪽을 향해 선다. 종친宗親들은 호의 동쪽에 서는데 서쪽을 윗자리로 삼으며, 외친外親들은 호의 서쪽에 서는데 동쪽을 윗자리로 삼는다.

무릇 상喪은 모두 상복을 만드는 베의 승수의 세밀하고 거친 정도로 서열을 정한다. 국관國官(親王의 封國 관리)은 대문 안의 동쪽에 위치하는데 두 줄로 서쪽을 윗자리로 삼아서 북쪽을 향해 서고, 모두 사건縗巾으로 머리를 감싸 묶으며,[193] 볏짚거적을 펼치고 앉는다. 참좌參佐(보좌관)는 대문 안의 서쪽에 위치하는데, 두 줄로 동쪽을 윗자리로 삼아서 북쪽을 향해 서고, 소복素服을 하며, 모두 자리를 펼치고 앉아서 곡을 한다. 참최의 복을 하는 사람들은 3일 동안 음식을 먹지 않고, 자최의 복을 하는 사람들은 2일 동안 음식을 먹지 않고, 대공의 복을 하는 사람들은 세 끼를 먹지 않고, 소공과 시마의 복을 하는 사람들은 두 끼를 먹지 않는다.

復於正寢.

復者三人, 以死者之上服左荷之, 升自前東霤, 當屋履危, 北面西上. 左執領, 右執腰, 招以左[194]. 每招, 長聲呼「某復」, 三呼止, 投衣於前, 承以篋, 升自阼階, 入以覆尸. 乃設床於室戶內之西, 去脚, 簟·枕, 施幄, 去裙. 遷尸於床, 南首, 覆用斂衾, 去死衣, 楔

---

193) 서건학의 『독례통고』 권42의 원주에는 "6품 이하의 경우 남자는 사건으로 머리를 묶는다.六品以下, 則男子以縗巾束髮."고 하였다.

194) 招以左 : 『대당개원례』나 서건학의 『독례통고』 등에도 모두 '左'로 되어 있지만, 『의례』 「사상례」에는 '衣'로 되어 있다. 앞의 '左執領, 右執腰'로 인해서 '衣'가 '左'로 잘못된 것인 듯하다.

齒以角柶, 綴足以燕几, 校在南. 其內外哭位如始死之儀. 乃奠以
脯·醢, 酒用吉器. 升自阼階, 奠於尸東當牖. 內喪, 則贊者皆受於
戶外而設之.

정침正寢[195]에서 복復[196]을 한다.

복을 하는 사람은 3인인데, 죽은 이의 웃옷을 왼쪽 어깨에 메고,
동쪽 추녀 앞에서 사다리를 타고 올라가, 지붕 중앙에서 용마루를
밟고서 서쪽을 윗자리로 삼아 북쪽을 향해 선다. 왼손으로 옷깃을
잡고, 오른손으로 허리부분을 잡고서 지붕 위로 올라가 옷을 흔들면
서 죽은 이의 혼을 부른다. 부를 때마다 소리를 길게 내어 "아무개

---

195) 정침正寢 : 호배휘의 설명에 따르면 고대
에 天子부터 士에 이르기까지 모두 正寢
과 燕寢이 있었다. 정침은 齋戒할 때나
질병에 걸렸을 때 거처하는 곳이고, 燕寢
은 평상시에 거처하는 곳이다. 천자와 제
후의 정침을 路寢이라고 부르고, 대부의
정침을 適寢이라고 부른다. 정침과 연침
의 형태는 동일한데, 오정화는 정침이 연
침의 뒤쪽에 있다고 하였다.(호배휘, 『의
례정의』, 1641쪽 참조.)

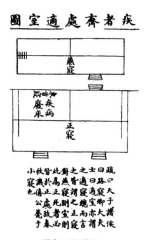

(楊復, 『儀禮圖』)

196) 복復 : 사람이 처음 죽어 氣가 끊겼을 때, 죽은 이의 옷을 들고 지붕 위의
중앙으로 올라가 서북쪽을 향해 옷을 흔들면서 죽은 이의 이름을 부르며
혼이 되돌아오기를 기원하는 의식이다. 이 때문에 招魂이라고도 한다.
『예기』「상대기」에 의하면, 복을 할 때 천자는 名을 부르지 않고, 제후는
字를 부르며, 남자는 名을 부르고, 여자는 字를 부른다.

여, 돌아오시오!"라고 외친다. 세 번 외친 후 그치고, 옷을 당堂 앞쪽으로 던진다. (옷을 받는 사람이 뜰아래에서) 상자[篋]로 받고, 동쪽 계단[阼階]을 통해 당 위로 올라가서197) 실室 안으로 들어가 그 옷으로 시신을 덮는다.

이어서 실室198)의 문 안의 서쪽에 침상을 진설하는데 침상의 다리를 제거하고, 대자리[簟]·베개[枕]를 놓고, 휘장을 치는데 아랫자락을 없앤다.199) 시신을 (바닥에서) 침상尸床 위로 옮기는데 머리가 남쪽을 향하도록 하고, 이불[斂衾]로 시신을 덮어 처음 죽었을 때 갈아입혔던 옷을 치우며, 뿔 숟가락[角柶]200)을 사용하여 시신의 치아를 벌려 놓고, 연궤燕几(평소 사용하던 작은 탁자)201)를 사용하여 두 발이 구부러지지 않도록 일정하게 고정시키는데 탁자의 다리가 남쪽에 오도록 한다. 실의 안과 밖에 있는 사람들의 곡을 하는 위치는 처음 죽었을 때와 마찬가지로 한다. 이어서 죽은 이를 위해 말린 고기[脯]·고기젓갈[醢]·술[酒]을 전奠으로 올리는데,202) 길례의 기물[吉器]을 이용한다. 조계(동쪽 계단)를 통해 당 위로 올라가서, 시신의 동쪽에서 어깻죽지 지점에 내려놓는다. 부인들의 상[內喪]이라면, 찬자(贊者: 예의 진행을 돕는 사람)가 모두 실의 문[戶] 밖에서 전을 받아 진설한다.

---

197) 동쪽 계단[阼階]을 통해 당 위로 올라가서 : 동쪽 계단[阼階]은 주인이 평소 오르던 계단이다. 오계공은 "조계로 오르는 것은 魂氣가 돌아왔음을 상징하는 것이다."라고 하였다.(호배휘, 『의례정의』, 1647쪽 참조.)

198) 실室 : 堂 위에는 중앙에 室이 있고, 동쪽과 서쪽에 각각 東房과 西房이 있다. 방에는 남쪽에 한 개의 출입문[戶]이 있을 뿐이다. 室에는 출입문[戶]과 창문[牖]이 있는데, 출입문은 동쪽에 있고, 창문은 서쪽에 있다. 따라서 室의 출입문[戶]의 서쪽과 창문[牖]의 동쪽이 堂의 정중앙이 된다.

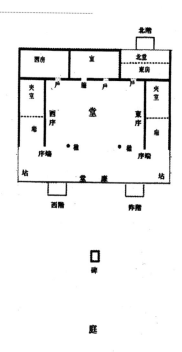

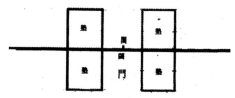

궁실도(황이주, 『예서통고』)

199) 휘장을 … 없앤다:『예기』「단궁」상에 "증자가 말하였다. '시신을 아직 꾸미지 않았으므로 堂에 휘장을 치고 소렴을 마치면 휘장을 거둔다.' 중 량자가 말하였다. '부부가 한창 혼란한 상황이므로 당에 휘장을 치고 소 렴을 마치면 휘장을 거둔다.'曾子曰, '尸未設飾, 故帷堂, 小斂而徹帷.' 仲梁子曰, '夫婦方亂, 故帷堂, 小斂而徹帷.'"라고 하였다. 이에 대해 方

沐浴. 掘坎於階閒, 近西, 南順, 廣尺, 長二尺, 深三尺, 南其壤,
爲垼竈於西牆下, 東向, 以俟煮沐. 新盆·瓶·六鬲皆濯之, 陳於西

殺은 "사람이 죽으면 혐오스럽게 생각한다. 아직 시신을 꾸미지 않았으
므로 휘장을 치는데, 사람들의 혐오감을 막으려는 것이다. 소렴을 하면
이미 꾸미는 일이 끝나게 되므로 휘장을 거둔다. 이와 같다면 휘장을
치는 것은 죽은 이를 위해서이지 어찌 살아 있는 이들을 위해서이겠는
가? 중량자가 '부부가 한창 혼란스러우므로 휘장을 친다.'고 한 것은 예
의 뜻을 잃은 것이다."라고 하였다.(호배휘,『의례정의』, 1650쪽 참조.)
200) 뿔 숟가락[角柶] : '각사'는 뿔로 만든 수저를 말
한다. 반함을 하기 위해 사용하는 수저는 예주
[醴]를 뜰 때 사용하는 수저와는 달리 수저 두 개
를 멍에처럼 연결해 놓은 모양이다.

角柶
(황이주,『예서통고』)

201) 연궤燕几(평소 사용하던 작은 탁자) : 평상시 앉아서 사용하는 작은 탁자
인데, 상중에 죽은 이의 두 발을 고정시키는 데에 사용한다.
202) 전奠으로 올리는데 : '奠'은 제물을 올려서 선조에 고하는 의식으로, 시
동을 세우지 않고, 정해진 기간도 없으며, 일에 따라서 거행하여 제사에
비해서 비교적 간소하다. 또 '奠'은 올리는 제물 그 자체를 지칭하기도
한다. 『예기』「단궁」上에 "증자曾子가 말했다. 돌아가신 초기에 올리는
전奠은 시렁에 남아 있던 것으로 한다."고 하였는데, 정현은 "새것으로
바꿀 수 없기 때문이다.不容改新."라고 하였다. 그렇다면 이 奠은 시렁
에 남아 있는 음식을 가지고 하는 것이다. 李如珪는 "이를 '始死奠'이라
고 부른다. 죽음 죽었을 때부터 매장을 할 때까지의 제사를 '奠'이라 부
르고, 시동을 세우지 않으며, 奠(간소한 제물)을 마련할 뿐."이라고 하였
다. 주희는 "매장 이전을 모두 奠이라고 부른다. 그 예가 매우 간략한데
이는 슬퍼서 문식을 할 수 없을 뿐 아니라 돌아가신 분에 대하여 갑자기
귀신의 예로 대우할 수 없기 때문이다."라고 설명하였다.(『의례주소』,
764쪽 및 호배휘,『의례정의』, 1650쪽 참조.)

階下. 沐巾一, 浴巾二, 用絺若綌, 實於笄, 櫛實於箱若簟203), 浴衣
實於篋, 皆具於西序下, 南上. 水淅稷米, 取汁煮之, 又汲爲湯以
俟浴. 以盆盛潘及沐盤, 升自西階, 授沐者, 沐者執潘及盤入. 主人
皆出於戶東, 北面西上; 主婦以下戶西, 北面東上. 俱立哭. 其尊行
者, 丈夫於主人之東, 北面西上; 婦人於主婦之西, 北面東上. 俱坐
哭. 婦人以帳. 乃沐櫛, 束髮用組, 抿用巾. 浴則四人抗衾, 二人浴,
拭用巾, 抿用浴衣. 設床於戶東, 衽下莞上簟. 浴者舉尸, 易床, 設
枕, 翦鬚斷爪如生, 盛以小囊, 大斂內於棺中. 楔齒之柶·浴巾, 皆
埋於埳, 實之. 衣以明衣裳, 以方巾覆面, 仍以大斂之衾覆之. 內外
入就位, 哭.

목욕沐浴.

양쪽 계단 사이에 구덩이를 파는데, 서쪽 가까이에서 꼬리 부분이
남쪽을 향하도록 하여 세로 방향이 되게 하며, 길이는 2척이고, 깊이
는 3척이다. 흙을 남쪽 방향으로 쌓아서 서쪽 담장[西墻]204) 아래에
아궁이를 만드는데, 아궁이가 동쪽을 향하도록 하여 목욕물을 끓이
기를 기다린다. 새로이 마련한 물동이[盆]·물을 따를 병[甁]·여섯

---

203) 櫛實於箱若簟 : 『신당서』에는 '簟'로 되어 있으나, 『의례』 「사상례」에는
    '櫛於簞.'으로 되어 있다. '簟'은 대자리의 뜻이므로, '빗을 대자리에 담
    아둔다.'는 것은 있을 수 없는 일이다. '簞'(대광주리)이 '簟'과 글자가
    유사하여 잘못 전사된 듯하다.

204) 서쪽 담장[西墻] : 서쪽 담장은 中庭(뜰 중앙)의 서쪽 담장이다. 李如珪
    는 "中庭은 남북방향으로 뜰의 중앙이다. 堂 앞쪽이 庭(뜰)이고, 庭의
    동쪽과 서쪽에는 담장이 있다. 이 아궁이는 서쪽 담장 아래 있고, 남북방
    향으로 뜰의 중앙에 해당하는 위치에 있으므로 '中庭(뜰 중앙)의 서쪽'이
    라고 한 것이다."라고 하였다.9호배휘, 『의례정의』, 1668쪽 참조.)

말을 담을 수 있는 솥[鬵][205] 등을 모두 씻어 서쪽 계단 아래에 진설해 놓는다.[206] 고운 갈포나 거친 베로 만든 머리 말릴 수건[沐巾] 한장·몸을 씻을 수건 두 장을 폐백 바구니[笄][207]에 담아두고, 빗을 넣는 상자[箱]나 둥근 대광주리[簞][208]에 넣어두고, 욕의(浴衣)는 장

---

205) 여섯 말을 담을 수 있는 솥[鬵] : '鬵'은 질그릇으로 만든 취사도구로, 형태는 鼎과 유사하여 다리가 셋이고 가운데 부분이 비어있다. 喪禮에서 飯含을 하고 남은 쌀로 죽을 만들어 鬵에 넣어 重이라는 나무막대에 걸어둔다. 이를 '重鬵'이라 한다. '重'은 사람이 막 죽어서 신주를 만들여유가 없기 때문에 잠시 임시로 제물을 받는 장방형의 나무막대를 말한다. 虞祭를 마친 후 '重'을 땅에 묻은 후 신주를 만든다. 그러나 이곳의 '鬵'은 목욕을 할 때 쓸 쌀뜨물을 끓이는 데에 사용하는 것인데, 그 용량이 여섯 말이다.

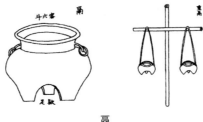

鬵
(황이주, 『예서통고』)

206) 새로이 마련한 … 진설해 놓는다 : 『의례』「사상례」에 의하면 이때 이들 세 기물 이외에도 목욕하고 남은 물을 받을 그릇[槃]·다리가 없는 밥솥[廢敦] 등 5가지 기물을 새롭게 만들어 서쪽 계단 아래에 진설해놓는다.

207) 폐백 바구니[笄] : 갈대나 대나무로 엮어 만든 원형의 물건을 담는 기물로 겉을 푸른 비단으로 입힌다. 대추, 밤, 육포, 비단 및 목욕에 사용하는 수건 등을 담는 데 사용한다.

208) 둥근 대광주리[簞] : 대나무로 엮어 만든 둥근 광주리로, 뚜껑이 있으며, 밥을 담을 때 사용한다. 『예기』「곡례」上의 정현 주에 "'簞笥'는 밥을 담는 것으로, 둥근 것을 '簞'이라고 하고 네모난 것을 '笥'라고 한다.簞

방형의 상자[篋]209)에 넣어둔다.

　모두 당 위의 서쪽 벽[西序]210) 아래에 갖추어놓는데, 남쪽을 윗자리로 삼는다. 물로 기장과 쌀을 씻은 후 뜨물을 취하며, 뜨물을 길어다 끓여서 목욕하기를 기다린다. 물동이에 뜨물을 담아서 목욕 소반 위에 올려놓고, 서쪽 계단을 통해서 당堂 위로 올라가 목욕시키는

　　笥, 盛飯食者, 圜曰簞, 方曰笥."고 하였다.

209) 좁고 네모난 상자[篋] : 장방형의 조그만 상자를 말한다. 『의례』 「사관례」
　　의 정현 주에 "장방형의 상자를 '협'이라 한다.隋方曰篋'."고 하였다.

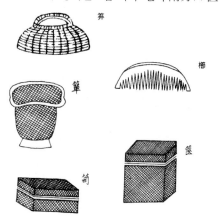

(황이주, 『예서통고』)

210) 당 위의 서쪽 벽[西序] : 堂 위에는 東
　　堂과 西堂을 가로막는 각각의 벽이
　　있는데, 이를 '序'라고 한다. 동쪽에
　　있는 것이 '東序'이고, 서쪽에 있는 것
　　이 '西序'이다. 堂 아래에 있는 담장은
　　'壁'이라고 한다.

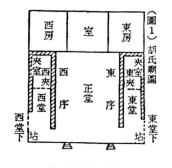

(淸, 胡培翬, 廟圖)

사람에게 건네준다.

목욕시키는 사람은 뜨물을 담은 물동이와 소반을 들고서 실室 안으로 들어간다. 주인(상주)쪽 사람들은 모두 실의 문[戶] 동쪽으로 나와서 서쪽을 윗자리로 삼아 북쪽을 향해 서고, 주부 이하의 사람들은 실의 문 서쪽에서 동쪽을 윗자리로 삼아 북쪽을 향해 선다. 모두 앉아서 곡을 한다. 높은 항렬의 사람들 가운데 남자들은 주인의 동쪽에서 서쪽을 윗자리로 삼아서 북쪽을 향해 서고, 여자들은 주부의 서쪽에서 동쪽을 윗자리로 삼아서 북쪽을 향해 선다. 모두 앉아서 곡을 한다. 여자들은 휘장을 이용한다.

이어서 시신의 머리를 씻기고 빗질을 한 후 끈으로 머리를 묶으며, 수건으로 물기를 닦아낸다. 시신의 몸을 씻길 때는 어자御者(시종하는 사람) 4인[211])이 이불을 들어 시신을 가린 후, 2인이 몸을 씻긴 후 수건으로 물기를 닦아내고 욕의로 문질러 물기를 말린다. 시

---

211) 어자御者(시종하는 사람) 4인 : 『예기』「喪大記」에는 御者 2인이 목욕을 시키는 것으로 되어 있다. "관인이 물을 길을 때, 두레박의 줄을 놓지 않고 손에 감아쥐고, 서쪽 계단으로 물을 올리는데 계단을 다 올라가서 당에 오르지 않고 御者에게 건네준다. 어자가 들어가 목욕을 시킨다. 소신 4인이 이불을 들어서 시신을 가리고, 어자 2인이 목욕을 시킨다.管人汲, 不説繘, 屈之. 盡階, 不升堂, 授御者. 御者入浴. 小臣四人抗衾, 御者二人浴."고 하였다. '御者'는 본래 수레를 모는 마부를 뜻하지만, 여기서는 일을 보좌하는 시종을 뜻한다. 『儀禮』「旣夕禮」의 정현 주에 "御者는 오늘날 侍從하는 사람에 해당한다.御者, 今時侍從之人."고 하였고, 가공언의 소에서는 "士에게 臣은 없지만, 곁에서 모시고 수발하는 사람은 또한 있어 그들의 손에서 임종을 맞는다.士雖無臣, 亦有侍禦仆從之人, 終於其手也."라고 하였다.

신의 동쪽에 시상尸床(시신을 올려놓은 침상)을 진설한 후 시상 위에 깔개[茵]를 펴는데, 먼저 밑에 왕골자리[莞]를 깔고 그 위에 대자리[簀]를 깔아놓는다. 목욕시킨 사람은 시신을 들고 일어나 시상으로 옮겨놓은 후 베개로 시신을 받쳐놓고, 살아 있을 때처럼 귀밑털과 손톱을 잘라내고 다듬어서 조그만 자루에 담아두고, 대렴 때 관안에 넣는다. 시신의 치아를 벌려놓을 때 사용한 뿔 숟가락[柶]·목욕을 시킬 때 사용한 수건은 모두 구덩이 안에 넣고 그 위를 덮어둔다. 명의明衣[212)를 입히고, 네모난 베 조각으로 얼굴을 덮고, 이어서 대렴 때 사용할 이불로 시신을 덮어둔다. 안과 밖의 사람들은 들어와 곡위哭位로 나아간다.

乃襲. 襲衣三稱, 西領南上, 明衣裳, 烏一; 帛巾一, 方尺八寸;

---

212) 명의明衣 : 죽은 이를 목욕시킨 후 입히는 깨끗한 속옷으로, 휘장을 만들었던 베로 만든다. 깨끗한 옷을 입히는 이유에 대해서 『의례』「사상례」의 정현 주에서 "몸에 직접 닿는 것이므로 정결함을 위해서이다.所以親身, 爲圭絜也."라고 하였다. '明'은 깨끗하다는 뜻이다. 본래 평상시 재개를 할 때 입는 정결한 옷을 가리키는데, 여기서는 시신을 목욕시킨 후 안에 입히는 옷을 가리킨다. 시신의 몸에 직접 닿기 때문에 정결하고 깨끗한 옷을 사용해야 한다는 뜻이다.

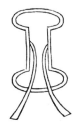

明衣(송, 섭숭의, 『삼례도』)

充耳, 白纊; 面衣, 玄方尺, 纁裏, 組繫; 握手, 玄纁裏, 長尺二寸, 廣五寸, 削約於內旁寸, 著以綿組繫. 庶襚繼陳, 不用. 將襲, 具床席於西階西, 內外皆出哭, 如浴. 襲者以床升, 入設於尸東, 布枕席, 陳襲於席. 祝去巾, 加面衣, 設充耳·握手, 納舃若履. 旣襲, 覆以大斂之衾, 內外入哭.

이어서 습襲을 한다.

습의襲衣 세 벌을 진설하는데,[213] 남쪽을 윗자리로 삼아서[214] 옷깃이 서쪽을 향하게 하여 놓는다.[215] 명의明衣에 석舃(겹바닥 신발)[216]

----

213) 습의 … 진설하는데 : '습'은 죽은 당일 죽은 이에게 옷을 입히는 의절을 말한다. 죽은 첫날에 沐浴과 飯含(시신의 입에 쌀과 조개를 채우는 의식)을 한 후, 幎目(얼굴덮개)으로 시신의 얼굴을 가리고, 베로 만든 明衣를 입히며, 비단으로 만든 冒(시신을 감싸서 덮는 자루)로 시신을 감싸는 등 '襲'의 의절을 진행한다. 『의례』「사상례」의 정현 주에 "시신을 襲牀으로 옮기고, 옷을 입힌다.遷尸於襲牀而衣之."고 하였다. 시신을 목욕시킨 후 襲床으로 시신을 옮겨 '襲'의 의절을 행하는 것이다. 상의와 하의 한 벌을 '稱'이라고 한다. 三禮書 등에 따르면, 士는 습의로 爵弁服, 皮弁服, 褖衣 등 3벌을 사용한다. 이 때문에 '세 벌[三稱]'이라 한 것이다. 公의 경우는 卷衣 1벌, 玄端服 1벌, 朝服 1벌, 素積 1벌, 纁裳 1벌, 爵弁服 2벌, 玄冕服 1벌, 褻衣 1벌 등 9벌을, 천자는 12벌을 사용한다.

214) 남쪽을 윗자리로 삼아서 : 『의례』「士冠禮」에 "관례를 거행할 때 입는 작변복, 피변복, 현단복 등의 옷을 방 안의 서쪽 벽 아래에 옷깃이 동쪽을 향하도록 하여 진설하는데, 북쪽을 윗자리로 삼아 놓는다.陳服于房中西墉下東領, 北上."라고 하였다. 그런데 『신당서』의 이곳에서 "옷깃이 서쪽을 향하도록 하여 놓는데 남쪽을 윗자리로 삼는다."고 한 것은 길례와 흉례는 서로 반대로 하기 때문이다. 옷에도 존비의 구분이 있는데, 흉례에서는 남쪽에 가장 높은 등급의 옷을 진설하고, 북쪽으로 가면서 차례로 낮은 등급의 옷을 놓는다.

한 짝을 진설한다. 비단으로 만든 수건[帛巾]은 너비와 폭이 1척 8촌이다. 충이充耳(귀마개)[217]에는 흰 솜을 사용한다. 면의面衣(얼굴덮개)[218]는 검은색에 너비와 폭이 1척인데, 안쪽은 붉은 천으로 하고

---

215) 옷깃이 … 놓는다 : 『예기』 「喪大記」에 "소렴과 대렴에 祭服은 옷깃을 거꾸로 하지 않고, 모두 左衽을 한다.小斂大斂, 祭服不倒, 皆左衽."고 하였고, 정현의 주에서는 "'左衽'은 옷깃이 왼쪽으로 향하게 하는 것으로, 살아 있을 때와 반대로 하는 것이다.左衽, 衽鄕左, 反生時也."라고 하였다. 이곳의 『신당서』에서는 '西領' 즉 '옷깃이 서쪽을 향하도록 여민다.'고 하였는데, 시신의 머리가 남쪽을 향하고 있는 상태이므로, 서쪽은 곧 왼쪽이 된다.

216) 석鳥(겹바닥 신발) : '鳥'은 밑바닥을 두 겹으로 만든 신발로, 가죽으로 밑바닥을 만들고 그 위에 나무로 만든 이중의 밑바닥을 덧입힌다. 밑바닥이 홑으로 되어 있는 신발을 '구屨'라고 한다.

屨와 鳥(청, 황이주, 『예서통고』)

217) 충이充耳(귀마개) : 귀를 막는다는 의미로 황색의 풀솜으로 만들면 黈纊이라 하고 옥으로 만들면 玉瑱 또는 充耳라 한다.

瑱
(청, 『흠정의례의소』)

네 귀퉁이에 명주 끈을 매달아 놓는다. 악수握手(손싸개)[219]는 겉면
은 검은색으로 안쪽은 진홍색으로 하는데 길이는 1척 2촌이고 너비
는 5촌이며, 중앙의 양쪽 부분을 안으로 1촌씩 접어서 줄여놓고, 위
쪽에 명주실로 만든 끈을 이어 붙여서 묶는다. 친척이나 친구 등 여
러 사람들이 가져온 수의[庶襚]는 습의襲衣에 이어서 진설해 놓지만,
실제로는 사용하지 않는다. 습襲을 하려고 할 때는 서쪽 계단의 서
쪽에 침상(습상)과 자리를 갖추어놓는데, 내외의 사람들이 모두 나
와서 목욕을 할 때처럼 곡을 한다. 습의 예를 행하는 사람은 침상을

---

218) 면의面衣(얼굴덮개) : 幎目을 말한다. '幎'은 覆 즉
     '덮는다.'는 뜻으로 '冪'으로도 쓰인다. 幎目은 시
     신의 얼굴을 덮는 것으로 수의의 한 부분이다. 겉
     면은 검은 천을 안쪽은 붉은 천을 각각 사용하여
     만드는데, 가운데에 솜을 넣는다. 그리고 네 귀퉁
     이에 명주실로 된 끈을 달아 시신의 목 뒤에서 양
     쪽으로 묶을 수 있게 한다. 호배휘의 설명에 따르
     면 천은 명주를 사용한다.(호배휘, 『의례정의』,
     1675쪽 참조.)

幎
(섭숭의, 『삼례도』)

219) 악수握手(손싸개) : 시신의 손을 감싸기 위해 직사
     각형의 주머니 모양으로 만든 것으로, 한손에 한
     짝씩 감싼다. 보통 명주로 만드는데, 길이는 1척 2
     촌, 너비는 5촌이며, 안쪽의 천은 붉은색으로 겉면
     의 천은 검은색으로 한다. 중간 부분의 양 옆은 각
     각 1촌씩 줄여 잘록하게 하고 죽은 이의 손을 그
     안에 놓으며, 입구 양끝에 끈을 매달아 가운데 손
     가락을 에워싸고 팔에서 묶을 수 있게 한다. 악수

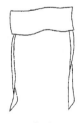

握手
(섭숭의, 『삼례도』)

의 모양에 대한 설명은 고대에서부터 여러 견해가 분분하다.(錢玄, 『삼
례사전』, 809쪽 및 白玉林, 『삼례문화사전』, 532쪽 참조.)

들고 당堂 위로 올라간 후 실室 안으로 들어가서 시신의 동쪽에 진
설하고, 베개와 자리를 펼쳐 놓고, 자리 위에 습의를 진열해놓는다.
축祝은 수건을 치우고 면의面衣(얼굴덮개)로 얼굴을 덮으며, 충이充
耳(귀마개)와 악수握手(손싸개)로 귀를 막고 손을 감싸며, 석舃(겹바
닥 신발)과 구屨(홑바닥 신발)를 시신에게 신긴다. 습襲을 마친 후
대렴 때 사용한 이불로 시신을 덮는다. 내외의 사람들은 실 안으로
들어가 곡을 한다.

　乃唅. 贊者奉盤水及笲. 一品至于三品, 飯用梁, 唅用璧; 四品至
于五品, 飯用稷; 唅用碧; 六品至于九品, 飯用梁, 唅用貝. 升堂,
唅者盥手於戶外洗, 梁·璧實於笲, 執以入, 祝從入, 北面, 徹枕,
去袂, 受笲, 奠於尸東. 唅者坐於床東, 西面, 鑿巾, 納飯·唅於尸
口. 旣唅, 主人復位.

　이어서 함唅의 의절을 행한다.

　찬자贊者(예의 진행을 돕는 사람)는 물동이를 올려놓은 소반[盤
水] 및 폐백 바구니[笲]를 받든다. 1품에서 3품까지의 상에는 반함飯
唅[220]에 수수[梁]를 사용하고, 함옥唅玉[221]에 벽옥[璧]을 사용하며, 4

---

220) 반함飯唅 : 상례에서 죽은 이의 입 안에 쌀, 조개, 옥 등을 채우는 의식으로,
　　차마 입 안에 먹을 것이 없게 할 수 없기 때문에 행하는 의절이다. 『주례』
　　「지관·含人」의 정현 주에는 "반함은 입 안을 채우기 위한 것으로 입 안이
　　텅 비어 있는 것을 차마 볼 수 없기 때문이다. 군주는 수수를 사용하고,
　　대부는 기장을 사용하는데, 사는 수수를 사용하는데, 모두 4승이다.飯所以
　　實口, 不忍虛也. 君用梁, 大夫用稷, 士用梁, 皆四升."라고 하였다.
221) 함옥唅玉 : 상례에서 죽은 이의 입 안에 옥이나 조개를 채워 넣는 의식을
　　말하며, 또 죽은 이의 입 안에 넣은 옥이나 조개 등 그 자체를 함옥이라

품에서 5품까지의 상에는 반함에 기장[稷]을 사용하고 함옥에 푸른 옥돌[碧]을 사용하며, 6품에서 9품까지의 상에는 반함에 수수를 사용하고, 함옥에 조개[貝]를 사용한다. 찬자가 당 위로 올라가면, 함含의 예를 행하는 사람은 실의 문 밖에 있는 세洗(물받이 항아리)[222]에서 손을 씻은 후 수수와 벽옥을 폐백 바구니 안에 담아서 들고 실室 안으로 들어가며, 축祝도 뒤따라서 들어가 북쪽을 향해 선다. 함含의 예를 행하는 사람은 베개를 치우고, 이불을 걷어내고, 찬자贊者(예의 진행을 돕는 사람)에게서 폐백바구니를 받아서 시신의 동쪽에 내려놓는다. 함의 예를 행하는 자는 침상의 동쪽에 앉아서 서쪽을 향하여 수건에 구멍을 뚫어서 시신의 입 안에 쌀과 옥 등을 넣는다. 함의 예를 마치면, 주인은 본래의 위치로 돌아온다.

乃爲明旌, 以絳廣充幅, 一品至于三品, 長九尺, 韜杠, 銘曰「某官封之柩」, 置於西階上; 四品至于五品, 長八尺; 六品至于九品, 長六尺.

고도 한다.

222) 세洗(물받이 항아리) : '洗'는 손이나 술잔을 씻고 난 후 버리는 물을 받는 기구를 말한다. 시종하는 사람이 구기[枓]를 이용하여 미리 물을 담아 둔 물항아리[罍水]에서 물을 따라 부어 주면, 손이나 술잔을 씻는 사람은 그 물로 손이나 술잔을 씻은 후 물을 버리는데, 버리는 물을 받는 기물을 '洗'라고 한다. 洗에는 庭洗와 內洗(北洗) 2가지가 있는데,

洗
(섭숭의, 『삼례도』)

'정세'는 阼階의 동남쪽에 진설하는 것이고, '내세'는 室의 동북에 위치한 北堂에 진설하는 것으로 내빈을 위한 것이다. 이곳에서는 이곳의 함의 예를 행하는 사람은 바로 이 '내세'에서 손을 씻는 것이다.

이어서 명정明旌223)을 만드는데, 길이 온폭(2척 2촌)의 옅은 진홍색을 사용한다.224)

1품에서 3품까지는 깃대의 길이를 9척으로 하고, 깃대의 윗부분을 씌우는데, 옅은 진홍색의 베에 '아무개(이름) 관직(명) 봉작(위)의 널[柩]'이라고 써서 서쪽 계단 위에 세워둔다. 4품에서 5품까지는 깃대의 길이를 8척으로 하며, 6품에서 9품까지는 깃대의 길이를 6척으

---

223) 명정明旌 : 죽은 이의 이름을 써넣은 깃발을 말한다. 명정은 죽은 이가 살아생전에 사용하던 깃발을 사용하여 그의 신분을 나타낸다. 천자는 大常(정폭의 윗부분에 해와 달을 그리고 그 아래와 깃발 가장자리의 장식에는 승천하는 용과 하강하는 용을 교차하여 그린 깃발)의 깃발을 세우고, 제후는 旂(승천하는 용과 하강하는 용을 교차하여 그린 깃발)를 세우고, 孤와 卿은 旜(통째로 한 가지 색의 비단으로 만든 깃발)을 세우고, 대부와 사는 物(잡색의 비단으로 만든 깃발)을 세운다. 정현은 "銘은 곧 明旌이다."라고 하였는데, 이것은 旌 즉 죽은 이가 생전에 사용하던 旗로서 누구의 棺인지를 밝힌다는 의미이다. 후대에 이 銘은 보통 銘旌이라고 불렀다.

224) 명정明旌 … 사용한다 : 『의례』「사상례」에서는 "명정을 만들 때는 각각 죽은 이가 생전에 사용했던 物의 깃발을 가지고 한다. 이 깃발이 없다면, 상단 부분은 길이가 반폭인 검은 베로 만들고, 하단 부분은 길이가 온폭인 붉은 베로 만드는데, 너비는 3촌이다. 하단의 붉은 베에 '아무개씨 아무개의 널[柩]'이라고 쓴다.爲銘, 各以其物. 亡則以緇長半幅, 經末長終幅, 廣三寸. 書銘于末曰, '某氏某之柩.'"고 하였다.

銘旌
(황이주, 『예서통고』)

로 한다.

鑿木爲重, 一品至于三品, 長八尺, 橫者半之, 三分庭一在南; 四品至于五品, 長七尺; 六品至于九品, 長六尺. 以沐之米爲粥, 實於鬲, 蓋以疏布, 繫以竹簽, 縣於重木. 覆用葦席, 北面, 屈兩端交後, 西端在上, 綴以竹簽. 祝取銘置於重, 殯堂前楹下, 夾以葦席.

나무를 깎아 구멍을 내서 중重(신주 대용의 나무막대기)[225]을 만든다.

----

225) 중重(신주 대용의 나무막대기) : '重'은 사람이 막 죽어서 신주를 만들 여유가 없기 때문에 잠시 임시로 제물을 받는 장방형의 나무막대를 말한다. 虞祭를 마친 후 '重'을 땅에 묻은 후 신주를 만든다. 나무로 만들었기 때문에 '重木'이라고도 한다. 정현에 따르면, '重'은 물건을 매달기 위해 설치한 나무막대로, 길이는 3尺이다. 모양은 나무를 깎아 위부분에 구멍을 뚫어 놓은 형태로 구멍에 斡 또는 簪, 즉 대나무로 된 막대기를 꽂아 물건을 매단다. 방포는 "襲을 마치고 冒로 덮은 뒤에는 부모의 모습을 다시 볼 수 없으므로 나무를 뜰의 중앙에 설치하여 신령이 의지하도록 한다고 설명하였다.(호배휘, 『의례정의』, 1709쪽 참조.)

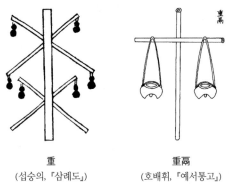

重
(섭숭의,『삼례도』)

重鬲
(호배휘,『예서통고』)

1품에서 3품까지는 길이는 8척이 되고 너비는 그 반(4척)이 되게 만드는데, 뜰[庭]을 3등분 하여 남쪽으로 1/3이 되는 지점에 세운다. 4품에서 5품까지는 길이가 7척이 되게 하고, 6품에서 9품까지는 길이가 6척이 되게 하여 목욕을 시킬 때 사용한 쌀의 나머지로 죽을 만들어 솥[鬲]에 넣어 거친 베로 덮어두고, 대나무 밑동으로 꽂아 매어서 중목重木에 걸어둔다. 갈대자리로 덮어서 북쪽을 향하게 하고, 양쪽 끝을 구부려 교차시킨 후 서쪽 끝이 위로 오게 하고, 대나무 밑동으로 꿴다. 축祝은 명정을 가져다 중重(신주 대용의 나무막대기)에 놓으며, 빈을 모신 당 앞의 기둥 아래에 갈대자리로 에워싸서 가린다.

小斂衣一十九稱, 朝服一, 笏一, 陳於東序, 西領北上.[226]

소렴의 19벌, 조복 1벌, 홀笏 하나를 당 위의 동쪽 벽[東序]에 진설하는데, 북쪽을 윗자리로 삼아 옷깃이 서쪽을 향하도록 하여 놓는다.

設奠於東堂下, 甒二, 實以醴·酒, 觶二, 角柶一, 少牢·腊三, 籩·豆俎各八.[227] 設盆盥饌東, 布巾. 贊者辟脯醢之, 奠於尸床西南.

동당東堂 아래에 전奠을 진설하는데, 예주[醴]와 청주[酒][228]를 담

---

226) 陳於東序, 西領北上 :『新唐書』의 각종 판본에는 '上'자가 없는데, 『大唐開元禮』 권138과 『通典』 권138에 의거하여 보충하였다.

227) 牢腊三籩豆俎各八 :『大唐開元禮』 권138과 『通典』 권138에는 모두 '少牢及腊三, 俎·籩·豆各八'로 되어 있다.

228) 예주[醴]와 청주[酒] : '예주[醴]'는 태고시대의 술로서 濁하고 질박한 술

은 2통의 질그릇 술동이[甒]²²⁹)·3승 용량의 술잔[觶] 2개·뿔 숟가락[角柶]²³⁰) 1개·양고기와 돼지고기[少牢]·말린 고기[腊] 3조각·대나무제기[籩]·나무제기[豆]·희생제기[俎] 각각 8개를 진설한다. 음식물의 동쪽에 물동이를 진설하고 수건으로 덮어둔다. 찬자(贊者: 예의 진행을 돕는 사람)는 말린 고기[脯]와 고기젓갈[醢]을 나누어서 시상(尸床)의 서남쪽에 진설한다.

이며, '청주[酒]'는 후대에 만들어진 술로서 淸하고 문식을 낸 술이다 '醴'는 즙과 앙금이 뒤섞여 있는 탁한 술로서, 누룩이 적고 곡물이 많이 들어간 술이다. 『周禮』「天官·酒正」에서 泛齊·醴齊·盎齊·醍齊·沈齊를 '五齊'라고 하였는데, 정현은 "醴은 體와 같다. 빚고 나서도 즙과 앙금이 서로 뒤엉켜 있다. 오늘날의 恬酒와 같다.醴猶體也, 成而汁滓相將, 如今恬酒矣."고 하였다. 예를 행할 때는 모두 이 술을 사용하는데, 입으로 맛을 보기만 하고 마시지는 않는다. '예주'[醴]는 그 맛이 약간 달며, 하루 동안 숙성시켜 만들기 때문에 鷄鳴酒 혹은 一宿酒라고도 한다.

229) 질그릇 술동이[甒] : '甒'는 예주를 담는 질그릇으로 만든 술동으로, '瓦大', '瓦甒'라고도 한다. 송대 섭숭의의 『삼례도』에 인용된 『舊圖』에 따르면 醴甒는 질그릇으로 만드는데 용량이 5斗이며, 입구의 직경이 1척, 목부분의 높이는 2촌이며, 아랫부분이 좁고 밑바닥은 평평하다.

甒
(섭숭의, 『삼례도』)

230) 뿔 숟가락[角柶] : '角柶'는 본래 예주를 뜨는 용도로 만든 것인데 형태가 匕(숟가락)와 비슷하다. 술 뜨는 것 이외에 喪事에도 사용하는데, 含玉·飯含할 때 이빨을 떠받치는 용도로 사용한다.

乃斂. 具床席於堂西, 設盆盥西階之西, 如東方. 斂者盥, 與執服
者以斂衣入, 喪者東西皆少退, 內外哭. 已斂, 覆以夷衾, 設床於
堂上兩楹間, 衽下莞上簟, 有枕. 卒斂, 開帷, 主人以下西面憑哭,
主婦以下東面憑哭, 退.

이어서 염斂을 한다.

침상과 자리를 서당西堂에 갖추어놓고 물동이를 서쪽 계단의 서
쪽에 진설하는데, 동당東堂에 진설하는 것과 마찬가지 방식으로 한
다.231) 염斂의 예를 행하는 자는 손을 씻은 후 의복을 받들고 있는
자와 함께 염의斂衣를 들고 실室 안으로 들어가고, 복상하는 자들이
동쪽과 서쪽으로 모두 조금 뒤로 물러나면, 내외의 사람들이 모두
곡을 한다. 염을 한 후에 이불[夷衾]232)로 시신을 덮고, 당 위 양쪽
기둥 사이에 침상을 진설하고, 침상 위에 깔개[衽]를 펴는데, 먼저
밑에 왕골자리[莞]를 깔고 그 위에 대자리[簟]를 깔아놓고, 베개를
둔다. 염을 마치면 휘장을 거두고, 주인 이하는 서쪽을 향해 시신을

---

231) 침상과 … 방식으로 한다 : 小斂 때 東堂 아래의 물동이는 奠을 올리기
위하여 진설하는 것이고, 西堂 아래의 물동이는 시신을 옮길 사람을 위
하여 진설하는 것이다. 大斂 때도 두 개의 물동이를 두는데, 東堂 아래
의 물동이는 문 밖에 옮겨 진설하고, 西堂 아래의 물동이는 처음처럼
진설한다. 대렴 때도 시신을 드는 일이 있기 때문이다.

232) 이불[夷衾] : '夷衾'은 시신을 덮는 이불이다. 『예기』 「喪大記」에 "소렴
이후에는 夷衾을 사용하는데, 이금의 위쪽 부분[質]과 아래쪽 부분[殺]의
제도는 冒(시신을 감싸서 덮는 자루)의 경우와 같다.自小斂以往用夷衾,
夷衾質殺之裁猶冒也."고 하였다. 정현의 주에서는 "'冒'는 염을 한 후
시신을 씌우는 것으로, 형체를 중시하는 것이다. 소렴 이후에 또 이금으
로 덮는다.'冒'者, 既襲所以韜尸, 重形也. 小斂又覆以夷衾."고 하였다.

껴안고 곡을 하고, 주부 이하는 동쪽을 향해 시신을 껴안고 곡을 한 후 물러난다.

乃斂髮而奠. 贊者盥手奉饌至階, 升, 設於尸東, 醴·酒奠於饌
南, 西上, 其俎, 祝受巾巾之. 奠者徹襲, 奠, 自西階降出. 下帷,
內外俱坐哭. 有國官·僚佐者, 以官代哭; 無者, 以親疏爲之. 夜則
爲燎於庭, 厥明滅燎.

이어서 삼끈으로 머리카락을 묶은[斂髮][233] 후 전奠을 올린다.

찬자贊者(예의 진행을 돕는 사람)는 손을 씻은 후 음식을 받들어 들고 계단에 이르고, 당 위로 올라가 시신의 동쪽에 진설하는데, 예주[醴]와 청주[酒]를 음식의 남쪽에 내려놓는데 서쪽을 윗자리로 삼는다.

---

233) 삼끈으로 머리카락을 묶은[斂髮] : 상례 가운데 머리싸개[纚]·비녀[笄]를 제거하고 삼끈으로 머리카락을 묶어서 맺는 것을 말한다. '髺髮'이라고도 한다. 『의례』「士喪禮」의 정현 주에 "'괄발'이라는 것은 비녀와 머리싸개를 제거하고 삼끈으로 상투를 묶는다는 것이다. … 『예기』「상복소기」에 '斬衰의 喪에는 삼끈으로 머리카락을 묶고 (어머니의 상에는 삼끈으로 머리카락을 묶고) 免을 착용하고 베로 묶는다.'라고 하였다. 여기서는 삼베로 만드는데 모양은 지금의 幓頭(머리를 묶는 두건)를 착용한 것과 같다. 목 가운데서 앞으로 둘러 이마 위에서 교차시키고 조금 물려 상투에 감는다. 房에서 하고 室에서 하는 것은 묶은 머리카락을 푸는 일은 은밀한 곳이 적당하기 때문이다.'髺髮'者, 去笄纚而紒. … 「喪服小記」曰, '斬衰髺髮以麻, 免而以布.' 此用麻布爲之, 狀如今之著幓頭矣. 自項中而前, 交於額上, 卻繞紒也."라고 하였다. 戴震은 상례의 괄발은 처음 죽은 날 관을 벗고, 이튿날 또 비녀와 머리싸개를 제거한 후 다시는 평상시의 머리끈으로 묶지 못하고 마끈으로 대신하는 것이라고 하였다.(호배휘, 『의례정의』 참조)

그 희생제기[俎]는 축祝이 받아서 수건으로 덮어둔다. 전을 올리는 자
는 습의를 치우고 전을 올린 후 서쪽 계단을 통해 내려와서 나간다.
휘장을 내리면, 내외의 사람들이 모두 앉아서 곡을 한다. 국관國官(親
王의 封國 관리)·요좌僚佐(속관)가 있을 경우 관직에 따라 번갈아가
며 곡을 하고, 없을 경우 혈연의 친소에 따라서 곡을 한다. 밤이 되면
뜰에 화톳불[燎]을 켜놓고, 그 이튿날 날이 밝으면 화톳불을 끈다.

乃大斂. 衣三十稱, 上服一稱, 冕具簪·導·纓, 內喪則有花釵,
衾一, 西領南上.

이어서 대렴大斂을 한다.

옷 30벌,[234] 상등의 옷[上服] 1벌을 진설하고, 면冕에는 잠簪(비
녀)[235]을 꽂고 도導(옥 빗)[236]로 머리장식을 하고, 영纓(관끈)을 매
단다. 부인들의 상[內喪]이라면 화차花釵(꽃 비녀)[237]를 꽂는다. 금衾

---

234) 30벌 : 죽은 지 2일 째 되는 날의 소렴에는 祭服·散衣(평상시 입던 옷)
　　 19벌을 진설하고, 3일 째 되는 날의 대렴에는 제복·산의 이외에 군주나
　　 친구·형제 등이 보내준 30벌의 襚衣를 진설한다.

235) 잠簪(비녀) : 笄(비녀)를 말한다. 비녀는 용도에는 따라 두 가지로 나뉜
　　 다. 하나는 두발을 안정시키는 것이고 다른 하나는 관을 고정시키는 것
　　 이다. '笄'는 주대의 일반적인 칭위였는데, 진한 이후에는 그것을 '簪'으
　　 로 개칭하였다.

236) 도導(옥 빗) : 머리카락을 다듬어서 관 안에 넣는 도구로, 櫛(빗)의 일종
　　 이다. 옥으로 만드는데, 그것으로 또한 머리장식을 삼는다. 『釋名』「釋首
　　 飾」에 "導는 머리카락을 이끌어 다듬어서 두건 안으로 들어가게 하는
　　 것이다.導, 所以導櫟鬢髮, 使入 巾幘之裏也."라고 하였다.

237) 화차花釵(꽃 비녀) : 金翠·珠寶로 만든 꽃 모양으로 된 부녀들의 머리

(이불)²³⁸⁾ 1장을 진설하고, 옷들은 남쪽을 윗자리로 삼아 옷깃이 서쪽을 향하도록 하여 놓는다.

設奠如小斂, 甒加勺, 籅在東南, 籩·豆·俎皆有冪, 用功布.

전奠을 진설하는데 소렴 때와 같은 의절로 한다.

질그릇 술동이[甒]에 술 국자[勺]²³⁹⁾를 얹어놓고, 대광주리[籅]²⁴⁰⁾

장식으로서, 花鈿이라고도 한다.

238) 금衾(이불) : 시신을 덮는 홑이불 혹은 겹이불을 말한다. 염을 할 때 衾으로 시신을 덮어주는데, 소렴 때는 한 장, 대렴 때는 두 장을 사용한다. 『의례』 「士喪禮」의 정현 주에 "'염금'은 대렴 때 함께 사용할 衾이다. '衾'은 이불[被]이다. 소렴 때 사용할 이불은 곧 진설해야 한다.斂衾, 大斂所幷用之衾. 衾, 被也. 小斂之衾當陳."라고 하였다.

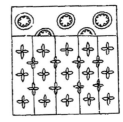

금衾
(섭숭의, 『삼례도』)

239) 술 국자[勺] : '勺'은 술을 뜨는 조그만 국자를 말한다. 용량은 1승이다. 나무로 만든 것과 청동으로 만든 것이 있다.

240) 대광주리[籅] : 대나무로 만든 장방형의 광주리인데, 덮개가 있다. 송대 섭숭의의 『삼례도』에 인용된 『舊圖』에 따르면 '籅'는 대나무로 만드는데, 길이가 3척, 너비가 1척, 깊이가 6촌, 다리의 높이는 3촌이다. 籅에는 堂 위에 진설하는 上籅(內籅)와 堂 아래에 진설하는 下籅가 있다. 당 아래의 대광주리[下籅]는 항상 물받이 항아리[洗] 서쪽에 진설하고, 당 위의 대광주리 上籅는 술동이의 남쪽에 진설한다. 당 위의 대

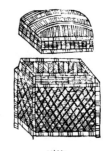

비籅
(섭숭의, 『삼례도』)

광주리를 술동이 근처에 진설하는 것은 술잔을 꺼내어 술을 따르기 편리

는 술동이의 동남쪽에 놓고, 대나무제기[籩]·나무제기[豆]·희생제기[俎]는 모두 덮개로 덮어두는데, 공포功布241)를 이용한다.

棺入, 內外皆止哭, 升棺於殯所, 乃哭. 熬八筐, 黍·稷·梁·稻各二, 皆加魚·腊. 燭俟於饌東, 設盆盥於東階東南. 祝盥訖, 升自阼階, 徹巾, 執巾者以待於阼階下. 祝盥·贊者徹小斂之饌, 降自西階, 設於序西南, 當西霤, 如設於堂上. 乃適於東階下新饌所, 帷堂內外皆少退, 立哭. 御者斂, 加冠若花釵, 覆以衾. 開帷, 喪者東西憑哭如小斂, 諸親憑哭. 斂者四人擧床, 男女從, 奉尸斂於棺, 乃加蓋, 覆以夷衾, 內外皆復位如初. 設熬穀, 首足各一筐, 傍各三筐, 以木覆棺上, 乃塗之, 設帚於殯上, 祝取銘置于殯.

관이 들어오면 내외의 사람들은 모두 곡을 멈추고, 당 위로 올라가 빈소殯所에 관을 놓으면, 이에 다시 곡을 한다. 볶은 곡물[熬]242)

하도록 하기 위한 것이다.

241) 공포功布 : '功布'란 '鍛濯灰治' 즉 방망이로 두드리고 물로 씻어내며 다시 잿물에 넣어 부드럽게 마전한 베를 뜻한다. 방망이로 두드리고 물로 씻어내는 '鍛濯'의 인공만 가하면 그것을 '疏布'라 하고, 여기서 다시 잿물에 넣어 부드럽게 마전을 하는 '灰治'의 인공을 가하면 그것을 '공포'라고 한다. 또 '소포'는 거칠고 성긴 정도가 심하여 아직 완성되지 않은 듯 하므로 '未成布'라고도 하고, '공포'는 점차 정밀하고 세밀해져서 길복의 베에 가까운 완성된 베라는 의미로 '成布'라고도 칭한다. 3승에서 6승까지가 미성포이며, 6승과 7승 사이가 미성포에서 성포로 넘어가는 경계이다.(「旣葬 '受服'의 규정과 예학적 논쟁」 참조)

242) 볶은 곡물[熬] : '熬'는 '熬穀'이라고도 하는데, 볶은 곡물을 말한다. 염을 할 때 대광주리에 볶은 곡물을 담아서 관 옆에 놓으면, 개미가 그 향을

을 담은 대광주리[筐] 8개를 진설하는데, 찰기장[黍]·메기장[稷]·수
수[粱]·쌀[稻]을 담은 대광주리 각각 2개씩으로, 모두 물고기[魚]와
말린 고기[腊]도 함께 넣는다. 음식물의 동쪽에 횃불[燭]을 준비해
두고, 동쪽 계단 동남쪽에 물동이를 진설해둔다.

축祝은 손을 씻은 후 당 위로 올라가 수건을 거두어내고, 수건을
받아든 자는 당에서 내려가 동쪽 계단[阼階] 아래에서 기다린다. 축
은 손을 씻고, 찬자贊者(예의 진행을 돕는 사람)는 소렴 때 올렸던
음식물을 거두어 들고 서쪽 계단을 통해 내려가서, 당 위 서쪽 벽[西
序]의 남쪽에서 서쪽 처마[西霤]243)와 마주하는 곳에 진설하는데, 당

맡고서 곡물을 먹느라 시신에 침투하지 못한다.
『의례』「사상례」에 의하면, 진설하는 볶은 곡물은
군주의 경우 찰기장, 메기장, 수수, 쌀의 4가지이
며, 대부의 경우 찰기장, 메기장, 수수의 3가지, 사
는 찰기장과 메기장 2가지이다.

熬筐
(송, 섭숭의, 『삼례도』)

243) 서쪽 처마[西霤] : '霤'는 지붕에서 물을 흘러내게 하는 처마 혹은 아래에
서 그 물을 받는 낙수물받이 통을 뜻한다. 『설문해자』에 의하면, 지붕의
처마 양 끝머리에 솟아 오른 부분을 '榮(추녀)'이라고 하고, 또 추녀 끝에
덧댄 목이 이어진 것을 제나라에서는 '檐(처마)'이라 하고, 초에서는 '梠
(처마)'라고 한다. 이 처마를 '霤'라고도 한다. 李如珪와 焦循 그리고 胡
培翬 등의 설에 의하면, 주나라 제도에서 천자·제후는 은나라의 四阿
(지붕의 사면에 빗물을 흘러내리게 하는 곳, 처마)의 지붕을 만들었기
때문에 동서남북 사면에 모두 '霤'(추녀, 낙수물받이 통)가 있었지만, 대
부 이하는 하나라의 夏屋 즉 남북 양쪽으로 물을 흘러내리게 하는 지붕

위에 진설할 때와 마찬가지 방식으로 한다. 이어서 동쪽 계단 아래 새로 음식을 진설한 곳으로 가면, 휘장과 당에 있는 내외의 사람들은 선채로 곡을 한다. 어자御者(시종하는 사람)가 염을 하는데, 시신에 관면冠冕을 씌우고 화차花釵를 꽂으며, 이불[衾]로 덮어준다.

휘장을 거두어 열면, 복상하는 자들은 소렴 때와 마찬가지로 동쪽과 서쪽을 향해 시신을 껴안고 곡을 하고, 여러 친척들도 시신을 껴안고 곡을 한다. 염을 한 (어자) 4인은 침상을 들고 나가면, 남녀들이 뒤를 따른다. 시신을 받들어 관에 안치하고, 이어서 덮개를 얹는데, 이금夷衾(널을 덮는 홑이불)244)으로 시신을 넣은 널을 덮는다.

을 만들었기 때문에 남쪽과 북쪽으로 南霤와 北霤만 있고 東霤와 西霤는 없었다. 그러나 '霤'는 '榮(추녀)'과 동일한 것이라고 주장하는 楊復, 張惠言 등의 설도 있어, 그 해석이 분분하다.

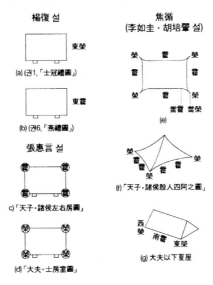

榮·霤(이케다 스에토시, 『의례(Ⅰ)』)

내외의 사람들은 모두 소렴 때와 마찬가지로 본래의 위치로 돌아간다. 볶은 곡물[熬穀]을 진설하는데, 시신의 머리와 다리 부분에 각각 1개의 대광주리, 허리 부분의 양 옆에 각각 3개의 대광주리를 놓는다. 나무로 관 위를 덮고, 이어서 흙으로 바른다. 시신을 넣은 널 위에 휘장을 두르고, 축祝은 명정을 가져다 시신을 넣은 널 앞 놓는다.

乃奠. 執巾·几·席者升自阼階, 入設於室之西南隅, 東面. 又几

---

244) 이금夷衾(널을 덮는 홑이불) : 소렴 이후에 시신이나 널을 덮는 홑이불을 말한다. 『의례』 「사상례」의 정현 주에 "'이금'은 시신을 덮는 이불이다. 『예기』 「상대기」에 '소렴 이후에는 이금을 사용하는데, 이금의 質과 殺의 제도는 冒(시신을 감싸서 덮는 자루)의 경우와 같다.'라고 하였다.夷衾, 覆尸之衾. 「喪大記」曰, '自小斂以往用夷衾, 夷衾質殺之裁猶冒也.'"고 하였다. 『예기』 「상대기」의 공영달 소에는 "소렴 전에는 冒가 있으므로 이금을 사용하지 않는다. 소렴 이후에는 옷이 많아서 모를 쓸 필요가 없다. 그러므로 이금으로 시신을 덮는 것이다.小斂前有冒, 故不用夷衾. 自小斂後, 衣多不可用冒, 故用夷衾覆之也."라고 하였다.

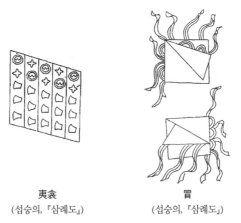

夷衾
(섭숭의, 『삼례도』)

冒
(섭숭의, 『삼례도』)

·巾已加, 贊者以饌升, 入室, 西面, 設於席前. 祝加巾於俎, 奠者降自西階以出. 下帷, 內外皆就位哭.

이어서 전奠을 올린다.

덮개[巾]·안석[几]·자리[席]를 들고 있는 자는 동쪽 계단[阼階]을 통해서 당堂 위로 올라가 실室 안으로 들어가서 서남쪽 모퉁이에 진설하고, 동쪽을 향해 선다. 또 안석과 덮개를 진설한 이후, 찬자贊者(예의 진행을 돕는 사람)는 음식물을 들고 당 위로 올라가 실 안으로 들어가서 서쪽을 향해 자리[席] 앞에 진설한다. 축祝은 희생제기[俎]를 덮개로 덮어놓고, 음식물을 진설한 찬자는 서쪽 계단을 통해 내려온다. 휘장을 내려서 치면, 내외의 사람들은 모두 곡위位哭로 나아간다.

旣殯, 設靈座於下室西間, 東向, 施床·几·桉·屏·帳·服飾, 以時上膳羞及湯沐如平生. 殷奠之日, 不饋於下室245).

빈殯을 마친 후 하실下室246)의 서쪽 사이에 영좌靈座를 마련하는데 동쪽을 향하도록 하고, 침상[床]·안석[几]·탁자[桉]·병풍[屏]·휘장[帳]·옷[服飾]을 갖추어 놓으며, 때때로 살아계실 때처럼 맛난 음

---

245) 不饋於下室 : '不饋'는 『신당서』의 각 판본에는 원래 '下饋'로 되어 있는데, 『大唐據開元禮』 권138과 『通典』 권138에 의거하여 교감하였다.
246) 하실下室 : 휴식을 취하는 내실로, 燕寢이라고도 한다. 『의례』 「旣夕禮」 정현의 주에 "하실은 오늘날의 내당과 같다. 下室, 如今之內堂."고 하였고, 호배휘의 『의례정의』에서는 "하실은 곧 연침으로, 정침의 안에 있다. 그러므로 (정현이) 한나라의 내당을 들어 비유로 삼은 것이다. 下室, 卽燕寢, 在正寢之內, 故擧漢之內堂以況之."라고 하였다.

식 및 목욕물을 올린다. 은전殷奠247)의 날에는 하실에 음식을 올리
지 않는다.

廬在殯堂東廊下, 近南, 設苫塊. 齊衰於其南, 爲堊室, 俱北戶,
翦蒲爲席, 不緣; 大功又於其南, 張帷, 席以蒲; 小功·緦麻又於其
南, 設床, 席以蒲. 婦人次於西房.

의려[廬]248)는 빈소를 차린 당의 동쪽 행랑 아래에서 남쪽 가까운
곳에 마련하는데, 그 안에 짚단 거적[苫]과 흙덩이 베개[塊]를 놓는
다.249) 자최의 복을 하는 사람들은 그 남쪽에 악실堊室250)을 만들어

---

247) 은전殷奠 : 빈소를 차린 기간에 매달 초하루와 보름에 거행하는 성대한
祭奠을 말한다. 이 제전은 매일 아침저녁으로 올리는 奠에 비해 융성하
기 때문에 '殷事'라고도 한다. 호배휘의『의례정의』에는 "조석전에는 희
생을 올려놓은 희생제기가 없는데, 삭월전에는 희생을 올려놓은 희생제
기가 있어 조석전보다 성대하다. 그러므로 '은전'이라 칭한다.朝夕奠無
牲俎, 朔月奠有牲俎, 盛于朝夕, 故名殷奠."고 하였다. 또 陳澔의『禮
記集說』「檀弓」上에서는 "'삭전'이란 매달 초하루에 올리는 전이다. 아
직 장례를 치루지 않았을 때에 대부 이상은 초하루와 그믐에 모두 전을
올리지만, 사는 초하루에만 올릴 뿐이다.朔奠者, 月朔之奠也. 未葬之
時, 大夫以上, 朔望皆有奠, 士則朔而已."라고 하였다.

248) 의려[廬] : 효자가 빈소를 차린 후 거처하는 곳이다. '倚'라고 한 것은 나
무를 중문 밖의 동쪽 담장에 기대어 놓고 지은 여막이기 때문으로, 애통함
이 너무 깊어서 차마 편안히 거처하지 못하는 뜻을 나타낸다.『의례』「旣
夕禮」의 정현 주에도 "나무를 기대어 놓고 여막을 만드는데, 중문 밖의
동쪽에 있으며, 북쪽으로 문을 낸다.倚木爲廬, 在中門外東方, 北戶."고
하였다. 호배휘는 '中門'을 寢門으로서 殯宮의 門을 가리킨다고 하였고,
또 士에게는 2개의 문이 있는데, 大門은 밖에 있고, 寢門은 안에 있기
때문에 '中門'이라고 칭한다고 하였다.(『의례정의』, 1353쪽 참조)

거처하는데, 모두 문을 북쪽으로 내며, 부들을 베어서 자리를 만드는데 그 끝을 가지런히 다듬지 않는다. 대공의 복을 하는 사람들은 그 악실 안의 남쪽에 휘장을 펼치고 거처하는데, 부들로 만든 자리를 깔고 잔다. 소공과 시마의 복을 하는 사람들은 또 그 남쪽에 평상을 설치하여 거처하는데, 부들로 만든 자리를 깔고 잔다. 부인들은 서쪽 방[西房]에 머물며 복상을 한다.

三日成服, 內外皆哭, 盡哀. 乃降就次, 服其服, 無服者仍素服. 相者引主人以下俱杖升, 立於殯, 內外皆哭. 諸子孫跪哭尊者之前, 祖父撫之, 女子子對立而哭, 唯諸父不撫. 尊者出, 主人以下降立阼階.

죽은 지 3일에 성복成服하면, 내외의 사람들이 모두 곡을 하여 애통함을 극진히 한다. 이어서 당에서 내려와 상차[次]로 가서 자신들이 입어야 할 상복으로 갈아입는다. 상복을 입지 않는 자들은 그대로 소복素服을 착용한다. 상자相者(상례의 일을 돕는 유사)는 주인

---

249) 그 안에 … 놓는다 : 가공언에 의하면 어버이가 풀숲에 계신 것을 슬퍼하여 짚단 거적 위에서 자고, 어버이가 흙 속에 계신 것을 슬퍼하여 흙덩이 베개를 베는 것이다.(『의례주소』, 899쪽 참조.)

250) 악실堊室 : 상주가 거처하는 자그마한 임시 여막으로 중문 밖에 설치하는데, 사방의 벽을 흰 흙으로 바른다. 부모의 상을 당해 참최의 복을 하는 사람은 처음에는 倚廬에 거처하다가 練祭(小祥)를 지낸 후 악실로 옮겨 거상을 한다.(『주례』 「춘관 · 守祧」 참조) 『예기』 「間傳」에 "1년 만에 소상의 제사를 지내면 악실에 거처하고 자리를 깔고 잔다.期而小祥, 居堊室, 寢有席."고 하였다. 한편 자최의 복을 하는 사람들은 처음부터 악실에서 거상을 하다가 연제를 마치면 복을 벗는다.

이하를 인도하여 모두 지팡이를 짚고 당 위로 올라가 빈소에 서는
데, 내외의 사람들이 모두 곡을 한다. 아들과 손자 항렬의 사람들이
존귀한 사람들 앞으로 나아가 무릎을 꿇고 곡을 하면, 할아버지는
그들을 어루만지며 위로한다. 딸들은 마주하고 서서 곡을 하는데,
다만 아버지 항렬의 사람들은 위로해주지 않는다. 존귀한 자가 밖으
로 나가면, 주인 이하 당에서 내려와 동쪽 계단[阼階] 앞에 선다.

朔望殷奠, 饌於東堂下, 瓦甒二, 實醴及酒, 角觶二, 木柶一, 少
牢及腊, 三俎, 二簋·二簠·二鉶, 六籩·六豆. 其日, 不饋於下室.

　매달 초하루와 그믐의 은전殷奠에는 동당東堂 아래에 음식물을
진설하는데, 예주[醴]와 청주[酒]를 담은 질그릇 술동이[瓦甒] 2통, 3
승 용량의 뿔 술잔[角觶]251) 2개, 나무 숟가락[木柶] 1개, 양고기·돼
지고기[少牢] 및 말린 고기[腊]를 담은 3개의 희생제기[俎], 2개의 둥
근 밥그릇[簋]·2개의 네모진 밥그릇[簠]·2개의 국그릇[鉶]252), 6개의

---

251) 뿔 술잔[角觶] : 뿔로 장식한 술잔으로 3升의 용량이다. 나무로 만드는데,
　　청동제도 있다. 입의 직경은 5촌, 가운데의 깊이는 4촌, 바닥의 직경은
　　3촌이다. 공영달에 의하면, '觶'는 '適'의 뜻으로 술은 적당히 마셔야 한
　　다는 의미이다.(섭숭의, 『삼례도』 참조.)

252) 2개의 둥근 밥그릇[簋] … 2개의 국그릇[鉶] : 陸德明의 『經典釋文』에는
　　"바깥쪽은 둥글고 안쪽은 네모진 것이 '簋'이고 안쪽은 둥글고 바깥쪽은
　　네모진 것이 '簠'이다."라고 하였다. 이에 반해서 阮元은, "『주례』 「사인」
　　의 정현 주에 방형은 '簠', 원형은 '簋'라고 하였는데 이에 대한 가공언의
　　소에서 이는 모두 外形을 가지고 말한 것이라고 하였다."라고 하면서
　　『경전석문』을 비판하였다. '鉶'은 국을 끓이고 국을 담는 솥이다. 쇠고기
　　·양고기·돼지고기 등을 넣고 물을 넣은 다음 끓이는데, 모두 나물을

대나무제기[籩]·6개의 나무제기[豆]이다. 이날에 하실下室에는 음식
을 올리지 않는다.

葬有期前一日之夕, 除葦障, 設賓次於大門外之右, 南向. 啓殯
之日, 主人及諸子皆去冠, 以衰巾帕頭, 就位哭. 祝衰服執功布,
升自東階, 詣殯南, 北向, 內外止哭. 三聲噫嘻, 乃曰:「謹以吉辰
啓殯.」旣告, 內外哭. 祝取銘置於重. 掌事者升, 徹殯塗, 設席於柩
東, 升柩於席. 又設席柩東, 祝以功布升, 拂柩, 覆用夷衾, 周設帷,
開戶東向. 主人以下升, 哭於帷東, 西向, 俱南上. 諸祖父以下哭於
帷東北壁下, 諸祖母以下哭於帷西北壁下; 外姻丈夫帷東上253),
婦人帷西. 祝與進饌者, 各以奠升, 設於柩東席上, 祝酌醴奠之.

　장례는 점을 쳐서 날짜를 정하는데, 거행 하루 전날 저녁에 갈대
가림막이를 없애고, 대문 밖의 오른쪽에 빈차賓次를 마련하는데 남

첨가하여 간을 맞춘다. 그 솥은 '鉶'이라 하고, 그 고깃국은 '鉶羹'이라고
한다.

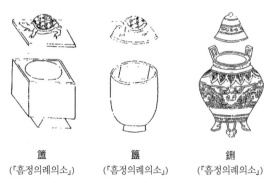

簠	簋	鉶
(『흠정의례의소』)	(『흠정의례의소』)	(『흠정의례의소』)

253) 外姻丈夫帷東上 :『大唐開元禮』권138과『通典』권138에는 모두 '外姻
丈夫帷東北面西上.'으로 되어 있다.

쪽을 향하도록 한다. 계빈啓殯254)을 하는 날에, 주인 및 아들들은 모두 관을 벗고 사건幎巾으로 머리를 감싸 묶고서 곡위로 나아가 곡을 한다. 축祝이 최복衰服을 입고 공포功布255)를 들고서 동쪽 계단을 통

---

254) 계빈啓殯 : 매장을 하기 전에 널을 殯宮에서 祖廟로 옮기는 것을 말한다. 『의례』「旣夕禮」의 정현 주에 "장례를 치르려고 하면 널[柩]을 祖廟에 옮겨야 하는데, 유사가 이때 주인에게 빈궁을 열 시간을 지시해 줄 것을 청하고, 그 시간을 빈에 게 알려 준다.將葬, 當遷柩于祖, 有司於是乃請啓殯之期於主人, 以告賓."고 하였다.

255) 공포功布 : 공포란 '鍛濯灰治' 즉 방망이로 두드리고 물로 씻어내며 다시 잿물에 넣어 부드럽게 마전한 베로서, 가공언에 의하면 7승 이하의 베를 말한다.(『의례』「기석례」의 가공언 소, "亦謂七升以下之布也.") 이 공포를 들고 신을 맞이한다. 『의례』「기석례」의 정현 주에 "'공포는 회로 마전한 베를 말하는데, 그것을 들고 신을 접하는 것은 (먼지를 닦아 내는 것처럼) 흉사한 기운을 제거해야 할 일이 있기 때문이다.'功布', 灰治之布也, 執之以接神, 爲有所拂抗也."라고 하였다. 또 送葬할 때 이 공포로 상여를 인도하여 이끈다. 대공포 3척을 깃대 끝에 매다는데, 형태가 麾(대장기)와 유사하다. 그러나

功布
(섭숭의, 『삼례도』)

『대당개원례』에서는 공포의 길이가 5척이라고 하였다. 『의례』「기석례」에 의하면, 商祝이 이 공포를 잡고 상여 앞에서 길의 높낮이와 기울고 평탄한 정도를 살펴보면서 상여의 운행을 지휘한다. 『의례』「기석례」의 정현 주에 "상여의 앞에 위치하여 길이 아래위로 비탈지거나 좌우의 높낮이가 다를 때, 공포로 낮추거나 높이거나 왼쪽을 지지하거나 오른쪽을 지지하게 하는 절도로 삼아, 상여 줄을 끄는 자와 널을 묶은 끈을 잡은 자에게 알린다.居柩車之前, 若道有低仰傾虧, 則以布爲抑揚左右之節, 使引者執披者知之. 士執披八人."고 하였다.

해 당 위로 올라가서 빈소의 남쪽에 이르러 북쪽을 향해 서면, 내외의 사람들은 곡을 멈춘다. (축은) 세 차례 기침소리를 낸 후256) "삼가 길한 시간에 빈궁을 열겠습니다."라고 고한다. 축이 고한 후, 내외의 사람들이 곡을 한다. 축은 명정을 가져다 중重(신주 대용의 나무막대) 앞에 놓는다.

일을 주관하는 사람[掌事者]은 당 위로 올라가 널에 발라놓았던 흙을 치우고, 널의 동쪽에 자리를 진설한 후 널을 자리 위에 올려놓고, 다시 널[柩]257)의 동쪽에 자리를 진설한다. 축은 공포功布를 들고서 당 위로 올라가 널의 먼지를 털어내고, 이금夷衾(널을 덮는 홑이불)으로 덮는다. 사방으로 휘장을 설치하는데, 여는 문이 동쪽을 향하도록 한다. 주인 이하 당 위로 올라가 휘장의 동쪽에서 곡을 한 후 동쪽 향해 서는데, 모두 남쪽을 윗자리로 삼는다. 할아버지 항렬 이하의 사람들은 휘장의 동북쪽 벽 아래에서 곡을 하고, 할머니 항렬 이하의 사람들은 휘장의 서북쪽 벽 아래에서 곡을 한다. 외친의 남자들은 휘장의 동쪽에서 곡을 하고, 외친의 여자들은 휘장의 서쪽에서 곡을 한다. 축과 음식물을 진설하는 자들은 각각 전奠을 올리는데, 널의 동쪽 자리 위에 진설하고, 축은 예주를 따라 내려놓는다.

---

256) 세 차례 기침 소리를 낸 후 : 『예기』 「曾子問」에 "대축이 소리를 세 번 낸다.祝聲三."고 한 것에 대하여 정현의 주에서는 "聲은 噫歆이라는 소리를 내는 것으로 신령을 경각시키는 것이다.聲, 噫歆, 警神也."고 하였다.

257) 널[柩] : 『예기』 「곡례」下에 "사망한 뒤 침상에 놓였을 때는 '尸'라고 하고, 관에 들어가면 '柩'라고 한다.在牀曰尸, 在棺曰柩."고 하였다. 이는 大斂을 하여 입관하기 이전 시신이 평상에 놓여 있을 때는 '尸'라고 하고, 시신을 棺에 안치하면 柩라고 한다는 뜻이다.

陳器用. 啓之夕, 發引前五刻, 搥一鼓爲一嚴, 陳布吉·凶儀仗,
方相·誌石·大棺車及明器以下, 陳於柩車之前. 一品引四·披六·
鐸左右各八·黼翣二·黻翣二·畫翣二, 二品三品引二·披四·鐸
左右各六·黼翣二·畫翣二, 四品五品引二·披二·鐸左右各四·
黼翣二·畫翣二, 六品至于九品披二·鐸二·畫翣二.

기물과 용구[器用]를 진설한다.

계빈을 하는 날 저녁, 널을 실은 수레가 출발하기 5각(1시간 15
분) 전에 첫 번째 북을 쳐서 일엄一嚴을 알리고, 길·흉의 의장儀仗
을 진열하여 배치하는데 방상거方相車[258)]·지석거誌石車·대관거(大
棺車) 및 명기明器車 이하를 구거柩車 앞에 진설한다. 1품은 상여 줄
[引][259)] 4개·널을 묶는 끈[披][260)] 6개·탁鐸[261)] 좌우로 각각 8개·보

---

258) 방상거方相車 : '방상'은 전설상 악귀와 산천의
精怪를 쫓아낸다는 전설상의 신령을 말한다. 『주
례』「하관·方相氏」에 "방상씨는 곰 가죽을 뒤집
어쓰고, 황금으로 만든 4개의 눈이 있는 가면을
쓰고, 검은색 상의에 붉은색 하의를 입고, 창을 잡
고 방패를 휘두르면서 백예들을 이끌고서 네 계
절에 나례를 거행할 때 室 안의 역귀를 찾아서
쫓아내는 일을 관장한다. 大喪이 있을 경우, 장지
로 출발할 때 柩車 앞쪽에 서며, 묘지에 도착하여
하관할 때 창으로 무덤의 네 모서리를 쳐서 方良
이라는 악귀를 쫓아낸다.方相氏, 掌蒙熊皮, 黃金
四目, 玄衣朱裳, 執戈揚盾, 帥百隷而時難, 以索
室毆疫. 大喪, 先柩, 及墓, 入壙, 以戈擊四隅, 毆
方良."고 하였다.

방상씨方相氏
(송, 섭숭의, 『삼례도』)

259) 상여 줄[引] : 柩車를 끄는 줄로서, '紼'이라고도 한다. 『의례』「기석례」

삽黼翣(도끼 문양을 그려 넣은 부채 모양의 널판)262) 2개·불삽黻翣

의 정현 주에 "인은 구거를 끄는 것이다.引, 所以引柩車."라고 하였고,
『예기』「잡기」하의 정현 주에서는 "'紼과 引은 (상여 줄로) 같은 뜻이다.
종묘 안에서는 '紼'이라고 말하고, 길에서는 '引'이라고 말한다.紼·引同
耳, 廟中曰紼, 在塗曰引."라고 하였다.

260) 널을 묶는 끈[披] : 비단으로 만드는데 상여 안
에 있는 널 양 옆을 묶어서 수레가 전복되는 것
을 방지하기 하기 위한 것이다. 『주례』「하관·
司士」에 "大喪을 당하면, 士를 파견하여 관련
한 일을 처리하게 하고, 아울러 6군 가운데 士
를 파견하여 披를 잡게 한다.大喪, 作士掌事,
作六軍之事執披."고 하였다. 정현의 주에서는
鄭司農의 말을 인용하여 "披는 관이 험난한 곳

披圖
(장혜언, 『의례도』)

을 만났을 때에 부지하기 위한 것이다.扶持棺險者也."라고 하였다. 또
『예기』「단궁」상의 정현 주에 "'피'는 관을 옮길 때 옆에서 당기는 것이
다.披, 柩行夾引棺者."라고 하였고, 공영달의 소에서는 "상여가 기울어
망가질 것을 염려하여 줄로 좌우에서 바쳐서 유지하는 것이다.恐柩車傾
虧, 而以繩左右維持之."라고 하였다.

261) 탁鐸 : 청동으로 만든 큰 방울로, 가운데에 추
[舌]가 있다. 추를 금속으로 만들면 金鐸이라
칭하는데, 金鐸으로 군대 안에서 명을 내린다.
혀를 나무로 만들면 木鐸이라 칭하는데, 목탁
으로 나라 안에서 명을 내린다.

鐸
(양갑, 『육경도』)

262) 보삽黼翣 : '翣'은 관의 장식으로, 형태가 부채와 유사하며 나무로 테두
리를 만들고 테두리 위에 흰 베로 씌우며, 그 위해 각종 문양을 그려

(등진 弓자 문양을 그려 넣은 부채 모양의 널판) 2개·화삽畫翣(구름 문양을 그려 넣은 부채 모양의 널판) 2개이다. 2품과 3품의 경우에는 상여 줄[引] 2개·널을 묶는 끈[披] 4개·탁鐸 좌우로 각각 6개·

넣는다. 자루는 5척이고, 상여가 출행할 때 사람들로 하여금 붙잡고서 뒤를 따르게 하며, 하관을 마친 후 관의 양 옆에 세운다. 『周禮』「天官·女御」의 정현 주에 "翣은 관의 장식으로, 잡고서 구거의 뒤를 따른다. 翣, 棺飾也, 持而從柩車."고 하였고, 『예기』「喪大記」의 정현 주에서는 "한 나라의 예에서 '삽'은 나무로 테두리를 만드는데, 너비가 3척이고 높이는 2척 4촌이며, 네모진데 양쪽 모서리가 높고, 흰 베로 옷을 입힌다. … 자루의 길이는 5척이다. 상여가 출행할 때 사람들에게 그것을 잡고 따르게 한다. 하관하고 나서는 무덤 속에 세워놓는다. 『예기』「단궁」상에서 '주나라 사람들은 (상여에) 柳衣를 두르고 翣으로 장식하였다.'고 한 것이 이것이다.漢禮, 翣以木爲筺, 廣三尺, 高二尺四寸, 方, 兩角高, 衣以白布. … 柄長五尺, 車行使人持之而從, 旣窆, 樹於壙中. 「檀弓」曰 '周人牆置翣', 是也."라고 하였다. '黼翣'은 흑백의 도끼 문양을 그려 넣은 것이고, '黻翣'은 청흑의 등진 弓의 문양을 그려 넣은 것이고, '畫翣'은 구름 문양을 그려 넣은 것이다.

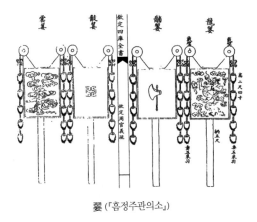

翣 (『흠정주관의소』)

보삽黼翣 2개·화삽畫翣 2개이다. 4품과 5품의 경우에는 상여 줄[引] 2개·널을 묶는 끈[披] 2개·탁鐸 좌우로 각각 4개·보삽黼翣 2개·화삽畫翣 2개이다. 6품에서 9품까지는 널을 묶는 끈[披] 2개·탁鐸 2개·화삽畫翣 2개이다.

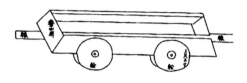

柩車 (황이주, 『예서통고』)

二刻頃, 搥二鼓爲二嚴, 掌饌者徹啓奠以出, 內外俱立哭. 執紼者皆入, 掌事者徹帷, 持翣者升, 以翣障柩. 執紼者升, 執鐸者夾西階立, 執纛者入, 當西階南, 北面立. 掌事者取重出, 倚於門外之東. 執旌者立於纛南, 北面. 搥三鼓爲三嚴, 靈車進於內門外, 南向, 祝以腰輿詣靈座前, 西向跪告. 腰輿降自西階, 以詣靈車. 腰輿退.

널을 실은 수레가 출발하기 2각(30분) 전에, 두 번째 북을 쳐서 이엄二嚴을 알린다. 음식을 관장하는 사람이 계전啓奠을 거두어 나가면, 내외의 사람들이 모두 서서 곡을 한다. 상여 줄[紼]을 잡고 있는 사람들이 모두 대문 안으로 들어오고, 일을 주관하는 사람[掌事者]은 휘장을 거두고, 부채 모양의 널판[翣]을 들고 있는 사람들은 당 위로 올라가서 부채 모양의 널판으로 널을 가린다. 상여 줄을 잡고 있는 사람들은 당 위로 올라가고, 탁鐸을 잡고 있는 사람들은 서쪽 계단을 끼고서 서고, 독纛[263]을 들고 있는 사람들이 대문 안으로

263) 독纛 : 새의 깃털이나 꿩의 꼬리 혹은 牦牛의 꼬리로 장식한 큰 깃발을

들어와 서쪽 계단의 남쪽에서 북쪽을 향해 선다. 일을 주관하는 사람[掌事者]은 중重(신주 대용의 나무막대기)을 가지고 대문 밖으로 나가서 대문 밖의 동쪽에 기대어 놓는다. 명정[旌]을 들고 있는 사람들은 독의 깃발을 들고 있는 사람들의 남쪽에 서서 북쪽을 향한다. 세 번째 북을 쳐서 삼엄三嚴을 알린다. 영거靈車가 내문 밖으로 나아가는데, 남쪽을 향한다. 축祝은 요여腰輿264)를 영좌 앞으로 가지고 가서 서쪽을 향해 무릎을 꿇고 고한다. 축은 요여를 들고 서쪽 계단을 통해 당에서 내려와 영거가 있는 곳으로 나아간다. 요거를 들고 물러난다.

執鐸者振鐸, 降就階間, 南向. 持翣者障以翣. 執纛者卻行而引, 輴止則北面立; 執旌者亦漸而南, 輴止, 北面. 主人以下以次從.

말한다. 상례에서 널을 끄는 사람들을 지휘할 때 사용한다. 독纛이라고도 한다. 『주례』 「지관·鄉師」에 "(향사는) 大喪에 필요한 일꾼이 있으면 향민을 통솔하고 와서 그들을 감독한다. 매장을 할 때는 독을 잡고 葬師와 함께 柩車가 앞으로 나가도록 인도하고 일꾼들을 감독한다.大喪用役, 則帥其民而至, 遂治之. 及葬, 執纛以與匠師御匶而治役."고 하였다. 정현의 주에서는 鄭司農의 말을 인용하여 "纛는 羽葆幢이다. 그것으로 만장과 구거와 관련된 일을 지휘하고 행례의 진퇴를 바로 잡는다.纛, 羽葆幢也. 以指麾輀柩之役, 正其行列進退."라고 하였다.

纛
(섭숭의, 『삼례도』)

264) 요여腰輿 : 손으로 끄는 자그마한 수레로, 높이가 겨우 허리에 미칠 정도이기 때문에 '腰輿'라고 한 것이다. 장례 때 신주를 운반하는 용도로 사용된다.

탁탁(鐸)을 들고 있는 사람은 탁(큰 방울)을 흔들면서 당에서 내려와 계단 사이로 나아가서 남쪽을 향해 선다. 부채 모양의 널판[翣]을 들고 있는 사람은 부채 모양의 널판으로 상여를 가린다. 독(纛)을 잡고 있는 사람이 일행을 물리고 앞에서 인도하는데 춘거[輴]265)가 멈추면 북쪽을 향해 서고, 명정을 든 사람이 또한 점차 남쪽으로 나아가는데 상여가 멈추면 북쪽을 향해 선다. 주인 이하 차례대로 뒤를 따른다.

輴在庭. 輴至庭, 主人及諸子以下立哭於輴東北, 西向南上; 祖父以下立哭於輴東北, 南向西上; 異姓之丈夫立哭於主人東南, 西面北上. 婦人以次從降, 妻·妾·女子子以下立哭於輴西, 東面南上; 祖母以下立哭於輴西北, 南向東上; 異姓之婦人立哭於主婦西南, 東面北上. 內外之際, 障以行帷. 國官立哭於執紼者東, 北面西上; 僚佐立哭於執紼者西南, 北面東上. 祝帥執饌者設祖奠於輴東, 如大斂. 祝酌奠, 進饌, 北面跪曰:「永遷之禮, 靈辰不留, 謹奉旋車, 式遵祖道, 尚饗.」

춘거[輴]를 뜰에 놓는다.
춘거가 뜰에 이르면 주인 및 아들 항렬 이하의 사람들은 춘거의

---

265) 춘거[輴] : '輴'은 大夫 이상이 널을 실어 운반할 때 사용하는 수레이다. 그 규모는 土의 軼軸과 비슷한데 輴에는 사방으로 둘러쳐져 있으며 특히 천자는 여기에 용을 그려 넣어 龍輴이라 부른다. 대부는 이것을 朝廟의 의절을 행할 때만 사용한다. 제후와 천자는 빈소를 차릴 때에 관을 이곳에 안치하고, 또 조묘 및 輇車로부터 무덤으로 관을 옮길 때도 사용한다.

동북쪽에 서서 곡을 한 후 남쪽을 윗자리로 삼아 서쪽을 향해 서고, 할아버지 항렬 이하의 사람들은 춘거의 동북쪽에 서서 곡을 한 후 서쪽을 윗자리로 삼아 남쪽을 향해 선다. 이성異姓의 남자들은 주인의 동남쪽에 서서 곡을 한 후 북쪽을 윗자리로 삼아 서쪽을 향해 선다. 여자들은 차례대로 당에서 내려온다. 처·첩·딸 이하는 춘거의 서쪽에 서서 곡을 한 후 남쪽을 윗자리로 삼아 동쪽을 향해 서며, 할머니 이하는 춘거의 서북쪽에 서서 곡을 한 후 동쪽을 윗자리로 삼아 남쪽을 향해 선다. 이성의 여자들은 주부의 서남쪽에 서서 곡을 한 후 북쪽을 윗자리로 삼아 동쪽을 향해 선다. 안과 밖의 사이에 휘장을 쳐서 가린다. 국관國官(親王의 封國 관리)들은 상여 줄을 잡고 있는 사람들의 동쪽에서 서서 곡을 한 후 서쪽을 윗자리로 삼아 북쪽을 향하고, 요좌僚佐(속관)들은 상여 줄을 잡고 있는 사람들의 서남쪽에 서서 곡을 한 후 동쪽을 윗자리로 삼아 북쪽을 향해 선다. 축祝을 음식물을 들고 있는 사람들을 이끌고서 춘거의 동쪽에 조전祖奠266)을 진설하는데, 대렴을 할 때와 마찬가지 의절로 한다. 축은 술을 따라 내려놓고 음식은 진설한 후 북쪽을 향해 무릎을 꿇고, "영원히 떠나

---

266) 조전祖奠 : '祖'는 처음[始]의 뜻이다. 살아 있을 때도 길을 떠날 일이 있으면 술을 마시고 전별하는 예가 있는데, 이를 '祖'라고 한다. 그 때문에 죽은 이가 길을 떠나려고 할 때 奠을 진설하는 것 또한 '祖'라고 한다. 즉 祖奠은 상여가 묘지로 향해 출발할 때 올리는 奠이다. 『의례』 「旣夕禮」의 정현 주에 "장차 길을 나서려고 할 때 술을 마시는 것을 '祖'라고 한다. '祖'는 처음이라는 뜻이다.將行而飮酒曰祖. 祖, 始也."라고 하였고, 가공언의 소에서는 "이는 죽은 이가 장차 길을 나서려고 하는 것이니, 또한 '조'라고 한다. 처음 길을 나섰던 신을 위한 것이다. 그러므로 '祖'라고 하는 것이다.此死者將行, 亦曰祖. 爲始行, 故曰祖也."라고 하였다.

가는 예에, 신령스런 날도 머뭇거리지 않습니다. 삼가 상여를 받들어, 조상의 길을 따르고자 하나니, 흠향하소서."라고 고한다.

輴出, 升車, 執披者執前後披, 紼者引輴出, 旌先, 纛次, 主人以 下從哭於輴後. 輴出, 到輀車, 執紼者解屬於輀車, 設帷障於輴後, 遂升柩. 祝與執饌者設遣奠於柩東, 如祖奠.

춘거가 출발하면, 수레에 오른다.

널을 묶은 끈[披]을 잡는 사람들은 앞쪽과 뒤쪽의 널을 묶은 끈을 잡고, 상여 줄을 끄는 사람들은 춘거를 이끌어 문을 나선다. 명정을 든 사람이 가장 앞에 서고, 독의 깃발을 든 사람이 그 뒤를 잇고, 주인 이하의 사람들이 그 뒤를 따르면서 춘거의 뒤에서 곡을 한다. 춘거가 출발하여 이거輀車267)가 있는 곳에 이르면, 상여 줄을 잡고 있는 사람들은 춘거에서 상여 줄을 풀어서 이거에 매달고, 춘거의 뒤쪽에 휘장 가림막이를 설치하고, 이어서 이거에 오른다. 축과 음식물을 들고 있는 사람들은 이거의 동쪽에 견전遣奠268)을 진설하는

---

267) 이거輀車 : 널을 실어 운반하는 수레를 말한다. 『한서』「王莽傳」下 顔師古의 주에 "軥車는 喪柩를 실은 수레이니, 음은 '而'이다.軥車, 載喪車, 音而"라고 하였다.

268) 견전遣奠 : 장례를 거행하고자 할 때 올리는 祭奠을 말한다. 상례에서 장례를 치르기 전에 祖廟에서 祖奠을 올려 출행을 고하고, 이어서 부장품을 상여에 싣고 遣奠의 예를 올린 후에 묘지로 가서 장례를 거행한다. 『예기』「단궁」하에 "처음 죽었을 때 말린 고기와 고기젓갈로 전을 올린다. 장례를 치르러 갈 때 견전을 올리고 나서 출행을 한다. 장례를 치른 후에 우제虞祭를 올린다.始死, 脯醢之奠. 將行, 遣而行之. 旣葬而食

데 조전祖奠을 진설할 때와 마찬가지 의절로 한다.

旣奠, 掌事者以蒲葦苞牲體下節五[269], 以繩束之, 盛以盤, 載於
輿前. 方相·大棺車·輀車, 明器輿·下帳輿·米輿·酒脯醢輿·苞
牲輿·食輿爲六輿, 銘旌·纛·鐸·輀車以次行.

견전遣奠을 올린 후, 일을 주관하는 사람[掌事者]은 부들이나 갈대
로 만든 포苞[270]로 희생의 하체 마디 5조각을 싸고, 그것을 줄로 묶

之.”고 하였고, 정현의 주에서는 “‘將行’은 장례를 치르러 간다는 뜻이
다. 장례를 치르러 갈 때는 견전을 올린다. ‘食’는 反虞 때의 제사이다.將
行, 將葬也. 葬有遣奠. 食, 反虞之祭.”라고 하였다. 또 『주례』「춘관·
大史」의 정현 주에 “‘견’은 祖廟의 뜰에서 올리는 大奠을 말한다. 장차
떠나가려는 때이니, 사람의 도리가 여기에서 끝난다.遣, 謂祖廟之庭大
奠. 將行時也, 人之道終於此.”고 하였다. 『의례』「기석례」에 따르면 遣
奠을 올릴 때는 양고기와 돼지고기의 하체를 올리고, 물고기[魚]와 말린
고기[腊]는 올리지 않는다.

269) 掌事者以蒲葦苞牲體下節五 :『大唐開元禮』권139와『通典』권139에는
‘五’가 ‘七’로 되어 있다.『通典』의 주에는 “4품과 5품은 5개의 포이고,
6품 이하는 2개의 포이다.四品五品五苞, 六品以下二苞.”라고 하였다.

270) 포苞 : 3척 길이의 갈대를 잘라내 엮어서 만든
것으로, 그것으로 遣奠을 올릴 때 돼지고기 양
고기 등을 싼다.『의례』「기석례」의 정현 주에
“(포는) 견전에 올릴 양고기와 돼지고기를 싸기
위한 것이다.所以裹奠羊豕之肉.”라고 하였고,
호배휘의『의례정의』에서는 “갈대로 포를 만드
는데, 이미 꽃을 피워서 질기게 된 것을 취해서
만든다. 갈대는 길이가 매우 길므로, 3척을 잘라

苞
(황이주,『예서통고』)

취해서 한 묶음을 만들면 희생을 싸기에 편리하다.用葦爲苞, 取其已秀

어서 쟁반에 담고, 상여의 앞쪽에 싣는다. 방상거方相車·대관거大棺車·춘거輴車, 명기여明器輿·하장여下帳輿·미여米輿·주포해여酒脯醢輿·포생여苞牲輿·식여食輿의 6여輿, 명정銘旌·독纛·탁鐸·이거輀車의 순서로 길을 떠난다.

賓有贈者, 旣祖奠, 賓立於大門外西廂, 東面, 從者以篚奉玄纁立於西南, 以馬陳於賓東南, 北首西上. 相者入, 受命出, 西面曰:「敢請事.」賓曰:「某敢贈.」相者入告, 出曰:「孤某須矣.」執篚者奠, 取幣以授賓. 牽馬者先入, 陳於輴車南, 北首西上. 賓入, 由馬西當輴車南, 北面立, 內外止哭. 賓曰:「某謚封若某位, 將歸幽宅, 敢致贈.」乃哭, 內外皆哭. 主人拜稽顙. 賓進輴東, 西面, 奠幣於車上, 西出, 主人拜稽顙送之.

빈賓이 물건을 보내줄 경우[贈], 조전祖奠을 마친 후 빈은 대문 밖의 서상西廂에서 동쪽을 향해 서고, 빈을 수종하는 사람들은 대광주리[篚]로 검은색과 옅은 진홍색의 속백束帛[271]을 받들고서 빈의

而堅成也. 葦最張, 截取三尺爲一編, 便於苞牲."고 하였다.

271) 검은색과 옅은 진홍색의 속백束帛 : '玄纁'은 '玄纁束帛'의 줄임말이다. 『의례』「聘禮」의 정현 주에 의하면 '玄纁束帛'은 검은색 3, 옅은 진홍색 2의 비율로 이루어진 비단 10단을 가리킨다.(凡物十曰束. 玄纁之率, 玄居三, 纁居二.) '束帛'은 비단묶음이고, '端'은 비단의 양쪽 끝이다. 비단 10단을 '束帛'이라고 한다. 2단을 합해 말아서 하나의 두루마리를 만드는데, 이를 '兩'이라고 한다. 따라서 10단은 5량으로 이루어지고, 그것을 1束이라 한다. 1량의 길이는 5尋

束帛
(청, 『흠정의례의소』)

서남쪽에 서고, 말들을 빈의 동남쪽에 진열하는데 서쪽을 윗자리로 삼아 말의 머리가 북쪽을 향하게 한다.

상자相者(상례의 일을 돕는 주인 쪽 사람)가 대문 안으로 들어가서 (주인에게 고한 후), 주인(상주)의 명을 받아 대문 밖으로 나와서 서쪽을 향해 "감히 무슨 일로 왔는지 묻겠습니다."라고 말한다. 빈은 "아무개가 감히 물건을 보내드리려고 합니다[賵]."272)라고 말한다. 상자相者는 대문 안으로 들어가서 상주에게 고하고, 다시 나와서 "고자孤子 아무개가 기다리고 있습니다."라고 말한다. 대광주리를 들고 있는 사람은 대광주리를 내려놓고, 속백을 꺼내어 빈에게 건네준다. 말을 끌고 있는 사람이 먼저 대문 안으로 들어가 춘거輴車의 남쪽에 말들을 진열하는데, 서쪽을 윗자리로 삼아 머리가 북쪽을 향하도록 한다. 빈賓이 이어서 대문 안으로 들어가 말의 서쪽을 경유

인데, 1심은 8尺이므로, 5심은 40척 곧 4丈이 된다. 따라서 매 단의 길이는 2장이 된다.(錢玄, 『삼례사전』, 407쪽 참조.)

272) 물건을 보내드리려고 합니다[賵] : '賵'은 車馬나 束帛으로 주인의 送葬을 돕는 것을 말한다. 『의례』「기석례」의 정현 주에 "'봉'은 주인의 送葬을 돕는 물품이다. 말 두 필을 보내주는 것은 士의 제도이다.賵, 所以助主人送葬也. 兩馬, 士制也."라고 하였다. 『예기』「文王世子」에 "친족 간에 서로 도움에 있어 의당 조문해야 하는데 조문하지 않고 袒免해야 하는데 하지 않으면, 有司가 이들을 처벌한다. 부의로 보내는 賵, 賻, 贈, 含에 있어 모두 올바른 禮가 있다.族之相爲也, 宜弔不弔, 宜免不免, 有司罰之. 至于賵·賻·承·含, 皆有正焉."고 하였다. 이에 대해 陳澔는 "賵은 수레나 말을 주는 것이요, 賻는 재화를 주는 것이요, 含은 구슬이나 옥을 주는 것이요, 襚는 의복을 주는 것으로 네 가지를 총칭해서 贈(부의를 보내는 것)라고 한다.賵以車馬, 賻以貨財, 含以珠玉, 襚以衣服, 四者總謂之贈."고 하였다.

하여 춘거의 남쪽을 마주하면서 북쪽을 향해 서면, 내외의 사람들이 곡을 멈춘다. 빈은 "모시某諡 모봉某封 또는 모위某位께서 장차 유택 幽宅으로 돌아가려 하시니, 감히 물건을 보내드립니다."라고 말하고 이어서 곡을 하면, 내외의 사람들이 모두 곡을 한다. 주인은 이마를 바닥에 찧은 후 배례를 한다[拜稽顙].[273] 빈은 춘거로 나아가 서쪽을

---

273) 주인은 … 배례를 한다[拜稽顙] : 무릎을 꿇고 배례를 하는데, 이마를 바 닥에 찧는 것으로 跪拜禮의 일종이다. 흉사에서 애통함의 지극함을 표 현하는 배례이다. 자식이 부모를 위해 거상할 때, 처가 남편을 위해 거상 을 할 때, 장자를 위해 거상을 할 때, 빈을 맞이할 때, 빈을 전송할 때 모두 이 배례를 행한다. 호배휘는 『의례정의』에서 凌廷堪의 『禮經釋例』 를 인용하여 "길사의 배례 가운데에는 稽首가 가장 중하고, 흉사의 배례 가운데에는 稽顙成踊이 가장 중하다.吉事之拜, 以稽首爲最重, 凶事之 拜, 稽顙成踊爲最重"고 하였다. 『의례』 「사상례」에 "주인은 곡을 하고, 이마를 바닥에 찧은 후 배례를 하며, 이어서 세 차례 용을 한다.主人哭, 拜稽顙, 成踊."고 하였는데, 정현의 주에서는 "'계상'은 이마가 바닥에 찧는 것이다. '성용'은 세 차례 가슴을 두드리며 발 구르기를 세 번 한다 는 뜻이다.稽顙, 頭觸地. 成踊, 三者三."라고 하였다. 『예기』 「단궁」상에 "공자가 말하였다. '배례를 한 후에 이마를 바닥에 찧는 것은 순조롭게 일의 순서에 따르는 것이다. 이마를 바닥에 찧은 후에 배례를 하는 것은 그 지극한 마음을 다하는 것이다. 삼년상의 경우, 나는 지극한 마음을 다하는 쪽을 따르겠다.'孔子曰, '拜而后稽顙, 頹乎其順也. 稽顙而后拜, 頎乎其至也. 三年之喪, 吾從其至者.'"고 하였는데, 정현의 주와 공영달 의 소에 의하면, 은나라의 예는 질박함을 숭상했기 때문에 거상을 하면 서 빈이나 오복의 친족에게 배례할 때 모두 배례를 먼저 한 후에 이마를 바닥에 찧었으며, 주나라의 예는 문식을 숭상했기 때문에 杖期 이상의 상에서는 모두 먼저 이마를 바닥에 찧은 후에 배례를 하였고, 不杖期 이하의 상에서는 은나라의 예를 따랐다.(白玉林·遲鐸 편저, 『三禮文化 辭典』, 654쪽 '稽顙' 항목 참조.)

향해 수레 위에 속백을 내려놓은 후 서쪽으로 물러나 나아간다. 주인은 이마를 바닥에 찧은 후 배례를 하면서 전송한다.

喪至于墓所, 下柩. 進輴車於柩車之後, 張帷, 下柩於輴. 丈夫在西[274], 憑以哭. 卑者拜辭, 主人以下婦人皆障以行帷[275], 哭於羨道西, 東面北上.

상여가 묘소에 이르면, 널을 내려놓는다.

춘거輴車를 구거柩車 뒤쪽으로 옮겨놓고, 휘장을 둘러친 후 춘거에서 널을 내린다. 남자들은 널의 동쪽에서, 여자들은 널의 서쪽에서 시신을 껴안고 곡을 한다. 비천한 자들은 배례를 한 후 사양을 한다. 주인 이하의 사람들은 선도羨道[276]의 서쪽에서 곡을 한 후 북쪽을 윗자리로 삼아 서쪽을 향해 선다. 처·첩·딸 이하의 여자들은 모두 휘장을 둘러쳐서 가리고 선도의 서쪽에서 곡을 한 후 북쪽을 윗자리로 삼아 동쪽을 향해 선다.

---

274) 丈夫在西 : 『大唐開元禮』 권139와 『通典』 권139에는 모두 '丈夫柩東, 婦人柩西'로 되어 있다.

275) 主人以下婦人皆障以行帷 : 『大唐開元禮』 권139에는 '主人以下' 다음에 '哭於羨道東, 西面北上, 妻妾女子子以下'의 16글자가 더 있다. 『通典』 권139도 마찬가지인데, 다만 '妾'이 '及'으로 되어 있다.

276) 선도羨道 : 가공언은 "壙으로 들어가는 길을 가리킨다. 길 위에 負土(흙을 받치는 橫板)가 없는 것이 羨道이다. 천자의 경우는 隧라고 하는데, 길 위에 負土가 있는 것이 隧이다."라고 하였다. 이에 대하여 방포는 "壙의 남쪽에 무덤으로 통하는 埏門이 있는데 연문의 아래쪽이 羨道이다. 빗물이 그곳으로 새서 광 속으로 스며들지 못하게 하는 것이다."라고 하였다.(『의례주소』, 878쪽 및 호배휘의 『의례정의』, 1900쪽 참조.)

入墓. 施行席於壙戶內之西, 執紼者屬紼於輴, 遂下柩於壙戶內席上, 北首, 覆以夷衾.

묘소 안으로 들어간다.

무덤 출입문 안의 서쪽에 자리를 펼친다. 상여 줄을 잡은 사람들은 춘거에 상여 줄을 매단다. 이어서 무덤 출입문 안 자리 위에 널을 내려놓는데, 머리 부분이 북쪽을 향하도록 하고, 이금夷衾(시신을 덮는 홑이불)으로 덮어둔다.

輴出, 持翣入, 倚翣於壙內兩廂, 遂以帳張於柩東, 南向. 米·酒·脯於東北, 食盤設於前, 醯醢設於盤南, 苞牲置於四隅, 明器設於右.

춘거가 무덤 밖으로 나오면 부채 모양의 널판[翣]을 잡고 있는 사람들이 무덤 안으로 들어가 무덤 안의 양쪽 가장자리에 기대어놓고, 이어서 널의 동쪽에 휘장을 펼친 후 남쪽을 향해 선다. 쌀[米]·술[酒]·말린 고기를 동북쪽에 놓고, 음식을 담은 소반을 그 앞쪽에 진설하고, 식초[醯]와 고기젓갈[醢]을 소반의 남쪽에 진설하고, 희생을 싼 포[苞牲]를 네 모퉁이에 놓아두고, 명기明器(부장품)277)를 그 오

---

277) 명기明器(부장품) : 冥器를 말한다. 오로지 부장품으로 사용하기 위해 만든 기물로, 神明에게 제공된다. 식기, 악기, 병기, 燕器, 가축 등이 있다. 『禮記』「檀弓」上에 "공자가 말했다. '죽은 이를 보내는데 완전히 죽은 이로 대하는 것은 어질지 못한 것이니, 그렇게 해서는 안 된다. 죽은 이를 보내는데 완전히 살아 있는 이로 대하는 것은 지혜롭지 못한 것이니, 그렇게 해서는 안 된다. 이 때문에 대나무 기물은 사용할 수 있도록 완성하지 않고, 질그릇은 광택이 나도록 완성하지 않고, 나무 기물은 깎아서 완성하지 않고 금슬은 벌려 놓되 조율하지 않고, 생황은 갖추어

른쪽에 진설한다.

在壙. 掌事者以玄纁授主人, 主人授祝, 奉以入, 奠於靈座, 主人
拜稽顙. 施銘旌·誌石於壙門之內, 掩戶, 設關鑰, 遂復土三. 主人
以下稽顙哭, 退, 俱就靈所哭. 掌儀者祭后土於墓左.

무덤 안에서.

일을 주관하는 사람[掌事者]은 검은색과 옅은 진홍색의 속백을 주
인에게 건네주면, 주인은 축에게 건네주고, 축은 이를 받들고서 무
덤 안으로 들어가 영좌靈座 위에 내려놓는다. 주인은 이마를 바닥에
찧은 후 배례를 한다. 명정銘旌과 지석誌石을 무덤의 문 안쪽에 안치
한 후 출입문을 가리고, 빗장 열쇠로 채우고, 이어서 세 차례 흙으로
덮는다. 주인 이하 이마를 바닥에 찧은 후 곡을 하고 물러난다. 모두
상여가 있는 곳으로 가서 곡을 한다. 의절을 주관하는 사람[掌儀者]
은 묘지 왼쪽에서 후토신을 제사한다.

反哭. 旣下柩於壙, 搥一鼓爲一嚴, 掩戶; 搥二鼓爲再嚴, 內外就
靈所; 搥三鼓爲三嚴, 徹酒·脯之奠, 追靈車於帷外,[278] 陳布儀仗

놓되 고르지 않고, 종과 경세는 있지만 걸대는 없다. 이를 明器라고 하는
데, 신명으로 대하는 것이다.'孔子曰, '之死而致死之, 不仁而不可爲也.
之死而致生之, 不知而不可爲也. 是故竹不成用, 瓦不成味, 木不成斲,
琴瑟張而不平, 竽笙備而不和, 有鐘磬而無簨虡, 其曰明器, 神明之
也.'"라고 하였다.

278) 追靈車於帷外 :『大唐開元禮』권139와『通典』권139에는 모두 '追'가
'進'으로 되어 있다.

如來儀. 腰輿入, 少頃出, 詣靈車後. 靈車發引, 內外從哭如來儀.
出墓門, 尊者乘, 去墓百步, 卑者乘以哭. 靈車至第西階下, 南向.
祝以腰輿詣靈車後. 少頃, 升, 入詣靈座前; 主人以下從升, 立於靈
座東, 西面南上; 內外俱升. 諸祖父以下哭於帷東北壁下, 南面; 妻
及女子子以下婦人哭於靈西, 東面; 諸祖母以下哭於帷西北壁下,
南面; 外姻哭於南廂, 丈夫帷東, 婦人帷西, 皆北面; 弔者哭於堂
上, 西面. 主人以下出就次, 沐浴以俟虞, 斬衰者沐而不櫛.

반곡反哭.

무덤 안에 하관을 한 후 첫 번째 북을 쳐서 일엄一嚴을 알리면 무
덤의 출입문을 가린다. 두 번째 북을 쳐서 재엄再嚴을 알리면 내외
의 사람들이 상여가 있는 곳으로 나아간다. 세 번째 북을 쳐서 삼엄
三嚴을 알리면, 술과 말린 고기의 전奠을 거두고, 상여를 휘장 밖으
로 옮기고, 의장儀仗을 진열하여 배치하는데 처음 올 때와 마찬가지
의절로 한다.

요여腰輿가 묘지 안으로 들어오고, 잠시 후에 다시 무덤 밖으로
나가서 상여의 뒤쪽으로 나아간다. 상여의 줄을 끌어당겨 출발을 하
면, 내외의 사람들이 따라서 곡을 하는데 처음 올 때와 마찬가지 의
절로 한다. 묘지의 문을 나서면, 존귀한 자는 묘에서 100보 떨어진
지점에서 수레를 타고, 비천한 자는 수레에 올라타서 곡을 한다.

상여가 집의 서쪽 계단 아래에 이르면 남쪽을 향한다. 축祝은 요
여腰輿를 들고서 상여 뒤쪽으로 나아간다. 잠시 후 당堂 위로 올라
가고, 실室 안으로 들어가 영좌靈座의 앞으로 나아간다. 주인 이하의
사람들도 축의 뒤를 따라 당 위로 올라가서 영좌의 동쪽에 서는데,
남쪽을 윗자리로 삼아서 서쪽을 향한다. 내외의 사람들도 모두 당

위로 올라간다. 할아버지 항렬 이하의 사람들은 휘장의 동북쪽 벽
아래에서 곡을 한 후 남쪽을 향해 선다. 처 및 딸 이하의 여자들은
영좌의 서쪽에서 곡을 한 후 동쪽을 향해 선다. 할머니 항렬 이하의
사람들은 휘장의 서북쪽 벽 아래에서 곡을 한 후 남쪽을 향해 선다.
외친들은 남상南廂에서 곡을 하는데, 남자들은 휘장의 동쪽에서 곡
을 하고 여자들은 휘장의 서쪽에서 곡을 한 후 모두 북쪽을 향해 선
다. 조문을 하러 온 사람들은 당 위에서 곡을 한 후 서쪽을 향해 선
다. 주인 이하의 사람들은 나가서 상차喪次로 나아가고, 목욕을 하여
우제虞祭를 기다리는데, 참최의 복을 하는 사람들은 머리는 감지만
빗질을 하지 않는다.

虞. 主用桑, 長尺, 方四寸, 孔徑九分, 烏漆匱, 置於靈座, 在寢
室內戶西, 東向, 素几在右. 設洗於西階西南, 瓦甒二·設於北牖
下, 醴·酒在東. 喪者旣沐, 升靈所. 主人及諸子倚杖於戶外, 入哭
于位如初. 饌入, 如殷奠, 升自東階. 主人盥手洗爵, 酌醴, 西面跪
奠, 哭止. 祝跪讀祝, 主人哭拜, 內外應拜者皆哭拜. 乃出, 杖降西
階, 還次. 間日再虞, 後日三虞, 禮如初.

우제虞祭.

신주[主]는 뽕나무로 만드는데 길이 1척, 방方 4촌, 구멍의 지름
9분으로 검은 옻칠을 한 함에 넣어서 영좌靈座에 놓는다. 신주를 안
치한 영좌는 침실 안 출입문의 서쪽에서 동쪽을 향하는데, 그 오른
쪽에 소궤素几279)를 놓는다. 물받이 항아리[洗]를 서쪽 계단의 서남

---

279) 소궤素几 : 흰 흙을 바른 안석으로, 喪事에 사용한다. 『주례』「춘관·司

쪽에 진설하고, 질그릇 술동이[瓦甒] 2통을 북쪽 실室의 창문 아래에 진설하고, 예주[醴]와 청주[酒]를 그 동쪽에 놓는다.

거상을 하는 사람들은 머리를 감은 후에 영좌로 올라간다. 주인 및 아들 항렬의 사람들은 실의 출입문 밖에 지팡이를 기대어 놓고, 실 안으로 들어가 각자의 위치에서 곡을 하는데 처음과 마찬가지 의절로 한다. 음식물이 들어오는데, 은전殷奠을 할 때와 마찬가지 동쪽 계단을 통해서 당 위로 올라와서 음식을 올린다. 주인은 손을 씻고 술잔을 씻은 후 예주를 따라 서쪽을 향해 무릎을 꿇고 술잔을 내려 놓고 곡을 멈춘다. 축祝이 무릎을 꿇고 축문을 읽으면, 주인이 곡을 한 후 배례를 하고, 마땅히 배례를 해야 하는 내외의 사람들도 모두 곡을 한 후 배례를 한다. 이어서 실의 문 밖으로 나가서 지팡이를 짚고 서쪽 계단으로 내려가 본래의 상차喪次로 돌아온다. 하루를 걸러 두 차례 우제를 지내고, 그 다음 날에 삼우제를 지내는데 처음과 마찬가지 의절로 한다.280)

几筵」에 "무릇 祭奠에는 위석(갈대자리)을 진설하고 그 오른쪽에 소궤를 놓는다.凡喪事, 設葦席, 右素几."고 한 것에 대해 孫詒讓은 『주례』「춘관·巾車」의 '素車'에 대한 정현의 주에서 "소거는 흰 흙으로 회칠을 한

素几
(진상도, 『예서』)

수레이다.素車, 以白土堊車也."라고 한 것에 의거하여 이 '소궤' 역시 마찬가지이며, 상사에서는 간략히 하므로 칠을 하지 않은 것이라고 하였다.(손이양, 『주례정의』 권38, 1557쪽) 『의례』「士虞禮」에서는 "소궤(흰색의 안석)와 위석(갈대자리)은 당 위의 서쪽 벽 아래에 둔다.素几·葦席, 在西序下."고 하였다.

280) 하루를 걸러 … 의절로 한다 : 우제는 아침에 장례를 마친 후 돌아와 당일

小祥. 毀廬爲堊室, 設蒲席. 堊室者除之, 席地. 主人及諸子沐浴
櫛翦, 去首絰, 練冠, 妻妾女子去腰絰. 主用栗, 祭如虞禮.

소상小祥.

의려[廬]를 허물고 악실堊室에서 거상을 하는데, 부들자리를 펼쳐
놓는다.281) (자최의 복을 하는 사람들이 거상하던 본래의) 악실에
잡초 등을 제거하고 바닥에 자리를 깐다. 주인 및 아들 항렬의 사람
들은 목욕을 하고 빗으로 머리를 다듬고 손톱을 깎으며, 수질首絰을
제거하고, 연관練冠282)을 쓴다. 처·첩·딸은 요질腰絰을 제거한

해가 중천에 떴을 때 혼령이 방황하지 않고 안정을 얻도록 하기 위해
지내는 제사이다. 신분에 따라 우제를 지내는 횟수가 다르다. 『禮記正
義』「曲禮」下 孔穎達의 疏에 인용된 『古春秋左氏』에 의하면, 천자는
16일 동안 9虞, 제후는 12일 동안 7虞, 대부는 8일 동안 5虞, 사는 4일
동안 3虞의 제사를 거행한다.(『禮記正義』「曲禮」下, 孔穎達의 疏, "『異
義』云, '『古春秋左氏』說, 旣葬, 反虞. 天子九虞, 九虞者以柔日, 九虞
十六日也. 諸侯七虞, 十二日也. 大夫五虞, 八日也. 士三虞, 四日也.'")
이렇게 본다면 이곳 『신당서』에서 '하루를 걸러 두 차례 우제를 지내고,
그 다음 날에 삼우제를 지낸다.'는 것은 고례의 사의 우제를 따른 것이다.

281) 부들자리를 펼쳐놓는다 : 『예기』「간전」에 "우제를 지낸 후에는 양 끝을
베어 가지런하게 하되 끝을 엮어서 안으로 넣지 않은 莞(부들자리)를
사용한다. 莞翦不納."고 하였는데, 정현은 "莞는 오늘날의 부들[蒲苹]이
다."라고 하였다. 즉 이곳의 '부들자리를 펼쳐놓는다.'는 것은 참최의 상
에서 의려 생활을 할 때는 짚단 거적에 누워서 잠을 잤는데, 이제 거적
위에 부들자리를 깔고서 잠을 잔다는 뜻이다.

282) 연관練冠: 상례에서 소상의 제사(연제)를 지낼 때 쓰는 관으로, 누인 베
로 만들기 때문에 '練冠'이라고 한다. 『예기』「단궁」상에 "練에는 누인
명주로 만든 中衣를 입는데, 황색으로 속을 대고 분홍색으로 가선을 장
식한다.練, 練衣, 黃裏, 縓緣."고 하였고, 정현의 주에서는 "小祥에는 누

다.283) (소상의 제사를 지낼 때) 신주는 밤나무로 만드는데, 제사의 의절은 우제를 지낼 때와 마찬가지로 한다.

　　大祥之祭如小祥. 閒月而禫, 釋祥服, 而禫祭如大祥. 旣祥而還外寢. 妻妾女子還於寢. 食有醢·醬, 旣禫而飮醴酒, 食乾肉.

　　대상의 제사는 소상 때와 마찬가지 의절로 한다. 한 달을 걸러 담제禫祭를 지낸 후 소상제를 지낼 때 입었던 의복을 벗는다. 담제는 대상제 때와 마찬가지 의절로 한다. 소상제(연제)를 지낸 후에 외침으로 돌아온다.284) 처·첩·딸은 내침으로 돌아온다. 젓갈·고기젓갈

　　인 명주로 된 冠과 中衣를 입는데, 황색으로 안을 대고 옅은 진홍색으로 꾸민다.小祥練冠·練中衣, 以黃爲內, 纁爲飾.”고 하였다.

283) 수질首経을 … 제거한다 : 복을 벗을 때는 중요하게 여기는 것을 먼저 벗는다. 『예기』 「간전」에 “남자는 수질을 중시하고, 부인은 요질을 중시한다. 복을 벗을 때는 중요하게 여기는 것을 먼저 벗고, 복을 바꿀 때는 가볍게 여기는 것을 바꾼다.男子重首, 婦人重帶, 除服者, 先重者, 易服者, 易輕者.”고 하였다. 정현의 주에는 “참최의 복을 할 경우 연제를 마친 후에는 남자의 경우 수질을 벗지만 요질은 홀로 여전히 남아 있으며, 부인의 경우 요질을 벗지만 수질은 여전히 남아 있다.斬衰已練, 男子除経而帶獨存, 婦人除帶而経獨存.”고 하였다. 즉 참최의 복에서 연제를 지낸 후 악실에서 거상을 할 때는, 남자의 경우 중요하게 여기는 수질을 벗지만 요질은 계속 착용하고, 여자의 경우 중요하게 여기는 요질을 벗지만 수질은 계속 착용하는 것이다.

284) 소상제(연제) … 돌아온다 : 호배휘는 ‘外寢’을 中門 밖의 寢이라고 하였고, 張爾岐도 중문 밖 여막이 있던 곳에 집을 만들어 거처하는 것이라고 하였다. 정현은 『예기』의 「상대기」와 「간전」 등에서 “연제를 지낸 후에 堊室에 거처하면서 다른 사람과 함께 지내지 않는다.旣練, 居堊室, 不與

을 먹으며, 담제를 마친 후에는 예주와 청주를 마시고, 말린 고기를 먹는다.

祔廟, 筮日. 將祔, 掌事者爲埳室於始祖廟室西壁, 主人及亞獻以下散齊三日, 致齊一日. 前一日, 主人以酒·脯告遞遷之主, 乃遷置於幄坐, 又奠酒·脯以安神. 掌饌者徹膳以出, 掌廟者以次匰神主納於埳室. 又設考之祔坐於曾祖室內東壁下, 西向, 右几. 設主人位於東南, 西面. 設子孫位於南門內道東, 北面西上. 設亞獻·終獻位於主人東南. 設掌事以下位於終獻東南, 俱西面北上. 設贊唱者位於主人西南, 西面. 設酒尊於堂上室戶之東南, 北向西上. 設洗於阼階東南, 北向, 實爵三,[285] 巾二, 加羃. 其日, 具少牢之饌二座, 各俎三·簠二·簋二·鈃二. 酒尊二, 其一實玄酒爲上, 其一實淸酒次之. 其籩豆, 一品者各十二, 二品·三品者各八.

부묘祔廟.

부묘할 날짜를 점친다. 일을 주관하는 사람[掌事者]이 시조의 묘廟 서쪽 벽에 감실埳室(신위를 모시는 곳)을 만들면, 주인 및 아헌을 할 사람 이하는 3일 동안 산재散齊를 하고, 1일 동안 치재致齊를 한다.

人居"고 한 것에 근거하여 이곳의 '外寢'을 '堊室'로 해석하였다. 『의례』「상복」 '참최 3년·전'의 정현 주에서 "'외침에 거처한다.舍外寢'고 할 때의 '외침'은 중문 밖 지붕 아래에 흙벽돌을 쌓아 만든 것이다. 벽에 흙을 바르지 않으니, 이른바 '堊室'이다.'舍外寢', 於中門之外, 屋下壘墼爲之. 不塗墍, 所謂堊室室也."라고 하였다.

285) 實爵三 : 『대당개원례』 권140에는 '實' 앞에 '篚在洗西, 南肆, 篚'의 7글자가 더 있다.

부묘하기 하루 전날, 주인은 술과 말린 고기로 체천할 신주에게 고하고, 이어서 악좌幄坐(휘장을 드리운 신좌)에 옮겨다 놓고, 또 술과 말린 고기로 (체천할 신주의) 신을 위로한다. 음식을 주관하는 사람[掌饌者]은 음식을 거두어 밖으로 나간다.

묘를 주관하는 사람[掌廟者]은 다음 번 상자[匵] 안의 신주를 감실에 넣는다. 또 증조할아버지의 묘실 안 동쪽 벽 아래에 돌아가신 아버지의 부묘할 묘실을 설치하는데, 서쪽을 향하도록 하고, 오른쪽에 안석[几]을 놓는다. 그 동남쪽에 주인의 자리를 마련하는데, 서쪽을 향하도록 한다. 남문 안 길 동쪽에 자손들의 자리를 마련하는데, 서쪽을 윗자리로 삼아 북쪽을 향하도록 한다. 주인의 동남쪽에 아헌·종헌할 사람들286)의 자리를 마련한다. 종헌할 사람의 동남쪽에 장사자 이하의 사람들이 위치할 자리를 마련하는데, 모두 북쪽을 윗자리로 삼아 서쪽을 향하도록 한다. 주인의 서남쪽에 찬창자贊唱者의 자리를 마련하는데, 서쪽을 향하도록 한다. 당 위 실의 출입문의 동남쪽에 술동이를 진설하는데 서쪽을 윗자리로 삼아 술동이의 주둥이가 북쪽을 향하도록 한다. 조계의 동남쪽에 물받이 항아리[洗]를 진설하는데, 북쪽을 향하도록 한다. 물받이 항아리의 서쪽에 대광주리[篚]를 진설하는데, 머리 부분이 북쪽을 향하고 꼬리 부분이 남쪽을 향하도록 하여 세로로 놓는다. 대광주리에는 술잔[爵] 3개, 수건[巾] 2개를 넣는데 술잔은 덮개로 덮어 놓는다. 부묘하는 날에는 소뢰少牢(양고기·돼지고기의 희생)의 음식 두 자리를 마련하는데, 각

---

286) 아헌·종헌을 할 사람들:『대당개원례』권140에 따르면, 3품 이상의 경우 아헌과 종헌은 國官과 僚佐가 맡는데 없을 경우 親賓으로 충당한다.

각 희생제기[俎] 2개·둥근 밥그릇[簋] 2개·네모진 밥그릇[簠] 2개·
국그릇[鉶] 2개를 놓는다. 술동이[酒尊]는 2통을 놓는데, 그 가운데
하나에는 현주玄酒(물)[287]를 담아서 윗자리에 놓고, 그 하나에는 청
주를 담아서 그 다음에 놓는다. 대나무제기[籩]와 나무제기[豆]는 1
품의 경우 각각 12개, 2·3품의 경우 각각 8개를 놓는다.

主人及行事者祭服. 掌事者具腰輿, 掌廟者·閽寺人立於廟庭,
北面再拜, 升自東階, 入, 開堉室, 出曾祖·曾祖姚神主置於座, 降,
出. 執尊·罍·篚者入就位, 祝進座前, 西面告曰:「以今吉辰, 奉
遷神主于廟.」執輿者以輿升, 入, 進輿於座前, 祝納神主於匱, 升
輿, 祝仍扶於左, 降自西階, 子孫內外陪從於後. 至廟門, 諸婦人
停於門外, 周以行帷, 俟祭訖而還. 神主入自南門, 升自西階, 入
於室. 諸子孫從升, 立於室戶西, 重行東面, 以北爲上. 行事者從
入, 各就位. 輿詣室前, 迴輿西向. 祝啓匱出神主, 置於坐. 輿降立
於西階下, 東向. 相者引主人以下降自東階, 各就位. 祝立定, 贊唱
者曰:「再拜.」在位者皆再拜. 掌饌者引饌入, 升自東階, 入於室,
各設於神座前. 主人盥手, 洗爵, 升自東階, 酌醴酒, 入室, 進, 北
面跪, 奠爵於曾祖神座前. 主人出, 取爵酌酒, 入室, 進, 東面跪,
奠於祖座前. 出戶, 北面立. 祝持版進於室戶外之右, 東向跪讀祝

---

287) 현주玄酒(물) : '玄酒'는 물이다. 물이 검은빛을 띠기 때문에 '玄酒'라고
한다. 술이 없던 상고시대에는 각종 禮制 의식에 물을 사용하였다. 술
이 등장한 이후에도 여전히 물을 넣은 술동이를 함께 진설하였는데, 비
록 실제로 사용하지는 않지만 근본을 잊지 않는 뜻을 보이는 것이다.
『예기』 「옥조」에 "술동이는 반드시 물을 숭상한다.凡尊必尙玄酒."고 한
것이 그러한 의미이다.

文, 主人再拜. 祝進, 入奠版於曾祖座. 主人出, 降, 還本位. 初,
主人出, 亞獻盥手, 洗爵, 升, 酌酒入, 進, 北面跪, 奠於曾祖, 又酌
酒入, 進, 東面跪, 奠於祖神座, 出戶, 北面再拜訖, 又入室, 立於
西壁下, 東面再拜, 出, 降, 復位. 亞獻將畢, 終獻入如亞獻. 祝入,
徹豆, 贊者皆再拜. 主人及在位子孫以下出. 掌饌者入, 徹饌以出.
掌廟者納曾祖神主於垍室, 出, 又以腰輿升諸考神座前, 納主於
匱, 置於輿, 詣考廟, 出神主置於座, 進酒·脯之奠, 少頃, 徹之.
祝納神主於垍室. 六品以下祔祭于正寢, 禮略如之.

주인 및 일을 진행하는 사람들은 제복祭服을 착용한다. 일을 주관
하는 사람[掌事者]은 요여腰輿를 준비한다. 묘를 주관하는 사람[掌廟
者]과 혼인閽人·시인寺人288)은 묘정廟庭에 서서 북쪽을 향해 재배를
하고 동쪽 계단을 통해 당堂 위로 올라간 후 묘실廟室 안으로 들어
가 감실을 열어 증조할아버지와 증조할머니의 신주를 꺼내어 신좌
에 놓고, 당에서 내려와 밖으로 나간다.

술동이[尊]·술독[罍]·대광주리[篚]를 든 사람들이 묘실 안으로
들어가 위치로 나아가면, 축祝은 신좌 앞으로 나아가 서쪽을 향해
"이제 길한 날에 옮긴 신주를 묘에 봉안하겠나이다."라고 고한다.
요여腰輿를 잡은 사람은 요여를 들고 당堂 위로 올라간 후 묘실 안
으로 들어가서 요여를 신좌 앞에 놓는다. 축祝이 신주를 상자[匵] 안

---

288) 혼인閽人·시인寺人: 궁문을 관장하는 관직으로, 형벌을 받은 사람을 임
     명한다. 『예기』「內則」에 "궁실을 깊게 하고 문을 견고히 하는데, 혼과
     시로 하여금 지키게 한다.深宮固門, 閽·寺守之."고 하였는데, 정현의 주
     에서는 "'혼'은 중문의 금령을 지키는 일을 관장한다. '시'는 나인의 금령
     을 관장한다.'閽', 掌守中門之禁也. '寺', 掌內人之禁令也."고 하였다.

에 넣으면, (요여를 들고 들어왔던 사람이) 신주를 넣은 상자를 요여에 싣는데 축이 왼쪽에서 지탱하여 도와주고, 서쪽 계단을 통해 당에서 내려오면, 자손과 내외의 사람들이 뒤에서 배종陪從한다. 묘문에 이르면, 외친의 여자들이 사방으로 휘장을 둘러치고 머무는데, 제사가 끝나기를 기다렸다가 돌아간다.

　신주가 남문을 통해 안으로 들어오고, 서쪽 계단을 통해 당 위로 올라가서 묘실 안으로 들어간다. 자손들은 뒤를 따라 당 위로 올라가서 묘실의 문 서쪽에 서는데, 북쪽을 윗자리로 삼아 두 줄로 동쪽을 향한다. 일을 거행하는 사람들[行事者]이 뒤를 따라 들어와서 각각 자신들의 위치로 나아간다. 요여腰輿가 묘실 앞에 도착하면, 요여의 뒤쪽으로 돌아서 서쪽을 향해 선다. 축祝은 상자[匱] 안에서 신주를 꺼내어 신좌에 놓는다. 요여를 든 사람은 당에서 내려가 서쪽 계단 아래에서 동쪽을 향해 선다. 상자相者(상례의 일을 돕는 주인 쪽 사람)는 주인 이하의 사람들을 인도하여 동쪽 계단을 통해 당에서 내려가 각자의 위치로 나아간다. 축이 멈추어 서면, 찬창자贊唱者가 "재배하시오!"라고 명한다. 위치에 있는 사람들은 모두 재배를 한다.

　음식물을 주관하는 사람[掌饌者]은 음식물을 든 사람들을 인도하여 들어와서 동쪽계단을 통해 당 위로 올라간 후 묘실 안으로 들어가서 각자 신좌 앞에 진설한다. 주인은 손을 씻고 술잔을 씻은 후 동쪽계단을 통해 당 위로 올라가서 예주를 따른 후 묘실 안으로 들어가 신좌 앞으로 나아가서 북쪽을 향해 무릎을 꿇고 증조할아버지의 신좌 앞에 술잔을 내려놓는다. 주인은 당으로 나가서 술잔을 취하여 술을 따른 후 다시 묘실 안으로 들어와 신좌 앞으로 나아가서 동쪽을 향해 무릎을 꿇고 할아버지 신좌 앞에 술잔을 내려놓는다. 묘실 문 밖으로 나아가서 북쪽을 향해 선다. 축이 축판祝板289)을 들고 묘실 문 밖의 오른쪽으로 나아가서 동쪽을 향해 무릎을 꿇고 축문을 읽으면, 주인은 재배를 한다. 축은 나아가서 증조할아버지의 신좌 앞에 축판을 내려놓는다. 주인은 묘실에서 나가 당을 내려가서 본래의 위치로 돌아간다. 처음 주인이 묘실 밖으로 나갈 때, 아헌亞獻은 손을 씻고 손을 씻고 술잔을 씻은 후 당 위로 올라가 술을 따라 묘실 안으로 들어가서 신좌 앞으로 나아가서 북쪽을 향해 증조할아버지의 신좌 앞에 술잔을 내려놓고, (당으로 나가서 술잔을 취하여) 다시 술을 따른 후 묘실 안으로 들어가서 신좌 앞으로 나아가서 동쪽을 향해 무릎을 꿇고 할아버지의 신좌 앞에 술잔을 내려놓는다. 묘실 문 밖으로 나가서 북쪽을 향해 재배를 한 후, 또 다시 묘실 안으로 들어가서 서쪽 벽 아래에 서서 동쪽을 향해 재배를 하고, 묘실에서 나가 당을 내려와서 본래의 위치로 돌아간다. 아헌이 예를 마치려고 할 즈음, 종헌終獻은 아헌과 마찬가지 의절로 묘실로 들어간다.

---

289) 축판祝板 : 축문을 쓴 木版·紙版 등으로 제사를 지낼 때 사용한다. 『의례주소』「聘禮」에 "100글자가 넘으면 策에 쓰고, 100글자가 안 될 경우는 方에 쓴다.百名以上書於策, 不及百名書於方."고 하였는데, 정현은 "'名'은 글의 문자로서 오늘날에는 '글자'[字]라고 한다. '策'은 간책이다. '方'은 판이다.名, 書文也, 今謂之字. 策, 簡也. 方, 板也."라고 하였고, 가공언은 "'100글자가 안될 경우 방에다 쓴다.'는 것은 오늘날의 祝板과 같으니, 이어서 엮은 책에 쓸 필요 없이 한 판에다 모두 쓴다. 그러므로 '방은 판이다.'라고 한 것이다.百名以下, 書之于方, 若今之祝板, 不假連編之策, 一板書盡, 故言方板也."라고 하였다.

축이 묘실 안으로 들어가 나무제기[豆]를 거두면, 찬자贊者(예의 진행을 돕는 사람)는 모두 재배를 한다. 주인 및 자리한 자손 이하의 사람들이 묘실 밖으로 나간다. 음식물을 주관하는 사람[掌饌者]이 묘실 안으로 들어가서 음식을 거두어 나간다. 묘를 주관하는 사람 [掌廟者]은 증조할아버지의 신주를 감실에 넣은 후 묘실 밖으로 나 간다. 또 요여腰輿를 아버지 항렬의 신좌 앞에 놓고, 신주를 상자[匵] 에 담아서 요여에 넣어두고, 아버지 묘 앞으로 나아가서 신주를 꺼 내어 신좌에 넣어놓고, 술과 말린 고기의 전을 올린 후, 얼마 후 거 두어들인다. 축은 신주를 감실에 들인다. 6품 이하의 경우 정침正寢 에서 부제祔祭를 지내는데, 의절은 대략 이와 마찬가지로 한다.

참고문헌

『周易正義』『尙書正義』『毛詩正義』『周禮註疏』『儀禮註疏』『禮記正義』
『春秋左傳正義』『春秋公羊傳註疏』『春秋穀梁傳註疏』『論語註疏』『爾雅
註疏』『孟子註疏』『孝經註疏』(十三經注疏整理委員會 整理, 北京大學出
版社, 2000年 12月 第1版)

『史記』『漢書』『後漢書』『三國志』『晉書』『宋書』『南齊書』『梁書』『陳書』
『魏書』『北齊書』『周書』『南史』『北史』『隋書』『舊唐書』『新唐書』『舊五
代史』『新五代史』『宋史』(中華書局 標點本)

顧濤, 『漢唐禮制因革譜』, 上海古籍出版社, 2018.

高誘 注, 畢沅 校, 徐小蠻 標點, 『呂氏春秋』, 上海古籍出版社, 2014.

郭茂倩 編, 『樂府詩集』, 中華書局, 2017.

김용천, 『예기천견록(2)』, 청계, 2021.

김용천, 『의례역주(6): 상복』, 세창출판사, 2013.

김용천, 『전한후기 예제담론』, 선인, 2007.

김용천·박례경 옮김, 『周禮注疏(1)』, 전통문화연구회, 2020.

김용천·박례경 옮김, 『周禮注疏(2)』, 전통문화연구회, 2021.

김용천·장동우, 『중국고대 상복의 제도와 이념』, 동과서, 2007.

杜佑 撰, 『通典』, 中華書局, 1996.

藤川正數, 『魏晉時代における喪服禮の硏究』, 敬文社, 1960.

駱天驤 著, 黃永年 校, 『類編長安志』, 中華書局, 2019.

凌廷堪 著, 鄧聲國·劉蓓然 校, 『禮經釋例』, 江西人民出版社, 2017.

李燾, 『續資治通鑑長編』, 中華書局, 1985.

李林甫 等 撰, 陳仲夫 點校, 『唐六典』, 中華書局, 1992.

馬端臨, 『文獻通考』, 中華書局, 1986.

聞人軍, 『考工記 譯注』, 上海古籍出版社, 2021.

白玉林·遲鐸, 『三禮文化辭典』, 商貿印書館, 2019.

司馬光, 『資治通鑑』, 上海古籍出版社, 1987.

徐松 撰, 李健超 增訂, 『唐兩京城坊考』, 三秦出版社, 2006.

聶崇義 纂輯, 丁鼎 点校,『新定三禮圖』, 淸華大學出版社, 2006.

盛世佐,『儀禮集編』, 浙江大壑出版社, 2022.

蕭統 著, 李善 注,『文選』, 岳麓書社, 2002.

蕭統 撰, 張啓成, 徐達 等 譯注,『文選』, 中華書局, 2019.

孫機,『中國古輿服論叢』, 上海古籍出版社, 2013.

孫星衍 等 輯,『漢舊儀』, 臺灣商務印書館, 1965.

孫詒讓,『周禮正義』, 中華書局, 2013.

孫震陽,『中國古代服飾辭典』, 中華書局, 2015.

楊寬 저, 최재영 역,『중국 고대 도성제도사(상)』, 세창출판사, 2019.

楊天宇,『儀禮譯注』, 上海古籍出版社, 2016.

吳麗娛,『唐禮撫遺』, 商務印書館, 2002.

와타나베 요시히로 지음, 김용천 옮김,『후한 유교국가의 성립』, 동과서, 2011.

王念孫,『廣雅疏證』, 中華書局, 2004.

王溥,『唐會要』, 中華書局, 1990.

王應麟,『玉海』, 江蘇古籍出版社, 1987.

王應麟,『漢制考』, 商務引書館, 1997.

이충구·임재완 등 공역,『이아주소(1-6)』, 소명출판, 2008.

長孫無忌,『唐律疏議』, 中華書局, 1983.

張爾岐,『儀禮鄭注句讀』, 學海出版社, 1978.

張煥君,『情禮交融: 喪服制度與魏晉南北朝社會』, 商務印書館, 2020.

錢玄,『三禮辭典』, 江蘇古籍出版社, 1998.

丁凌華,『中國喪服制度史』, 上海人民出版社, 2001.

池田末利,『儀禮(1-5)』, 東海大壑出版會, 1980.

池田溫,『大唐開元禮』, 汲古書院, 1993.

陳立,『白虎通疏證』, 中華書局, 1994.

陳暘 撰, 張國強 點校,『樂書』, 中州古籍出版社, 2019.

蔡邕,『獨斷』, 上海古籍出版社, 1990.

崔豹,『古今注』, 遼寧教育出版社, 1998.

郝懿行,『爾雅義疏』, 上海古籍出版社, 2017.

許嘉璐 主編,『二十四史全譯』, 同心出版社, 2012.

胡培翬,『儀禮正義』, 江蘇古籍出版社, 1993.

胡渭, 『易圖明辨』, 中華書局, 2008.
黃以周, 『禮書通故』, 中華書局, 2007.

김용천, 「기장 '수복'의 규정과 예학적 논쟁」, 『태동고전연구』 42, 2019.
김용천, 「양진시대 '위인후자'의 복제 담론」, 『태동고전연구』 33, 2014.
김용천, 「전한 원제기 위현성의 종묘제론」, 『동양사학연구』 95, 2006.
김용천, 「『석거예론』의 분석과 전한시대 예치 이념」, 『동방학지』 137, 2007.
김정식, 「당 현종기 국가의례주소서의 편찬과 그 특징」, 『동방학』 33, 2015.
장동우, 「변례서를 통해 본 조선후기 가례 연구의 특성 및 함의」, 『민족문화연구』 81, 2018.

당송 예악지 역주 총서

연구책임 김현철

| 연구 책임 |

김현철

연세대학교 중국연구원 원장

중국 언어와 문화 전공자. 한국연구재단 중점사업 '중국 정사 당송 예악지 역주' 사업 연구책임자. 연세대학교 우수업적 교수상, 우수강의 교수상, 공헌교수상 및 우수업적 논문분야 최우수상을 수상

200여 편의 논문과 저역서 편찬, 『중국 언어학사』가 '1998년 제31회 문화관광부선정 우수학술도서', 『중국어어법 연구방법론』이 '2008년 대한민국학술원 기초학문육성 우수 학술도서', 『대조분석과 중국어교육』이 '2019년 학술부문 세종도서로 선정'로 선정

| 역주자 |

김용천

대진대학교 역사문화콘텐츠학과 교수

동국대학교 사학과, 동대학원 석·박사 졸업

저서로 『전한후기 예제담론』(선인), 『중국고대 상복의 제도와 이념』(동과서), 역서로 『의례 역주(1~9)』(세창출판사), 『중국 고대 정사 예악지 역주: 진서·송서·위서』(공역, 혜안), 『역주 주례주소(1)』(전통문화연구회), 『천지서상지 - 당 제국의 제사와 의례』(신서원), 『중국의 공과 사』(신서원), 『중국의 예치시스템』(청계), 『중국사상문화사전』(책과함께), 『삼국지의 정치와 사상』, 논문으로 「「석거예론」의 분석과 전한시대 예치이념」, 「『순자』·『예기』「왕제」의 예치구상」, 「양진시대 '위인후자爲人後者'의 복제服制 담론」, 「북위 효문제 '삼년상'의 실체와 그 성격」, 「전국시대 선양론의 전개와 입현공치」, 「'부祔'의 해명을 위한 경학적 접근」, 「기장旣葬 '수복受服'의 규정과 예학적 논쟁」, 「전한 원제기 위현성의 종묘제론」 등이 있다.

이유진

연세대학교 중국연구원 연구교수

연세대 중어중문학과를 졸업하고, 동대학원에서 '중국신화의 역사화歷史化 연구'로 박사학위를 받았다. 복잡한 중국 역사를 대중적인 언어로 소개하는 작업을 꾸준히 해왔다. 저서로 『중국을 빚어낸 여섯 도읍지 이야기』, 『상식과 교양으로 읽는 중국의 역사』 『한손엔 공자 한손엔 황제: 중국의 문화 굴기를 읽는다』, 『차이나 인사이트 2018』(공저) 등이 있고, 역서로 『신세계사』, 『고대 도시로 떠나는 여행』, 『미의 역정』, 『동양고전과 푸코의 웃음소리』, 『중국신화사』(공역), 『태평광기』(공역) 등이 있다.

당송 예악지 역주 총서 09

신당서 예악지 3

초판 1쇄 인쇄 2023년 8월 1일
초판 1쇄 발행 2023년 8월 16일

연세대학교 중국연구원 당송 예악지 연구회 편
연구책임 | 김현철

역 주 자 | 김용천·이유진
펴 낸 이 | 하운근
펴 낸 곳 | 學古房

주   소 | 경기도 고양시 덕양구 통일로 140 삼송테크노밸리 A동 B224
전   화 | (02)353-9908 편집부(02)356-9903
팩   스 | (02)6959-8234
홈페이지 | http://hakgobang.co.kr
전자우편 | hakgobang@naver.com, hakgobang@chol.com
등록번호 | 제311-1994-000001호

ISBN 979-11-6586-456-9 94910
     979-11-6586-091-2 (세트)

값 : 28,000원